분단과 동맹

: 한반도 안보의 국제정치(1990 – 2005)

분단과 동맹

한반도 안보의 국제정치 (1990-2005)

한 헌 동 지음

한국학술정보㈜

한반도에 대해 관심을 가지기 시작한 것은 어린 시절부터였다. 물론 그때는 완전히 감상적인 관심이었다. 필자의 어린 시절, 중국에서는 한반도와 관련한 영화를 자주 상영했고, 이러한 영화들을 보면서 한반도를 접하게 되었다. 『上甘嶺』, 『英雄坦克手』 등 한국전쟁을 담은 영화들은 나와 같은 중국의 어린이들에게 전쟁의 참혹함보다는 영웅적 기개에 대해서 깊은 인상을 남겼다.

그러나 세월이 흘러 나이를 먹고, 무엇보다도 중국사회의 변화에 따라 나의 머리에서 한반도는 서서히 멀어져 갔다. 그때는 20세기 80년대 초기였다. 그 당시 중고등학교와 대학교에 다니던 중국의 젊은이들은 대부분 대만이나 홍콩의 캠퍼스 노래와 연애소설 및 액션영화에 정신을 팔았다. 그러다가 필자가 대학을 다니던 80년대 후반에 들어와 한반도는 다시 중국 젊은이들의 주목을 끌기 시작했다. 그런데 이번에는 중국의 책이나 잡지에 게재된 이른바 한강의 기적에 대한 소개와 텔레비전에서 나온 한국 학생운동에 대한 보도 때문이었다. 1988년 서울올림픽과 함께 지금도 감동 깊게 즐겨듣는 「손에 손잡고」 노래는 당시 많은 중국의 젊은이들이 한국에 관심을 갖도록 만들었다.

90년대에 들어와 중국과 한국 사이에 왕래가 잦아지면서 중국의 대학에도 한국유학생들이 급격히 늘어나기 시작했다. 당시 필자는 중국 대학의 학생으로서 한국유학생들과 같이 공부하고 접촉하는 과정에서 그들로부터 한반도와 남북한의 상황에 대한 관심과 이해가 점점 깊어지게 되었다. 특히 90년대 초 중한수교, 제1차 북핵 위기, 90년대 후반의 남북한 무력충돌, 이어서 발발한 제2차 북핵 위기 등 일련의 사건들이 꼬리를 물고 발생했다. 이에 따라 한반도에 대해 이해하고 싶은 마음이 한반도 문제를 전반적으로 고찰하자는 생각을 격발시켰다. 이러한 생각을 갖고 2002년 한국에 가서 경남대학교에서 박사과정에 입학하고 본격적으로 한반도 문제와 남북관계를 공부하기 시작했다.

사실 '한반도 문제'라는 말에 대해서는 한국에 오기 전에 이미 중국에서도 자주 들어본 말이었다. 그러나 막상 2003년 10월 서울에서 몽골유학생과 대화를 나누기 전까지는 '한반도 문제'에 대해서 구체적으로 사고한 적이 없이 매우 막연한 상태였다. 당시 그 몽골 유학생은 정치학 전공자도 아니고 공학도였다. 이런 저런 대화를 나누다가 우리는 이내 각자의 전공이 화제로 떠올랐다. 필자가 '한반도 문제'를 전공하고 있다고 하자 그 공학도는 '한반도 문제'가 무엇이냐고 집요하게 되물었지만 나는 이 문제를 어떻게 답변해야 할지 제대로 생각이 나지 않았다. 그리고 그 계기가 필자로 하여금 지금까지도 '한반도 문제'가 무엇인가에 대해서 계속 되묻게 한다. 그런데 부끄러운 것은 사실 지금까지도 이 문제에 대해서 명료한 답이 나오지 않고 있다는 점이다.

필자가 한국에서 유학하던 동안은 제2차 북핵 위기가 발발함으로써 한반도 위기상황이 고조된 시기였다. 이에 필자는 북핵 위기의 고조에 따라 한반도 안보에 대한 한국 학계와 민간의 여론에도 관심도 기울였다. '한반도 문제'의 핵심은 안보문제가 아니겠는가? 북핵 위기가 고조된 분위기에서 필자는 이런 생각이 들었다. '한반도 문제'가 무엇인가라는 문제를 고려하기 위해서는 시급히 살펴보아야 할 문제가 북핵문제라고 판단되었다. 이에 한반도 안보문제를 연구 대상으로 삼게 되었다.

많은 연구자들이 말하고 있듯이 탈냉전시기에 들어오면서 한반도를 둘러싼 국제관계 및 안보질서는 유동적이 되었다. 왜 탈냉전시기에 한반도 국제관계와 안보질서가 유동적으로 변하는가? 한반도 국제관계와 안보질서에서 이러한 역동성을 초래하는 요소는 무엇인가? 이러한 유동적인 한반도 안보정세를 어떻게 해야 보다 잘 파악할 수 있는가? 특히 탈냉전시기에 세계안보의 지역화 특징이 뚜렷해지면서 다른 지역과 비교하여 한반도 안보는 어떤 상태에 처해 있는가? 북한이 10여 년 동안 계속해서 핵과 미사일 및 정전체제의 포기 등을 통해 한반도 위기를 고조시키는 원인은 무엇인가? 이러한 위기의 해결과정에서 각 행위자 간의 안보관계는 어떻게 변화하였는가? 이 연구는 바로 이러한 의문들에 대한 해답을 찾기 위해서 진행되었다.

오늘의 이 책은 필자의 박사학위 논문을 책으로 묶은 것으로, 본래는 보다 체계적으로 보완을 할까도 생각하였으나, 결국은 약간의 수정만 거쳐서 출판하기로 하였다. 왜냐하면 제2차 북핵 위기가 해결되지 않고 6자회담도 경색된 국면에 빠지고 있음으로써 미래에 북핵 위기를 둘러싼 한반도의 국제정세가 어떻게 변화할지 불투명할 뿐만 아니라, 더욱 중요한 것은 지금 북핵문제 해결의 곤경이 바로 이 연구의 결론을 검증할 수 있다고 생각하기 때문이다.

모든 연구가 그렇듯이 이 연구가 시작하였을 때부터 이렇게 책으로 엮어지기까지는 필자는 많은 분들의 도움을 받았다. 우선 한국에서 공부하는 동안 따뜻하게 지도해주신 경남대 교수님들께 깊은 감사를 드린다. 북한대학원대학교 부총장인 함택영 교수님, 논문 지도 교수인 구갑우 교수님, 그리고 류길재 교수님, 신종대 교수님을 비롯한 여러 교수님들께 진심으로 감사의 마음을 전하고 싶다. 또한 공부를 시작하면서부터 지금까지 끊임없는 격려와 도움을 베풀어 주신 인천대학교 안치영 교수님, 중국에 계시는 전영숙 교수님께도 깊은 감사의 마음을 전한다. 더불어 한국에서 공부하는 동안 여러 학우들로부터 아낌없는 도움과 관심을 받았다. 이 기회를 빌려 황효진 선생님, 김순수 선생님, 남미림 선생님 등을 비롯한 학우 여러 분들께 깊은 감사의 마음을 전하고 싶다. 여러 선생님들과 맺은 소중한 우정은 아마 영원히 잊지 못할 것이다.

출판계의 사정이 어려움에도 이 책의 출간을 선뜻 맡아준 한국학술정보(주)와 편집팀에도 감사드린다. 짧은 시간에 책이 나올 수 있게 해준 편집자 여러분의 노고에도 감사드린다.

마지막으로 필자가 한국이란 타지에서 연구를 계속하는 동안 모든 의무와 책임을 홀로 감당해준 아내에게 감사의 마음을 전하고 싶다. 아내는 필자가 한국에서 공부를 계속하는 동안 중국에 남아 아들과 함께 온갖 고생을 감내하며 물심양면으로 지지해주었을 뿐만 아니라, 힘들 때마다 위로와 격려의 말을 아끼지 않았다. 이 책의 출간을 빌려 아내에게 감사를 표하고, 이 책이 그녀를 조금이라도 자랑스럽게 느끼도록 했으면 하는 기대를 해본다.

2008년 5월

韓 獻 棟

목 차

제1장 서 론

제1절 문제의 제기

　1950년대의 국제적 전쟁성격을 띤 한국전쟁으로 냉전 시기의 한반도와 관련한 안보문제는 일찍부터 국제 정치학자들이 열정적으로 연구하는 대상이 되었으며, 탈냉전기에 들어오면서 계속해서 발발하는 북핵위기로 한반도 안보문제는 각국 학자들뿐 아니라 일반사람들에게도 뜨거운 논의의 주제가 되었다. 학계의 연구 상황을 보면서 한반도 안보문제에 관한 연구들은 주로 한반도의 동맹체제(한미동맹, 북중동맹), 주변 4강의 대한반도 안보 정책 및 남북 관계 등을 다룬다. 북한 핵위기와 정전체제 위기가 발발한 이후에는 북한 핵위기의 발발 원인과 해결방식, 이것이 지역 내 국제 관계에 미치는 영향, 그리고 한반도 평화체제 구축 등도 주요한 논의의 대상으로 부상했다. 학계에서 다루고 있는 한반도 안보와 관련된 연구이슈(issue)만 보더라도 한반도 안보문제가 복잡하다는 생각은 생길 수 있다. 22만 평방킬로미터에 불과하고 남북한 두 개의 국가밖에 없는 한반도에서 왜 이렇게 복잡한 국제 관계가 생겼는가? 어떠한 요인이 인접국뿐만 아니라, 태평양 너머의 미국까지 한반도 안보 문제에 개입하게 만들었는가? 이러한 복잡한 국제관계가 탈냉전기의 흐름에 따라 어떻게 변화하고 있는가? 많이 지적된 것처럼 탈냉전기에 들어 한반도의 안보질서는 유동해지고 있다. 그러면 이러한 안보질서의 유동을 야기한 요인이 무엇인가? 이런 것들을 탐구하기 위해 먼저 역사 차원에서 한반도의 국제관계를 살펴볼 것이다.

　많은 학자들이 지적하듯이 한반도는 지정학적 중요성 때문에 대륙

세력과 해양 세력이 대결하는 국제 열강의 격전장이 되었다. 즉 한반도의 지정학적 중요성이 해양세력과 대륙세력이 한반도에 개입하는 요인이 되었다는 것이다. 그런데 한반도의 역사를 살펴보면 꼭 그렇지만은 않았다는 것을 발견할 수 있다. 조공체제가 해체되기 전에 서양세력이 아직 한반도에 도착하지 못했고, 동양에서 중화 제국에게 도전할 수 있는 세력도 아직 존재하지 않았기 때문에 한반도에서 국제정치의 격전장이란 성격은 강하지 않았다. 바로 서양세력의 아시아 진출과 뒤이은 일본의 부상으로 야기된 동양 국제체제와 파워판도의 변화가 한반도를 통제하려는 주변국들의 갈등을 초래하였다. 바로 19세기의 식민지화의 배경에서 동양국제체제의 재변에 따라 한반도에 여러 역외세력이 개입하고 한반도를 둘러싼 국제관계의 체제와 구조적인 특징이 나타나기 시작하였다.[1]

그러나 역사적 맥락으로 볼 때, 한반도를 둘러싼 국제체제와 안보구조의 특징은 시기별로 상이하다. 조공체제가 해체하기 전까지 한반도 안보는 구조적 특징을 갖지 않았다고 볼 수 있다. 조공체제의 존재로[2] 조선왕조의 안보정책은 부분적으로 청나라와 중복(overlay) 되어 있었고 이러한 상태에 도전할 수 있는 세력도 없었기 때문에 한반도에서 안보체제는 형성되지 않았다고 할 수 있다. 청나라의 몰락과 동아시아 세력판도의 변화에 따라 먼저 일본, 다음으로는 러시

---

1) 구조란 개념에 대해서는 제2장에서 자세히 논의될 것임.
2) 리홍짱(李鴻章)에 따르면, 조 - 중 사이의 조공관계는 대외관계에만 국한되었으며 대내정치에서는 조선은 독립적이었다. 리홍짱(李鴻章)이 이유원(李裕元)에게 보낸 서신. 「淸季 中日韓關係資料」 제2권, 문서번호 309호, 312호, 『韓 - 美關係修交100年史』(東亞日報社, 1982), pp.48 - 50.

아가 한반도 안보에 개입함으로써 한반도 안보체제가 형성되었다. 물론 이것은 앞서 말한 것처럼 동양의 근대화와 새로운 국제체제의 형성과 관련된다. 1854년에 개국한 일본은 1868년에 메이지 유신(明治維新)으로 개혁을 단행하여 다른 아시아 국가들보다 더 빨리 근대화를 시작하였다. 이어서 일본이 서구 제국주의 국가들의 시장 쟁탈 경쟁에 합류하여 동아시아 주변 국가들의 침탈의 선두에 나섰으며, 대륙 진출의 전초 기지로서 한반도 진출을 적극적으로 추진하였다.3) 러시아와 같은 경우, 19세기 중반을 시점으로 러시아는 동아시아로 팽창하기 시작했지만, 그 당시 러시아는 한반도에 대한 관심이 별로 없었다. 그런데 동아시아 전통적 국제질서인 조공질서가 와해되고 일본이 한반도 진출을 적극적으로 추진함에 따라 러시아도 땅을 약탈하는 것을 선호하는 전통적인 성향과 더불어 한반도가 반러의 전초 기지가 되지 않도록 하기 위하여 대한반도 정책을 적극적인 개입 정책으로 전환했다.4) 이러한 일본과 러시아의 한반도 진출이 한반도를 국제 열강의 격전장이 되게 하였고, 이에 따라 지정학적 요소가

---

3) 김기정, "세계체제의 구조변동과 19세기 후반기의 동양외교사", 『한국과 국제정치』, 제7권, 제1호(1991년 봄/여름), p.162.

4) 1884년 러시아와 조선은 공식적 외교관계를 맺었다. 1885년의 천진(天津)조약에서 중국과 일본 양국은 한반도 파병 시에 이를 사전에 상호 통지하도록 하고, 양국 공동으로 조선에 제3국인 고문을 고용하여 내정개혁을 추진하도록 권고할 것을 약속했다. 이에 따라 리홍짱(李鴻章)의 천거로 前 주중 독일 영사였던 묄렌도르프(Mollendorf)가 조선으로부터 고문으로 임명되었으며, 러시아는 이를 기회로 한반도에 대한 적극적인 개입을 추진하였다. Eugene Kim, Han-Kyo Kim, *Korea and the Politics of Imperialism:* 1876-1910(New York: University of California Press, 1967), pp.56-62.

한반도 안보에 있어서 중요한 요인으로 등장했다.

조선이 중화체제에서 이탈한 이후에는 한반도의 정치적 지배와 영향력을 변경하려는 어떠한 시도도 동북아 지역에서 역관계의 변동을 가져올 것이기 때문에 단순한 한반도 내의 문제일 수 없었으며,[5] 이에 따라 한반도 문제가 복잡한 국제적, 구조적 성격이 나타났다. 그때부터 1945년까지 두 가지 요소로 한반도 체제와 구조의 지역적 특징이 분명하게 드러나게 되었다. 그의 하나는 한반도 안보 구조의 행위자들인 중국이나 일본 및 러시아가 모두 한반도의 인접국이었다는 점이다.[6] 또 다른 요소는 중국과 일본 및 러시아가 한반도에 개입하는 것이 주로 지정학적 이유 때문이었다는 것이다.[7] 1910년부터

5) 박명림, 『동북아 평화공동체의 형성과 전망』, (정보통신정책연구원, 2004).

6) 영국도 한반도 개입을 시도했었던 것이었다. 영국은 한때 한반도 남해안의 거문도를 점령했으나, 1887년에 철수하였다. Eugene Kim, Han-Kyo Kim, *Korea and the Politics of Imperialism* 1876-1910, pp.56-62. 또한 미국이 1882년에 조선과 『미조수호통상조약』을 체결했지만, 미국에게 있어서 당시 한반도의 가치는 경미했기 때문에 1894-1895년의 청일전쟁 당시부터는 조선 문제에 대해 개입하기를 꺼렸고 중립을 고수했다. 1905년에 일영동맹과 「카쯔라 · 태프트 비밀협정」을 체결함으로써 영국과 미국은 일본의 조선에 대한 정치 · 경제 · 군사상의 특수 권익을 인정하게 되었다. 따라서 미국이나 영국은 당시 한반도 안보에 개입하지 않았기 때문에 한반도 안보구조의 행위지기 아니었다고 할 수 있었다.

7) 중국은 역사적으로 한반도의 관계를 순치상의(脣齒相依), 순망치한(脣亡齒寒)이라고 부르며, 한반도를 만주를 둘러싼 울타리로 보는 이른바 순치관(脣齒觀)을 가지고 있었다. 일본이 역시 한반도를 일본의 안전에 사활적 이해를 갖는 요충지로 보았으며, 한반도를 일본의 심장부를 겨누는 비수(匕首)로 인식했다. 이런 관점에서 다른 열강의 한반도 점령을 일본 안보에 대한 결정적 위협으로 간주했다. 『韓-美關係修交100年史』, pp.48-

1945년까지 일본에 의한 식민지배로 인해 한반도 안보체제의 구조적 성격이 은폐되어 있다가 제2차 세계대전 일본의 패전과 뒤이은 한국전쟁의 발발로 인해 다시 드러나게 되었다. 그런데 제2차 세계대전으로 인한 세계체제와 역관계의 재편으로 인해 형성된 한반도 안보체제의 구조는 1910년 전과 비교해 보면 상이한 면을 보인다.

일본의 패전에 따라 한반도의 체제와 구조가 과거와 아무런 차이 없이 재현된 것은 아니었다. 한국에게 독립의 기회를 부여하는 신탁통치 방안을 미국이 제시하였지만, 예상보다 빨리 현실화된 일본의 투항에 따라 한반도에 대한 미국과 소련의 분할 점령과 미소군정이 실시되었으며, 뒤이은 남북한 분단정부의 수립은 사실상 미국이 제시했던 한국에 대한 신탁통치 방안의 파산을 의미하였다.[8] 신탁통치

50; Key‐Hiuk Kim, *The last Phase of the East Asian World Order: Korea, Japan, and the Chinese Empire, 1860‐1882*(Berkeley and Los Angeles: University of California Press, 1980), p.95, p.105, p.108.

8) 식민지였던 한국의 독립문제가 전후처리의 부분 문제로서 처음 논의된 것은 1943년 12월의 카이로(Cairo)회의에 이었다. 1945년 2월 얄타(Yalta)에서 루스벨트 미국대통령은 스탈린과의 회담하며 한국의 신탁통치문제를 거론했다. 같은 해 7월의 포츠담(Potsdam)선언에서 한국에 대한 신탁통치원칙이 다시 확인되었으며, 12월 미‐영‐소 외무장관회의에서 미국은 2단계의 시기를 계획하여 10년 동안 한국을 신탁통치하자는 제안을 제출하였고 소련은 그 기간을 5년으로 하자고 주장하였다. 최종적으로 한국의 신탁통치와 관련한 모스크바선언이 채택되었다. 1945년 12월의 모스크바 미소외무장관 회의에서 합의된 협정에 따라 1946년 1월 서울에서 미‐소 공동위원회 예비회담을 거쳐 3월에 미‐소공동위원회가 개최되었다. 하지만 양측의 견해차이가 해소되지 못했기 때문에 미국은 한국문제를 UN에 상정하였으며 1947년 10월, 결국 공동위원회는 결렬되었다. 이 과정에 대한 자세한 내용이 具天書, 『한반도문제의 새로운 인식:

방안의 파산은 미소관계가 2차 대전 기간의 협조에서 전후의 대항으로의 전환[9]된 것과 관련되어 있을 뿐만 아니라, 35년 식민 기간 동안 항일투쟁에서 일어난 한국 엘리트 계층의 이념적 균열도 하나의 요인으로 작용하였기 때문이라고 할 수 있다. 신탁통치안의 파산에 따라 미국과 소련도 그들의 대한반도 정책을 각각 수정하였으며 자신들이 장악하던 지역에서 군정을 실시함으로써 한반도는 분열된 모습을 띄게 되었다. 1948년 남북한 분단 정부가 출범하였고, 특히 1950년에 일어난 한국전쟁은 최종적인 남북한 분단의 고착화와 더불어 다른 행위자들이 한반도에 개입할 수 있는 기회와 조건을 마련했다. 또한 한국전쟁으로 세계적 차원의 동서진영 간의 대립이 격화됨에 따라 한반도 차원에서는 남북한 간 분단과 대립이 고착화되었다. 이러한 두 개 차원의 대립이 남북한의 동맹 체제란 장치를 통해 연결됨으로써 복잡한 동학기제가 만들었다. 이와 같은 역사적 맥락에 따라 한반도의 국제관계를 살펴보면 다음의 그림1-1과 같이 그

분단체제의 형성과 전개』, (온누리, 1982년), pp.55-57 참조.

9) 1945년부터 유럽에서 시작된 미소(美蘇) 간 냉전이 동아시아에서 미국과 소련이 대전 기간의 협조에서 대항으로의 전환한 하나의 요인으로 작용했다고 할 수 있다. 소련의 참전이 확인된 얄타회담 이후 소련정부가 틀림없이 자신들이 장악하고 있는 한국 지역에서 러시아에 귀화한 한국인 지도지에 의한 친소적인 정부를 설립힐 것이라는 의구심을 가지고 있있기 때문에 미 국무장관 대행이던 그류는 1945년 6월 22일에 미국이 한국에서의 군정과 임시통치에 참여해야 한다고 강력히 주장했던 것이었다. *FRUS, 1945*, Ⅵ, p.556. Policy Paper Prepared in the Department of State: An Estimate of Condition in Asia and the Pacific at the Close of the War in the Far East and the Objectives and the Policies of the United States.

구조적 특징을 정리해 볼 수 있겠다.

한국전쟁 이후 소련과 중국 및 북한이 동맹관계를 맺음을 통해 이른바 북방 동맹체제가 형성되었고, 미국과 일본 및 한국이 동맹이나 공조관계를 체결하여 남방 동맹체제가 형성되었다. 이처럼 두 개의 동맹체제로 구성된 구조가 70년대에 들어 상층 구조에서 부분적인 조정되기는 했지만, 기본적인 골격은 변함이 없었다. 즉 상층 구조에 있는 미·중·일·소 간의 관계는 부분적으로 변화하였지만, 이들과 남북한의 동맹관계는 크게 변화하지 않았다. 그런데 90년대 들어와 탈냉전 시기를 맞이하면서 한반도 체제와 구조가 역시 새로운 시대에 직면하게 되었다.

<그림 1-1> 한반도 안보의 역사적·구조적 특징

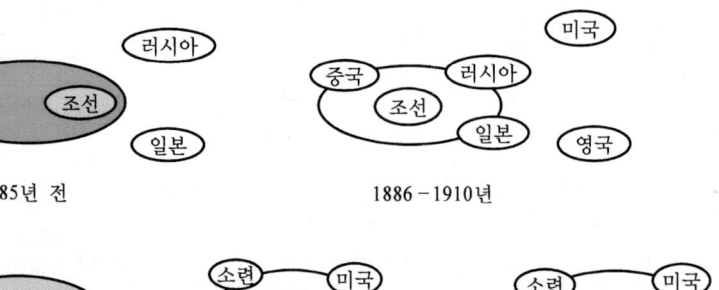

1989년 6월 폴란드 총선에서 공산당 정권이 몰락하고 그 여파로 전 동유럽을 휩쓴 자유화의 혁명으로 인해 1990년에 서독이 동독을

흡수 통일했다. 이어서 1991년 9월에는 소연방(USSR)이 해체되고 새로운 독립국가연합(CIS)이 형성되면서 동유럽 공산진영은 붕괴되었다. 일반적으로 이러한 일련의 사건들로 인해 냉전체제가 붕괴되고 탈냉전기가 도래했다고 말한다. 이렇게 볼 때 냉전체제의 붕괴에 대한 논의는 냉전기 동안 존재했던 이데올로기 대립이 사라졌다는 의미에서 출발한다. 즉 탈냉전기의 국가관계에서는 냉전기처럼 이데올로기가 결정적인 요인으로 작용하지 않는다는 것이다. 그렇지만 상당수의 학자들은 냉전체제의 붕괴에 대해 논의할 때 다른 측면, 즉 극이란 측면에 입각하여 이를 다룬다. 즉 극이란 파워 차원에서 미소 양극체제가 구소련의 해체로 인해 붕괴되었고 세계가 단극 아니면 다극 방향으로 전환하고 있다는 것이다. 따라서 냉전체제의 붕괴나 탈냉전기의 도래는 주로 국제관계의 탈이데올로기화와 극이라는 파워관계의 변화에서 출발하여 논의된다. 바로 이러한 두 개 차원에서의 변화로 인해 세계가 탈냉전기를 맞이했다고 말할 수 있다.

이러한 세계 차원의 두 가지 변화가 한반도 안보에 어떠한 영향을 미쳤는가? 많은 학자들이 지적하듯이 탈냉전 시기에 들어오면서 한반도를 둘러싼 국제관계, 안보질서는 유동적이 되었다. 그러면서 여기에는 다음의 같은 의문들이 제시될 수 있다. 즉 왜 탈냉전 시기에 한반도 국제관계, 안보질서가 유동적으로 변한다고 말할 수 있는가? 한반도 국제관계와 안보질서에서 이러한 역동성을 초래하는 변수는 무엇인가? 이런 질문의 대답은 위에서 논의한 세계 차원에서의 냉전체제의 붕괴에 따라 국제질서의 역동성을 초래한 국가관계와 파워관계의 변화에서 역시 찾을 수 있다. 즉 한반도 안보구조의 행위자 간 파워관계와 상호사회구성관계의 변화가 한반도 안보질서의 역동성을 촉발시켰다. 이러한 양상은 한반도에 국제체제가 등장되었을 때부터 이미 존재했다고 할 수 있다. 위에서 논의했듯이 바로 일본의 부상과 이에 따른 일본의 대조선과 대중국 정책의 변화가 조공체제를 와해시켰었다. 이와 같이 구소련의 붕괴, 중국의 부상 그리고 한국의 경제발전이 야기한 파워관계의 변화 및 소련, 중국과 한국의 국교정상화가 한반도 안보구조에 영향을 미칠 수밖에 없고 구조의 조정과 유동성을 초래할 수밖에 없었다.

이처럼 유동성이 가중되고 있는 한반도 안보정세를 어떻게 해야 보다 잘 파악할 수 있는가? 특히 탈냉전 시기에 세계안보의 지역화 특징이 뚜렷해지면서 다른 지역과 비교하여 한반도 안보는 어떤 상태에 처해 있는가? 북한이 10여 년 동안 계속해서 핵과 미사일 및 정전체제의 포기 등을 통해 한반도 위기를 고조시키는 것은 이러한 한반도 안보질서의 유동성과 어떤 관련성을 갖고 있는가? 이러한 위기의 해결과정에서 각 행위자 간의 안보관계는 어떻게 변화하였는가? 바로 이러한 문제의식이 필자가 한반도 안보의 체제성과 구조성을 연구주제로 선택한 최초의 동인이 되었다.

또한 지역 차원에서 한반도 안보를 다루려는 필자에게는 탈냉전기 들어 빈번하게 발발하는 한반도의 위기와 더불어 경제 차원의 긴밀한 협력관계가 병존하고 있는 모순적인 현상이 이러한 주제를 선택한 또 다른 동인이 되었다. 구소련의 붕괴로 동서진영의 대립이 와해되면서 세계는 탈냉전기를 맞이했다. 이에 따라 화해협력과 세계화 등 탈냉전시대의 조류가 형성되었다. 이러한 탈냉전시대의 흐름에 따라 한반도를 중심으로 한 동북아 지역이 역시 화해와 협력의 모습을 보여주고 있다. 한소와 한중 국교정상화가 40년 동안 존재했던 한반도의 냉전구조를 부분적으로 와해시켰으며 지역화해의 흐름에 따라 무역과 투자 영역의 경제교류와 협력이 급속히 발전하고 있다. 다음 표1-1에서 보여주듯이 2005년에 한·중·미·일·러와 북한 등 6개국 간의 무역액을 고찰함을 통해 동북아 지역에서 초보적인 경제협력 네트워크가 이미 형성된 것을 발견할 수 있다.

2005년에 미국, 중국, 일본, 러시아, 한국 등 5개국 사이의 무역액이 각각 5923억 달러, 6286억 달러, 4636억 달러, 662억 달러, 2623억 달러였으며, 각각 전체 무역액의 22.4%, 44.2%, 41.7%, 17.4%와 48.1%로 차지하였다. 투자 차원에서 한·중·일·미 간 긴밀한 관계도 발전하고 있다. 무역투자의 확대에 따라 각국의 상호 의존도가 높아지고 있어 지역이익과 국가이익을 구분하는 것이 어려워지고 있으며 지역공동체의 모습이 나타나고 있다. 이것은 역시 탈냉전기 세계화시대와 화해협력의 커다란 흐름에 부합하는 것이다.

〈표 1-1〉 6개국 사이 무역액 통계(2005년)

단위: 백만 달러

	중 국		일 본		러시아		한 국		북 한	
	수출	수입	수출	수입	수출	수입	수출	수입	수출	수입
미국	41,835	259,829	55,408	141,950	3,942	16,149	27,670	45,522	5	0.0033
중국			83,986	100,407	13,211	15,899	35,107	76,820	1,081	499
일본					4,488	6,184	46,629	24,414	62	131
러시아							2,100	4,022	224	6
한국									······	35

출처: http://unstats.un.org/unsd/comtrade/ce/ceSearch.aspx?it=Type+commodity+text +here &rg=1&r=156&p=643&y=2005&px=H2

그런데 한반도 지역의 안보측면을 볼 때는 이 지역의 안보환경과 안보태세가 분명히 이러한 세계화시대의 화해협력의 조류에 부합하지 않는다. 아래 표1-2에서 보이듯이 1991년부터 2003년까지 6개국 중 체제전환으로 어려운 경제상황에 처해 국방비가 마이너스로 성장한 러시아와 저성장이 계속된 북한을 제외한 나머지 4개국의 국방비가 모두 높은 비율로 성장했다.

〈표 1-2〉 6개국의 국방비와 성장률(1991-2003년)

	1991년(1985년 가격과 환율) 백만 달러	2003년 백만 달러	연 평균성장률
미국	227,055	404,920	6.5%
러시아	91,631	65,200	-2.4%
일본	16,464	42,835	13.3%
중국	12,025	55,948	33.4%
한국	6,359	14,632	10.8%
북한	5,328	5,500	0.26%

출처: The International Institute of Strategic Studies, *The Military Balance*, (1992-1993), (2004-2005).

국방비총액 차원에서 보면 2004년 미국, 러시아, 중국, 일본 및 한국은 각각 세계의 제1, 제2, 제3, 제5, 제11 순위를 차지하였다.[10] 각 국이 보유하고 있는 병력 차원에서 보면 2003년까지 중국, 미국, 북한, 러시아, 한국, 일본이 각각 225만 명, 142만 명, 108만 명, 96만

---

10) The International Institute of Strategic Studies, *The Military Balance*, (2004-2005), pp.353-355.

명, 68.6만 명, 24만 명을 보유하여 세계에서 각각 제1, 제2, 제4, 제5, 제6 순위를 차지했다.[11] 따라서 이 지역이 세계에서 병력이 가장 집중된 지역이라는 것은 분명하다.

경제와 사회문화 교류의 확대로 상호 의존도가 높아짐으로써 지역공동체의 모습이 나타남에 따라 각국 간의 안보관계가 이러한 지역화해의 조류에 부합하여 안보협력의 방향으로 나가는 것이 당연해 보인다. 그런데 한반도 지역의 안보정세가 때로는 협력의 모습을 보이지만, 대체로 경제 차원의 교류의 확대와 상호 협력의 정세와 대조적인 상황을 드러낸다. 이러한 모순적인 상황 때문에 지역의 평화와 안정이 국가안보에 있어 중요한 전제조건이 되는 현 상황에서 지역안보 상태에 대한 전체적인 파악이 대단히 필요한 작업이 되는 것이다.

이러한 문제의식에서 필자는 지역 차원에서 착안하고 구조화이론에 입각함으로써 현시점에서 한반도 안보구조가 처한 상태와 앞으로 전환 방향, 그리고 이러한 전환에 영향을 미치는 변수가 무엇인지를 도출하기 위해 이 주제를 선택하였다.

제2절 기존연구의 검토와 연구 목적

앞에 지적했듯이, 한반도 안보와 관련된 기존연구 성과는 엄청나게 많다고 할 수 있다. 한반도 안보가 세계 각국의 많은 정치학자들 특히 안보전문가들의 연구열정을 끌어내지만 기존의 연구 성과를

---

11) *Ibid.*, pp.353 ‒ 355.

보면 한반도 안보에 대한 연구 영역의 중심적인 위치를 차지하고 있는 곳은 당연히 한국학계이다. 연구 자료의 풍부 정도나 연구 시각의 다양성 그리고 연구 성과의 심도 등 차원에서 보면 한국학계의 한반도 안보 연구에 대한 성과가 세계 학계에서 제일 중요한 위치를 차지하고 있다고 해도 과언이 아니다. 따라서 한국학계의 연구 상황을 고찰함으로써 이 분야에 대한 연구 상황이 대체로 파악될 수 있다. 한국학계에서 한반도 안보와 관련한 기존연구의 주제는 다음과 같이 크게 네 가지로 나눌 수 있다.

① 첫 번째는 한반도와 직접 관련되는 동맹관계에 대한 연구, 즉 한미동맹과 북중 동맹에 관한 연구이다. 기존 연구는 이런 주제를 한미동맹의 조정과 미래발전방향, 북중 동맹의 성격변화를 중심으로 논의해 왔다.[12]

---

12) 한미동맹의 조정과 미래발전방향에 대한 대표적인 기존 저서는 다음과 같다: 이춘근, 『21세기의 한미동맹관계』(서울: 자유기업원, 2004); 심지연, 『한미동맹50년: 법적 쟁점과 미래의 전망』(서울: 백산서당, 2004); 김일영, 조성렬, 『주한미군: 역사·쟁점·전망』(서울: 한울아카데미, 2003); 정옥임, 『한반도평화와 주한미군: 동맹재정립의 방향』(성남: 세종연구소, 2001) 등이며, 관련한 대표적인 글은 다음과 같다: 조성렬, "미래 한미동맹의 청사진: 한미 안보구상회의의 과제", (『국제문제연구』, 제5권 제1호, 2005. 봄); 김계동, "한미동맹관계의 재조명: 동맹이론을 분석틀로", (『국제정치논총』, 제40집 제2호, 2001); 신욱희, "한미동맹의 내부적 역동성: 분석틀의 모색", (『국가전략』, 제7권 제2호, 2001. 여름); 이삼성, "한미동맹의 유연화(柔軟化)를 위한 제언", (『국가전략』, 제9권 제3호, 2003. 가을); Kim, Sung-han, "Challenges and Visions of Korea-U.S. Alliance: A Korean Perspective,"(*Korea and World Affairs*, Vol. 20, No. 2, Summer 1996); Song, Dae-Sung, "Rethinking the U.S.-Korea Security Alliance in the 21st Century", (*Korean Observations on Foreign Rela-*

② 두 번째는, 이른바 주변 4강 사이의 관계변화가 한반도 안보에
   미치는 영향과 그들의 대한반도의 정책에 관한 연구 성과들이
   다. 예를 들어 중미관계가 남북한 관계에 미치는 영향, 미일동
   맹의 강화가 한반도 안보에 미치는 영향, 미국의 대북한 정책,
   중국의 대한반도 정책, 북일 관계 등이다.13)

---

tions, Vol. 5, No. 1, April 2003) 등이다.

   탈냉전기의 도래에 따라 북중 동맹의 성격변화에 대한 연구 성과는
많지 않다. 대표적인 성과는 다음과 같다: 이희옥, "중국의 대북한 정
책의 함의: 동북4성론논란을 포함하여", (『현대중국연구』, 2006); 李南
周, "朝鮮的變化和中朝關系: 從'傳統友好關系'到'實利關系'"(『現代國際關
係』 北京: 2005. 9); 박홍서, "북핵위기시 중국의 대북 동맹안보딜레마 관
리 연구: 대미관계 변화를 주요 동인으로", (『국제정치논총』, 제46집 제
1호, 2006); Kim, Yougho, "Forth Years of the Sino-North Korea Alliance:
Beijing's Declining Credibility and Pyongyang's Bandwagoning With
Washington,"(Issues & Studies 37, No. 2, March/April 2001); Choo,
jaewoo, "The Role of Ideology in the Socialist Alliance: A Hidden Aspect
of the Sino-North Korea Alliance,"(『NEW ASIA』, Vol. 10, No. 4, Winter
2003) 등이다.

   물론 서구 학계에서 이러한 주제를 다룬 학자들도 있다. 대표적인
연구 성과는 다음과 같다. Cha, Victor D, "Forward Presence, Anti-
Americanism, and U.S.-Korea Alliance Future", Doug, Bandow, "The
Future of the US-ROK Alliance: Equality, Mutuality, and International
Security", Andrew Scobell, "China and North Korea: From Comrades
in-Arms to Allies at Arm's Length", (Strategic Studies of Institute,
March 2004) 등이다.

13) 이와 관련한 대표적인 저서와 글은 다음과 같다. 신상진, 『중미관계와
    한반도: 외교안보와 통일문제를 중심으로』(서울: 통일연구원, 2000); 정
    옥임, 『미국의 대중정책과 한반도』(성남: 세종연구소, 2001); 이태환, 『미
    국, 중국과 한반도』(성남: 세종연구소, 2001); "중국의 대미전략과 미중

③ 세 번째는 남북한관계와 상호 간 정책에 관해 다룬 연구들이다.[14]

④ 네 번째는 한반도 안보와 관련되는 사안에 대한 연구들이다. 주로 북핵위기의 발발과 해결, 한반도 평화체제의 구축 등에 대한 연구들이다.[15]

관계: 대만과 북핵문제를 중심으로", (『외교』, 제69호, 2004. 4); 박영호, 『미국의 한반도정책과 통일문제』(서울: 통일연구원, 2004); 한승주, "삼각관계의 태동: 미국, 한국 그리고 한반도,"(『(계간) 사상』, 제11권 제3호, 1999. 가을); 김재관, "주한미군 재배치 및 역할전환에 대한 중국의 인식과 대응전략", (『통일정책연구』, 제13권 제2호, 2004. 겨울); 안병준, "미중관계의 전망과 한반도 장래", (『국제문제』, 통권340호, 1998. 12); 안인해, "북미관계개선과 중국의 동북아 외교정책", (『국제정치논총』, 제34집 제2호, 1994) 등이다.

14) 이와 관련한 대표적인 연구 성과가 다음과 같다. 김강녕, 『한국의 안보와 남북관계』(부산: 신지서원, 2004); 정해구, 『탈냉전10년(1988-1997)의 남북관계』(성남: 세종연구소, 1999); 김영윤, 『북한 핵문제와 남북관계의 진로』(서울: 통일연구원, 2002); 이종석, 『남북협력과 국가안보』(서울: 한국정치학회, 1998); "북한 대남정책의 전개와 변화 과정", (『통일문제연구』, 제4권 제3호, 1992. 가을); 정문헌, 『탈냉전기 남북한과 미국: 남북관계의 浮沈』(서울: 매봉, 2004); 최완규, "Icarus의 비운: 김영삼정부의 대북정책 실패요인 분석", (『한국과 국제정치』, 제14권 제2호, 1998. 가을-겨울); 김재한, "김대중 정부 대북정책의 평가: 의도와 능력", (『통일전략』, 제2권 제2호, 2002. 12); 박영호, "대북정책에 대한 한미 시각차와 정책 조율", (『외교』, 제62호, 2002. 7); 남궁영, "대북정책의 국내정치적 갈등: 쟁점과 과제", (『국가전략』, 제7권 제4호, 2001. 겨울); 전재성, "유화 혹은 포용: 히틀러에 대한 유화정책이 대북정책에 주는 시사점", (『국가전략』, 제6권 제2호, 2000. 여름); 고유환, "남북정상회담 이후 북한의 대남정책 변화", (『외교』, 제64호, 2003. 1) 등이다.

15) 이와 관련한 대표적인 연구 성과는 다음과 같다. 『북핵문제와 대북한 안보전략』(서울: 한국국방대학교 안보문제연구소, 2004); 백종철, 『21세기 한반도평화공존과 평화체제 구축』(서울: 한국세계지역연구협의회, 1999);

위에 열거한 한국학계의 한반도 안보와 관련한 기존연구는 대부분 세부의제를 두고 정교하게 다룬 성과들이다. 이러한 연구의 필요성과 의미는 여기에서 두말할 필요가 없다. 하지만 지역 차원에 입각하여 한반도 안보를 규명하려는 연구가 한국학계에서 별로 많지 않다는 것은 분명한 점이다. 체제와 구조의 의미가 행위자들 사이의 관계에 영향을 미칠 수 있다. 한반도 안보의 실태와 각 행위자 간의 동학관계가 긴밀하게 관련되어 있는 것이다. 따라서 각 행위자 간의 동학관계에 착안한 연구 작업이 한반도 안보의 연구에 있어서 중요한 시각의 하나가 될 것이다. 그런데 위에 열거한 것에 비해 이러한 시각에서 입각한 연구 성과는 한국학계에서 많지 않다고 할 수 있다. 김계동의 『동북아 신질서: 경제협력과 지역안보』, 이장희의 『동북아 지역안보의 현안이슈와 향후전망』, 한국인권재단의 『한반도 평

송대성, 『남북한 군사력 특성과 한반도 평화체제 구축』(성남: 세종연구소, 2002); 조성렬, 『한반도비핵화와 평화체제구축의 로드맵: 「6자회담 공동성명」 이후의 과제』(서울: 통일연구원, 2005); 홍현익, "북핵문제에 대한 한미간 입장 차이와 한국의 대응전략", (『외교』, 제65호, 2003. 4); 김성철, "북핵문제와 일본의 대북정책", (『통일정책연구』, 12권 1호, 2003. 여름); 정욱식, "북핵문제와 한국의 주도적 역할", (『창작과 비평』, 제33권 제1호, 2005. 봄); 김영호, "북핵문제와 한미관계: 현황과 전망", (『통일정책연구』, 제12권 제1호, 2003. 여름); 고유환, "동북아 안보협력과 한반도 편화체제 구축", (『북한연구학회보』, 제7권 제2호, 2003); 한용십, "한반도 평화체제 구축: 내용과 추진전략", (『통일문제연구』, 제14권 제2호, 2002. 하반기); "한반도 평화체제 구축방안", (『국제문제』, 제36권 제4호, 2005. 4) 김창수, "한반도 평화체제구축 논의: 당사자 문제를 중심으로", (『동향과 전망』, 통권13호, 1996 가을); 이철기, "한반도 평화체제: 정치·군사적 분야의 과제와 방안", (『통일문제연구』, 제13권 제1호, 2001. 상반기) 등이다.

화는 가능한가?: 한반도 안보질서의 전환과 평화체제의 모색』, 김태
현의 『신동아시아의 안보질서』 및 강원식의 『통일한국의 등장에 따
라 동북아 안보구조의 변화 대응책』 등이 한반도를 중심으로 한 동
북아지역안보를 다루는 대표적인 저서라고 말할 수 있다. 그런데 그
들 중에 강원식의 저서를 제외하고는 모두 체계적이고 이론적인 세
밀함이 결여되어 있다.

　한국학계와 비교해 중국학계에서는 한반도 안보문제에 대한 논의
가 미·일·러의 대한반도 정책과 중국에 있어서 한반도의 가치, 한
반도의 안보정세변화 그리고 한반도를 중심으로 한 동북아 지역안보
기제 등을 둘러싸고 전개되어 왔다.16)

---

16) 이와 관련한 중국학계의 대표적인 연구 성과는 다음과 같다. 徐緯地,
"朝鮮半島核危機的化解與半島走出冷戰", (『世界經濟與政治』, 2003. 9);
李成亞, "冷戰後美國對朝鮮半島安全政策", (『世界經濟與政治論壇』, 2003.
5); 金强一, "美日東北亞區域戰略與朝鮮半島問題", (『當代亞太』, 2004.
9); 汪權, "俄羅斯對朝鮮半島政策的調整", (『當代亞太』, 2002. 1); 陳峰
君, "21世紀朝鮮半島對中國的戰略意義", (『國際政治研究』, 2001. 4); 陸
俊元, "朝鮮半島的地緣戰略特徵", (『日本學論壇』, 1996. 2); 陸忠偉, "朝
鮮半島與東北亞形勢", (『當代亞太』, 1999. 1); 丁英順, "冷戰後日本對朝
鮮半島政策的調整", (『當代亞太』, 1999. 2) 周丕起, "安全觀, 安全機制
和冷戰後亞太的地區安全", (『世界經濟與政治』, 1998. 2); 羅援, "兩種安
全觀念, 兩種安全模式—東亞地區安全合作的現狀與展望", (世界經濟與
政治』, 2001. 3); 徐進, 李鯤, "東北亞地區安全機制的前景", (『世界經濟
與政治』, 1999. 8); 倪峰, "論東亞地區的政治安全結構", (『美國研究』, 2001.
3); 朱鋒, 朱宰佑, "多邊機製與東亞安全", (『當代亞太』, 1997. 5); 巴殿
君, "論朝鮮半島多邊安全合作機製", (『東北亞論壇』, 2004. 1); 任曉, "六
方會談與東北亞多邊安全機製的可能性", (『國際問題研究』, 2005. 1); 劉
明, "東亞的多邊安全機製與面臨的問題", (『社會科學』, 1998. 3); 唐世
平, "中國的崛起與地區安全", (『當代亞太』, 2003. 3) 등이다.

한반도 안보와 관련한 주제가 중국학계에서 많이 논의되어 있지만, 전체를 체계적으로 다루는 저서는 거의 없다. 그리고 기존 연구 성과는 대부분 정책 지향적이고 논리적 엄밀성 측면에서 볼 때도 결함이 많다.

이런 점들이 한반도 안보문제를 어떻게 다루어야만 한반도 안보의 현상과 미래진로를 제대로 파악할 수 있는가라는 문제의식을 촉발시키고 체계적으로 한반도 안보를 다룰 필요성을 제기한다. 이런 문제의식에 따라 한반도 안보의 여러 측면을 규명한 기존 연구들의 전체적인 결함을 보완하는 작업이 필요하다고 생각하는 필자가 행위자와 구조가 서로 작용하는 차원에서 한반도 안보를 다루고자 이러한 주제를 선택하였다. 즉 본 연구가 한반도 체제의 행위자들의 서로의 안보정책으로 구성된 관계패턴으로 정의하는 안보구조를 연구의 대상으로 삼고 그의 현상과 변천진로를 규명하고자 한다.

구체적으로 말하면 본 연구는 세 가지 목적을 가지고 있다. 첫째, 한반도 안보 현상을 포괄적으로 규명하고자 한다. 많은 학자들이 지적한 바와 같이 탈냉전 시기에 들어오면서 동북아, 한반도 안보질서는 유동적으로 변하고 있다. 유동이란 정태에 벗어나 동태로 전환되는 상태, 즉 불안정한 상태를 말한다. 바로 이러한 이유 때문에 한반도 안보 질서에 대한 포착이 갈수록 어려워지고 있다. 그런데 단순히 유동이란 단어를 사용함으로써 한반도 안보의 실상을 제대로 파악하기는 어렵다. 왜 탈냉전의 흐름에 따라 한반도의 안보 질서가 유동성을 더하고 있는가? 어떤 요소가 한반도의 안보 질서의 유동성을 초래하는가? 탈냉전 시기 세계안보의 지역화 추세에 따라 한반도 안보 현상이 총체적으로 어떤 상태에 처해 있는가? 이러한 문제들에 대해 본 연구는 답하고자 한다.

두 번째 목적은 탈냉전 시기 한반도 안보에 영향을 미칠 수 있는 변수가 무엇인가에 대해 탐구하려는 것이다. 본 연구는 종속변수로서 한반도 안보구조가 탈냉전 시기 처한 상태를 규명한 후에 유동성을 초래하는 요소는 무엇인지, 또한 이에 대한 조정이나 변화에 영향을 미칠 수 있는 독립변수, 특히 핵심적인 독립변수가 무엇인지를 도출해 보고자 한다.

앞으로 한반도 안보구조가 어떠한 방향으로 변화할 것인가에 대한 예측과 판단이 본 연구의 세 번째 목적이다. 특히 한반도 지역을 전 세계적 시야에 놓고 각 지역들이 처해 있는 안보구조의 현상과 비교해 봄으로써 한반도 안보구조의 미래 변화와 그 결정변수에 대해 설명하고자 한다.

제3절 연구 범위와 내용 구성

위에서 논의한 바와 같이 한반도 체제와 안보구조의 성립은 19세기 말부터 시작하였다. 그때부터 역사의 발전단계에 따라 한반도 안보에 개입한 행위자가 변함으로 인해 한반도 안보구조의 상태도 달라졌다. 본 연구는 탈냉전 시기 한반도 체제의 행위자의 안보정책으로 구성된 한반도 안보구조를 연구대상으로 삼고 있는데 구체적인 기간은 한·소 수교가 성립된 1990년 9월부터 북핵 문제에 대한 4차 6자 회담에서 9·19 공동성명이 채택된 2005년 9월 19일까지이다.

이 시기 한반도의 안보태세를 규명하기 위해 본 연구는 먼저 단위 차원에서 출발하여 각 행위자들이 한반도 체제에서의 이익을 도출하고 다음으로 해당 시기에 각 행위자가 처하고 있는 체제와 자기의 국내 상황으로 제정하는 안보정책으로 구성되는 관계 패턴의 존재양태와 특성을 알아보겠다. 다음에는 이러한 관계 패턴의 존재가 역으로 행위자의 정책선태에 적용하고 있는 하나 요인으로 인식하면서 탈냉전기 한반도의 위기를 둘러싸 각 행위자의 정책을 고찰함을 통해 구조의 변천에 영향을 미칠 수 있는 핵심적 변수를 추출할 것이다. 이러한 연구 범위를 두고 본 연구는 다음과 같은 순으로 전개될 것이다.

제1장에서는 본 연구의 문제 소재들을 제시한 후, 한반도 안보문제를 다룬 기존 연구를 간단히 검토하고, 본 연구의 연구목적과 범위를 설명한다. 제2장에서는 본 연구에서 사용할 안보, 구조 및 안보구조라는 혼란스러운 개념들을 정리하고, 안보문제에 있어서 국제정치학의 주류 이론인 현실주의 이론, 자유주의 이론과 구성주의 이론들의 결함을 간단히 검토하며, 대안적인 지역안보복합체이론을 본 연구의 적용이론으로 살펴보고, 아울러 본 연구의 방법과 연구 틀을 제시한다. 제3장에서는 주로 탈냉전 시기 한반도 안보구조의 행위자에 대하여 논의한다. 먼저 탈냉전 시기 한반도 안보구조의 행위자가 누구인지 확정하고, 그들과 한반도 관계의 역사적 맥락을 고찰하여 한반도 안보에 대한 이들의 이익과 개입형태를 도출하며, 다음으로 그들 간의 파워배열관계와 사회구성관계를 검토한다. 제4장에서는 냉전 시기 한반도 안보구조의 상태를 살펴본 후 주로 한반도 안보구조의 세 개의 층위(즉 상층: 미·중·일·러 수준, 중간층: 한미동맹

과 북한동맹 수준, 하층: 남북한수준)의 탈냉전 시기의 변천에 대해 논의한다. 제5장에서는 제4장의 논의를 기초로 한반도 지역에서 위기의 발발과 관리, 그리고 그들을 둘러싼 한반도 안보구조의 행위자 사이 관계의 동학을 고찰한다. 제6장에서는 한반도 안보구조가 어떤 상태에 처하고 있는지와 그에 영향을 미치는 변수가 무엇인지에 대한 논의를 한다. 마지막 전체적으로 본 연구를 정리하고 필자가 본 연구를 작성하는 관정에서 해결하지 못해 남아 있는 과제와 향후 계속해서 노력할 방향을 논의할 것이다.

제2장 이론과 방법

제1절 개념

본 연구는 탈냉전기 특정 지역으로서의 한반도의 안보문제를 다루는 것이다. 먼저 본 연구에서 사용될 주요 개념들을 검토하고 정리하는 것은 중요한 예비 작업이다. 그것은 학문의 엄밀성 때문만이 아니라 본 연구에서 사용될 기본 개념인 안보, 구조 및 안보구조들이 모두 혼란스럽고 많은 논쟁을 야기하고 있는 개념이기 때문이다. 그래서 본 연구의 본격적인 논의를 전개하기 전에 기초적인 개념들을 자세히 정리하는 것이 필수적일 것이다.

1. 안보

먼저, 안보란 개념을 검토, 정리하고자 한다. 이 개념에 대한 논란이 되는 것은 안보라는 개념 자체가 정의되기 어렵기 때문이다.[1] 하프텐돈(Helga Haftendorn)이 지적한 것처럼 "'안보'라는 개념은 내용

---

[1] Helga Haftendorn, "The Security Puzzle: Theory-building and Discipline-building in International Security", *International Studies Quarterly*, Vol. 35, No. 1(1991), pp.3-17 참조. 부잔(Buzan)은 안보개념이 정의하기 어려운 이유는 첫째, 분석적인 목적으로 쓰기 복잡하고, 둘째, 권력의 개념과 상당히 중복되고, 셋째, 국제정치학에서 현실주의 지배에 대한 대항개념으로 평화를 채택하였고, 넷째, 전략연구가 국제정치학의 분과로서 지배했기 때문에 정책 지향적 연구에 치중했고, 다섯째, 정책결정자들에게 안보개념의 모호성이 오히려 선호되었기 때문임을 지적하였다. Barry Buzan, *People, States, and Fear: An Agenda for International Security Studies in the Post-Cold War Era*(1991) 김태현(역), 『세계화 시대의 국가안보』(나남, 1995), pp.28-38.

적으로뿐만 아니라 형식적으로도 모호한 개념이다: 그것은 하나의 목적인가? 하나의 이슈 영역(issue-area)인가? 하나의 개념인가? 하나의 연구 패러다임인가? 하나의 분과(discipline)인가? 하나의 안보개념은 존재하지 않다. '국가안보', '국제안보' 및 '세계안보'란 다른 이슈들을 의미하며 다른 역사적, 철학적 배경에서 기원했다."[2] 또한 안보개념이 물질적인 쪽에 치중하는가? 의식적인 쪽에 치중하는가? 그것은 변화될 수 있는 개념인가? 아니면 변화할 수 없는 고정된 개념인가? 만약 변화될 수 있는 개념이라면 그것의 변화를 야기할 수 있는 요인은 무엇인가? 이런 질문에 대한 대답이 앞으로 안보문제연구의 프로그램(program) 심지어 연구 패러다임의 선택과 개발에 중요한 전제 작업이다.

안보개념의 본질적인 의미를 잘 파악하기 위해 안보란 단어의 어원학적 의미와 이른바 안보학의 발전과정과 그 과정에서 안보연구학자들이 사용한 안보개념의 제기와 변천과정을 결합하는 고찰이 비교적 적당한 방법이라고 생각한다. 그러므로 이어서 어원학과 안보학 차원에서 안보개념을 검토할 것이다.

안보라는 단어가 영어로 "security"란 단어이고 원래 라틴어의 "secura"에서 왔으며 "se"는 어떤 상태로부터 자유로워진다는 뜻이고 "cura"는 불안, 걱정을 뜻하여 이를 합치면 불안 또는 걱정으로부터 벗어난다는 의미가 된다.[3] 이런 맥락에 따라 어떤 학자들이 안보라는 개념은 주로 '가치(value)'와 '위협(threat)'이라는 두 가지 기준에

---

2) Helga Haftendorn, "The Security Puzzle: Theory-building and Discipline-building in International Security", p.3.

3) 정준호, 『한미안보정책론』(서울: 법문사, 1981), p.15.

의하여 정의될 수 있다고 주장한다. 예를 들어 올퍼스(Wolfers)에 의하면 안보란 "객관적 의미에서는 취득한 가치에 대한 위협의 부재를, 주관적 의미에서는 그러한 가치가 공격을 받을 것이라는 두려움의 부재"를 의미한다.[4] 트랭거와 시모니(Trager & Simonie)는 국가안보를 "현존하거나 잠재적인 적국으로부터 핵심적인 국가가치를 보호하고 확대하는 것"이라고 정의한다.[5] 보다 단순화하여 안보란 "위협의 부재(absence of threats)" 혹은 "위협으로부터의 해방(freedom from threat)"을 추구하는 것이라고 정의되기도 한다.[6]

학술발전 차원 측면에서 보면 안보연구는 하나의 학술 분야로서 제2차 세계대전 이후, 냉전체제의 등장과 핵무기의 개발이라는 외교정책과 군사기술에 있어서의 획기적 변화에 자극 받아 서구 국가들, 특히 미국을 중심으로 발전하였다.[7] 제2차 세계대전 끝난 후부터

4) Arnold Wolfers, "'National security' as an Ambiguous Symbol", *Political Science Quarterly*, (December 1952).

5) Trager, F.N. and Simonie, F.L., "An Introduction to the Study of national Security", Trager, F.N. and Kronenberg, P.S. eds, *National Security and American Society: Theory, Process and Policy*(Lawrence, Kansas: University Press of Kansas, 1973), p.36.

6) Ken Booth, "Security and Emancipation", Review of International Studies, 17, No. 4, (1991).

7) 안보학은 1950년대 중반 '대량보복'과 같은 핵전략의 개발과 함께 본격적으로 독자적인 영역을 구축되기 시작하였다. 그 이전에는 전쟁과 평화에 대한 체계적과 분석적인 노력이 있었지만 기본적으로 당시의 안보학은 국제관계, 외교정책과 같이 보다 넓은 학문적 틀 안에서만 다루어졌다. 안보학의 발전과정에 대한 자세한 논의는 Richard Smoke, "National Security Affairs", In Fred I. Greenstein and Nelson W. Polsby, eds, *Handbook of Political Science, Volume 8: International Politics*(Massachusetts: Addison –

1960년대 중반까지의 이른바 안보연구의 "황금시기"(The Golden Age) 혹은 "제1차 파도"(The first wave) 기간을 거치면서 여러 가지 원인들로 인해 1960년대 중반에 이르러서는 안보연구의 "황금시기"가 끝나서 적막한 시기에 들어섰다.[8] 베트남 전쟁의 종결, 포드 재단(Ford Foundation)의 안보 분야 관련 학술 센터(center)들에 대한 지원(spon-sor) 및 '국제안보(International Security)'라는 잡지의 창설로 1970년대 중반에 안보연구가 다시 부흥했다. 냉전이 종식되어 탈냉전시대에 들어서면서 안보개념의 심화와 확대, 새로운 연구프로그램의 개발에 따라 안보연구도 새로운 발전단계를 맞이하고 있다.

이처럼 안보학은 학술분과(subdiscipline)로서 여러 가지 단계를 거쳤지만 크게 나누면 냉전기의 안보연구와 탈냉전기 안보연구라는 두 개 단계로 구분할 수 있다.

Wesley, 1975); Stephen M. Walt, "The Renaissance of Security Studies", *International Studies Quarterly*, (35, 1991), pp.211－239; David A. Baldwin, "security Studies and the End of the Cold War", *World Politics*, 48, No. 1(October 1995); Steven E. Miller, "International Security at Twenty－five: From One World to Another", *International security*, Vol. 26, No. 1(Summer 2001), pp.5－39 등 참조.

8) 월트(Stephen M. Walt)에 의하면 1960년대의 안보학연구의 부진은 아래와 같은 원인들 때문이다. 첫째, 이 시기에 이르러 안보연구의 프로그램이 없는 상황에 도달했으며 둘째, 제1파도 시기의 학사들이 우수한 박사학생들을 양성하지 못했다. 셋째, 베트남 전쟁이 하나의 요인이 되었으며, 인도차이나(indochina)에서의 패주는 안보 분야의 몇몇 초기 연구결과들에 의혹을 제기할 뿐만 아니라 많은 대학들에서 안보업무연구의 인기를 떨어뜨렸다. 넷째, 미국과 소련 사이의 데탕트가 전쟁에 대한 연구를 덜 중요하게 만들었다. Stephen M Walt, "The Renaissance of Security Studies", pp.211－239 참조.

위에 서술했듯이 안보학의 발전과정과 안보란 단어의 본질적 의미를 결합하면 전통적인 안보개념은 대체로 국가중심과 군사중심의 개념이라고 지적할 수 있다. 바꿔 말하면 안보의 주체(主體)는 국가이고 안보의 내용이 군사적이다. 즉 안보는 국가안보를 의미하고 국가안보란 일반적으로 대외적・군사적 차원에서 이해되어 왔다. 그런데 홍용표가 지적했듯이 이와 같은 정의는 국가의 핵심적 가치란 무엇이며, 이에 대한 위협에는 어떤 종류가 있는가라는 의문을 제기하게 된다.[9] 특히 이런 질문은 냉전 종식한 후에 안보개념의 심화와 확대를 둘러싼 논쟁의 여지를 제공한다.

전통적 안보의 국가중심과 군사중심적인 경향은 가치, 위협과 관련한 다음 몇 가지의 인식에 기초한다. 첫째, 정치적 독립 및 영토의 완전이 국가의 핵심적 가치이다. 둘째, 이러한 가치에 대한 위협은 즉각적으로 안보문제를 초래한다. 셋째, 한 국가의 안보에 대한 위협은 주로 국경 밖에서부터 가해진다. 넷째, 대부분의 위협은 본질적으로 군사적인 것이며 따라서 군사적 대응을 필요로 한다. 이와 같은 인식은 초강대국인 미국과 소련이 자국의 안보를 핵무기에 의한 '공포의 균형(balance of terror)'에 의존한 냉전적 상황을 반영한 것이라고 할 수 있다.

미국과 소련을 비롯한 동서진영대결의 냉전구조가 와해되면서 냉전기에 기존의 대외적・군사적 차원중심의 안보연구에 대한 반성과 함께 안보문제에 있어서 대내적・비군사적 차원의 중요성을 부각시

---

9) 홍용표, "탈냉전기 안보개념의 확대와 한반도 안보환경의 재조명", 『韓國政治學會報』, 36期, 4號(2002년 겨울), p.123.

키려는 노력이 증가했다. 안보문제가 '국가가 국가외부의 군사적인 위협으로부터 얼마나 안전하가'의 문제를 다루는 데서 벗어나 '인간이 국가외부는 물론 국가 내부의 군사적 혹은 비군사적인 위협으로부터 얼마나 안전하가'의 문제를 다룰 필요성이 제기되고 있다.10) 이런 논리에 따라 안보개념의 변화와 재정리에 대한 논의가 안보개념의 확대(broadening)와 심화(deepening)라는 두 가지 측면에서 전개되고 있다.

이른바 안보개념의 확대는 안보를 위협하는 근원이나 안보 수단이 군사적 차원은 물론 경제 차원과 복지, 정보 체계의 안전, 인류의 생존 조건으로서의 환경 등의 차원에서도 현실을 반영하여 확대되고 있다. 이에 따라 전통적인 군사안보 이외에 경제안보, 사이버안보, 그리고 환경안보 등 개념이 새로 주목을 받고 있다.

이른바 안보개념의 심화는 국가단위가 더 이상 안보의 적절한 대상이 아니며 최소한 유일한 대상이 아니라는 의미이다. 국가 이외에 소수집단, 인종집단, 종교집단, 그리고 문화집단과 같은 '사회'를 비롯해서, 인간 최소 생존 조건을 요구하는 '개인', 복수국가로 이루어지는 '초국가공동체' 등도 국가단위 수준만큼 안보 대상이 될 수 있다. 이에 따라 전통적인 국가안보 이외에 사회안보, 인간안보, 그리고 공동체안보 등 개념들이 새로 등장하고 있다.

안보개념의 확대와 심화를 통한 안보개념의 재정리는 전통적 안보개념에 대한 반성에서부터 시작했다. 이런 주장을 가지고 있는 학자

---

10) 남궁곤, "라카토스식(Lakatos) 『국가안보 프로그램』발전을 통해 본 안보개념의 심화와 확대", 『國際政治論叢』, 제42집, 4호(2002), p.74.

들에 의하면 전통적 안보개념에 대한 반성과 정리가 필요한 것은 다음과 같은 원인들 때문이다. 첫째, 군사 중심적 안보개념은 국제환경의 현실을 왜곡시킬 수 있으며,[11] 둘째, 군사적 위협에만 집중할 경우 정치·사회·경제·환경적 문제 등 안보에 보다 위협적일 수도 있는 요인들을 간과함으로써 총체적 안보태세를 감소시킬 수 있으며, 국제적 충돌을 야기할 수 있는 국내문제가 고려되어야 한다.[12] 셋째, 안보연구가 '안보'에 대한 이중성(duality), 즉 주권과 연결된 국가안보(state security)와 정체성(identity)과 연결된 사회 안보 (societal security)의 이해에 적용되어야 한다.[13] 넷째, 국제관계를 군사화시킴으로써 장기적으로 세계적 불안정을 초래할 수 있다는 것이다.[14] 이에 따라 안보개념의 재정의를 주장하는 학자들은 안보개념이 목적(goal)으로서 뿐만 아니라 결과(consequence)로서도 정의되어야 한다고 주장한다.[15]

비록 안보개념에 대한 재정리의 주장이 존재하더라도 안보개념을

---

11) Richard H. Ullman, "Redefining Security", International Security, Vol. 8, No. 1(Summer 1983), p.129; Jessica Tuchman Mathews, "Redefining Security", *Foreign Affairs*, (Spring 1989), p.162.

12) Richard H. Ullman, "Redefining Security", pp.133 – 134; David A. Baldwin, "Security Studies and the End of the Cold War", p.131.

13) Ole Wæver, Barry Buzan, Morton Kelstrup, and Pierre Lemaitre, eds, *Identity, Migration and The New Security Agenda in Europe*(London: pinter, 1993), p.25.

14) Barry Buzan, *people, States and Fear: An Agenda for International Studies in The Post-Cold War Era* 2nd ed., (Boulder: L. Rienner Publisher, 1991), 제3장 참조.

15) Richard H. Ullman, "Redefining Security", p.133.

과도하게 확장시키는 데 대한 비판적 시각을 가지고 있는 학자도 존재한다.16) 예를 들어 월트는 안보의 개념을 너무 넓게 확장할 경우 학문적 응집력(coherence)을 손상시킬 뿐만 아니라 오염, 질병, 경제체제 등의 중요한 문제에 대한 해결 방안을 세우기가 더욱 어렵다는 것이며, 또한 다른 위협의 존재는 무엇보다 전쟁이란 위험을 제거할 수 없다고 주장한다.17) 도드니(Daniel Deudney)도 인간의 복지가 의존하는 자연환경의 악화(degradation)가 인간사회의 도전과제이기는 하지만 그것은 폭력에 기원하는 국가안보와는 아무런 관계가 없다고 주장하고 있다.18) 이른바 '인간안보'라는 개념에 있어서, 롤랜드 파리스(Roland Paris)도 이 개념이 많은 다른 뜻을 가지고 있으며 새로운 안보의 개념화(a new conceptualization of security) 혹은 충돌의 근원에 대한 신념체계(a set of beliefs about the sources of conflict)

---

16) 안보개념에 대한 넓게 확장을 반대하는 대표적인 학자들과 저작들이 다음과 같다. Stephen M. Walt, "The Renaissance of Security Studies", *International Studies Quarterly*, 35(1991), pp.211－239; Roland Paris, "Human Security: Paradigm Shift or Hot air?" *International Security*, Vol. 26, No. 2(fall 2001), pp.87－102; Daniel Deudney, "The Case Against Linking Environmental Degradation and National Security", *Millennium: Journal of International Studies*, Vol. 19, No. 3, (1990), pp.461－476; Mohammed Ayoob, *The Third World Security Predicament: State Making, Regional Conflict, and the International System*(Boulder: Lynne Rienner Publishers, Inc., 1995); Robert Mandel, *The Changing Face of National Security: A Conceptual Analysis*(Westport, Conn.: Greenwood Press, 1994).

17) Stephen M. Walt, "The Renaissance of Security Studies", p.213.

18) Daniel Deudney, "The Case Against Linking Environmental Degradation and National Security", *Millennium: Journal of International Studies*, Vol. 19, No. 3(1990), p.474.

로서 모호한 만큼 거의 무의미한 개념이며, 따라서 학술적 측면에서나 정책결정자에게나 실질적인 지침을 제공할 수 없다고 지적했다.[19] 따라서 이러한 비판론자들은 국제관계에서 평화의 문제는 군사력과 직결되어 있기 때문에 안보연구는 군사적 측면을 중심으로 이루어져야 한다고 하는 동시에 비군사적 측면의 중요성을 인정하는 경우에도 그러한 요인들을 안보문제에 반영함에 있어서 매우 신중해야 한다는 점을 강조하고 있다.

앞에서 살펴본 바와 같이 안보개념에 대한 학자들 간의 논쟁이 일어난 것은 이 개념의 모호성과 직결될 뿐만 아니라 학자들이 소속되어 있는 국가나 지역의 안보환경이나 발전수준 등의 요인과도 관련되고 있다. 예를 들어 국가주권이나 민족을 여전히 강력하게 강조하고 있는 동북아 지역의 학자들에 비해 지역통합과 시민사회의 발전수준이 높은 서유럽의 학자들이 안보개념에 대한 재정리의 목소리도 강하다. 동아시아 지역에서 안보개념의 재정리를 강조하고 있는 학자들이 존재하기는 하지만 전통적인 안보개념을 고수하고 있는 학자들에 비해 우세를 차지하는 것을 보이기는 힘들고 항상 안보정책의 제정자에게 안보현실을 잘 이해하지 못한 이상주의자로 비웃는다. 따라서 안보개념의 재정리가 필요한지, 필요하지 않은지의 학술적인 논쟁이 학술발전에 기여할 수 있지만, 이를 지역별 및 실제적인 정책과 분리한다면 의미가 없을 것이다. 왜냐하면 이와 같은 다양한 안보개념을 모든 나라에 일률적으로 적용할 수는 없으며, 국가

---

19) Roland Paris, "Human security: Paradigm Shift or Hot Air?" *International Security,* Vol. 26, No. 2(Fall 2001), p.102.

의 내외적 여건들 특히 그의 취약성에 따라 안보환경은 달라지고 있다. 그리고 한 국가의 안보에 대한 위협요인들도 시간이 지남에 따라 끊임없이 변화하고 있다. 그러므로 본 연구의 대상은 어떤 지역에서의 국가형태의 행위자들이 각각 가지고 있는 안보개념으로부터 파생된 안보정책으로 형성되는 안보구조이기 때문에 실질적으로 안보정책이 안보개념의 재정리를 어느 정도로 인정하느냐에 대한 검토가 더 필요하다.

실제적으로 비록 안보개념의 재정리에 대한 비판적인 목소리가 존재하고 있지만 경제안보와 환경안보는 국가안보 연구의 한 영역으로서 이미 확실히 자리를 잡아가고 있으며 국가의 안보정책에 도입되는 모습도 보이는 것 같다. 경제안보는 복지와 국력의 수준을 유지하기 위해 필요한 자원이나 금융과 시장의 접근과 관련함으로써 이미 오래전부터 중요한 안보문제로서 인식되어 왔으며, 탈냉전 이후 군사적인 위협의 감소와 세계화 추세가 급속히 진행되면서 경제적 위협에 대한 관심은 더욱 커지고 있다. 수출에 대한 제재, 통화가치에 대한 원치 않은 압박, 외환위기 등과 같은 경제적 위협은 국가의 경제적 기반을 약화시킬 뿐만 아니라 그 결과가 군사적·정치적 분야로 쉽게 확대될 수 있다. 또한 전통적으로 인식되어 왔듯이 경제력의 뒷받침 없이는 군사력은 물론 전반적인 국가의 파워와 위상을 유지하기 어렵다는 점에서 경제적 위기는 국가안보의 취약점으로 작용할 수 있다. 경제문제는 한 나라의 정치·사회적 안정성과 밀접히 연결되어 있으므로 적지 않은 국가들이 경제적 위협을 국가안보에 대한 내부로부터 위협요인으로 작용할 수 있다[20]고 인식하고 각자의 안보정책을 결정할 때 하나의 고려사항으로 삼고 있다.

환경안보문제도 마찬가지다. 환경의 파괴가 경제·사회적 혼란을
야기하고, 이러한 혼란이 국가 내에서 혹은 국가 간의 갈등과 폭력
을 유발할 수 있다는 측면에서 국가안보의 문제로서 인식되고 있
다.21) 산성비, 오존층의 파괴, 온실효과에 의한 기후 변화, 그리고
자원고갈 등과 같은 환경적 위협은 군사적 위협과 마찬가지로 국가
의 물질적 기반을 해칠 수 있기 때문이다.22)

안보개념에 대한 검토의 목적은 본 연구에서 어떤 의미로는 이와
같은 혼란스러운 안보개념을 사용할 것인가라는 문제를 해명하기 위
해다. 위에서 이론적인 접근방식을 통해 안보란 개념을 정리해 보았
다. 이와 더불어 한반도 지역체제에서 각 행위자의 발전수준과 체제
차이 등의 실태요소를 고려하여 본 연구는 다음과 같은 의미로 안보
개념을 사용하고자 한다.

① 첫째는, 안보의 주체(主體)를 국가로 상정한다. 즉 본 연구는
   이른바 초국가적인 인간안보나 사회안보 및 공동체안보 등에
   관한 논의를 제외할 것이다. 탈냉전시대의 도래에 따라 비국가
   기구들이 인간복지를 둘러싸 안보문제를 활발하게 다루고 있
   기는 하지만, 국제사회의 제도적 측면에서 안보문제를 다루고

---

20) Barry Buzan, *People, States and Fear: An Agenda for International
   Studies in The Post–Cold War Era*, pp.123–131.

21) Richard H. Shultz, Roy Godson & Ted Greenwood, eds, *Security Studies for
   the 1990s*(New York: Brassey's, 1993) 제11장 참조.

22) 미국학자인 레비(Levy)는 오존층의 파괴와 기후변화는 미국의 핵심적
   가치를 침해하고 있으며 따라서 미국의 안보이익에 대한 직접적인 위
   협이라고 주장한다. Marc A. Levy, "Is the Environment a National
   Security Issue?" *International Security*, 20, No. 2(Fall 1995).

있는 주체는 여전히 국가이다. 이것은 국제사회의 체제에서 기본적인 변화가 없고 주권을 강조하는 국가로 구성된 무정부적 국제체제가 여전히 주도적이기 때문이다.

② 둘째는, 본 연구에서 다루는 안보의 주제(主題)인 전통적 군사·정치적 중심의 안보 관념을 기초로 탈냉전 시기의 안보내용의 확대, 특히 세계화의 진전으로 경제 의존도가 높아짐에 따라 확대되는 안보개념을 수용할 것이다.

이러한 의미로 안보개념을 사용하는 것이 동북아 중심 지역에 위치하고 있는 한반도 체제의 안보현상에 보다 부합한다고 생각된다.

2. 구조

본 연구의 기초개념으로서 구조(structure)도 안보 개념만큼 혼란스러운 개념이다. 안보 개념의 정의가 어려운 것은 그것의 모호성(ambiguity) 때문이며, 구조라는 개념의 정의가 어려운 것은 그것의 추상성(abstract)과 망라성(inclusion) 때문이다. 또한 국제정치를 연구하는 학자들이 항상 이 개념을 체계(system)나 질서(order) 등 의미가 비슷한 개념들과 혼동하여 사용함으로써 더 혼란스럽고 이해하기가 어려워졌다. 그래서 본 연구의 핵심 개념인 안보구조를 정의하기 전에 구조라는 개념과 그와 유사한 체제 및 질서라는 개념들을 구별하고 그들의 장점과 단점, 그리고 그들이 어떤 영역과 어떤 측면에서 적용할 때 설명력을 더 지닐 수 있는가 등에 대한 검토가 필요하다.

구조라는 단어도 구성한다는 뜻인 라틴어로부터 왔는데 동사 'struere'

와 그 명사형인 'structura'유래하였다. 17세기에 이르러 해부학과 문법의 연구에까지 그 의미가 확대되어 적용되기 전까지 그것은 전적으로 건축학상의 용어였다. 17세기 이후 신체기관의 배열도 일종의 '건축물'(construction)로 간주되었으며, 언어 역시 '구조화된'(structured) 성격을 띤 구어적 어휘의 배열로 이해되었다. 그 용어는 항상 전체(whole)를 이루는 부분 및 그들 간의 상호관계를 지칭했다. 19세기에 이르러 스펜서는 처음으로 생물학에서 사용되었던 그 용어를 새로운 '인간과학'(sciences of man), 즉 사회과학의 용어로 옮겨 사용하기 시작했고 이내 사회과학자들이 좋아하는 어휘가 되었다.[23) 그런데 이 개념은 사회적 상호적용과 사회적 관계를 서술하는 메타포(metaphor)로서 오랫동안 사용되어 왔지만 정확하게 개념화되지는 못했다.[24)

레비-스트로스(Levi-Strauss)에 따르면 구조(사회구조)의 개념은 경험적인 실체를 언급하는 것이 아니라, 그것으로 구성된 모델을 언급하는 것이다.[25) 그리고 그는 사회관계와 사회구조로 구분하여, 사회구조를 경험적 실재 그 자체보다는 경험적 실재에 기초한 모델로 규정한다면, 하나의 모델로서 구조는 몇 가지의 필수요건을 갖추어야 한다고 말한다.[26) 첫째, 구조는 체제의 특징들을 보여준다. 구조

---

23) M. Glucksmann, *Structuralist Analysis in Contemporary Social Thought*, 정수복(옮김) 『구조주의와 현대마르크시즘』(서울: 한울, 1983), p.33.

24) J. H. Turner, *The Structure of Sociological Theory*(Homewood: Dorsey Press, 1982), p.407.

25) E. Laszlo, "System and Structure", in E. Laszlo, *Systems Science and World Order: Selected Studies*(New York: Pergammon Press, 1983), pp.104-105.

26) R. Keat and J. Urry, *Social Theory as Science*(London: Routledge and

는 몇 가지 요소들로 구성되어 있는데, 이들 요소의 각각의 변화는 모든 다른 요소들의 변화를 야기한다. 둘째, 모든 모델은 언제나 동일한 유형의 모델군에 귀속될 수 있는 일련의 변화질서가 가능해야 한다. 셋째, 구조의 몇몇 요소들이 어떤 변화를 일으킬 경우 모델은 위의 성격에 의해서 이런 변화에 어떻게 대응하는가를 예측할 수 있어야 한다. 마지막으로, 이러한 모델은 관찰된 모든 사실들이 직접 이해될 수 있도록 구성되어야 한다.[27] 그래서 사회구조의 연구가 중요한 이유는 바로 구조는 모델이고 그것의 형식적 속성은 구성요소와 관계없이 독립적으로 비교될 수 있다는 데 있다.[28]

이처럼, 구조라는 개념은 해부학과 건축학의 개념에서 사회과학으로 차용되어 사회과학의 연구에 새로운 접근방법을 제공해 왔다. 그런데, 왈츠(Waltz)가 지적했듯이 구조라는 개념은 의미적으로 이미 포괄적인 개념이 되었으며, 그것이 무엇이든지 의미한다면 구체적으로 아무런 의미가 없다.[29] 따라서 구조라는 단어 앞에 아무 한정사(限定詞)를 붙일 수 있을 것 같은데 비교적 거시적 단어(예를 들어 정치, 경제, 사회)를 붙일 수 있으며, 비교적 구체적인 단어(예를 들어 정당, 인구, 식량)도 붙일 수 있다. 그리고 구조라는 단어가 한정사로서 다른 명사와 같이 하나의 용어(예를 들어 구조적 원인, 구조적 조건, 구조적 전환, 구조조정)로도 항상 사용되고 있다. 모든 범

Kegan Paul, 1975), pp.123 - 124.

27) 정수복, 『구조주의와 현대마르크시즘』, p.54.

28) 위의 책, p.55.

29) Kenneth N. Waltz, *Theory of International Politics*(The McGraw - Hill Companies, Inc, 1979), p.73.

위와 모든 영역에서 구조 개념이 사용되고 있다는 것은 이 개념이 남용되고 있다고도 할 수 있지만, 구조가 강력한 설명력을 확실히 지니고 있다는 것도 되겠다.

위에 언급한 것처럼, 실제로 구조라는 개념은 두 가지 수준에서 사용될 수 있는 개념이다. 첫째는 일반구조이론(general structure theory)에서 정의하는 '구조' 개념으로서, 구성요소들이 유기체적으로 상호작용하는 분석대상에 대하여 분석목적상 하나의 분석단위로 상정하는 실체적 또한 관념적 구성체로서의 개념이며, 둘째는 구체적 분과학문 영역에서 어떤 분야의 연구주제의 체제(system)수준의 분석단위로 사용되는 개념이다. 전자는 메타 이론적인 의미를 가지고 있는 개념이고, 후자는 분과학문에서의 개념이다. 본 연구는 한반도 지역의 안보 영역에 대한 과제이기 때문에 후자의 의미로 이 개념을 사용할 것이다.

총체적으로 보면 현대의 구조이론(structural theory)은 사회과학에서 3가지의 연구방향이 있다, 첫째는 크기·분화·이질성·불평등과 같은 구조의 속성(structural properties)에 관심을 가지는 거시구조의 접근법(macro-structural approach)이다. 둘째, 구조는 상호작용으로 구성된 것이라고 보는 미시구조의 접근법(micro-structural approach)이다. 셋째, 명시적으로 거시적 분석과 미시적 분석의 통합을 시도하는 앤소니 기든스(Anthoy Giddens)의 구조화이론(structuration theory)이다.[30] 현실주의국제정치학자인 왈츠(Waltz)는 거시 구조적 접근법의 입장에서 입각하여 체계(system)라는 개념과 연결하여 구조의 개

---

30) J. H. Turner, *The Structure of Sociological Theory*, pp.420-421.

념을 정의한다. 체계는 구조와 서로 상호작용하는 단위들로 구성되어 있고, 구조는 '체계 전체를 전체적으로 볼 수 있는 체계수준의 구성요소이다'는 것을 정의한다. 그러므로 구조는 단위의 속성, 단위의 성격, 단위 간의 상호작용에서 구별되어야 한다. 즉 단위수준의 변수와 체계수준의 변수를 구별하여 단위수준의 변수를 생략함으로써 구조를 정의할 수 있게 된다. 그리하여 구조는 조건, 환경, 상황, 맥락같이 통상적으로 사용되는 모호하고 애매한 체계적 개념을 대체할 수 있는 유용한 개념으로 발전될 수 있다.[31)

결국 구조를 정의하는 것은 단위들이 서로 어떻게 관련되어 있으며, 어떻게 상호작용하는가를 무시한다. 그 대신에 단위들이 어떻게 배열되어 있고, 어떤 위치에 있는가에 초점을 맞추는 것이다. 왜냐하면 상호작용은 단위수준에서 발생하지만 단위들의 배열은 단위의 속성이 아니라 체계의 속성이기 때문이다. 그리하여 행위자의 성격, 행위자의 행동, 그리고 행위자 간의 상호작용을 무시한다면 사회에 대한 전방위(positional)의 구조에 도달할 수 있다. 이것으로부터 3가지의 명제를 도출할 수 있다. 첫째, 특성·행동·상호작용이 변할지라도 구조는 지속될 수 있다. 즉 구조는 행위와 상호작용으로부터 엄격히 구분되기 때문이다. 둘째, 구조는 부분의 배열이 유사한 경우에도 적용된다. 셋째, 이렇기 때문에 한 영역에서 발전시킨 이론은 약간의 수정으로 다른 영역에도 적용시킬 수 있다.[32) 이에 따라 왈츠는 구조를 3가지 요소로 정의하고 있다. 즉 배열의 원칙(ordering

---

31) Kenneth N. Waltz, *Theory of International Politics*, p.79.
32) *Ibid.*, p.80.

principles), 단위의 특성(the character of the units) 및 능력의 배분
(the distribution of capabilities) 등이다.

국제정치의 연구에서 구조와 같이 항상 혼용되는 용어로는 체계와
질서가 있어 지역안보의 양태를 보다 잘 설명하기 위해 적당한 개념
을 선택할 필요가 있다. 국제정치학에서 '시스템(system)'이라는 단어
는 크게 두 가지 의미로 사용되고 있다.[33] 만약 한국어로 설명한다
면 하나는 '체계(體系)'이고, 다른 하나는 '체제(體制)'이다. 전자는
하나의 분석단위로 상정하는 실체적 또는 관념적 구성체로서의 개념
이고, 후자는 실제 국제관계에서 형성되는 제도를 지칭하는 의미로
서의 개념이다. 실제적인 의미를 보면 전자는 구조(structure)와 유사
하고 후자는 제도(regime)와 비슷하다. 구미학계에서 'system'이 양
개념을 모두 포괄하는 용어로 사용되어 왔지만 상황에 따라서 어떤
면에 편중되어 사용된다. 왈츠가 제시한 'systemic approach'은 바로
체계적 측면에 치중하고 있다. 이것은 서구 사회과학에서의 표현습
관 때문이다. 서구 학술을 도입하는 이른바 서학동진(西學東進)과정
에서 이를 구분해야 하고 우리의 사고방식과 언어습관에 부합되어야
된다고 생각한다. 그런데 왈츠의 'systemic approach'과 월러스타인
(Immanuel Wallerstein)의 'World System Perspective' 등을 소개하고
도입하는 과정에서 한국학계에서 '체계' 개념을 '체제'개념과 구분하
는 학자들도 있었지만,[34] 학자들 대부분이 '체제'라는 용어를 보다
친숙하게 받아들이고 있다. 실제적인 의미를 보면 '체제'라는 용어가

---

33) James E. Dougherty and Bobert L. Pfaltzgraff Jr., *Contending Theories of International Relations*(New York: J. B. Lippincott Company, 1971), p.116.
34) 예를 들어, 김병국, 『국가·지역·국제체계』(서울: 나남출판, 1995).

서구 학계의 상황과 같이 점차 양자를 포괄하는 개념으로 사용되고 있는 추세이다. 비록 이를 학계에서 학자들이 납득할 수는 있겠지만, 혼란을 야기할 수 있는 것도 사실이다. 그렇기 때문에 본 연구는 '체제'라는 용어를 선택하지 않고 '구조'라는 용어를 선택할 것이다.

질서(order)도 국제관계학자들이 좋아하여 항상 사용하는 개념인 것 같다. '국제질서', '지역질서', '경제질서', '안보질서', '신질서' 등 용어가 항상 보일 수 있다. 그런데 영국학계(English School)를 중심으로 발전하여 온 질서 개념은 현재에도 여전히 저발전된 상태로 남겨져 있는 애매한 개념이며, '국제질서' 역시 개념상의 회색지대에 놓인 모호한 개념 중의 하나라고 인식되고 있다.[35]

국제정치학에서 '질서'개념을 도입했다고 할 수 있는 불(Hedley Bull)에 의하면, 질서는 '사회생활에서 요구되는 기본적이고, 중요하며, 보편적인 목표들을 유지하고 있는 인간행위의 특정한 패턴'을 의미하며, 국제질서는 '국가 간 사회 또는 국제사회의 기본적이고 중요한 목표들을 유지하는 행위패턴'을 의미한다.[36] 불의 국제질서 개념이 가지고 있는 가장 큰 문제점은 역시 국제질서를 곧 국제사회와 동일시한다는 점이다.[37] 즉 그에 의하면 국제사회가 존재하는 곳

---

35) Muthiah Alagappa, "The Study of International Order: An Analytical Framework", Muthiah Alagappa, ed., *Asian Security Order: Instrumental and Normative Features*, (Stanford University Press, 2003), p.34.

36) Hedley Bull, *The Anarchical Society: A Study of Order in World Politics*(New York: Columbia University Press, 1977), pp.5 - 8.

37) Buzan, Barry, "From International System to International Society: Structural Realism and Regime Theory Meet the English School", *International Organization*, Vol. 47, No. 3(Summer 1993), p.332; Muthiah Alagappa, "The

에 국제질서는 존재하게 된다. 예를 들어 근대국제체제(modern international system)는 국제사회이므로, 근대국제체제는 국제질서를 내재한 체제로 인식된다.[38] 이러한 포괄적 개념은 시기별과 지역별에 따라 다른 특징이 있는 국제관계를 묘사할 때 무(無)차별화시킬 경향이 있다는 단점을 안고 있다. 이것은 바로 불의 정의의 논리로 인해 생기는 결과이다. 불에 의하면 질서는 국제사회의 '행위패턴'이며, 근대국제체제에 적용하면 국가 간의 '행위패턴'도 물론 존재해 오고 있다. 그런데 시기별과 지역별에 따라 이른바 '행위패턴'의 실질은 다르지만, 불의 정의가 이를 반영할 수 없다.

랜달 슈웰러(Randall L. Schweller)가 지적한 바와 같이, 질서라는 개념에 대한 정의가 많은 것만큼 질서의 종류가 또한 많다. 한 체제의 질서원칙을 언급할 때 질서는 구성부분들이 어떻게 연결되었는가, 즉 각 부분들이 어떻게 배열(arrange)되어 있고 같이 작용(function)하는가를 의미한다. 사회질서가 나타낸 질서의 수량(질서가 의도적이든, 무의도적이든 막론하여) 및 질서를 공급(provide)하는 메커니즘(mechanisms)의 유형에 따라서 변화한다.[39] 국제정치질서에 대해 아이켄베리(Ikenberry)는 국가군(群)의 '통치'(governing) 배열로 정의한다. 이러한 정의의 초점은 질서의 구성부분으로서의 국가 간의 핵심관계를 한정하는 명시적 원리, 규칙, 제도들에 있다. 이것은 질서

Study of International Order: An Analytical Framework", pp.36 - 39.

38) Hedley Bull, *The Anarchical Society: A Study of Order in World Politics*, p.51.

39) Randall L. Schweller, "The Problem of International Order Revisited", *International Security*, Vol. 26, No. 1(Summer 2001), p.169.

라는 개념을 국가들 간의 상호관계와 진행 중인 상호적용에 대한 기대를 결정하는 '정착된 배열(settled arrangements)'로서 한정시킨다.[40] 그런데 이러한 정의는 선택(alternative)보다 제도적(constitutional) 질서들에 치중하며, 특히 "명시적(explicit)"게임의 규칙과 "고정된 배열(settled arrangement)"은 선택이 아닌 제도적 질서(constitutional)에 기초적이다. 예를 들어 가장 보편적 구도인 세력균형(balance of power)은 원칙, 규칙 및 제도(institution)에 대한 명시적 합의를 필요로 하지 않는다. 그 대신에 강대국 간의 세력균형인 구성형태에서의 질서가 국가들이 균형적 세력을 추구한 결과로서가 아니라 우세를 추구한 결과로서 나타난다. 그런데 아이켄베리(Ikenbery)의 정의에 따라 이러한 유형은 질서가 전혀 아니고 바로 무질서(disorder)이다.[41]

이처럼 "질서"라는 개념의 제시와 분류를 통해 국제관계의 모두 양태를 다 묘사할 수 있는가라는 문제를 제시할 수 있다. 만약 있다면 "무질서(disorder)"라는 개념은 어떻게 해석하는가? 그것은 질서와 어떤 관계를 지니고 있는가라는 문제들을 회피할 수 없을 것이다. 실제는 "무질서"도 "질서"의 하나의 종류이다. 질서라는 용어가 이런 단점을 지니고 있으므로 개념화의 작업과정에서 특히 국제질서의 유형에 대한 개념화를 근본적으로 차단함으로써 국제관계를 논의할 때 분석적 유용성을 저하시킨다. 그렇기 때문에 비록 질서라는 개념은 국제관계를 묘사할 때 형상성(形象性)이란 장점을 가지고 있지만

---

40) G. John Ikenberry, *After Victory: Institutions, Strategic Restraint, and the Rebuilding of Order after Major Wars*(Princeton: Princeton University Press, 2001), p.23.

41) Randall L. Schweller, "The Problem of International Order Revisited", p.170.

본 연구는 질서개념을 기초개념으로 사용하지 않을 것이다.

그럼에도 불구하고 안보구조를 보다 잘 설명하기 위해 체제, 질서 등의 개념들은 여전히 중요하고 보완적인 개념이다. 사실은 대부분 국제관계학자들 역시 이런 것들을 서로 보완적으로 사용하고 있다. 그래서 본 연구는 '구조'를 기초적 개념으로 삼으면서 보완적인 설명력을 가지고 있는 개념인 '체제'와 '질서' 등의 개념을 배척하지 않고 연구의 목적을 달성하기 위해 서로 보완적으로 사용할 것이다.

3. 안보구조와 지역안보구조

안보구조라는 용어가 국제관계 저작들에서 많이 사용되고 있지만 학술적인 측면에서의 정의가 지금까지는 아직 없다. 본 연구에서 분석하려는 종속변수인 안보구조는 보다 포괄적 개념인 구조 개념과 구별되며, 안보측면을 구조의 핵심적 내용으로 삼을 것이다. 앞에서 논의하였듯이 본 연구에서 설정한 안보는 국가중심으로 한 협의적인 안보개념이며, 따라서 안보구조 개념은 역시 이러한 협의적인 안보개념을 바탕으로 한다. 구조 개념은 왈츠의 구조에 대한 정의를 기초로 하고, 이러한 두 개 개념을 바탕으로, 본 연구는 안보구조를 '특정 안보체제 내에서 핵심 행위자인 주권국가들이 각자의 안보정책을 통해 안보목표를 추구하는 과정에서 형성되는 특정한 유형의 상호작용 패턴'으로 정의한다. 이러한 '패턴'은 체제 내 행위자들 간의 상호작용의 전제이자 행위자 행동과 기대의 결과이다.[42] 이러한

---

42) Robert W. Cox, *Approaches to World Order*(Cambridge: Cambridge University

정의에 따라 시간 변수도 고려하여 학술적인 의미로 여러 가지 연구 프로그램을 제시할 수 있다. 즉 시기별에 따른 안보구조, 체제별에 따른 안보구조 혹은 이러한 양자를 통합하여 특정한 시기, 특정한 체제(글로벌 체제, 지역 체제)하의 안보구조 등이다. 본 연구의 연구 대상은 바로 특정한 시기(탈냉전기), 특정한 지역(한반도)의 안보구조이다.

시기별에 따라 세계의 안보현상은 서로 다른 특징으로 전개되어 왔다. 부잔(Barry Buzan)은 안보의 전개상황에 의거하여 세계역사를 여러 단계로 나눌 수 있다고 주장했다. 제1단계는 1500년 전의 단계이며, 이 단계에는 전근대(premodern) 안보 다이내믹(dynamics)이 서로 분리된 체제에서 전개했지만, 글로벌 단계가 글로벌 세계체제를 작동시키기에는 부족한 점이 있었기 때문에 이것을 '지역적' 체제라고 할 수는 없다. 따라서 분리된 체제가 지역적 체제(하위체제) 아니라 세계적이다.

제2단계는 1500년부터 1945년까지의 단계이며, 이 단계에 대한 논의는 글로벌 단계에 부합할 만큼 명백했다. 유럽의 국제체제는 글로벌한 단계까지 확장되었다. 결국 유럽의 힘은 존재하는 사회와 국제체제에 커다란 영향을 미치며 각 지역의 고유한 안보 다이내믹을 질식시키는 동시에 그 지역을 지배, 점령하였다. 이러한 종류의 지역안보는 이전부터 존재하였지만, 지역단위의 안보의존성보다는 유럽열강들의 글로벌 수준의 경쟁을 통해 정립된 측면이 많다.(이러한 시기의 말기에는 일본과 미국이 포함되었다.)

Press, 1996), p.149.

제3단계인 1945년부터 1989년까지의 단계에는 냉전과 탈식민지화가 대조적인 효과를 가져왔다. 반면에, 식민지 해방의 거센 파도는 제국주의적 힘을 격퇴시킨 동시에, 많은 신생국가들을 탄생시켰으며, 이는 또한 새로운 독립적 행위자들로 인한 지역안보의 역동성을 가져왔다. 이는 주로 아프리카, 중동, 남아시아, 남동아시아 지역이라 할 수 있겠다. 반면에, 미국과 소련의 양극적 경쟁은 대부분의 유럽과 동북아시아 지역을 종속시켰으며, 이러한 경쟁이 새로이 해방된 지역들에 깊이 침투하였다.

제4단계는 바로 1990년에 시작한 탈냉전기이다. 냉전의 종식이 세계의 안보질서에 미친 가장 뚜렷한 영향은 유럽에서부터 초강대국들의 중첩(overlay)을 제거시켰으며, 동북아시아에서의 영향력 행사의 패턴에도 변화를 가져왔다. 동북아시아국가들에 대한 세계강국들의 무관심은 이 지역안보 역동성에서 자주성이 더 잘 작동하도록 하였다.[43]

이처럼 비록 미국이 탈냉전기 세계의 유일한 초강대국으로서 세계 어느 지역의 안보에도 개입함으로써 탈냉전기와 전현대 시기의 안보구도가 본질적으로 다르지만, 어떤 측면에서 볼 때는 탈냉전기의 안보구도가 전근대(premodern)의 상황과 비슷한 방식으로 전개되고 있으며, 이것은 바로 세계안보의 지역화 추세이다. 조금 더 구체적으로 말하자면 탈냉전기에 세계안보에 대한 논의는 보다 다각화되어 있다. 국가행위자들에 의해 지배되는 군사－정치와 연관된 안보역학의 동일한 지형은 안보의 여러 개념과 폭넓은 행위자의 다양성, 그리고 지

---

43) Barry Buzan and OLe Wæver, *Regions and Powers: The Structure of International security*(Cambridge: Cambridge University Press, 2003), pp.14－19.

역에 따라 급격하게 다른 환경과 역학의 관계를 보여준다.[44] 바로 이러한 추세가 우리에게 안보문제를 다룰 때 새로운 수준으로 재고해야 할 부분이며, 이로 인해 지역 간의 비교연구가 가능해질 것이다.

그런데 이른바 안보지역화란 개념은 개념화작업에서 새로운 질문을 제시할 여지를 남겨 놓는다. 즉 '지역'이란 용어의 본질적인 의미가 무엇인가와 지역의 경계에 대한 기준은 무엇인가라는 문제들이다. 뿐만 아니라 이런 것들은 본 연구가 왜 한반도를 선택하는가라는 문제, 그리고 학술적으로 볼 때 '한반도'를 한 '지역체제'로 삼는 선택이 타당 여부라는 문제와 관련되어 있다. 실제적으로는 유럽의 경제적 통합과정이 성공적으로 진전됨에 따라 정치적 또는 안보적 영역에서도 지역, 지역주의에 대한 관심이 높아지기 시작했지만, 초기 안보연구에서 지역의 경계에 대한 기준은 명료하지 못했다. 그리고 학자들이 다양한 분류기준들을 사용함으로써 혼란을 피할 수 없었다.[45]

어떤 학자들은 상호연결을 확인함에 있어서 지리적 근접성을 일차적인 심지어 주요한 요소로도 삼지 않고 정치적 공감(affinity), 문화적 동화(assimilation)와 경제 교류(exchange) 등을 보다 중요한 요소

---

44) *Ibid*, p 19.

45) 경제학자들이 중심모델을 기준으로 삼으며, 어떤 사람들이 여행과 우편물 등의 교류(transaction)를 포함하는 더 널리 통신(communication)을 기준으로 편중하며, 어떤 사람들이 공동체 구성에 대한 연구에서 대중적 부호(popular symbol)와 문화적 기호(cultural icon)의 발전에 주의한다. Steve Chan, "Asia Pacific Regionalism: Tentative Thoughts on Conceptual basis and Empirical Linkages", *Global Economic Review*, Vol. 28, No. 2(1999), p.8.

로 사용하고 있다.46) 이에 따라 그들은 지리적 위치에 상관없이 이스라엘을 북대서양 "지역"의 성원으로 분류하고, 아이티를 "아프리카"국가로 분류한다.47) 그런데 이러한 기준에 의하면 미국은 어떤 지역의 국가인가, 미주(American) 국가인가, 아세아의 국가인가, 아니면 유럽의 국가인가라는 문제를 제시할 수 있다. 그래서 지역이라는 개념도 매우 애매하고 그 내용도 너무 모호하다.48) 실제로 필자는 단순히 한 국가가 어떤 지역의 국가인지를 둘러싼 논쟁은 별다른 의미가 없다고 생각한다. 왜냐하면 지역의 범위와 구성원에 대한 구분은 한 국가의 정책의 탄력성 여부를 분석하기 위해서는 의미가 있기 때문이다. 미국은 어느 지역의 국가인지에 있어서 논쟁이 많이 존재하지만 한국은 동북아 지역의 국가라는 것에 대한 의심을 가지고 있는 사람이 아마 없다. 이것은 바로 우리에게 지역에 대한 주요 분류 기준을 제공한다. 그래서 지역을 규정함에 있어 지리적 근접성, 사회문화적 동질성, 정치적 속성과 행위 유형의 공통점, 제도상의 공동 구성원으로서 정치적 상호의존성과 경제적 상호의존성 등이 고려되

---

46) Steve Chan, "Asia Pacific Regionalism: Tentative Thoughts on Conceptual basis and Empirical Linkages", p.8.

47) Bruce M. Russet, *International Regions and the International System: A Study in political ecology*(Chicago: Rand Mcnally, 1967), Steve Chan, "Asia Pacific Regionalism: Tentative Thoughts on Conceptual basis and Empirical Linkages", p.8 재인용.

48) Muthiah Alagappa, "Regionalism and Security: a conceptual investigation", in Andrew Mack and John Ravenhill, eds, *Pacific Cooperation: Building economic and security regimes in the Asia −Pacific region*(Boulder: Westview Press, 1995), p.157.

어야 하지만,[49] 지리적 근접성은 국가 간 상호작용, 위협인식, 힘의 투사 가능성 등에 결정적인 영향을 미치는 핵심적인 요소이며, 따라서 지역체제를 고려할 때 일차적인 기준이 될 수밖에 없다.[50] 지역들은 어떻게 정의될지라도 반드시 지정학적으로 일정 단위로서 구성되어야 하며, 이러한 단위들은 보다 큰 구조를 가지고 있는 체제 속에 배태되어 있어야 한다. 이것은 모든 지역은 분석적인, 심지어 존재론적(ontological)인 성격을 지니고 있지만, 그들은 행위자의 본질(actor quality)이 없기[51] 때문이다.

앞에 논의한 것처럼 본 연구는 지역안보구조를 종속변수로 삼을 것이다. 그러면 이 종속변수에 영향을 미칠 수 있는 독립변수는 무엇인가와 지역안보구조가 어떻게 분류될 수 있는가라는 문제를 제시할 수 있다. 이에 대해서 본 장의 다음절에서 자세히 논의할 것이며 이제 본 연구에서 '한반도'를 한 '지역'으로 연구하려는 이유를 설명할 것이다. 일반적인 학술저작에서 '아태 지역', '동북아 지역' 등이란 용어들이 많이 사용되어 있지만 '한반도'를 한 지역체제로 삼은 연구는 별로 많지 않다. 일반적으로 대부분 한반도 문제를 다루는 저작들이 국가단위 차원이나 남북한 관계 혹은 아태 지역의 하위 지

---

49) Norman D. Palmer, *The New Regionalism in Asia and the Pacific*(Lexington: Lexington Books, 1991), pp.1-19. 김기정, "동북아 국제정치구조의 역사구조적 접근", 이기택 외 『전환기의 국제정치이론과 한반도』(서울: 일신사, 1996), p.164 재인용.

50) Barry Buzan, Ole Wæver and Jaap de Wilde, *Security: A New Framework for Analysis*(Boulder, Co: Lynne Rienner Publisher, 1997), p.11.

51) Barry Buzan and Ole Wæver, *Regions and Powers: The Structure of International security*, p.27.

역(subregion)으로서의 동북아[52] 지역체제 차원에 입각하여 논의되고 있다. 그런데 어느 단위 차원에 입각한 연구들은 체제의 전체성과 거시성을 결여하며, 남북한 관계만 입각한 연구들은 한반도 문제의 국제성을 쉽게 간과하게 되며, 동북아 차원에 입각한 연구들은 강대 국관계(중·일 관계, 중·미·일 관계)에 치중하는 경향이 있다. 그 렇기 때문에 강대국들과 남북한 사이에의 상호작용의 메커니즘을 쉽 게 무시하게 된다.

따라서 이러한 단점들을 극복하기 위해 본 연구가 한반도를 한 체제로 삼고 다룰 것이다. 그런데 이렇게 하면 한반도가 체제 차원 으로서의 특성을 가질 수 있는가라는 의문을 제시할 수 있다. 일반 적으로 학자들이 '동북아'를 아태 지역의 하위 지역(subregion)으로 인식하고 있으며 이런 상황을 고려하면 동북아 지역의 중심에 위치 하는 한반도가 학술적으로 어떻게 정립될 수 있는가라는 문제를 고 려해야만 한다. 왜냐하면 한반도를 한 체제로서 다룰 수 없다면 본 연구의 핵심적인 개념인 한반도 안보구조라는 용어가 성립할 수 없 을 것이기 때문이다.

지역체제를 개념화하려는 목적은 지역체제가 가지는 공유한 속성 을 통해서 국가의 형태와 체제적 현상을 설명하거나 다른 지역체제

---

52) 동북아에 대한 여러 가지 정의들이 있지만 최근의 연구에서는 이 용어 가 협의적인 지리적 정의의 의미로 사용되고 있다. 즉 동북아 지역은 중국(특히 동북 지역의 성들), 일본, 북한, 남한, 몽골 및 러시아(특히 극동 지역)를 포함한다. Tsuneo Akaha, "Asia-Pacific Regionalism and Northeast Asia Subregionalism", *Global Economic Review*, Vol. 27, No. 4(winter 1998), p.24, pp.41-42.

의 현상과 비교하려는 것이다. 부잔에 의하면, 지역안보체제에 대한 연구는 안보연구에 있어 몇 가지 장점을 가진다. 먼저 지역안보체제는 국가라는 행위자 차원과 세계체제 차원에 집중되었던 기존의 안보연구 경향을 두 극단의 중간 영역에 위치한 지역 차원으로 관심을 전환시킬 수 있는 기회를 제공할 수 있다. 둘째, 지역안보체제에 대한 연구는 다양한 차원의 행위자와 현상 간의 상호작용을 분석할 수 있는 연결 고리를 제공할 수 있다. 즉 지역은 개별국가의 내부적 특성, 지역 내 국가 간 관계, 지역 간 관계, 그리고 초강대국의 개입 등이 상호작용하는 공간이며, 따라서 지역안보체제에 대한 연구는 안보문제와 관련된 다양한 행위자와 변수가 상호작용하는 맥락을 이해할 수 있는 가장 적절하고 유용한 분석단위가 될 수 있다.53) 그런데 앞에서 언급한 것처럼, 지역체제를 규정하는 것은 이론적 정의 측면에서나 실질적 분석을 위한 조작적 정의 측면에서 모두 쉽지 않은 작업이다.54)

---

53) Barry Buzan, Ole Wæver and Jaap de Wilde, Security: *A New Framework for Analysis*, pp.14 - 15. 부잔은 지역안보체제를 개념화함을 통해 제시한 "지역안보복합체"라는 개념과 이론은 이 연구의 적용이론으로서 다음 절에 자세히 논의될 것임.

54) 김기정에 익하면 지역체제를 규정함에 있어 제기될 수 있는 문제를 크게 세 가지로 요약할 수 있다. 첫째는, 지역체제의 '경계(boundary)'문제이며, 둘째는 지리적 의미에서 지역국가 혹은 특정 지역에 영향력을 행사하고 있는 '외부세력'에 관한 문제이다. 셋째는 세계체제와 지역체제 간 상관성의 문제이다. 이는 세계체제를 구성하는 핵심적인 변수관계가 지역체제 차원에서도 재생산되는가, 아니면 후자는 전자와 구별되는 독자적인 변수관계로 재구성되는가의 문제이다. 김기정, "동북아 국제정치 구조의 역사구조적 접근", pp.164 - 165 참조.

한반도 및 동북아와 같은 경우를 보면 일반적으로 국제관계를 연구하고 있는 학자들이 '동북아' 지역체제의 안보문제를 다루어 있다. 대부분 학자들, 특히 구미와 중국의 학자들이 동북아국제관계와 안보문제를 다룰 때 항상 미·중·일 간의 강대국관계에 편중하고 있으며, 한반도의 국제관계에 대한 자세한 검토 작업이 결여되어 있다. 그러므로 본 연구가 한반도를 둘러싼 관련 행위자의 안보정책으로 구성되는 안보구조를 중심문제로 삼고 한반도의 중심적 지위를 제시하려고 한다. 이런 고려하에 한반도를 체제와 구조 특성을 가지는 지역으로 제시할 것이다. 만약 한반도 지역체제와 동북아 지역체제 사이의 관계를 밝힐 필요가 있다면, 여기에는 잠시 한반도 체제를 동북아체제의 하위체제(subsystem)로 보고자 한다.

제2절 이론

1. 기존주류이론

주지하듯이 기존 국제관계학의 주류 이론적 패러다임인 현실주의나 자유주의나 구성주의가 각각 상이한 이론적 가정과 분석수준 및 설명변수를 통해 안보현상을 다루어 왔다.

현실주의는 주로 다음과 같이 세 가지 가정을 이론의 기초로 갖는다. 첫 번째 가정은 국가는 국제정치체제에서의 합리적 행위자이며, 핵심적 행위 단위라는 것이다. 즉 현실주의자들이 국가가 국제정치체제의 가장 중요한 행위자이고, 이에 따라 국제정치현상을 설명하는 데 있어 가장 핵심적인 분석단위라고 인식한다.[55]

두 번째 가정은 국제체제의 조직 원리는 무정부상태라는 것이다. 현실주의자들에 의하면 국제체제는 주권국가를 초월하는 권위체가 존재하지 않고 독립적이고 배타적인 주권을 보유하는 국가들로 구성된 체제이며, 이에 따라 국제체제를 파워의 위계(hierarchy of power)가 존재하지만 권위의 위계(hierarchy of authority)는 존재하지 않는 체제로 가정한다.[56]

세 번째 가정은 국가는 파워를 추구하며, 파워는 그 자체로 목표이거나 아니면 다른 목표의 수단이라는 점이다. 무정부상태라는 국제체제하에서 합리적 행위자로서 각 국가들은 주어진 환경적 조건하에서 자기의 이익을 극대화하려고 시도한다. 물론 이 '이익'은 전통적 현실주의에서는 파워로 주장되며, 신현실주의에서는 안전으로 주장된다.

국제정치체제에 대해 현실주의가 가지고 있는 이런 가설들로부터 안보구조에 대한 다음과 같은 주장들을 도출할 수 있다.

안보구조는 무엇보다 체제의 무정부성이 강제하는 제약 요인과 합리적 행위자인 국가가 선택할 수 있는 안보정책 대안 간의 상호작용에 의해 결정된다. 국제체제의 무정부성은 모든 국가들로 하여금 자신의 생존을 위해 자력구제(self-help system)에 의존하지 않으면 안

---

55) Paul R. Viotti and Mark V. Kauppi, *International Relations Theory: Realism, Pluralism, Globalism, and Beyond* 3rd ed, (Boston: Allyn and Bacon, 1999), pp.55-57.

56) *Ibid*, p.68.

되도록 강요하는 근원적 제약요인으로 작용한다. 이런 논리에 따라서 무정부상태하의 국가들은 자기의 생존을 위해 늘 '안보 극대화'라는 경향을 가지고 있다. 즉 무정부상태하에서 국가의 최소 목표는 생존이며, 궁극적인 목표는 체제의 지배이다. 이 두 가지 '힘'이 상호작용하므로 그 결과는 행위자의 측면에서는 안보전략을 추구할 경우 국가가 추구하는 최소한의 안보목표인 생존까지도 위협당할 수 있으며, 체제적으로는 국제체제의 세력균형 현상이 나타날 수 있다.

자유주의는 국제정치학에서 흔히 이상주의와 동의어로 사용되고 있으며 그의 특징은 크게 세 가지로 요약될 수 있다.[57] 첫째, 평화, 번영, 정의의 실현조건들을 축적함으로써 인간의 자유를 더욱 증진하는 방향으로 국제관계를 점차 변화시키는 것이다. 둘째, 더욱 큰 자유의 실현에는 국제협력의 증대가 중심적 역할을 한다는 것이다. 비록 시대마다 자유주의자들이 강조했던 국제협력의 성격과 강도는 달랐지만, 협력이 인간의 자유를 진보시키는 기반이라는 주장은 변함없이 유지되었다. 셋째, 국제관계는 과학혁명에 의해 촉발되고 자유주의의 지적 혁명으로 강화되는 현대화 과정을 통해 변화한다는 것이다.

자유주의이론에서 커헤인(Robert O. Keohane)과 나이(Joseph S. Nye Jr)를 대표로 한 상호의존론이 특히 주목을 받아 있다. 상호의존론은 국가뿐만 아니라 다국적 기업들(multinational corporation)과 초국적

---

57) Mark W. Zacher & Richard. A. Matthew, "Liberal International Theory: Common Threads, Divergent Strands", in Charles W. Kegley, Jr. ed., *Controversies in International Relations Theory: Realism and The Neoliberal Challenge*(New York: St. Martin's Press, 1995), pp.109 - 111.

및 초정부적 연합들(transnational and transgovernmental coalitions)을 주요한 국제행위자들로 부각시켰다.[58] 현대국가들이 갈수록 "다접근 채널"(multiple channels of access)의 성격을 띠어가고 있으며, 이로 인해 과거에 비해 국가의 중앙정책결정자들의 외교정책 장악력이 갈수록 약화되고 있는 것이다.[59] 그리고 국제적인 경제적 접촉의 증가로 인해 국가들은 성장, 완전고용, 가격안정 등을 위해 갈수록 상호의존적이 되어가고 있고[60] 국가들이 갈수록 다른 국가들을 적(敵)으로보다는 자국 국민들의 복지를 증가시키기 위해 필요한 파트너로 인식해가고 있다. 뿐만 아니라 상호의존론은 여러 가지 문제들이 불완전하게 상호연결되어 있으며, 초국가적으로 그리고 초정부적으로 연합이 형성되는 복합적 이슈(multiple issues) 분야의 정치적 흥정에서 국제제도들의 잠재적 역할이 크게 증가한다고 주장한다.[61]

냉전의 종식은 기존 국제정치이론의 설명력을 검증하는 계기를 제

---

58) Robert O. Keohane and Joseph S. Nye, Jr., "Introduction", and "Conclusion", in Keohane and Nye, eds, *Transnational Relations and World Politics*, (Cambridge: Harvard University Press, 1972), pp.ix－xxix, pp.371－398.

59) Edward S. Morse, "The Transformation of Foreign Politics: Modernization, Interdependence and Externalization", *World Politics*, 22(April 1970), pp.387－389; Richard N. Cooper, "Economic Interdependence and Foreign Politics in the 1970s", *World Politics*, 24(January 1972), p.177, p.179.

60) Richard N. Cooper, "Economic Interdependence and Foreign Politics in the 1970s", pp.161－168; Robert O. Keohane and Joseph S. Nye, Jr., *Power and Interdependence: World Politics in Transition*, (Boston: little. Brown, 1977) p.26, p.228.

61) Robert O. Keohane and Joseph S. Nye, Jr., *Power and Interdependence: World Politics in Transition*, pp.35－36, p.186, pp.232－234, pp.240－242.

공했을 뿐만 아니라 새로운 국제정치연구의 패러다임 등장의 계기를 제공하였다. 구성주의 패러다임은 바로 냉전 시기 국제정치의 지배적인 이론적 접근법이었던 현실주의와 자유주의가 냉전의 평화적 종결 및 국제사회의 협력행위를 설명하거나 예측하는 데 실패하였다고 비판하면서 대안적인 패러다임으로 태동하였다.

웬트(Alexander Wendt)는 국제정치적 행위가 물질적 이익에 의해서가 아니라 사회적 관계 속에서 구성된다는 점을 강조하는 의미에서 '성찰적 접근'(reflective approaches)을 구성주의라는 표현으로 대체했다. 웬트에 의하면 구성주의의 핵심 가정은 크게 두 가지로 요약된다. 첫째, 인간사회의 구조는 물질적 힘이 아니라 '공유된 관념(shared ideas)'에 의해 결정되며, 둘째, 행위자의 이익은 외생적으로 주어지는 것이 아니라 공유된 관념들에 의해 사회적으로 구성된다.62) 첫 번째 가정의 의미는 구성주의가 물질주의(materialism)가 아닌 관념주의(idealism)적 시각을 채택하고 있음을 의미하며, 두 번째 가정은 구성주의가 개체론(individualism)이 아닌 전체론(holism) 또는 구조주의(structuralism)를 채택하고 있음을 의미한다.

국제체제의 안보현상을 설명하기 위해 구성주의가 설정하는 핵심 개념은 정체성(identity), 규범(norm), 문화(culture)와 같은 관념적 개념이다. 이런 개념들을 기초로 구성주의는 국제체제에 있어서 이론적으로 세 가지 가정을 추출했다.63) 첫째, 국제관계의 현실은 지식

---

62) Alexander E. Wendt, "Constructing International Politics", *International Security*, Vol. 20, No. 1(Summer 1995), pp.72−73; *Social Theory of International Politics*, (Cambridge University Press, 1999), p.1.

63) 김학성, 『한반도 평화체제에 대한 이론적 접근: 현실주의, 자유주의, 구

과 사회적 요소에 의해 구성된다. 둘째, 국제사회의 질서는 행위주체와 구조의 상호의존적 관계 속에서 형성된다. 셋째, 국가이익은 정체성의 사회적 구성에 의해 결정되며, 양자는 끊임없는 정치적 과정 속에서 상호작용하며 변화한다.

구성주의는 국제정치체제가 무정부구조라는 것을 부인하지 않는다. 다만 현실주의와 자유주의 이론은 외생적으로 주어진 이기적 행위자들 간의 상호작용으로 국제정치를 파악하고 있는 것에 반해서 체제적인 수준에서 국가들 간의 집합적 정체성이 "내생적으로" 형성될 수 있다고 본다.[64] 그래서 구성주의는 국제체제의 구조가 자원이나 기술과 같은 물질적인 요소에 의해 구성되고 있다는 현실을 부인하지 않지만 한편으로 공유된 관념이나 지식과 같은 것들이 사회적으로 중요한 기반을 형성하고 있다고 주장한다. 즉 문화, 정체성, 규범 등 이런 것들의 사회적 구성의 역할을 중시한다. 그러나 이들이 사회적으로 고유한 것인가 아니면 어떤 물질적 기초를 바탕으로 형성되는 것인가라는 질문에 대해 구성주의는 대답하기 어렵다.

이론의 생산과정은 실제 사회현실에 대한 추상화 과정이다. 그러므로 추상화된 이론은 사회현실보다 더 간명하고 사회현실은 이론보다 더 복잡하다. 이러한 이론과 현실의 괴리로 인해 여러 이론 분파들이 탄생할 여지를 제공하고, 각 이론들 사이에서 논쟁이 발생하게 된다.

현실주의학자인 왈츠가 70년대에서 자유주의 상호의존이론을 비판하면서 상호의존론이 세계를 하나의 단위로 보고 "상호의존"으로 부

성주의의 비교』, (통일연구원 연구총서, 2000 - 06), pp.95 - 102.

64) 신욱희, "구성주의 국제정치이론의 의미와 한계", 『韓國政治學會報』, 32輯, 2號(1998년 여름), p.155.

르는 것은 논리적으로 틀렸으며 정치적으로는 몽매주의라고 비난했다.[65] 상호의존론도 현실주의적 가정 각각에 대비되는 가정들로 구성된 것으로 본다. 상호의존론에 의하면 국가 아닌 다른 행위자들이 세계정치에 직접적으로 참여하며, 이슈들 간에 분명한 위계질서가 존재하지 않다. 그리고 이 상황에서 무력은 효과적인 정책 수단이 되지 못한다.

1970년대에 심화된 냉전의 이완현상과 1970년대의 석유위기로 인한 세계경제의 상호연결 추세에 따라서 제시된 상호의존론은 국제관계의 일부 측면에 입각해서 현실주의 패러다임이 해석할 수 없는 국제현상을 설명하려고 시도했으며 실제적으로도 상호의존론은 확실히 일부 국제관계현상에 있어서 현실주의 패러다임보다 설명력이 있는 대안적인 분석틀을 제시했다. 그런데 상호의존론자들이 스스로 인정한 바와 같이 국제정치에 있어서 전적으로 상호의존이론을 통한 해석은 과잉단순화(oversimplification)의 결과를 낳을 수밖에 없다.[66] 즉 모든 나라들의 관계를 경제적 상호의존의 결과로 설명하는 것은 가능해 보이지 않는다. 특히 어느 국가에 사활적 문제가 대두될 경우에는 군사력의 정책수단적 가치를 경시하는 상호의존론보다 군사력의 효용가치를 중요하게 보는 현실주의 패러다임이 더 큰 설명력을 가질 수 있다고 커헤인과 나이도 인정하고 있다.[67] 실질적으로는 커헤인과 나이도 그들의 상호의존 패러다임이 현실주의 패러다임을

---

65) Kenneth N. Waltz, *Theory of International Politics*, p.159.

66) Robert O. Keohane and Joseph S. Nye, Jr., *Power and Interdependence* 2ed. (New York: Harper Collins College 1989), p.29.

67) *Ibid*, p.29.

대체할 수 없다고 생각했다. 즉 현실의 국제정치현상을 설명하는 두 개의 '이상형(ideal type)' 패러다임, 즉 일련의 극단적인 조건들의 세트(an extreme set of conditions or ideal type)를 설정하는 것이 가능하다고 본다. 그 하나는 현실주의 패러다임이며, 다른 하나는 '복합적 상호의존'이다. 두 패러다임은 어디까지나 이상형일 따름이며, 언제나 모든 현실을 정확하게 반영하지 못한다. 현실의 국제정치는 그 둘 사이의 중간 어딘가에 위치할 가능성이 높고, 경우에 따라서 현실주의적 패러다임이 특정 현실을 더 정확하게 반영할 수 있으며, 또 다른 경우에는 복합적 상호의존의 패러다임이 현실을 보다 정확하게 반영할 수 있다고 본다.[68]

전통적인 패러다임의 논쟁이 아직 끝나지 않는 상황에서 냉전의 종식에 따라 새로운 패러다임이 등장했다. 이른바 비판이론(critical IR theory)[69]이 현실주의 패러다임에 대해 반격을 가함으로써 국제정치이론들 간의 논쟁이 더 열렬히 전개되었다.[70] 이러한 논쟁은 각

---

68) *Ibid*, p.24.

69) 웬트에 의하면 비판이론은 단일한 이론이 아니라, 기존 이론의 일종이며, 탈근대주의자(postmodernist), 구성주의자(constructivist), 신마르크스주의자(neo-Marxist), 여성주의자(feminist)와 다른 것들을 포함한다. Alexander Wendt, "Constructing International Politics", *International Security*, Vol. 20, No. 1(Summer 1995), p.71.

70) 이와 관련한 저작이 다음과 같다. John Gerard Ruggie, "The False Premise of Realism", Alexander E. Wendt, "Constructing International Politics", John J. Mearsheimer, Alexander Wendt, "A Realist Reply", *International Security*, Vol. 20, No. 1(Summer 1995); Richard Ned Lebow, "The Long Peace, The End of The Cold War, and The Failure of Realism", *International Organization* 48, 2, (Spring 1994); Robert Latham, "Getting Out

이론이 가지고 있는 한계점을 드러내고 있으며 탈냉전기의 안보현상, 특히 세계안보의 지역화 추세에 따라 뚜렷하게 나타나고 있는 지역안보현상을 설명할 수 있는 새로운 패러다임이 필요하다는 것을 증명한다고 할 수 있다.

2. 적용한 이론: 지역안보복합체
(regional security complex: RSC)

위에서 논의된 기존이론들이 안보문제를 다룰 때 모든 이론들은 일정한 설명력과 함께 한계점도 동시에 가지고 있다고 할 수 있다. 특히 탈냉전기의 지역안보체제를 다룰 때, 이들 이론의 설명력 부족은 더욱 뚜렷하게 드러난다. 그래서 탈냉전기의 유동하고 있는 지역안보질서를 설명하기 위해서는 새로운 이론의 개발이 필요하다. 부잔을 비롯한 학자들이 제시한 지역안보복합체이론은 바로 이러한 점에서 설명력을 가지고 있는 이론이라고 생각한다.

부잔은 1983년에서 처음 안보복합체란 개념을 제시했다,[71] 이후 부잔과 외퍼(Ole Wæver)를 비롯한 많은 학자들이 안보복합체이론을 계속 풍부하게 발전시켜 왔으며, 2003년 부잔과 외퍼가 발간된 『지

From Under: Rethinking Security Beyond Liberalism and the Levels – of – Analysis Problem", *Millennium: Journal of International Studies*, Vol. 25, No. 1(1996); Robert Powell, "Anarchy in International Relational Theory: The Neorealist –Neoliberal Debate", *International Organization*, 48, 2(Spring 1994); Kenneth N. Waltz, "Structure Realism after the Cold War", *International Security*, Vol. 25, No. 1(Summer 2000).

71) Barry Buzan, *People, States and Fear*, pp.105 – 115.

역과 파워: 국제안보의 구조(Regions and Powers: The Structure of International Security)』에서 지역안보복합체의 개념과 논리를 체계적으로 서술하였으며, 이 이론은 비교적 성숙단계에 도달했다.[72]

부잔과 외퍼가 지역안보복합체(RSC)를 주요 개념으로 하여 지역안보복합체이론을 제시하는 것은 다음의 세 가지 목적들을 가지고 있다. 첫 번째 목적은 지역 안보 관계들의 상대적 자율성을 강조하는 것인데, 이것은 국가단위나 체제 수준의 맥락에서 설정된다. 두 번째 목적은 지역 전문가들에게 지역들 간의 비교연구를 촉진시킬 수 있는 언어와 개념을 제공하는 것이다. 여기서의 언어와 개념은 현존하는 문헌들에서 중요한 약점이다. 세 번째 목적은 국제안보에서 지역 수준의 중요성을 과소평가(underplay)하는 권력이론가들의 경향을 상쇄시키는 것이다.[73] 전통적으로 안보문제는 두 개 수준으로 다루어지고 있는데, 이는 국가적(national) 수준과 세계적(global) 수준이다. 부잔과 외퍼에 의하면 국가안보는 그 자체가 의미가 있는 분석수준이 아니다. 왜냐하면 안보의 역동성(dynamics)은 본질적으로 상관적이며, 국가 안보 자체가 그 자체만으로는 충족될 수 없기 때문이다. 그러나 국가 안보에 관한 연구들은 체제 및 하부조직을 고

---

72) 이 책에서 부잔과 외퍼는 지역안보복합체이론을 비교적 자세히 논의했으며, 개념, 논리, 체계로 완전한 이론체계를 구축하였을 뿐 아니라 지역별에 따라 각각 지역의 안보구조도 논의하였다.

73) Barry Buzan, "The Logic of Regional Security in the Post-Cold War World", in Bjorn Hettne, Andras Inotai and Osvaldo Sunkel, eds, The New *Regionalism and the Future of Security and Development*(New York: ST. Martin's Press, 2000), p.2; Barry Buzan and Ole Wæver, *Regions and powers: The Structure of International Security*, p.43.

려하지 않은 채 국가를 임시로 설정된 맥락의 중심에 위치시킨다. 세계 안보는 전체적인 관점에서 하나의 이상이 될 수는 있을지라도, 현실이 되기는 힘들다.[74] 지역수준에서 국가안보와 세계안보가 서로 작용할 수 있으며, 대부분의 행위들이 여기서 발생한다.[75]

이처럼, 부잔과 외퍼는 안보문제를 다루는 스펙트럼의 두 개 수준 경향(국가수준과 세계체제수준) 가운데 중범위적 수준—지역안보체제를 제시했으며, 이를 통해 국가수준과 세계체제수준을 연결하고 지역안보현상을 설명하려고 시도한다. 이를 통해 알 수 있듯이 부잔과 외퍼는 구조적 현실주의처럼 여전히 전체론(holism)을 선택하였다. 즉 지역안보복합체를 종속변수로 삼고 지역안보체제 중 안보구조에 영향을 미칠 수 있는 독립변수와 지역안보구조 사이에의 상호작용의 상태를 연구의 주제로 삼는다. 그렇다면 부잔과 외퍼는 지역안보복합체를 어떻게 정의하는가? 지역안보체제가 포함하는 지역안보구조의 형성과 변천에 영향을 미칠 수 있는 독립변수는 무엇인가? 다음은 이런 문제들에 대한 부잔과 외퍼의 논의를 살펴보고자 한다.

1) 지역안보복합체와 변수들

부잔과 외퍼는 지역안보복합체를 그룹단위 사이의 안전 상호의존 정도의 강함과 그에 대해 주변 단위들의 '안보무관심'을 특징으로 하는 국제체제의 하부구조로 정의하였다.[76] 일반적으로 종속변수로

---

74) Barry Buzan and Ole Wæver, *Regions and powers: The Structure of International Security*, p.43.

75) *Ibid*, p.43.

서의 지역안보복합체의 본질구조에 있어서 다음과 같은 네 가지 독립변수를 가지고 있으며 그들 가운데 세 번째와 네 번째 변수가 주요한 변수이다.[77]

> ※ 첫째는 경계이다. 이를 통해 그것의 이웃과 구별할 수 있는 것이다.
> ※ 둘째는 무정부구조이다. 이것은 한 지역안보복합체가 반드시 두 개 이상의 자치적(autonomous) 단위들로 구성됨을 의미한다.
> ※ 셋째는 극(polarity)이다. 이것은 각 단위들 사이에의 파워의 분포와 배열을 의미한다.
> ※ 넷째는 사회구성(social construction)이다. 이것은 각 단위들 사이에의 우호와 적대 관계의 패턴(pattern of amity and enmity)으로 말한다.

이런 구성요소들로 인해 한 지역안보복합체는 어느 주어진 순간(snapshot)하에서 세 가지 가능한 방식으로 전개된다.[78] 첫 번째 방식은 현상유지(maintenance of the status quo)이다. 이것은 지역안보구조에 본질적으로 현저한 변화가 없음을 의미한다.

두 번째 방식은 내부적인 변화(internal transformation)이다. 이것은 지역안보 구조의 본질적 변화가 그의 경계 내에서 발생함을 의미한다. 이것은 무정부구조의 변화(지역적 통합으로), 극화(polarity)(분화, 합병, 정복, 성장률의 차이 등으로) 또는 우호적이거나 적대적 지배

---

76) *Ibid*, p.48.
77) *Ibid*, p.53.
78) *Ibid*, p.53

경향(이데올로기적 전환, 전쟁에 대한 혐오, 리더십의 변화 등으로)을 의미할 수 있다.

세 번째 방식은 외부적인 변화(external transformation)이다. 이는 외부경계가 확장 또는 축소하는 것을 의미하는데, 이로 인해 RSC 구성원들의 변화와 구조 자체의 변화가 일어나는 것이다. 이러한 점은 하나 RSC에서 다수로 분열될 때보다 두 개의 RSC가 합병할 때 더욱 분명하게 드러난다.

2) 지역안보복합체의 유형

지역안보복합체의 유형에 있어서 부잔과 외퍼는 현실주의의 극과 구성주의의 사회구성사상을 흡수하여 양자를 결합함으로써 지역체제 내에서 파워의 분배와 사회구성관계(우호 혹은 적대)란 두 가지 기준으로 지역안보구조의 유형을 구분한다. 그들에 의하면 행위자의 사회 구성관계를 기준으로 지역안보복합체는 세 가지 유형으로 구분될 수 있으며, 즉 충돌구조(conflict formation), 안보체제(security regime) 및 안보공동체(security community) 등이다.79) 이런 세 가지 안보구조의 유형은 웬트가 주장한 홉스형(Hobbesian)이나 로크형(Lockean) 및 칸트형(Kantian) 사회구조와 유사하다. 이들 간의 차이를 보면, 충돌구조는 웬트의 홉스형(Hobbesian model)보다 범위가 더 넓으며, 안보체

---

79) Ole Wæver, "Conflicts of Vision ‒ Visions of Conflict", in Ole Wæver, Pierre Lemaitre, and Elzbieta Tromer eds, *European Polyphony: Beyond East ‒west Confrontation*, (New York: St. Martin's Press, 1989), pp.283 ‒325; Barry Buzan, *People, States and Fear: An Agenda for International Security Studies in the Post ‒Cold War Era*, p.218.

제는 로크형(Lockean model)보다 범위가 더 좁다고 부잔과 외퍼는 주장한다.[80] 충돌구조에서 행위자들 사이의 관계는 경쟁(rivalries), 균형(balances), 동맹(alliances) 등의 형태로 표현되며, 안보체제는 조화로운(concert) 형태를 나타나며, 안보공동체는 우호(friendship) 형태를 나타낸다.[81]

파워의 분배로 지역안보복합체는 크게 두 가지 유형으로 구분될 수 있다고 부잔과 외퍼는 주장한다. 즉 표준형(standard RSC)과 중심형(centered RSC)이 그것이다. 전자는 그 체제의 극의 구조가 모두 지역 파워로 결정됨을 의미하며, 후자는 그 체제의 안보의 다이내믹(dynamics)이 체제 내의 단극 파워(unipolar power)에 의해 통제됨을 의미한다.

물론 일반적으로 지역안보복합체를 표준형과 중심형이라는 두 가지 유형으로 나눌 수 있지만 부잔과 외퍼에 의하면 이러한 구분은 모든 상황을 포함할 수 없으며, 양자 사이에 위치하고 있는 경우도 존재한다.[82] 한 체제에서 몇 개의 지구적 차원의 강대국(global level

---

80) Barry Buzan and Ole Wæver, *Regions and powers: The Structure of International Security*, pp.53 – 54.

81) *Ibid*, p.55.

82) 물론 부잔과 외퍼에 의하면 지역안보복합체가 존재하지 않는 지역도 있는데, 두 가지 경우가 있다. 첫째는 중첩(overlay) 상태이며, 둘째는, 미형성(unstructured) 상태이다. 중첩상태는 강대국이 이해관계로 인하여 단순한 침투를 초월하여 지역을 강력하게 지배하기 때문에 지역 안보 관계가 실질적으로 작동하지 않는 경우이다. 지역안보의 미형성은 다음의 두 가지 모두 또는 둘 중 하나의 경우에 발생한다. 첫째는 지역의 국가들이 너무 약소하여 그들의 힘을 자신들의 영역 이상으로 거의 혹은 전혀 투사할 수 없는 경우이다. 둘째는 지리적 고립으로 인하여 상

power)들이 존재할 때가 바로 이러한 경우이며, 또한 한 체제에서 강대국가가 많을수록 표준형 지역안보복합체가 존재할 가능성이 더 작아질 것이고, 강대국가의 수가 적을수록 표준형 지역안보복합체가 존재할 가능성이 더 커질 것이다.[83]

국제체제에서 강대국들의 존재로 인해 중심형 RSC와 달리 두 가지 특별한 RSC가 창출될 수 있는데, 이는 강대국 지역안보복합체(great power regional security complex)와 초복합체(supercomplex)이다. 전자는 글로벌(global)수준과 지역 수준의 혼합(hybrid)으로 강대국 사이의 다이내믹(dynamics)이 각국의 글로벌 수준의 균형에 대한 계산에 의해 직접적으로 영향을 받을 수 있으며, 이러한 결과가 인접한 지역에 유출(spillover)될 수 있는 것이다. 이러한 유출효과가 강력할 때 분리된 지역안보복합체들을 구속할 수 있는 초복합체가 형성될 것이다. 부잔과 외퍼에 의하면, 이런 두 가지 특별한 안보복합체들은 아시아에서 가장 뚜렷하게 볼 수 있다.[84]

이처럼, 부잔과 외퍼가 파워의 분배를 기준으로 제시한 지역안보체제의 유형은 아래의 표2-1과 같이 요약될 수 있다.

호작용이 어려운 경우이다. *Ibid*, p.61.
83) *Ibid*, p.59.
84) *Ibid*, p.59.

〈표 2-1〉 지역안보복합체의 유형

유형	주요 특징	예
표준형	극은 지역 파워로 결정됨	중동, 남아메리카 동남아시아 남부아프리카
중심형		
초강대국	초강대국을 중심으로 하는 단극	북아메리카
강대국	강대국을 중심으로 하는 단극	CIS, (잠재)남아시아
[지역 파워]	지역 파워를 중심으로 하는 단극	없음
제도적 (Institutional)	지역은 제도를 통해행위자의특성을 획득함	유럽
강대국형	지역 극의로서의 강대국으로 형성되는 양극 혹은 다극	1945년 전의 유럽 동아시아
초복합체	인접한 지역에 유출되는 강대국으로 인해 안보 다이내믹의 강력한 초 지역적 수준	동남아시아

출처: Barry Buzan and Ole Wæver, *Regions and Powers: The Structure of International Security*, p.62.

3. 파워의 분류와 분석 수준

국제정치연구에서 강대국과 그들 사이의 관계만 중시한 현실주의와 달리 지역주의자들은 지역체제의 안보다이내믹에 대해 강대국들뿐만 아니라 약소국들의 역할도 중시한다. 이들에 따르면, 탈냉전기에 들어오면서 세계안보구조의 변화에 따라 지역 국가와 약소국들이 지역안보체제에서 강대국과의 교섭 기회를 얻음으로써[85] 지역안보체제에서

---

85) Ashok Kapur, *Regional Security Structures in Asia*(New York: Routledge Curzon, 2003), p.6.

담당하고 있는 역할과 발언권이 커지고 있다. 파워의 위계배열에 따라 지역안보체제에서 행위자가 담당하는 역할도 달라짐이란 점을 잘 설명하기 위해 파워 구분에 대해 부잔과 외퍼는 '강대국'(great)과 '중위국'(middle)이란 전통적 파워 분류의 개념을 수정하면서, 역사적 정의기준을 고려하여[86] 세 층의 정의기준(definitional criteria for a three-tiered scheme)을 제시한다. 즉 초강대국(superpower), 강대국(great power), 지역국가(regional power) 등이다.[87]

초강대국들은 세계의 전 영역에서 작동될 수 있는 능력을 요구한다. 초강대국들은 이와 같은 능력을 수행하기 위해 최상급의 군사 - 정치적 능력과 경제력을 소유해야만 한다. 또한 반드시 지구적 수준의 국방과 정치적 목표를 수행할 수 있는 능력을 갖추어야 하며, 이를 실행할 수 있어야 한다. 이러한 초강대국으로서의 지위를 갖추기 위해서는 다른 국가들에 의해 설득력 있게 수용되어야 하며, 스스로를 파악할 줄 알아야 한다. 이에 따라 탈냉전기에는 미국만이 초강대국으로서 존재하고 있다.

강대국들은 이와 달리 모든 영역에서 커다란 능력을 반드시 가져야만 하는 것은 아니다. 이러한 능력은 주로 한 가지 영역에만 적용

---

86) 부잔과 외퍼는 파워의 분류기준에 대해 현실주의가 주장한 물질적 능력(material capability)과 불(Bull)이 제시한 다른 행위자의 공식적 인정이라는 요소들뿐만 아니라, 가장 중요한 점으로서 국가의 행위방식에 대한 주목, 특히 다른 국가들이 이 국가를 어느 수준으로 계산하는가라는 요소도 고려해야 한다고 주장한다. Barry Buzan and Ole Wæver, *Regions and Powers: The Structure of International Security*, p.32 참조.

87) Barry Buzan and Ole Wæver, *Regions and Powers: The Structure of International Security*, pp.34 - 37.

된다. 즉 개별 국가들이 현재나 가까운 장래에 투사될 수 있는 힘에 대한 체제수준의 예측에 기반을 둠으로써 강대국들을 대하는 것이다. 강대국들은 주로 적절한 수준의 능력을 갖게 될 것이며, 일반적으로 스스로를 지역수준의 힘을 갖고 있다고 생각하기보다는 주로 한 지역 이상의 영역에서 능력수행이 가능하다고 여긴다. 이에 따라 탈냉전기에는 영국/프랑스/독일 – 유엔, 일본, 중국, 및 러시아 등이 강대국이 되는 조건에 부합하고 강대국의 지위를 차지하고 있다.[88]

지역 파워들은 주어진 지역안보복합체에서 극을 결정한다. 초강대국들은 마치 그들의 영향력과 능력이 특정 지역의 안보체계를 형성하는 실재라고 여기며 다른 강대국들을 대한다. 그러나 초강대국들은 지역 파워를 체제의 극화를 고려하는 계산에서는 제외한다. 이것은 초강대국들 스스로가 높은 순위를 차지할 만하다고 자신을 여기든, 아니든 상관이 없다.

파워분류의 의미는 파워의 큼과 적음에 따라 행위자의 안보이익과 안보정책이 달라질 수 있다는 점이다. 초강대국들은 광범위(wide – ranging)한 이익과 강력한 능력으로 인해 전 세계범위 내에서 전개될 수 있으며, 그들의 안보 다이내믹(dynamics)도 지리적 인접성을 초월할 수 있게 된다. 지역 파워들은 그들의 한정된 능력으로 인해 그들의 안보이익과 행동이 주요 인접 지역에 한정된다. 강대국들은 일반적으로 몇 개 인접한 지역에 침투하게 된다. 바로 능력과 이익의 상이함으로 인해 행위자들의 안보 다이내믹(dynamics)도 다르므로 현

---

88) 인도는 잠재적인 강대국이며, 다른 행위자들이 계산의 비중이 커지고 있지만 물질적 능력과 공식적 인식의 측면에서 볼 때 아직 강대국의 지위를 차지하지 못한다.

실주의자의 단위와 체계라는 두 수준의 분석법보다 더 풍부한 분석 방법을 제시하는 것이 가능하게 된다. 이와 관련하여 부잔과 외퍼는 국제안보의 다이내믹(dynamics)에 대한 다음과 같이 네 가지 분석수준을 제시했다.[89]

첫째는, 지역 내에 있는 국가의 국내 수준, 특히 그들의 취약성이다. 한 국가가 가지고 있는 특별한 취약성은 해당 국가의 안보 두려움을 결정하며, 그리고 때로는 비록 다른 국가나 국가군(group of states)이 적대적 의도를 가지지 않더라도 구조적 위협(a structural threat)을 느낀다.

둘째는 국가 사이의 관계(state-to-state relations)이다.

셋째는 인접한 지역들 사이에의 상호작용이다.

넷째는 지역에서 글로벌 파워의 역할, 즉 세계안보구조와 지역안보구조 사이의 상호작용이다.

이런 네 가지 수준은 공동으로 상호작용하여, 안보 '성좌'(security constellation)가 형성될 것이다. 물론 때로는 어느 수준(주요 지역 사이에의 상호작용)의 작용은 뚜렷하지 않다.

위에서 서술했듯이 부잔과 외퍼가 제시한 지역안보복합체이론이 지역안보연구에 있어서 국제정치연구의 기존주류이론인 현실주의, 자유주의 및 구성주의보다 더 적합하다는 것을 발견할 수 있다. 그들은 파워의 분배와 행위자의 사회구성관계를 주요 설명변수로 삼고 지역안보체제를 여러 가지 유형으로 분류하며, 그리고 한 복합체를

---

89) Barry Buzan and Ole Wæver, *Regions and Powers: The Structure of International Security*, p.51.

분석하는 네 가지 수준을 제시한다. 이런 것들이 우리에게 지역안보 체제를 관찰하는 더 유용한 분석도구를 제공한다고 할 수 있다.

제3절 연구방법과 분석틀

1. 연구 방법

주지하듯이 국제관계를 다룰 때는 단위수준과 체제수준이라는 두 가지 접근방법이 있다. 바로 칼스너스(Walter Carlsnaes)가 서술했듯이 "개체와 사회", "행동과 구조", "행위자와 체제(system)", "부분과 전체", "개체론(individualism)과 전체론(holism)", "미시와 거시", "의지주의(voluntarism)와 결정주의(determinism)", "주관주의(subjectivism)와 객관주의(objectivism)" 등의 양분 관계는 사회와 정치이론의 중심적 문제가 되어왔다.90) "영웅이 시대를 낳는가, 시대가 영웅을 낳는가"란 논쟁처럼 국제정치학에서도 역시 행위자 중심의 접근과 구조 중심의 접근이 양립되어 왔다.

행위자중심 접근은 행위자와 관련된 제(諸)요인으로서 미시적 행위 및 거시적 현상을 설명한다. 행위자는 주어진 조건하에서 합리성(rationality), 의도성(intentionality) 혹은 감성(emotionality)에 따라 자신의 이익이나 목적을 최대화하거나 충족시키는 선택을 한다고 가정

---

90) Walter Carlsnaes, "The Agency – Structure Problem in Foreign Policy Analysis", *International Studies Quarterly*, 36(1992), pp.245 – 270.

한다. 나아가 개별 행위자들의 선택의 집합은 그 행위자들이 구성하는 조직의 선택과 동일시된다. 그러므로 행위자수준 이론은 '방법론적 개체주의'(methodological individualism)에 입각해 있다.[91] 구조중심 접근은 구조적 요인들에 대한 분석을 통하여 거시적 현상을 설명하고, 미시적 현상의 범주를 밝힌다. 월러스타인(Immanuel Wallerstein)의 세계체제론, 왈츠의 국제체제론 등이 대표적이다.[92]

이러한 두 가지 접근방법 중 어떠한 분석수준의 연구가 이론적으로 볼 때 상대적으로 유용한가에 대해 싱거(Singer)는 기술(description)의 견지에서는 체제수준의 연구가 우월하고, 설명(explanation)의 견지에서는 단위수준의 연구가 우월하며, 예측(prediction)의 차원에서는 양자가 비슷하다고 지적했던 것이다.[93] 단위수준의 접근은 행위자가 이익을 최대화하는 합리적 선택을 한다고 가정함으로써 미시적 행위 및 거시적 현상의 미시적 기초를 간명하고 일관된 논리체계로 설명할 뿐만 아니라 예측 가능성을 제시한다는 이론적 강점을 가지고 있지만, 행위자의 개체 주의적 자발성을 과도하게 가정하기 때문에 행위자 합리성, '집단행동의 딜레마'(dilemma of collective action),[94] '선택과 강제' 등과 관련하여 문제점을 드러낸다. 즉 구조의 제약성을

---

91) 이호철, "행위자와 구조, 그리고 제도: 제도주의의 분석수준", 『사회비평』, 제14호(1996), pp.63 - 85.

92) 위의 글, pp.63 - 85.

93) J. David Singer, "The Level - of - Analysis Problem in International Relations", *World Politics*, Vol. 14, No. 1, (October 1961), pp.72 - 91.

94) Mancur Olson, *The logic of Collective Action: Public Goods and the theory of Groups*(Cambridge: Harvard University Press, 1971).

충분히 반영하지 못하므로 여러 문제들이 야기된다.

체제수준의 접근은 거시적인 차원에 입각해서 유익한 인식론을 제시하는 장점을 가지고 있지만 구조가 행위자의 선택을 제약하는 매개과정이 불분명하고, 또한 극단적인 구조결정론의 입장을 취할 경우 행위자의 자발적 선택의 가능성을 사상함으로써 행위자의 실천적 의지가 무의미해진다는 약점을 안고 있는 사실도 부인할 수 없다.[95]

그래서 정치현상을 설명하는 데 있어 단위수준이나 체제수준 분석은 모두 정치현상의 일면만을 강조하고 행위자와 구조 간의 상호작용을 고려하지 않는다는 단점을 지니고 있다고 할 수 있다. 그렇기 때문에 이러한 행위자중심 접근과 구조중심 접근을 통합하려는 노력이 또한 제기되어 왔다. 구조는 행위자의 실천의 조건이면서 결과이다. 또한 실천은 의식적 생산과 구조가 강제하는 재생산의 두 측면을 가지고 있다. 전자가 구조의 이중성이고 후자가 실천의 이중성이다.[96] 이것은 바로 행위자와 구조 모두를 변수로 설정하고, 이들 간의 상호작용을 포괄하는 이론적 틀을 정립함으로써 보다 완벽한 설명이 가능하다는 주장이다.[97]

---

95) 이호철, "행위자와 구조, 그리고 제도: 제도주의의 분석수준", pp.63 – 85.
96) 구갑우, "남북한 관계의 이론들", 경남대학교 북한대학원, 『남북한 관계론』(서울: 한울, 2005), p.89.
97) 서방학계에는 기든스(Anthony Giddens)를 중심으로 하는 '구조화 이론'(structuration theory)과 이를 국제관계에 적용하고 있는 웬트(Alexander E. Wendt)의 노력이 대표적이다. 관련한 저작이 다음과 같다. Anthony Giddens, *The Constitution of Society: Outline of the Theory of Structuration*, (Cambridge: Policy Press, 1984); Alexander E. Wendt, "The Agent –structure Problem in International Relations Theory", *International*

이러한 인식에 기초하여 본 연구는 두 가지 접근방법을 결합하는 구조화 이론[98]적 접근방법과 역사적이고 시간적 변수를 고려하는 역사구조주의방법으로 접근하고자 한다. 이를 기초로 하여 1차, 2차 문헌자료를 분석함으로써 논의를 전개할 것이다.

2. 분석의 틀

위의 연구방법과 연구시각에 대한 논의에 기초하여 본 연구의 연구목적을 달성하기 위한 분석틀을 제시하기 전에 여러 가지 문제들을 고려해야 할 필요가 있다.

아마 가장 중요하게 고려해야 하는 사항은 무엇보다 한반도 지역

Organization, Vol. 41, No. 3(Summer 1987), pp.335－370.

98) '구조화 이론'은 행위자와 구조 모두가 정치현상을 설명하는 데 필요하다는 정당한 문제인식에서 출발한다. 구조는 행위자의 의도된, 그리고 의도되지 않은 행위의 결과이고, 행위자의 행위는 또한 환원될 수 없는 구조적 맥락을 전제로 하며, 그 구조적 맥락에 의해서 매개된다는 인식이다. 행위자와 구조는 각각 상대방의 결과이고 형성하는 전제인 셈이다. 행위자와 구조는 '상호구성적'(mutually constitutive)이고 '상호결정적'(co－determined)이다. 기든스는 이를 '구조의 이중성'(duality of structure)으로 압축한다. 즉 구조는 행위자의 매개체이면서 그 결과라는 개념이다. 이러한 '구조화'개념으로 행위자와 구조를 통합할 때 행위자수준 이론의 환원주의(reductionism)적 경향이나 구조수준 이론의 구조의 물화(reification)를 피할 수 있게 된다고 주장한다. Anthony Giddens, *The Constitution of Society: Outline of the Theory of Structuration*, (Cambridge: Policy Press, 1984); Alexander E. Wendt, "The Agent－structure Problem in International Relations Theory", *International Organization*, 41:3(Summer 1987), pp.335－370.

체제의 존재 여부라는 문제이다. 안보구조란 개념을 검토한 부분에서 논의한 것처럼 대부분 학자들이 '한반도 문제'를 다룰 때 일반적으로 이를 동북아 지역체제로 놓고 논의해왔다. 그런데 이런 경향으로 인해 한반도 문제가 항상 간과되고 동북아의 강대국관계에 편중하게 되었다. 특히 서방 학자들 사이에서 이러한 경향이 더 보편적으로 나타난다. 이것은 두 가지 원인 때문이라고 할 수 있다. 하나는 강대국으로 구성되는 체제가 항상 그 하위체제(subsystem)에 직접 영향을 미칠 수 있다는 것이다. 미-소 양극대립을 주로 특정으로 한 냉전기의 상황이 보다 이렇다. 그렇기 때문에 국제정치를 다루는 많은 전문가들이 탈내전기의 지역안보를 여전히 이러한 사고관성에 따라 사고한다. 다른 하나는 동북아 지역이 특수성을 가지고 있다는 점이다. 부잔과 외퍼에 의하면 탈냉전기 글로벌수준의 구조는 1(초강대국)+4(강대국)라는 구조이며, 1은 미국을 의미하여, 4는 중국, 일본, 유럽과 러시아를 의미한다.[99] 그리고 동북아체제의 상위구조도 1(미국)+3(중국, 일본, 러시아)이라는 구조로 정의할 수 있다. 그런데 미국, 중국, 일본, 러시아 사이의 관계가 논의될 때 어떤 수준에서, 글로벌 수준 아니면 동북아수준에서 논의하는지를 구분하기는 어렵다. 그래서 여기에서는 부잔이 제시했던 하위복합체(subcomplexes)리는 개념을 빌려 사용한다. 부잔에 의하면 이른바 하위복합체는 본질적으로 지역안보복합체와 같이 정의될 수 있으며, 다른 것은 하위복합체가 더 큰 복합체에 파묻힌다는 점이다.[100] 하위복합체가 복합

---

99) Barry Buzan and Ole Wæver, *Regions and Powers: The Structure of International Security*, pp.37 - 38.

100) *Ibid*, p.51.

체로 포착할 수 없는 단위들 사이의 안보의존의 패턴을 뚜렷하게 포착할 수 있게 해 준다.[101]

그래서 이 연구에서 제시되는 한반도 체제가 성립될 수 있다.[102] 여기에서는 이른바 한반도 체제를 동북아체제의 하위체제로 삼고 동북아체제에서 한반도와 직접 관련한 안보 다이내믹(dynamics)을 논의의 중심에 놓고 전개해 볼 것이다.

한반도 지역안보체제가 성립한다고 할 수 있으므로 이의 안보구조도 존재한다고 할 수 있다. 앞에서 검토한 바와 같이 안보구조는 '특정 안보체제 내에서 핵심 행위자인 주권국가들이 각자의 안보정책을 통해 안보목표를 추구하는 과정에서 형성되는 특정한 유형의 상호작용 패턴'으로 정의된다. 이러한 정의에 따라 어떤 지역안보구조를 다룰 때 확인해야 될 것은 지역안보구조의 행위자가 누구인가라는 문제이다. 이것은 고려해야 할 두 번째 문제이다. 이 문제를 해결해야만 비로소 그들의 안보정책과 안보정책 상호작용 패턴을 다룰 수 있다.

마지막으로 고려할 문제는 지역안보체제의 행위자의 안보정책은 어떻게 창출될 것인가라는 문제이다. 실제 이 문제는 본 연구가 다룰

---

101) *Ibid*, p.51.

102) 한반도 체제는 세계에서 유일한 체제라고 할 수 있다. 왜냐하면 이것은 현시대에는 세계의 다섯 개 강대국 중의 네 개 한반도 체제와 관련하며, 체제 내의 약소국은 남한과 북한 두 개밖에 없을 뿐만 아니라 남북한 역시 '나라와 나라 사이의 관계가 아닌, 통일을 지향하는 과정에서 잠정적으로 형성되는 특수 관계'를 가지고 있는 행위자라는 것 때문이다. 이런 체제가 한반도 체제 외에 현 세계에서 제2예를 찾을 수 없을 것이다.

핵심적 문제라고 할 수 있다. 왜냐하면 본 연구는 일차적으로 지역체제의 안보구조는 체제를 구성하는 핵심 행위자인 국가들이 선택한 안보정책들 간 상호작용에 의해 형성된다고 본다. 이런 정의에 따라 안보구조의 형성, 양태와 조정을 결정하는 핵심적 요소는 각 행위자의 안보정책이라고 할 수 있다. 그래서 국가의 안보정책에 대한 결정요인은 무엇인가라는 문제, 즉 안보정책을 종속변수로 삼고 이의 창출에 영향을 미칠 수 있는 독립변수는 무엇인가라는 문제는 본 연구의 중요한 관심사가 된다. 이 점에서 본 연구는 근본적으로 부잔과 같이 지역주의의 관점에 서 있다. 즉 존재론적 측면에서 전통 현실주의의 개체주의(individualism)와 구조현실주의의 전체주의(holism)를 절충하며, 인식론적 측면에서 현실주의와 자유주의의 물질주의(material-ism)와 구성주의의 관념주의(idealism)를 절충할 것이다. 이에 따라 지역안보구조의 행위자인 국가들이 안보정책의 선택에 영향을 미칠 수 있는 변수가 구조적 요인뿐만 아니라 행위자 개체적 요인도 고려해야 하며, 파워, 극이라는 물질적 요인들뿐만 아니라 역사, 문화, 종교와 지리에 기원하는 우호(amity)와 적대(enmity) 등 의식적 요인도[103) 고려해야 할 것이다. 이런 것들을 바탕으로 하여 본 연구는 다음의 그림2-2와 같은 분석모형을 제시해 볼 것이다.

그림2-2에서 보이듯이 어떤 지역안보구조의 행위자의 안보정책이 결정될 때 지역체제수준에서 지역구조가 하나의 작용 요인이 된다. 즉 행위자가 안보정책을 제정하는 과정에서 구조의 제약을 받는 것이다. 물론 이는 행위자의 지역체제와 구조에 대한 인식과 긴밀하게

---

103) *Ibid*, pp.49-50.

관련된다. 또한 행위자의 안보정책이 결정되는 과정에서 행위자의 정치제도나 정치구조, 시민사회의 발전상황이 영향을 줄 수 있는 요인으로 작용할 수 있고 정책결정자들이 국가나 체제의 취약성을 어떻게 인식하는지도 영향을 미칠 수 있을 것이다. 이런 것들이 공동으로 행위자의 안보정책을 결정하고 한 체제에서 각 행위자의 안보정책이 서로 작용함으로써 안보구조가 형성된다. 물론 한 행위자의 안보정책에 대한 고찰은 체제 내 행위자들 간의 파워와 사회구성관계라는 두 차원에서 진행해야만 비로소 실제적인 의미를 갖출 수 있을 것이다.

<그림 2-2> 분석 틀

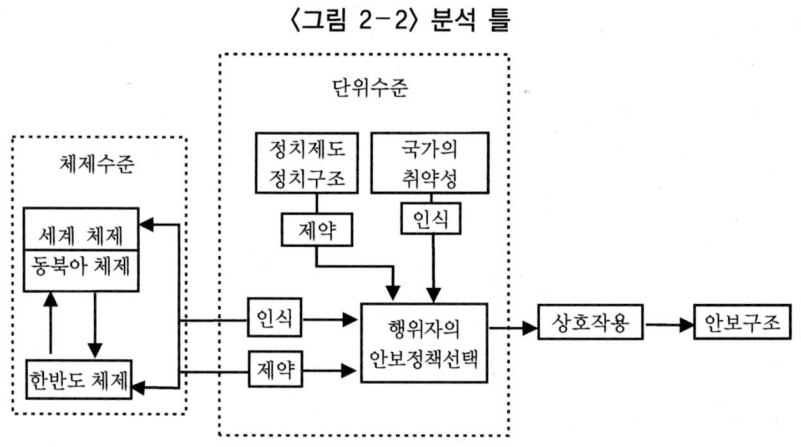

제3장 행위자

제1절 행위자

　부잔과 외퍼가 제시한 지역안보복합체이론에 의하면 탈냉전시대의 동아시아는 동북아와 동남아를 포함하고 있는 초복합체라고 할 수 있게 된다. 그렇게 하면 동북아는 당연히 이 초복합체의 하위체제(subcomplex)라고 할 수 있다. 그런데 본 연구는 한반도 안보를 연구의 주제로 삼으며, 한반도 안보구조를 본 연구의 핵심지위로 두드러지게 하기 위해서 기술적으로 동북아체제를 강대국형복합체(great powers complex)로 삼고 한반도 체제를 그의 하위체제로 삼고자 한다. 바꿔 말하면 동북아와 동남아 지역은 실질적으로 강대국들, 특히 중국이나 일본 및 미국 등의 존재로 인해 나누어질 수는 없지만, 이론적으로 연구의 용이성을 위해 본 연구에서는 동북아체제를 밀폐된 강대국형복합체로 사고하고 한반도 체제를 독립적으로 연구할 만한 가치를 지닌 체제로 삼을 것이다. 이러한 논의에 따라 이어서 제시할 수 있는 문제는 한반도 체제와 구조의 행위자에 대한 문제이다. 즉 한반도 구조의 행위자가 누구인가라는 문제이다. 본 장에서는 한반도 안보구조의 행위자가 누구인지를 먼저 확인하고 그들이 한반도와 관계한 역사를 고찰함으로써 한반도에 대한 그들의 국가이익과 한반도 안보구조에 개입하는 방식과 형태를 도출해 보고, 이어서 탈냉전기 그들 간의 파워배열관계와 사회구성관계를 고찰할 것이다.

1. 행위자의 확인

한 체제의 구조의 행위자가 누구인가라는 것은 단순히 이론적인 분석을 통해 도출될 수는 없을 것이다. 현실주의자들은 파워만 강조함으로써 강대국들 간의 안보다이내믹(dynamic)만 중시하여 안보구조의 극(極)만 편중하여 다룰 수밖에 없다. 그렇기 때문에 현실주의 논리는 지역안보구조를 분석할 때 한계점을 안고 있다는 것이 분명하다. 예를 들어 유럽은 강력한 파워를 가지고 있는 행위자로서 세계안보구조의 중요한 행위자라는 것은 두말할 여지가 없지만, 유럽이 한반도 안보에 미칠 수 있는 영향은 별로 크지 않다는 점이 역시 사실이다. 미국은 탈냉전기의 유일한 초강대국으로서 세계안보에 영향을 미칠 수 있는 가장 중요한 행위자이지만 지역별에 따라 그의 역할이 달라진다. 동북아 지역과 북아메리카나 유럽 지역에 비해 미국 역할의 다름이 사실이다. 그래서 단순히 파워를 근거로 지역구조의 행위자가 누구인지 확인하기가 어렵다.

한 지역체제가 지리적인 요소를 뚜렷하게 포함하기는 하지만, 단순한 지리요소로만 행위자의 신분을 역시 확인할 수도 없을 것이다. 예를 들어 몽골이 동북아국가란 신분을 가지고 있는 점은 누구도 부인할 수 없지만, 동북아안보에 영향을 거의 미칠 수 없다는 것이다. 따라서 어떤 지역구조의 행위자가 누구인지 확인할 때 비교적 적절한 방법은 역사경험에 입각하는 방법이다.

단순한 지리적인 의미에서 볼 때 한반도의 행위자는 남북한 두 개 국가(행위자)일[1] 수밖에 없다. 그런데 당연하게도 한반도 안보구조의 행위자에는 남북한뿐만 아니라 다른 행위자들도 포함된다. 그

리고 문제의 제시부분에서 논의했듯이 이 구조가 개방적이고 시기별
에 따라 특정한 양태로 전개했으며 행위자들도 다르다. 그래서 탈냉
전기 이 구조의 행위자가 누구인지를 본 연구가 먼저 확인해야 한
다. 확인 방법에 대해서는 앞서 지적했듯이 기존국제관계이론의 한
계 때문에 본 연구는 한반도 냉전체제 확립 시기부터[2] 지금까지 한
반도 안보와 관련하는 것들, 즉 남북한과의 외교안보관계, 한반도 안
보와 관련한 역사 활동의 참여 여부 등에 의거하여 행위자의 신분을
확인해 볼 것이다.

  한반도 냉전체제가 확립되었을 때부터 지금까지 한반도 안보와 관
련한 안보메커니즘 및 관련 활동의 참여국에 대해 다음 표와 같이
정리해 볼 수 있다.

---

1) 남북한 관계의 정의에 대한 주장에는 차이가 존재한다. 남북한의 관계가
   나라와 나라 사이의 관계 아닌, 통일을 지향하는 과정에서 잠정적으로
   형성되는 특수 관계라고 규정하는 주장이 있고, 다른 한편으로는 남한과
   북한이 모두 유엔 회원국이기 때문에 두 개의 독립적인 국가라는 주장
   도 있다. 안보 차원에서 볼 때는 남한과 북한도 독립적인 행위자로서 한
   반도 구조에서 역할을 행사하고 있다.

2) 프란츠 셔만(Franz Schurman)에 의하면 냉전체제의 도래 이전에 한반도
   는 세계적 세력대결의 중심무대로 등장하지 않았다. Franz Schurman,
   The Logic of World Power(New York: Pantheon Books, 1974), p.205. 그
   러나 한반도는 19세기 말부터 이미 중국이나 일본 그리고 러시아 3개국
   의 각축장이 되었다. 그래서 한반도 체제가 그때부터 성립되었다고 필자
   가 생각한다. 본 연구주체가 탈냉전기의 한반도 안보구조이며, 이는 세
   계적 차원의 냉전체제와 직접 관련되기 때문에 한반도 안보와 관련된
   역사를 냉전체제 성립 시기부터 살펴보고자 한다.

〈표 3-1〉한반도 안보구조의 행위자

		미국	중국	일본	러시아	유럽연합	캐나다	호주	인도	기타
외교관계	남한	×	×	×	×	×	×	×	×	
	북한		×		×	×	×	×	×	
안보메 커니즘	남한	×		×						
	북한		×			×				
활동참여	4자회담	×	×							
	6자회담	×	×	×	×					
	KEDO	×		×		×				
	NEACD	×	×	×	×					

정리된 표3-1로 각 행위자들이 한반도 안보와 관련된 정도 혹은 개입 정도를 잘 알 수 있다. 따라서 현 시기 한반도 안보구조에 있어서 남북한뿐만 아니라 미국, 중국, 일본, 러시아 등이 역시 한반도 안보구조의 행위자라는 점을 부인할 수 없게 된다. 여기에서 비국가 행위자인 IAEA과 국가행위 연장선의 산물인 한반도에너지개발조직(KEDO)은 한반도 안보문제에 개입했던 사실이 있지만, 그들은 북핵 문제의 해결만을 위해서 한반도 안보문제에 개입했기 때문에, 여기에서는 그들 본연의 행위자로써의 자격을 인정하지 않는다. 유럽연합이 KEDO의 참여를 통해 한반도 안보에 가끔 개입했지만 남북한과 정례적인 안보장치가 없고, 한반도 안보문제를 다룬 4자회담과 6자회담에 참여하지도 못한다. 캐나다나 호주나 인도 등 역외의 파워는 힘이 여전히 부족하기 때문에 한반도 안보구조에 개입하지 못한다. 이로써 현재 시기에 한반도 안보구조의 행위자가 남북한과 미국, 중국, 일본과 러시아 6개국만 될 수밖에 없다는 점을 확정할 수 있다.

이어서 미·중·일·러가 한반도 안보에 개입해온 역사맥락을 고찰함으로써 그들이 한반도에서 갖고 있는 국가이익이 무엇인가와 그들이 한반도 안보에 어떻게 개입하는가, 그리고 한반도 안보구조의 행위자로서의 남북한의 존재형태를 추출해 보고자 할 것이다.

2. 미·중·일·러와 한반도 관계의 역사적 맥락

1) 미국

비록 미국인이 처음 한반도에 출현한 시점은 1850년대까지 거슬러 올라갈 수 있기는 하지만[3] 공식적 협약형식으로 양국 관계를 확인한 시점은 30년 후의 1882년이었다. 그해 미국과 조선은 청나라의 주선으로써 『미조수호통상조약』을 체결하였다. 그때 대부분 미국사람들이 한국을 몰랐고, 미국의 정책결정자들도 한반도의 전략중요성을 인식하지 않았다. 한국의 개방을 촉구한 미국의 국가이익은 주로 상업적이었고, 한반도를 미국과 일본 및 중국 무역의 중간점(a stopping point)으로 인식했다.[4] 한반도의 경미한 가치 때문에 미국은

---

3) 1852년 12월에 미국 포경선 1척이 한국경상도 동래(東萊) 용당포(龍塘浦)에 출현하였고, 1855년 7월 15일에 조선해협을 통과하던 중 풍랑을 만난 미국 선박 투 브라더즈(Two Brother)호 선원 4명이 동해안 통천(通川)연안에 표류하였다. Earl Swisher, "The Adventure of Four Americans in Korea and Peking in 1855", *Pacific Historical Review*, ⅩⅩⅠ(August, 1952), pp.239－241; 김원모, 『한미외교관계 100년사』(서울: 철학과 현실사, 2002), pp.39－40.

4) John Chay, "The American Image of Korea to 1945",; Donald C. Hellmann,

1894‒1895년의 청일전쟁 당시에 조선 문제에 개입하기를 꺼렸고, 중립을 고수했다.5) 이어서 1905년에 미국은 러‒일 전쟁의 전승자인 일본과 태프트‒카쓰라 협정(Taft‒Katsura Agreement)을 체결했고, 주 조선미국 공사관을 철수함으로써 1882년에 시작된 조선과의 공식적 외교관계는 끝났으며 한반도에서 일본의 지배권을 사실상 인정하는 결과를 낳았다.

한국문제가 다시 미국지도자들의 시야에 들어온 것은 다시 일본을 매개로 해서였다. 그런데 미국은 한국을 그 자체의 독립된 문제로 보지 않고 일본이 점령한 지역에 대한 전후(戰後) 처리문제의 일환으로 생각했다.6) 1943년 미국, 영국과 중국 3개국의 지도자들은 '카이로(Cairo) 선언'을 발표하고 전후에 조선은 적당한 절차, 즉 일정 기간 신탁통치를 거쳐(in due course) 독립시킬 것임을 결의했다.7) 이후에 1945년 2월의 얄타(Yalta)와 7월의 포츠담(Potsdam)회담에서 조선에 대한 신탁통치의 이념은 거듭 확인되었다. 그런데 당시에 신탁통치의 구체적인 방안에 대해서는 합의하지 못했다.

예상보다 더 일찍 일본이 항복함으로써 미국과 소련은 조선에 대

"American Perception of Korea: 1945‒1982", in Youngnok Koo, ed, *Korea and American: The First Hundred years and Beyond*(Seoul: American Studies Institute, Seoul National University, 1983), pp.53 76, pp.77‒88; Won Sul Lee, *The United States and The Division of Korea: 1945*(Seoul: Kyung Hee University Press, 1982), p.1.

5) 김일영, 조성렬, 『주한미군: 역사·쟁점·전망』(서울: 한울, 2003), p.37.

6) 위의 책, p.38.

7) U.S. Senate Committee on Foreign Relations, *American Foreign Policy: Basic Documents*, 1941‒1949(New York: Arno Press, 1971), p.22.

한 신탁통치를 제쳐두고 일본군에 대한 접수와 무장해제 등의 시급한 문제를 우선 처리하게 되었다. 양국이 북위 38도선을 일본군 접수의 경계로 합의함으로써 미국이 제시했던 조선의 신탁통치가 사실상 무산되었다.

1945년 9월에 일본 오키나와에 주둔했던 미군은 인천항에 상륙했으며, 그들의 일차적 목적은 한반도의 북위 38도선 이남에 주둔했던 일본군의 무장해제였다. 그런데 사실은 일본군의 무장해제와 동반하여 나타난 권력공백으로 인해 이른바 미군정기가 시작되었다.[8] 한국정부가 수립된 1948년 8월 15일까지 거의 3년 동안의 미군정 기간 동안 미국은 한국군의 창설과 한국정부의 수립에 많은 도움을 주었다. 그런데 한국정부 수립 이후 미국은 한국정부가 존속할 수 있도록 하기 위해 정신적, 물질적 지원을 하였지만 군사적 개입은 가급적 하지 않겠다고 선언했다.[9] 1950년 1월 12일 미 국무장관인 애치슨(Dean Acheson)이 미국의 태평양 방위선은 알류산 열도에서 일본과 류큐 열도를 걸쳐 필리핀에 이르고 한국과 대만은 방위선 밖에 남겼다고 밝힌 연설이 당시 미국의 대한정책을 보여주는 대표적인 예였다.[10] 이러한 대한정책의 기본방침으로 인해 미국은 철군 결정

---

8) 미군은 인천항 상륙한 1945년 9월 8일의 하루 후인 9월 9일 태평양 미 육군 총사령관인 맥아더(Douglas MacArthur) 장군의 이름으로 발표된 「포고령 제1호」는 한반도의 남쪽을 '점령'하고 '모든 행정권을 장악'하여 '군정을 실시'하는 주체로 규정했다. 군사편찬위원회, 『자료 대한민국사』제1권, (서울: 군사편찬위원회, 1970), pp.72 – 73.

9) 김계동, "미국의 대한반도 군사정책변화: 1948 – 1950", 『군사』, 20호(1990).

10) 어떤 학자들은 애치슨의 연설이 미국이 한국과 대만을 포기하는 것을 의미하지 않으며 다만 북진통일이나 본토수복을 외치는 이승만과 장개석

을 내렸다. 한국전쟁의 발발까지 미국의 이러한 대한반도 안보정책은 기본적으로 한국의 전략적 가치를 낮게 평가하였기 때문이었다. 그런데 한국전쟁은 미국의 대한반도의 안보정책 변화의 계기가 되었다. 물론 미국의 대한반도 정책의 변화가 한국전쟁의 발발과 동선진영 대입의 심화에 따라 한반도의 전략 가치에 대한 미국의 인식과 평가는 높아지는 점과 관련하였다.

당시 미국은 한국전쟁을 분명히 남북한 사이의 내전보다는 소련의 주도하의 공산주의 확장전쟁으로 인식했다. 이 같은 인식을 바탕으로 미국은 대한반도 정책을 크게 수정했으며, 다음과 같은 두 가지 측면에서 증거를 찾을 수 있다. 첫째, 한국에 미군철수계획을 수정하고 미군의 주둔정책을 정했다. 둘째, 한국을 배척했던 애치슨 방어선이 표시한 동아시아정책을 수정하고 한국과의 동맹정책을 결정했다. 미국의 대한반도 정책의 이러한 두 가지 핵심은 한국전쟁의 발발부터 지금까지 50여 년 동안 일정 부분 조정된 적은 있었지만, 여전히 미국의 대한반도 정책에 버팀목으로서의 역할을 하고 있다고 할 수 있다.

한편 한국전쟁 시기부터 미국은 계속 북한에 적대적 정책을 유지해 왔으며 외교적으로 북한을 인정하지 않고 경제적으로 북한을 제재해왔다. 그리고 북한을 세계에서 가장 폐쇄적이고 극단적인 전체주

(蔣介石)의 무모한 모험을 견제하고, 유엔을 끌어들여 그들의 안전을 확보하겠다는 다목적 발언이라고 보는 것이 타당하다고 주장한다. Bruce Cumings, "Introduction: The Course of Korean – American Relations, 1943 – 1953", in Bruce Cumings, ed., *Child of Conflict: The Korean – American Relationship, 1943 – 1953*(Seattle: University of Washington Press, 1983), pp.44 – 49.

의 공산독재 정권하에 유지되는 호전적인 국가이며, 동북아 지역의 안전에 위협을 줄 수 있는 비우호 국가로 인식했다.[11] 미국의 이러한 인식은 탈냉전기의 도래에도 뚜렷한 변화가 없지만, 미국 국내의 정당교체에 따라 실제 정책적인 층면에서는 대북한정책의 조정을 확인할 수 있다. 예를 들어 클린턴정부 시기 북한핵문제를 둘러싼 미국은 북한과의 쌍무회담을 통해 제네바협의를 달성함으로써 제1차 북한핵위기를 안전하게 해결하였다. 탈냉전기 미국은 세계의 유일한 초강대국이며, 세계안보에 영향을 미칠 수 있는 가장 중요한 행위자이다. 비록 지금까지 북한과 수교하지는 않지만 미국은 한반도 안보에 있어서 영향력이 가장 큰 국가이라는 것을 부인할 수 없다. 즉 미국이 한반도 안보구조의 주요 행위자라는 것은 너무도 당연한 사실이다.

미국은 한반도 안보구조의 주요 행위자로서의 특성은 다음과 같은 두 가지로 요약해 볼 수 있다.

① 미국은 비록 한반도 안보구조의 행위자이지만 한반도, 동북아 지역 내의 국가가 아니라 초강대국으로서 한국과의 동맹관계를 통해 한반도 지역에 침투해왔다.

② 한반도에 대한 미국의 정책은 세계구조의 변화와 조정에 따라 역시 변화해왔다. 19세기 후반부터 1945년까지의 시기, 한국전쟁부터 1990년까지의 양극체제 시기, 1991년 구소련의 붕괴부터의 탈냉전 시기 등 세계와 동아시아구조의 변화에 따라 한반도에 대한 미국의 정책은 고정되지 않고 변화해 온 것이다.

---

11) Selig S. Harrison, "A Chance for Detente in Korea", *World Policy Journal*, (Fall 1991), pp.610 – 612.

1945년 전에 미국의 정책기조는 불개입이었으며, 냉전기의 정책기조는 동맹 체제를 통한 공산주의 확산에 대한 봉쇄, 억제였다고 할 수 있다. 탈냉전 시기 유일한 초강대국으로서 미국의 정책기조는 동맹체제로 이 지역에 침투하고 지역 국가를 견제함으로써 지역의 평화와 안정을 유지하고 초강대국의 지위를 수호하려는 데 있다.

2) 중국

역사적으로 중국과 한반도의 관계가 어떻게 인식되든지 1895년의 중일 전쟁 직전까지 중국이 한반도에 대해 가장 큰 영향력을 갖는 국가였다는 점은 부인할 수 없는 사실이다. 그런데 중일 전쟁의 패전으로 인해, 한반도에 대한 중국의 영향력은 한반도로부터 퇴출되었으며 1950년 한국전쟁까지 중국의 대한반도 영향력은 거의 없었고 중국의 세력은 한국전쟁에 개입함으로써 다시 한반도에 진출하기 시작했다. 한국전쟁에 개입한 중국의 의도에 대해 중국학계나 한국학계에서 여러 가지 논쟁들이 존재하고 있기는 하지만, 한국전쟁에 개입하여 북한과의 혈맹관계를 맺었음으로써 중국은 한반도의 국제정치체제에 다시 등장하고 안보구도의 구조화 과정에서 중요한 행위자가 되었다.

1953년 중국은 정전회담의 참여자와 정전협정의 한 서명자로서 한국전쟁 정전협정에 서명했으며 중국이 한반도 문제의 당사자가 될 수 있는 제도적인 장치를 마련했다. 한국전쟁이 종전된 후에 중국군대가 계속 북한에 주둔하고 5년의 기간에 지난 1958년에 북한에서 철수했다. 그렇지만 전쟁으로 연결된 중국과 북한의 관계는 계속해서 유지, 확대되었으며 안보 차원에서 1961년 7월에 군사동맹성격을 띤 「조·중우호합작호조조약」(朝中友好合作互助條約)을 체결하게 되었고 북한과의 사실적인 동맹관계가 법적인 장치로 제도화되었다.

냉전체제의 붕괴 시기까지 중국과 북한의 관계가 악화된 시기도 있었지만, 대체로 우호적인 관계를 유지해왔다고 볼 수 있다. 한편 한국과의 관계는 경제교류차원에는 70년대 중반부터 간접 무역액이 꾸준히 증가하였지만[12] 정치, 안보 차원에서 볼 때 줄곧 적대적인 상태에 처해왔다는 것도 사실이었다.

이런 북한에 치중한 중국의 일변도(一邊倒)정책은 90년대에 들으면서 구소련의 붕괴로 인한 냉전체제의 해체와 남한의 북방정책의 수행에 따라 중대한 조정과 변화를 맞이하였다.

1992년 8월 24일 한중 국교정상화에 따라 중국과 한국의 관계가 특히 경제 분야를 중심으로 급속히 발전해오고 있다. 한편 남북한의 대립, 적대관계로 인해 한중 관계의 개선은 중북 관계를 냉각 상태에 빠뜨렸다. 한중 수교 직후 북한은 중국 측에 항의각서를 보내고 駐중국 북한대사 소환 등을 통해 중국 측에 강력히 불만을 표시함으로써 양국관계가 불편해졌다.[13] 그런데 북중 관계의 악화 이후 얼마 안 있어 양국은 다시 관계개선을 위해 노력하기 시작했으며 특히 정치 차원에서 더 많은 노력을 기울였다. 2000년에 이르러서는 양국

---

12) 중한 수교 전의 양국 간 교역상황에 대해서는 方秀玉, 『중국의 외교정책과 한중관계』(서울: 인간사랑, 2004), pp.95 – 99 참조.
13) 曹龍珍, 『북한의 對中·蘇 동맹정책 변화에 관한 연구』(부산대학교대학원 박사논문, 1995), p.193.

관계가 기본적으로 복원됐다고 할 수 있다. 2000년 5월 29일부터 6월 3일까지 김정일은 장쩌민(江澤民)의 초청을 받고 중국을 비공식 방문을 했으며, 김정일은 중국의 개혁개방정책이 옳다며 당과 정부가 중국의 개혁개방정책을 지지한다고 말했다.[14] 2001년 9월 3일부터 5일까지 장쩌민(江澤民)은 중화인민공화국 수립 이후 최대 규모의 당·정·군 대표단을 이끌고 북한을 방문했으며, 이 방문을 통해 중국과 북한의 당 대 당 관계가 완전히 복원되었고 다른 분야에서도 협력 채널을 복원하고 구축하는 방향으로 나갔다.[15]

한편 1992년 한국과의 국교수립 이후 중국은 한국과의 경제협력 측면에 주안점을 두고 투자, 무역 등에서 집중적인 발전을 보이고 있다. 안보 측면에서는 양국수교 이후 국방관련인사들의 인사교류를 여러 번 이루어졌지만, 정례화가 될 수 없고 임시적인 안보현안에 대한 의견교환뿐인 낮은 수준에 머물고 있다. 비록 1999년부터 양국의 국방장관이 매년 한 차례씩 만나고 안보와 관련한 문제를 논의하기로 했지만, 이는 2001년 후에 중단되었다. 지금 한중 안보 차원에서의 교류와 협력에서 볼 때 한국은 보다 적극적인 태도와 자세를 취하고 있는 반면 중국은 개별적인 문제(예: 북핵문제)에 대해 한국과 보조를 맞춰 적극적인 조치를 취하고는 있지만, 전체적으로 볼 때 중국은 여전히 소극적인 자세를 유지하고 있다고 말할 수 있다. 중국이 이러한 자세를 취하는 것은 두 가지 원인에서 기인한다고 분석할 수 있다. 하나는 중국은 한국과의 안보관계 발전이 북한과의 안보협력관계

---

14) 『人民日報』, 2000년 6월 2일자.
15) 朴斗福, "강택민 중국주석의 평양방문 이후 중국·북한관계 전망", 『국제문제』, 11월號(2001년).

를 훼손할 것을 걱정한다는 것이다. 다른 하나는 전환기를 맞이하고 있는 한미동맹 관계에 있어서 중국은 이러한 소극적인 자세를 취함으로써 한국의 안보전략의 조정에 영향을 행사함으로써 미래 한미동맹의 전략적 변화에 영향을 미치려는 의도를 갖고 있다는 점이다.

1970년대 말부터 중국은 개혁개방을 통해 경제발전을 국가의 우선적인 전략목표로 제정해왔으며, 주변 지역의 안정과 평화를 국가의 경제건설에 있어서 필요조건으로 인식하고, 경제발전을 중심으로 한 국가목표의 실현을 위해 계속 노력을 기울이고 있다. 또한 개혁개방이 심화됨에 따라 중국의 안보관도 변화하고 있다. 1990년대 중후반에 중국은 협력(合作)안보, 종합(綜合)안보와 공동(共同)안보를 내용으로 한 이른바 新안보관을 제시했다. 중국의 신안보관이 정치적인 선전의 성격을 갖고 있다는 점은 부인할 수 없는 사실이지만, 개혁개방 이후 중국이 다른 나라와 경제적인 협력을 통해 발전함으로써 경제요소가 중국의 안보 관념과 안보정책에 도입된 것 역시 반영되어 있다고 할 수 있다. 한반도에 있어서 한국은 중국에 대한 제1위 투자국 및 제3위의 무역국이며, 북한은 지정학적으로 중국에 중요한 완충역할을 해오고 있기 때문에 중국은 한반도의 안정과 평화를 유지하는 것을 한반도에 대한 중국의 제1순위의 정책목표로 삼고 있다. 이러한 정책의 연장선에서 중국은 한반도 정체의 불안을 야기할 수 있는 요인(예: 북핵문제, 북한체제의 붕괴, 한미군사훈련 등)의 작동을 반대, 저지하는 정책을 취할 것이며, 한반도의 안정과 평화에 기여할 수 있는 조치(예: 남북대화, 평화체제로의 전화, 북미 간 대결 완화와 상호 대화)를 지지하는 입장을 취할 것이라고 전망할 수 있다. 그리고 향후 한반도 정세가 어떻게 변화하든 중국의 이러한

입장과 원칙은 큰 변화가 없을 것으로 예측할 수 있다.16)

또한 탈냉전기 들어오면서 중국은 미국이 주도하는 단극체제의 수립과 이를 위한 미국의 동맹체제 강화를 반대하는 한편, 상하이협력기구의 건립을 통해 미국을 견제하면서 미일 동맹과의 전략적인 균형을 유지하려고 할 것이다. 그리고 중국은 북한과의 우호관계를 공고히 발전시키는 것이 지역과 세계의 안정과 평화에 유익하다고 인식하면서17) 북한과의 우대관계를 강화함으로써 한미, 미일 동맹을 견제하려는 의도를 갖고 있다고 분석할 수 있다.

위에 논의한 바와 같이 한반도 안보구조의 한 행위자로서의 중국에 대해 다음과 같은 점을 도출할 수 있다.

① 중국은 한반도에서 중요한 안보이익을 갖고 있는 행위자이다. 중국의 안보이익은 전통적인 지정학적 안보이익뿐만 아니라 경제 차원의 안보이익도 포함된다.

② 중국과 북한이 맺은 「우호합작호조조약」은 탈냉전시대의 도래에 따라 미묘해지고 있지만 중국은 북한의 유일한 동맹자이기 때문에 「우호합작호조조약」을 계속 유지함으로써 북한과 한반도의 정세에 직접 영향을 미칠 수 있다.

③ 중국은 냉전기 대한국 적대정책을 탈피했고 한국과의 경제협력관계를 발전시킴으로써 투자와 무역 등 경제이익을 도모하고 있는 동시에 이로 인해 한미동맹의 미래정위에 영향을 미치고

---

16) 박건일 "남북한 정상회담과 중국의 한반도에 대한 정책",『외교』, 제55호(2000년 10월), p.31.

17) 장쩌민(江澤民)의 북한노동당 성립50주년 축하연회에서의 담화,『人民日報』, 2000년 10월 10일자.

향후 한중 안보협력의 기반을 양성함으로써 한반도에서의 안보
이익을 수호하려고 한다.

3) 일본

일본은 섬나라로서 큐슈(九州)가 지리적으로 한반도와 불과 200킬
로미터 거리에 위치해 있어서 역사상 한반도와 긴밀한 관계를 유지
해왔다. 일본은 역사적 경험으로 한반도의 지리적 위치가 중요하다고
느꼈지만, 근대에 이르기까지 전통적 균형정책을 유지해왔다.[18] 이것
은 일본의 지리적 환경뿐만 아니라 중화제국을 중심으로 한 동아시
아의 국제질서가 존재했기 때문이라고 할 수 있다.[19] 그런데 1880년
대 후기에 들어서면서 한국과 중국의 침체와 유약함을 인지하면서부
터 기존의 일·청·한 제휴론을 공개적으로 부인하게 되었으며, 대신
서양세력과 함께 대륙으로 팽창할 것을 주장하게 되었다.[20] 이 같은
야욕을 가지고서 한반도에 진출한 러시아의 세력팽창을 막고 한반도
에서 패권을 확립하고 안전을 보장하는 국제환경을 확보하려 하였다.
이에 따라 청국의 이익과 충돌하게 되었고 결국 1894년에 청일 전쟁
을 일으켰다.[21] 비록 일본이 전쟁에서 승리를 거두었지만 한반도에
서 패권을 장악할 수 없었으며, 러시아가 그것을 취하고 말았다.

---

18) 岡崎久彦 著, 具閏瑞 譯, 『일본의 국가전략』(서울: 바람과 물결, 1988),
   pp.13 - 28.
19) 위의 책, p.17.
20) 韓相一 著, 『日本軍國主義의 형성과정』(서울: 한길사, 1982), pp.57 - 58.
21) 岡崎久彦 著, 具閏瑞 譯, 『일본의 국가전략』, p.29.

그런데 10년 후의 러일 전쟁의 개시와 함께 일본은 군대를 한반도에 상륙시켜 「한일의정서」를22) 강제하고 전략상의 요지를 점령하여 전쟁 수행에 필요한 물적·인적 협력을 조선에 강요하였다. 또한 1904년 8월에 「한일협약」을 강요하고, 소위 「고문정치」,23)라는 것을 만들어 조선의 내정에 간섭하기 시작했다. 1905년에 일본이 영일 동맹과 「카쯔라·태프트비밀협정」,24)을 맺었음을 통해 조선에 대한 일본의 정치·경제·군사상의 특수 권익을 영미 양국이 인정토록 하고, 더욱이 러시아의 패배로 체결된 「러일 강화조약」에서는 러시아에게도 이것을 강제하였다. 또 같은 해 4월 8일에 일본이 「한국보호권 확립건」의 내각 결정, 10월 27일에 그 실행에 관한 각의 결정을 기초로 하여 11월 17일 강제된 「보호조약」에 의해 조선의 외교권을 완전히 빼앗고 조선을 '보호국'으로 하여 내정에까지 간섭하려는 '한국통감부'의 설치를 규정하였다. 이것은 조선의 자주독립을 침해하는

---

22) 1904년 일·러 전쟁 시 일본군은 국외 중립선언을 천명한 조선에 불법으로 상륙하여 무력적 협박으로 2월 23일 「한일의정서」를 강요하였다. 그 골자는 '양국의 친교', '동양평화'를 위해 시정 개선의 '충고'를 용인한다는 것, 일본정부의 행동을 용이하기 위해 충분히 편의를 주어 군사상 필요한 지점을 임시 수용할 수 있고, 본 협약에 위배되는 협약을 제3국과 맺을 수 없다는 것 등으로 일본이 조선을 정치적·군사적으로 지배하려는 목적을 보여주었다.

23) 「한일협약」을 통해 일본이 조선에 재정고문을 비롯한 군부·외교·경찰 등의 고문을 설치하여 조선의 내정에 간섭하였다.

24) 「카쯔라·태프트비밀협정」 1905년 7월 일본의 수상 桂太郞과 미국의 육군장관 태프트 사이에 비밀리에 맺어진 상호 원조 협력 협정이었다. 그 내용은 미국이 일본의 조선에서의 정치·경제·군사상의 이익을 인정하는 대신에 일본은 미국의 필리핀에서의 권익을 인정한다는 것이었다.

식민지화의 시작을 의미하는 것이었다.25) 1909년 7월에 일본정부의 각의에 의해 「한국병합에 관한 건」 및 「대한시설대강」이 일왕의 재가(裁可)하에 결정되었고, 1910년 8월에 「일·조 병합조약」이 체결됨으로써 한반도는 일본의 식민지가 되고 말았다. 그때부터 1945년까지 35년 동안 일본은 한반도에 대한 독점적인 영향력을 누렸다.

제2차 세계대전의 패전으로 인해 일본은 한반도에서 퇴출되었다. 한국전쟁 기간 '기지국가'26)로서 간접적으로 한국전쟁에 개입했지만, 한일 수교 전까지 일본의 한반도에 대한 영향력은 매우 미미한 상태에서 벗어날 수 없었다. 한일 간의 수교교섭이 14년에 걸쳐 진행된 끝에 마침내 1965년에 한일 양국의 국교 정상화가 실현되었고, 이것으로 다시 한반도에 대한 일본의 진출과 영향력 발휘의 계기가 마련됐다. 한일 국교정상화 이후 일본은 정치·안보·경제적인 면에서 한국 일변도(一邊倒) 정책을 취하였고, 양국 간의 무역, 투자 등 경제협력은 계속해서 발전했으며, 특히 일본자본이 한국의 경제개발계획에 상당히 크게 영향을 미쳤다.27) 안보적인 측면에서도 일본은 한

---

25) 朴慶植, 『일본제국주의의 조선지배』(파주: 청아출판사, 1986년), p.24.

26) "기지국가"란 개념은 남기정이 제시한 용어다. 남기정, "동아시아 냉전 체제하 냉전국가의 탄생과 변형", 서울대학교 국제문제연구소 주최 2005년 추세학술회의 발표문 참조.

27) 제1차 경제개발계획(1962-1966)에서 한국정부가 필요로 한 6억 3천만 불의 외국자본 중 일본자본의 기여도는 29%에 달했으며 이 기간 동안 일본정부의 ODA(Official Development Assistance) 차관은 약 1억 불 정도 지급되었다. 제2차 경제개발계획(1967-1971) 동안에 한국정부는 약 2억 9천만 불의 외국자본을 필요로 하였으며, 그중 일본이 19.3%의 자본을 담당하였다. 이 기간 동안 5억 5천만 불의 일본정부 ODA차관이 지급되었다. 제3차 경제개발계획(1972-1976) 동안 한국정부가 필요했

반도에 대한 관심을 가져왔으며 1969년 11월 22일 『닉슨-사또 공동성명』 제4항에서 나타난 "한국의 안전은 일본의 안전에 긴요하다"란 미일 양국의 소위 '한국조항'합의는 일본의 입장을 잘 반영한 것이라고 할 수 있다. 그런데 1970년대에 들어서자 일본의 한국 일변도의 외교정책이 변화하기 시작하였다. 1972년 1월에 열렸던 닉슨-사또 회담에서 한국문제에 대한 언급이 사라졌다. 그리고 1972년에 일본 외상 기무라 되시오(木村後夫)의 발언,[28] 1973년에 일본에 체류 중이던 김대중의 납치사건과 조총련 소속 청년의 박정희 암살기도 사건 등으로 인해 한일 양국 간의 외교 갈등이 초래됐다. 다른 한편에는 일본은 북한과의 관계개선을 위해 노력하기 시작했다. 1971년 11월 일조의원연맹이 결성되었고, 중·참의원 약 240명이 가입하였다. 그 이듬해에 구노쥬지(久野忠治)가 의원 13명을 이끌고 북한을 방문하여 무역협정을 체결하였다.[29] 1975년 「포드·미키 공동선언」에서

던 외국자본의 30%를 일본이 담당했으며 약 7억 불의 ODA차관이 지급되었다. 1966년에서 1980년 사이 일본정부 차관총액은 14억 불이 되었고 이 기간 동안 상업차관은 25억 불에 다다랐다. 이 기간 동안 양국 간의 무역량도 급속도로 팽창하였다. 1965년 일본의 대한국 수출액은 1억 8천만 불이었으나, 1979년에는 약 65억 불에 다다랐다. 한국의 대일본의 수출이 1965년 4천4백만 불에 불과했으나, 15년 동안 80배의 성장을 거듭하여 1979년에는 약 33억 불에 나다렸다. 한·일 국교정상화 이후 일본은 한국의 제1의 수입국이 되었으며, 제2위 수출대상국이 되었다. 강량, 『현대 한국과 일본의 외교정책』(서울: 예진, 1994년), pp.72-73.

28) 1972년 5월 일본 외상 기무라 도시오는 한반도 내에서 북한의 남한에 대한 위협은 전혀 존재하지 않는다고 발언했다. 기무라 발언 내용에 대해서 『동아일보』, 1972년 5월 17일자 참조.

29) 김영춘, 『일본의 대한반도 정책변화와 추이』(통일연구원 연구총서 02-33), p.5.

'한국조항'의 한국을 '한반도'로 대체하려는 일본의 입장이 수용되어 "한국의 안전이 한반도의 평화유지에 긴요하며, 또한 한반도의 평화유지는 일본을 포함한 동아시아 안전에 중요하다"란 '신한국조항'으로 대체되었다. 이러한 '신한국조항'은 한반도에 있어서도 데탕트구조가 실현 가능하다고 하는 명분하에 '한국의 안전', '한반도의 안전' 등으로 구분하여 '두 개의 한국정책'을 취하기 위한 일본의 준비작업의 일환으로 해설할 수 있는 것이다.[30] 그러나 일본의 이러한 대한반도 정책이 1970년대 말부터 80년대 중반까지의 신냉전 추이에 따라 다시 대북한 접근을 자제하고 한국에 편중하는 방향으로 전환되었다.[31] 1983년 1월 일본 나카소네 수상이 공식적으로 한국을 방문하여 40억 달러의 안보경제자금을 한국에 제공하였고, 미국으로 인해 한국과 안보관계도 강화되었다.[32]

냉전종식 후에 한반도에 대한 영향력을 확대하기 위해 일본의 대한반도 정책이 다시 남북한 간의 균형적인 정책방향으로 전환되었다. 즉 한국과 공조정책을 유지하는 한편 북한에 접근하고자 하는 정책을 모색해왔다는 것이다.

1991년 초부터 1992년 11월까지 일본과 북한은 8차에 걸쳐 수교교

---

30) 위의 책, pp.5 - 6.

31) 신냉전시대 일본은 동맹국과의 안보유대를 강조하는 미국의 대한반도 정책에 부응하여 대북한 접근정책보다 한국안보를 우선시하는 정책을 취하지 않을 수 없었지만 일본정부는 "한국과의 우호협력과계를 유지. 증진하고, 북한과는 경제, 문화 등의 교류를 서서히 증대해 나가는 것이 적당하다"고 인식했다. 日本外務省, 『外交青書: わが外交の近況』 (1981), p.18. 김영춘, 『일본의 대한반도 정책변화와 추이』, p.7 재인용.

32) 한영구, "한국 대일 외교의 방향과 과제", 『국제정세』, (1990년 5월), pp.60 - 65.

섭회담을 개최했다. 그 당시에 양국은 수교회담의 3대 의제를[33] 둘러싸 교섭했으며 1992년 11월 8차 회담에서 표면적으로 이은혜 문제, 실질적으로 북한의 핵사찰 문제로 인해 교섭이 중단되었다.[34] 1994년 10월 미국과 북한 간의 핵교섭이 제네바 회담으로 타결되자 일본의 연립여당 3당 대표단이 1995년 3월 28일부터 30일까지 방북하여 북일 수교교섭의 조건 없는 재개에 합의하였다. 그런데 1996년 9월에 한국에서 발생한 북한 잠수함사건으로 남북관계가 경색됨에 따라 북일 관계의 진전이 중단되었다. 잠수함사건이 해결된 후 북일 간 교섭이 재개되었지만,[35] 1997년의 북일 관계는 황장엽의 망명사건, 일본인 납치의혹사건, 각성제 밀수사건, 노동1호 재배치 및 추가배치사건, 1998년의 대포동1호 미사일 발사사건, 1999년의 북한공작선의 일본 영해침투사건, 북한의 미사일 재발사 움직임 등으로 북일 관계는 심각한 상황에 처하고 수교교섭도 교착상태에 봉착하였다. 1999년 9월 12일 미국과 북한은 베를린 고위급회담에서 대포동 미사일 발사 유예와 경제제재 해제 및 식량지원을 맞바꾸는 타협안에 합의했으며, 이는 북일 관계의 개선에 계기가 되었다. 2000년 4월 4일에서 8일까

---

33) 이런 3대 의제는 ① 기본문제: 과거조약의 효력에 관한 해석과 지배권 추구 포기조항문제, ②경제문제: 보상 문제, ③ 국제문제: 핵문제, 남북관계, 이은혜 문제 등이 있다.

34) 小此木政夫, "日朝國交交涉と日本の役割", 小此木政夫, 編, 『ポスト冷戰の朝鮮半島』, (東京: 日本國際問題研究所, 1994), p.26. 김영춘, 『일본의 대한반도 정책변화와 추이』, p.15 재인용.

35) 1996년 6월 북경에서 북·일 양국 외무성의 과장급 접촉이 공식적으로 개시되었고 잠수함사건으로 중단되기도 했으나 양국 접촉창구는 유지되고 있었다.

지 북일 양국의 제9차 수교회담이 1992년 11월의 제8차 회담이 결렬된 후 7년 5개월에 지난 후 평양에서 열렸다. 이어서 북일 간의 제10차 수교교섭이 2000년 8월 21일에서 25일까지 일본지바(千葉)현 기사라즈(木更津)에서, 제11차 수교교섭이 10월 30일부터 31일까지 북경에서 열렸다. 2002년 9월에 북일 양국은 정상회담을 열고 평양 선언문을 채택한 후 10월에 말레이시아에서 제12차 국교정상화 회담을 열렸다. 또한 2004년 5월에 북일 양국은 다시 정상회담을 가졌다.

위에 서술한 바와 같이 탈냉전기 일본은 북한과의 수교교섭을 통해 북한과의 접촉을 진행하는 동시에 미국을 통해 남한과의 안보협력을 유지하며 한반도에 대한 영향력을 최대화하려는 정책을 모색해왔다.

일본이 탈냉전기에 들어오면서, 특히 1991년의 제1차 이라크 전쟁부터 변화의 조짐을 보이면서 냉전기 동안 고수했던 일국 평화주의(one-country pacifism)를 탈피하기 시작하고 '정상화(normalization)' 국가와 새로운 지역안보전략도 적극적으로 추구하기 시작한 것이었다.[36] 이를 위해 일본은 외적으로 미국이 주도한 전역미사일 방위계획의 참여와 미일 방위지침의 수정 등을 통해 미국과의 동맹 체제를 강화하고, 내적으로는 평화 헌법과 국가방위계획대강(outline)의 수정, 자위대 전력강화, 유엔 안보리 상임이사국 지위 추구 등을 실행해오고 있다.[37]

---

36) Paul Midford, "Japan's Leadership Role in East Asian Security Multi-lateralism: The Nakayama Proposal and the Logic of Reassurance", *Pacific Review*, Vol. 13, No. 3(Aug 2000), p.370.

37) Bhubhindar Singh, "Japan's Post-Cold War Security Policy: Bringing Back the Normal State", *Contemporary Southeast Asia*, Vol. 24, No. 1(April 2002), pp.82-105.

경제력에 걸맞은 정치 및 안보의 영향력을 추구하고 있는 일본의 이러한 '정상화국가' 전략은 일본의 동북아정책과 한반도 정책에도 영향을 미칠 수밖에 없을 것이다. 비록 제1차 북핵위기의 해결과정에 참여하지 못했지만, 일본은 한반도에너지개발기구(KEDO)에 참가하고 현재 진행 중인 6자회담에 정식적으로 참여하고 있다.

그런데 일본이 많은 노력을 기울이고 있음에도 불구하고, 한반도에 대한 일본의 영향력은 여전히 제한된 상태에 처해 있다고 말할 수 있다. 이것은 세 가지 원인 때문이라고 분석할 수 있겠다. 첫째는, 북한과의 관계가 미수교상태여서 북한에 대한 영향력이 제한될 수밖에 없다. 둘째는 반동맹(quasi-alliances)[38] 관계를 통해 일본과 한국은 일정 정도의 협력 체제를 유지하고 있기는 하지만 여러 가지 문제로 인해 잠재적인 충돌요인 또한 존재하고 있다. 1979년에 한일의회 간 처음 안보 분야의 협상회의를 시작하였으며 양국은 군사 대화와 정보교류에 대한 합의를 달성하였지만 90년대 이전에는 부진한 상태에 머물렀으며,[39] 90년대에 들어서야 한일 간 안보관계가 조금씩 강화되는 방향으로 발전해나갔다. 1994년에 한국 해군이 처음으로 일본을 방문하였으며, 1995년에 국방관계자의 공식 방문이 정례화되었다. 또한 한일 양국은 유엔 평화유지 활동을 위한 연합 훈련

---

38) 반동맹이란 빅터 차(Victor D. Cha)의 용어이다. 그것은 직접적 동맹관계는 없이, 제3국과 동시에 동맹관계를 가지고 있는 두 나라의 관계를 뜻한다. Victor D. Cha, "Abandonment, Entrapment, and Neoclassical Realism in Asia: The United States, Japan, and Korea", *International Studies Quarterly*, 44(2000), pp.261-291.

39) Victor D. Cha, "What Drives Korea-Japan Security Relations?" *The Korean Journal of Defense Analysis*, Vol. X, No. 2(Winter 1998), p.72.

과 수송선의 공동 이용 등에 대한 합의도 이루었다. 1997년에는 양자 간의 공식적인 국장급 안보 대화 통로가 만들어졌는데 그것을 장관급 회담으로 격상시키려고 계획하고 있다. 1998년에는 양국 해군은 합동 훈련을 원칙적으로 합의했으며, 1999년 8월 6-7일 일본의 해상 자위대는 제주도 남동부 동중국해 해상에서 한국 해군과의 제1차 합동 군사훈련을 실시하였다.[40] 그런데 비록 현재의 한일 양국은 안보협력 체제를 가지고 어느 정도의 협력관계를 유지하고 있기는 하지만 역사문제, 영토문제 등으로 인해 한일 관계는 빈번히 경색국면에 빠졌다. 이것은 한반도에 대한 일본의 영향력 발휘에 영향을 미칠 수밖에 없었다. 셋째는, 미국과의 동맹관계, 한국과의 반동맹관계로 인해 일본이 자체의 대한반도 정책을 독자적으로 결정하지 못하고 동맹국과의 보조를 고려하지 않을 수 없는 점이다. 특히 일본이 대북한정책을 결정할 때는 더욱 그렇다. 일본은 동맹자들과 보조를 맞추면서 뒤처지는 것도 원하지 않고 동맹자들보나 앞서 나갈 수도 없는 딜레마상태에 빠지게 되는 것이다.

위에 서술한 바와 같이 한반도 안보와 관련한 일본에 대해서 다음과 같은 두 가지 점을 도출할 수 있다.

① 일본은 이 지역 내의 국가로서 오래전부터 한반도에 개입해왔으며 한반도 체제의 구성원이 되어 있다. 일본은 한반도가 지정학적으로 중요하다고 생각하며, 따라서 다른 국가가 한반도에서 영향력을 독점하는 상황을 방지하고 자기의 영향력을 최대화하려는 목표를 위한 노력을 줄곧 하였다.

---

40) 배정호, 『일본의 국가전략과 한반도』(통일연구원 연구총서 01-08), p.71.

② 북한과의 미수교상태, 한국과의 역사문제 및 영토분쟁문제, 그리고 미국과의 동맹관계, 한국과의 반동맹관계 등의 요인들로 일본의 한반도에 대한 영향력은 제한된 상태에 처할 수밖에 없을 것이다.

4) 러시아

러시아는 17세기 중반 모피와 밍크 등을 획득하기 위해 시베리아 및 극동 지역을 거쳐 태평양 연안까지 진출하였지만,[41] 조선과의 공식적 외교관계를 맺었을 때는 1884년 7월이었다.[42] 그해 러시아와 조선은 「조·러 수호통상 조약(Treaty of Friendship and Commerce between Corea and Russia)」을 체결했으며 이어서 1888년 8월에 러시아는 조선과 이른바 조·러 육로통상장정인 「두만강 국경의 통상 및 무역에 관한 장정(Regulation for the Frontier Trade on the River Tumen)」을 체결하였다.[43] 당시에 러시아는 조선을 약소국으로서 러시아에 위협이 되지는 않으나, 반러적인 국가가 한반도를 지배할 경우 러시아에 위협이 될 것이라고 인식하여 러시아의 극동 군사력을 강화할 때까지 조선의 현상유지정책을 계속 견지해 나가기로 결정하였다.[44] 그래서 1894-1895년간의 중일 전쟁의 승리를 계기로 일본

---

41) 송금영, 『러시아의 동북아 진출과 한반도 정책(1860-1905)』(서울: 국학 자료원, 2004), P.25.
42) 위의 책, p.94.
43) 위의 책, p.153.
44) 위의 책, pp.137-139.

이 조선을 점령하자 이것은 러시아로서는 심각한 도전이 될 수밖에 없었다. 러시아는 일본이 한반도와 만주를 장악하는 것을 막기 위해 프랑스 및 독일과 함께 일본에 압력을 행사했고, 그 결과 삼국간섭으로 일본은 한반도 및 중국에서 철수하였으며, 조선은 독립 상태로 남게 되었다.45) 이어서 러시아는 1896년에 러중 동맹조약과 러일 간의 로마노프-야마가다 의정서를 체결함으로써 한반도에 적극적으로 진출할 수 있는 유리한 여건을 확보하였다. 이에 따라 러시아는 그간 견지해온 소극적인 조선 현상유지정책을 전환하여 한반도에 적극적인 개입을 추구하였다. 그러나 1904-1905년의 러일 전쟁에서 패배함으로써 한반도에서 물러갈 수밖에 없었다.

이 단계에서 러시아는 극동 지역에 진출하여 안보, 통상 측면에서 한반도에 접근, 관계를 증진하고 영향력 행사를 시도했으나 한반도에 대한 관심 수준이 대중(對中)과 대일(對日) 관계에서의 지정학적 가치 이상을 넘지는 않았다. 당시에 만주가 극동에서의 러시아 국가이익의 1차적 목표라면 한반도는 부차적이었다고 할 수 있겠다.46)

소련은 제2차 세계대전 종식에 따른 일본 식민지의 전후처리를 계기로 다시 한반도 문제에 개입하였다. 당시 스탈린은 '한반도 전체'에 대한 영향권 확보를 목표로 하지 않았다. 오히려 어느 한 국가가 한반도 전체에 대한 지배권을 갖는 것을 방지하는 세력균형자 위치를 유지하려는 러시아 제국 말기의 한반도 정책을 그대로 답습하였으며, 제2차 대전 종전 처리의 일환으로 한반도 내 일본군 무장해체

---

45) 위의 책, pp.199-201.
46) 송종환, "한국전쟁에 대한 소련의 전략적 목표에 관한 연구", 『國際政治論叢』, 제39집, 2호(1999), p.185.

116

를 위해 38도선을 경계로 하자는 미국의 제의를 수락함으로써 이 목
표를 달성하려 하였다.[47] 그러나 국제환경의 변화 특히 전후 미소
관계의 악화에 따라 소련은 한반도가 미국의 공격기지가 되는 것을
방지하기 위해 현재 점령하고 있는 지역인 북한 지역에서 친소정권
을 수립하는 것이 현실적이라고 판단하고, 북한 지역을 공산화하여
위성국으로 만드는 정책으로 전환했다.[48] 이러한 정책목표는 소련이
지지한 김일성 정권이 1948년 9월에 등장함으로써 달성되었다. 비록
그해 12월에 소련군이 북한에서 철수하기는 하였지만, 김일성 정권
에서 소련이 지배권을 가진 것은 부인될 수 없는 사실이었다.

한국전쟁으로 인해 북한 정권에 대한 소련의 영향력이 낮아졌다는
반면에 중국이 한반도에 출병함으로써 북한에 대한 영향력이 높아졌
다. 이로 인해 북한은 소련과 중국 사이에서 선회할 수 있는 여지를
남겨두고 이후에도 북소, 북중 관계에서 진동하는 모습을 보였다.

냉전체제 종식까지 소련의 대한반도 정책은 두 가지 측면을 가진
것으로 볼 수 있다. 하나는 남한에 적대정책을 취했으며, 하나는 북
한과의 관계가 시기에 따라 진동했지만 북한과의 관계의 축-동맹체
제는 계속 유지되었다. 바꿔 말하면 냉전기에 소련은 북한과의 동맹
을 핵심적인 정책 도구로 삼았으며, 이를 통해 한반도에 침투하고

---

47) Kathryn Weathersby, "Soviet Aims In Korea and The Origins of The
Korean War, 1945-1950: New Evidence from Russian Archives", *CWIHP
Working Paper*, No. 8(November 1993), Washington, D. C.: Woodrow
Wilson International Center for Scholars, p.9.

48) 송종환, 한국전쟁에 대한 소련의 전략적 목표에 관한 연구", p.187; 朴
昌熙, "蘇聯의 對 北韓政策, 1945-1951", 『美蘇研究』, 창간호(1987),
pp.203-223.

지역안보에 대한 영향력을 행사해왔다.

그런데 1985년 고르바초프의 등장에 따라 소련은 이른바 '신사고'라는 이념하에 세계적 차원에서 전면적 화해를 추구한 가운데 한반도에 대한 정책을 대대적으로 수정했다. 1990년 9월에 50년 동안 적대정책을 취했던 한국과의 국교정상화가 되었으며, 이로 인해 동맹국인 북한과의 관계가 손상될 수밖에 없게 되어 마침내 북소 동맹체제가 해체되고 말았다.

1991년 12월 소련이 붕괴 후 지금까지 구소련의 법통을 승계하는 러시아 연방은 옐친시대(1990－2000)와 푸틴시대(2000－)를 거쳤다. 옐친시대 초기 러시아 외교정책의 방향이 일방적인 친서방 경사 노선을 취했고, 한반도에서는 한국에 대한 과도한 기대하에 전통적 동맹국인 북한과의 관계를 의도적으로 멀리하고 남한과의 전면적 수준의 밀월 협력관계를 추구하였다.49) 그런데 이런 세계적 차원의 친서방 정책과 한반도 차원의 친남한 정책은 나토의 동진과 한국과의 경제협력의 지체 등으로 인해 러시아가 원래 예상했던 것과 큰 거리가 존재하였기 때문에 수정될 수밖에 없었다. 1996년 프리마코프 외무장관의 등장과 2000년 푸틴정부의 출발 및 보수주의 성향의 유라시아 외교노선의 전개에 따라 새로운 대외정책의 기초와 성향을 확립했다. 이는 대국주의적 유라시아주의에 기초해 슬라브 민족 자존심을 강조하는 애국·민족주의적 성향을 의미한다.50) 이러한 성향을 기초로 하여 러시아의 대외안보정책의 주요 목표는 국가안전 및 주

---

49) 최종기, 『러시아 외교정책』(서울: 서울대학교출판부, 2005), p.264.

50) 서동주, "푸틴정부하 북·러 관계와 對한 파급영향", 『국제문제연구』, 제3권, 제3호 통권11호(2003 가을), p.170.

권, 영토의 통합성 확보, 강대국의 지위 유지, 유엔의 위상 및 역할 강화, 다극화된 국제질서 구축 등이다.[51) 이에 따라 러시아는 오늘날의 유일한 초강대국인 미국과 어느 정도의 협조를 유지할 수는 있지만, 나토의 성격 변화[52)와 동진[53)에 대해서는 견제 심리를 가지고 있으며, 특히 나토의 동진에 대해서는 국가이익에 대한 중대한 위협 요인으로 인식하고 있다. 또한 동아시아 지역에서 1999년 5월 일본 의회에서 '신미 · 일 방위협력지침' 실행법안이 통과되자 러시아는 동아시아에서 미 · 일 동맹이 더 이상 중국만의 관심이 아님을 인식하고 러시아 외무부가 우려의 목소리를 냈었다.[54) 그리고 러시아는 미국 주도의 MD체제에 대한 반대의 입장을 가지고 있다. 이런 것들로 인해 러시아는 정상회담과 상하이협력기구를 통해 중국과의 협력관계를 강화해나갔다.

한반도 차원에서 탈냉전 초기 러시아의 친남기북(親南棄北)정책은 기대한 만큼의 남한과의 경제협력을 가져오지 못했으며, 오히려 북

---

51) 위의 글, p.170.

52) 1999년 4월 나토의 창설50주년 회의에서 21세기 나토의 새로운 역할이 선언되고 미국은 나토를 "공동이익"을 위한 집단대응기제로 활용하고자 했다고 주장했다.

53) 1999년 4월 나토 창설 50주년 회의에서 폴란드, 헝가리, 체코가 정회원으로 나토에 가입했고 2004년 3월에 불가리아, 에스토니이, 리트비아, 리투아니아, 루마니아, 슬로베니아와 슬로바키아 등 7개국이 나토에 가입하였다.

54) Mikhail A. Konarovsky, *Russia and Prospects of Security Cooperation in North East Asia*, Occasional Paper Series 2000－01, The Sejong Institute, 2000, pp.1－4; 정은숙, 『러시아 외교안보정책의 이해: 고르바쵸프에서 푸틴까지』(세종연구소: 세종정책총서, 2004－1, 2004), p.599.

한에 대한 영향력만 줄어들게 되었고, 이로 인해 한국에서 러시아의 정치적, 전략적 중요성을 경시하는 경향이 나타났고,[55] 결과적으로 한반도에 대한 러시아의 개입 능력이 전반적으로 줄어든 결과를 초래하고 말았다. 그런 것들이 러시아로 하여금 그의 대한반도 정책을 수정하고 남북한 균형 정책을 취할 수밖에 없다. 예를 들어 러시아, 북한과 남한 3자를 연결할 수 있는 TSR-TKR 경제협력사업을 통해서 대남북한 안보 차원의 제로(zero)게임을 플러스(plus)게임으로 전환하고자 노력했다. 2000년 2월 러시아 이바노프 외무장관이 북한 백남순 외무상과 「조·러 우호선린 및 협력에 관한 조약」에 서명했으며, 같은 해 7월에 푸틴 대통령이 러시아 최고지도자로서는 최초로 북한을 방문해 김정일 국방위원장과 정상회담을 갖고 11개 항의 북·러 공동선언을 발표함으로써 북·러 관계를 공식적으로 복원하기에 이르렀다.[56] 이어 2001년 2월에 푸틴 대통령이 남한을 방문해

---

55) 이동형, "푸틴 신정부의 대한반도 정책 전망과 대응방안 모색", 『동북아연구』(2000년 제5권), p.13.

56) 북·러 공동선언(2000. 7. 19)의 주요내용은 1항 쌍방의 협조와 협력을 발전시키는 「러·북 신조약」(2000. 2. 9)정신 확인; 2항 상호 침략 또는 안전 위협 상황 발생 시 지체 없이 접촉; 3항 「남북공동선언」에 따른 남북의 자주적 통일 지지; 4, 5항 유엔헌정 목적. 원칙 존중, 동 헌장을 위협하는 "힘의 사용·위협" 반대, 인도주의 미명하 내정 간섭 반대; 6항 「요격미사일제한조약」(ABM, 1972)준수, 「전략공격무기감축조약-2」(START-2)이행 및 「전역미사일방위체제」(TMD)구축 반대; 7항 국제테러와 마약 등 다국적 범죄 반대; 8, 10항 국제경제협조 확대(8항), 쌍방무역. 경제 및 과학기술 연계를 적극 발전(10항); 9항 동북아 평화·안정에 협조, 아세안 지역 안보포럼에 기여 의향; 11항 국방, 과학, 문화, 관광 등 분야별 협조, 김정일 방러 초청 등이다.

김대중 대통령과 한러 공동성명을 발표하여 남한과의 "건설적이고 상호보완적인 동반자 관계"를 천명했다.

위에서 언급한 것을 종합하여 한반도 안보에 있어서 러시아에 대해 다음과 같은 점들을 도출할 수 있다.

① 러시아는 한반도에서 전통적인 이익을 가지는 행위자라고 할 수 있다. 한반도에서 러시아의 국가이익은 제정러시아시대의 외교 장관인 걸스(N.K. Girs)가 말한 것처럼 "코리아와의 관계에서 우리의 주요 이익은 태평양 지역에 있는 우리의 재산과 접경하는 국가라는 사실에 기인한다."[57] 즉 러시아의 한반도에서의 이익은 주로 지정학적인 이익이다. 그리고 현 상황에서 러시아는 자국의 안전과 극동 지역의 발전 전망(prospect)과 관련하여 여전히 한반도와 관계가 중요하다(critical)고 인식한다.[58] 이로 인해 세계적 차원에서는 다른 강대국을 견제하기 위해 한반도의 안보에 개입하려는 노력을 계속하고 있다.

② 러시아는 한반도 안보구조의 행위자로서 계속해서 역할을 발휘할 수 있게 되었지만, 국내 차원에서 체제의 전환, 경제의 침체, 파워의 약화와 북한과의 안보 메커니즘 이완 등으로 인해 과거 소련 시기처럼 주요한 역할을 할 수 없다는 것도 부인할 수 없게 되었다.[59]

---

57) A. Torkunov, "The Korean Issue", *International Affairs*, (Moscow) Vol. 49, No. 4(Aug 2003), p.42.

58) *Ibid*, pp.141 – 142.

59) 실제는 러시아도 이런 사실을 인정했다. 예를 들어 제2차 북핵위기가 발발한 후 러시아는 핵위기의 해결에 있어서 미국과 북한의 대화(對話)가

5) 남북한

한반도는 19세기 말에 중화체제에 벗어나 국제정치체제 특히 동북아시아체제 의 일원으로서 등장하기는 했지만, 얼마 지나지 않아 일본에게 병합되었기 때문에 체제구조상 구성원의 신분을 잃어버리고 일본에게 귀속되고 말았다. 한반도가 다시 국제정치무대에 등장하는 것은 제2차 세계대전에서 일본의 패전으로 인하였다. 일제의 패망은 통일형태를 띠는 한국에게 한민족의 유일한 국가적인 조직형태로서 국제무대로 등장할 기획을 제고했던 것이기는 했지만, 세계구조 차원에서의 동서냉전체제의 등장과 한반도 내부의 이념적 대립과 계급적인 갈등 등의 요소들로 인해 남북한의 독립 정부가 수립되면서 각자는 독립적인 행위자로서 한반도 안보구조의 새로운 변형을 수행하면서 등장하였다.

1948년 5월 10일 남한에서 단독선거가 실시되면서 한반도의 분단은 피할 수 없게 되었고, 8월 15일에는 대한민국, 9월 9일에는 조선민주주의인민공화국이 각각 출범하면서 분단은 현실화되었다.[60] 비록 행위자로서의 남북한의 등장은 한반도의 상위구조인 세계 차원의 미소 냉전체제의 영향을 받았던 결과였다고 말할 수 있지만, 당시에는 남북한의 대립과 미소 간의 냉전체제를 연결시킨 한반도의 동맹장치가 형성되지 않기 때문에 한반도의 안보체제도 뚜렷하게 형성되

주요한 역할을 해야 하는 동시에 관련국의 이익을 고려해야 됐다고 주장했다. G. Toloraia, "Korean Peninsula and Russia", *International Affairs*, (Moscow) Vol. 49, No. 1(Feb 2003), p.33.

60) 임영태, 『북한50년사❶』(서울: 들녘, 1999), p.200.

지는 못했다. 이어진 한국전쟁으로 인해 남북한이 각자 상위체제의 행위자와 맺은 안보메커니즘을 통해 남북한의 분단과 대립이 미소 간의 냉전체제와 직접 연결됐으며 진정한 의미의 한반도 안보체제가 등장하게 되었다.

국가형성 전쟁으로서의 한국전쟁이[61] 끝난 후, 한 민족 한 국가를 지향했던 남북한은 국가안보보다는 정권안보를 위해 강대국과 동맹 조약을 맺음으로써 강대국의 보호를 받으면서 정통성을 획득하기 위한 체제경쟁을 전개하게 되었다. 이러한 각도에서 본다면 한국전쟁은 국가형성 전쟁의 성격에 부합한다고 말할 수 있을 것이다. 즉 한국전쟁 후에 남북한은 서로 각자의 체제정통성을 인정하지 않았지만, 한국전쟁으로 인해 한반도의 분단 상태가 공고화되면서 남북한도 국가형태를 완성하게 되었다.

한국전쟁을 계기로 이승만 정부는 미국에 대한 강요와 협박을 통해 미국과 상호방위조약을 체결함으로써[62] 한반도 안보에 개입할 수 있는 제도적인 도구를 미국에게 마련해 주는 한편, 스스로 한반도를 중심으로 한 동북아 냉전체제에 편입되었다. 북한도 마찬가지였다. 한국전쟁을 계기로 중국 및 소련과 실질적인 동맹관계를 맺었다. 그 후에 남한사회의 정치적인 상황의 변화와 국제공산주의 진영 내의

---

61) 한국전쟁의 기원과 성격에 대해서는 많은 논쟁이 존재한다. 백학순은 국가형성전쟁이론을 사용하고 한국전쟁의 기원과 성격을 '국가형성전쟁'으로 해석했다. 백학순, 『국가형성전쟁으로서의 한국전쟁』(세종연구소, 연구논문 99-15) 참조.

62) 이 과정에 대해 文昌克, 『한미 갈등의 해부』(서울: 나남, 1994), pp.91-111 참조.

변화에 따라 1961년에 소련 및 중국과의 공식적인 조약을 맺음으로써 동맹관계가 제도화되는 방향으로 나아갔다. 남한은 동맹관계에 편승하고 군비를 증강함으로써 북한과 군비경쟁을 전개하는 동시에 경제발전에 힘을 기울여 70년대 초에 북한을 능가하는 업적을 이룩했다. 북한은 60년대 일어난 중소 분쟁을 이용하면서 중국이나 소련으로부터 경제와 군사 원조를 받았지만, 공산진영의 분열은 북한으로 하여금 '국방에서 자위' 전략을 추구하도록 강제했다.

탈냉전기 들어오면서 평화협력의 흐름에 따라 경제적, 인도적 차원에서 남북한 관계가 적지 않은 개선을 이룩했지만, 안보 차원에서는 여전히 서로 적대적인 관계가 유지되어 왔다. 그리고 한반도 체제의 상위체제인 냉전체제의 해체에 따라 한반도 체제의 냉전 상태가 부분적으로 해체되었지만, 일부가 여전히 유지되어왔기 때문에 국제체제 차원에서뿐만 아니라 남북한 차원에서도 북한이 열세와 위기상태에 빠졌다. 남한은 자신의 국력 증강을 십분 활용하여 유리한 국제환경을 조성하고 남북관계와 한반도 문제를 주도하려 했다. 북한은 미국으로부터의 군사안보적 위협과 남한으로부터의 체제정통성 차원의 위협, 즉 이른바 이중위협에 직면하여 비대칭적인 억제무기를 개발하고 또한 이를 수단으로 미국과의 관계정상화를 도모하려고 했다. 그것은 북한으로서는 미국과의 관계를 정상화해야만 국제체제 구조에서 남한과의 균형을 이룰 수 있고, 국제사회로부터 지원을 받음으로써 체제위기를 극복하여 정권안보와 국가안보를 달성할 수 있기 때문이다.

요약하자면 한반도 안보구조의 행위자로서의 남북한에 대해 아래와 같은 점을 도출할 수 있다.

① 분단되었을 때부터 남북한은 정권안보와 체제생존을 위해 경쟁을 전개해왔다. 탈냉전기 들어와서 세계 차원의 화해와 협력의 흐름에 따라 남북한은 서로 정책을 조성하여 화해와 협력의 모습을 보이지만 체제생존과 정권안보 등 문제를 포함된 이른바 한반도 문제의 해결과 남북관계의 진전에 대한 주도권에 있어서 경쟁적인 면도 여전히 존재하고 있다.

② 남북한 정권의 존재와 강대국과 맺은 안보조약은 냉전기뿐만 아니라 탈냉전기에도 강대국들에게 한반도 지역에 개입할 수 있는 장치를 마련하였다.

③ 민족국가원칙에 입각한 남북한의 통일지향에 대해 다른 행위자들이 공식적으로 모두 인정하고는 있지만, 실제로 이들은 남북한 통일과정에 따른 한반도 안보구도의 변화에 보다 주의를 기울이고 있다. 통일문제와 관련하여 남북관계의 변화는 남북한이 한반도 외부세력과 맺은 안보관계의 변화도 초래할 수밖에 없으며, 이는 직접 한반도를 둘러싼 국제안보관계의 변화를 의미하기 때문에 한반도 안보구조의 변화에 영향을 미칠 수 있는 중요한 변수로 작용한다.

제2절 행위자들의 파워관계

한반도 안보구조의 행위자들에 대해 살펴봤으니 안보구조를 결정할 수 있는 변수들을 검토해야 될 것이다. 부잔의 지역안보복합체이론에 의하면 무정부구조하에서 지역안보복합체의 본질적인 구조와 성격은 행위자들 사이의 파워(power)배열관계와 사회구성관계(우호(amity)나 적대(enmity) 패턴)에 달려 있다.[63] 따라서 제2절과 제3절에서는 제1절에 고찰된 한반도 안보구조의 행위자들의 파워 배열관계와 그들의 사회구성관계 패턴에 대해 고찰해 보도록 한다. 먼저 행위자들의 파워배열관계를 검토하고자 한다.

1. 파워의 개념

파워라는 개념이 국제정치학의 중심적이고 기초적인 개념으로서 오랫동안 광범하게 사용되어왔지만, 이 개념은 여전히 모호하고 적절하게 사용하기 위해서는 개념화작업이 필요하다. 길핀(Robert Gilpin)이 말한 바와 같이 파워란 국제관계 영역에서 가장 문제적인(trouble-some) 개념 중의 하나다.[64] 왈츠(Waltz)에 따르면 이의 정의는 여전히 논쟁적이며,[65] 다루는 사람에 따라 각각 다른 것을 의미하는 경우가 많다.[66] 그렇지만 파워 개념이 국제정치에 설명력을 갖고 있는

63) Barry Buzan and Ole Wæver, *Regions and Powers: The Structure of International Security*, p.49.

64) Robert Gilpin, *War and Change in World Politics*(Cambridge: Cambridge University Press, 1981), p.13.

65) Kenneth N. Waltz, "Reflections on Theory of International Politics: A Response to my Critics", in Robert O. Keohane ed. *Neorealism and its Critics*(New York: Columbia University Press, 1986), p.333.

66) Brian C. Schmidt, "Competing Realist Conceptions of Power", *Millennium: Journal of International Studies*, Vol. 33, No. 3(2005), p.529.

개념이라는 것을 부인할 수는 없다. 그러면 파워라는 개념의 실질적인 의미는 무엇인가? 달(Robert A. Dahl)이나 하사니(John C. Harsanyi) 그리고 도이치(Karl W. Deutsch)는 파워의 의미가 어떤 이슈에 있어서 국가 Y에 대한 국가 X가 행사할 수 있는 영향력의 어느 정도 가능한가라고 주장했다.67) 그러면은 '파워'라는 용어를 한국말로 어떻게 표현한가? '권력(權力)'이라고 표현할 것인가, 아니면 '힘'이라고 표현할 것인가? 구영록에 의하면 이에 대해서는 견해 차이가 있을 수 있다. 일반적으로 파워는 '권력' force는 '힘' 또는 '勢力'으로 말할 수 있으며, 경우에 따라서 power도 force와 구별하지 않고 힘이라는 용어로 표현될 수 있다.68) 필자 개인적으로는 power는 '권위(authority)'라는 뜻에 치우치며, 국제체제에서는 국가주권을 능가할 수 있는 권위가 존재하지 않는다고 가정하기 때문에 본 연구에서 '파워'는 주로 힘(force)이란 뜻으로 사용하고자 한다. 바로 구영록이 서술한 것처럼 파워는 안보·번영·평화 및 기타의 국가정책목표를 추구하는 데 필요한 능력이다.69) 다시 말하자면 본 연구에서 사용되는 파워 개념은 한 국가가 국가정책목표를 달성하기 위해 사용하는

---

67) Robert A. Dahl, "The concept of power", Behavioral Science, (1957, 1), pp.201‒215; John C. Harsanyi, "Measurement of social power, opportunity costs, and the theory of two‒person bargaining game", Behavioral Science, (1962, Ⅶ), pp.67‒80; Karl W. Deutsch, *The Nerves of Government: Models of Political Communication and Control*(New York: The Free Press of Glencoe, 1963). Richard J. Stoll & Michael D. *Ward, Power in World politics*, (Boulder: Lynne Rienner Publishers, 1989), p.12 재인용.

68) 구영록, 『人間과 戰爭: 國際政治理論의 體系』(서울: 法文社, 1977), p.183.

69) 위의 책, p.193.

수단으로서 국가가 보유하고 있는 능력을 의미한다.

파워를 국가가 보유하고 있는 능력이라고 한다면 파워를 어떻게 측량할 것인가라는 문제가 제기된다. 지금까지 학계에서 파워를 구성하는 요소 또는 지표에 대한 분류방법은 상당수에 달해 있지만, 대체로 어느 정도 합의된 분류방법이 존재한다고 볼 수 있다.[70] 아래 표3-2에서 보이듯이 파워의 구성 요소에 대해 각 전문가들은 공통된 견해를 갖고 있다는 점을 확인해 볼 수 있다. 파워의 구성요소를 확정하는 목적은 이를 통해서 어느 안보구조에서의 행위자의 지위와 정책수행 능력을 측정하려는 데 있다. 파워의 큼이나 작음은 행위자의 정책수행능력을 결정할 뿐만 아니라 해당 행위자의 지향과 전략, 그리고 국가이익을 결정할 수 있다. 그런데 표3-2처럼 각 전문가들이 열거한 변수지표들에 따라 한 국가의 파워를 측정할 때, 문제가 없는 것은 아니다. 한 가지 원인은 파워의 측정방법이 모호성을 갖고 있으며, 다른 하나는 한 국가의 파워를 실제로 사용할 수 있는 파워로 전환시키는 데에는 파워 요소들의 선택(selection)·통제(control)·조정(coordination)·시기(timing)·시행(phasing) 등이 효과적인 생산과정에 큰 영향을 준다는 것이다. 그래서 행위자의 파워에 대한 측정지표를 확정할 수는 있지만, 실제로는 어떤 지표에 따라서 행위자의 파워를 측정할 때는 논란이 많을 수밖에 없다. 그렇기 때문에 전문가들이 국가의 파워를 측정하는 지표를 대체로 도출할 수는 있지만, 이들에 의해 한 국가의 파워를 양적으로 측정하여 통계를 내기는 힘든 것이다.

---

70) 위의 책, p.193.

<표 3-2> 국력의 근거

	Raymand Aron	Cecil V. Crabb, Jr	Frederick H. Hartmann	W.W. Kulski	Charles O. Lerche, Jr., Abdul A.Said	Hans J. Morgenth-au	A.F.K.Organski	Norman D.Palmer, Howard C. Perkins	John G. Stoessing-er	U.S.Army War College	Vernon Van Dyje
공간	지리	지리적인 요소	규모 위치 지형	지리적인 위치	지리	지리	지리	지리	지리	지리적인 요인	지리적인 기반
가능한 자원	경제적인 자원	경제 적인 요소		경제 적인 자원과 원료	천연 자원	자연 자원	자원	자연 자원	자연 자원	경제 적인 요인	경제체계
	기술적인 자원			기술적인 자원	교육 및 기술의 순준		경제 발전	기술	경제 및 공업의 발전		과학 및 발명의 잠재력
	군사력	군사적 요소	잠재적 군사력	군사력		군비				군사적 요인	무장
인구	인구	인구적 요소		인구의 성격	인구 및 인력	인구	인구	인구	인구		인구적 기반
집단의 행동 능력	국민성	역사적 심리적 사회적 요소				국민성			국민성	사회적 요인	
					국민 사기	국민 사기	국민 사기	사기	국민 사기		
		경제적 행정적 요소		지도자와 엘리트 의질	정치, 경제, 사회적 구조	정부의질	정치 발전	리더십	정부 및 국가지도자	정치적 요인	정부의 조직과 행정
	이데올로기							이데올로기	이데올로기		사상
				공업력	공업 및 농업의 생산력	공업력					생산능력
					국제전략적 위치						전략적 위치
						외교의질					
					육·해·공 수송능력						수송 및 커뮤니케이션
											정보

출처: William D. Coplin and Charles W. Kegley, Jr. eds. A multi-Method Introduction to International Politics, (Chicago: Markham Pub. Co., 1971), pp.106-107, 구영록, 『人間과 戰爭: 國際政治理論의 體系』, p.195, 추가수정, 재인용.

2. 파워측정방법과 파워배열관계

일반적으로 전문가들은 국제체제에서 한 국가의 위상이나 국가들의 파워관계를 논의할 때 초강대국, 강대국, 중위국, 약소국 등과 비슷한 개념들을 사용하고 있다. 그런데 대부분 학자들이 어떤 조건을 갖추고 있는 파워가 초강대국이며 어떤 조건을 갖추고 있는 파워가 강대국인지에 대한 표준을 자세히 논의하지 않고 그냥 습관적인 의미에서 이러한 개념을 사용하고 있다. 부잔은 국가들을 초강대국(superpower), 강대국(great power) 및 지역 국가(regional powers)로 분류했으며, 각 국가 유형의 특징들은 다음 표3-3과 같다.[71]

〈표 3-3〉 부잔의 행위자의 분류와 특징

	초강대국	강대국	지역국가
기준	① 국제체제에서 광범위하게 행사할 수 있는 능력을 보유함 ② 일류 군사-정치능력 및 이를 지탱하는 경제능력을 보유함	① 강대국은 타자에게 현재와 가까운 장래에 체제 수준에서 계산됨 ② 강대국은 항상 적당한 수준의 능력을 보유함	① 지역국가의 능력은 그의 소재 지역에서 크게 나타나지만 전 지구 수준에서 기록하지 않음 ② 그의 영향과 능력은 주로 어떤 특정한 지역의 안전화 과정과 관련하여 그는 자기를 더 고급으로 인식하는지 여부를 막론하고 그는 더 고급 수준의 계산에서 제외됨

---

71) Barry Buzan and Ole Wæver, *Regions and Powers: The Structure of International Security*, pp.34-37.

	초강대국	강대국	지역국가
	③ 전 지구범위 내 군사-정치 영향을 행사할 수 있음	③ 강대국은 항상 자기 능력이 지역국가보다 많다고 인식 하여 그는 항상 여러 지역에서 능력을 행사할 수 있음	
	④ 자기와 타자들이 구두와 행동차원에서 이런 지위에 대한 인정됨		
기	⑤ 체제에서의 지역의 안전화와 비안전화 (desecuritisation) 과정에서 반드시 적극적인 행위자임		
준	⑥ 극단적 충돌 국제체제 외에 초강대국은 국제사회를 지지 하는 보편 가치의 원천이며, 초 강대국으로서의 정통성이 주로 이런 가치의 정통성이 성공적으로 건립에 의존함		

출처: Barry Buzan and Ole Wæver, *Regions and Powers: The Structure of International Security*, pp.34 – 37.

카푸르(Ashok Kapur)는 국가들을 강대국(great power), 지역 국가(regional power), 중위국(middle power), 약소국(small power), 실패하는 국가(failing power)로 분류하였다. 각 유형의 특징들은 다음 표3 – 4와 같다.[72]

<표 3-4> 카푸르의 행위자의 분류와 특징

기준	국가 유형				
	강대국	지역국가	중위국	약소국	실패한 국가
1. 세계영도 되는지여부	그렇다	아마	아니다	아니다	아니다
2. 이익의 범위가 넓음 (전 지구/한 지역)	그렇다	변덕스럽다	변덕스럽다	아니다	아니다
3. 단독으로 행동하는 능력	그렇다	그렇다, 지역적인	아니다	아니다	아니다
4. 이웃 나라를 초월 하는 파워를 보유함	그렇다	그렇다	아니다	아니다	아니다
5. 국제역할이 다름	그렇다	지역내의 영도	세계영도를 추종함	아니다	아니다
6. 군사영역의 기술 우월성을 보유함	그렇다	그렇다, (지역에서)	그렇다, (어떤 범위에서)	아니다	아니다
7. 국제/지역제도를 창조하고 유지할 수 있는 능력	그렇다	그렇다 (지역에서)	아니다, 하지만 적극적 참여	아니다	아니다
8. 지위에 대한 외부로부터 인정의 존재	그렇다	그렇다 지역환경에서	그렇다, 중위국가로서	그렇다 지역국가로서	아니다

출처: Ashok Kapur, *Regional Security Structures in Asia*(London and New York: Routledge Curzon, 2003), p.54.

비록 부잔이나 카푸르가 사용하는 구체적인 개념은 다르지만, 그들은 대체로 비슷한 분류방법을 사용하고 있다. 부잔의 초강대국 개념이 카푸르의 강대국 개념과 비슷한 의미를 갖고 있으며, 부잔의 강대국 개념은 카푸르의 지역 국가 개념과 유사하다. 국제체제에서의 행위자로서의 국가에 대한 분류는 앞서 말했듯이 한 국가의 파워가 그의 지향, 전략 및 정책수행능력 심지어 그의 안보 관념을 결정

---

72) Ashok Kapur, *Regional Security Structures in Asia*(London and New York: Routledge Curzon, 2003), p.54.

하고 있다는 점에서 의미가 있다.

이 연구의 중요한 관심사는 한반도 안보구조의 행위자들의 파워관계가 어떻게 분포, 배열되는가라는 문제이다. 많은 전문가들이 지적한 바와 같이 미국은 초강대국이고 중국, 일본, 러시아가 강대국이고 남북한이 약소국이라고 할 수 있다. 그런데 이런 점이 사실이기는 하지만, 그들의 파워 격차가 잘 반영되지 못함으로써 각 행위자들 사이의 파워배열 관계를 잘 설명할 수 없는 결과가 나온다. 양적으로 국가의 파워를 측정하기 위해 관련 전문가나 연구기관이 일찍 전부터 측정모델을 연구, 개발해왔다. 이어서 랜드 연구소과 중국사회과학원 및 게르만(German)이 제시한 국력측정 모델의 지표체계를 비교함으로써 각 모델을 검토해 볼 것이다. 각 모델의 지표체계는 다음과 같다.

<표 3-5> 랜드 연구소 모델의 국력 측정지표체계[73]

국 가 자 원	① 기술	정보통신, 재료, 제조, 생물/생명과학, 항공과 육상수송, 에너지와 환경 등 분야의 기술수준
	② 기업	기업의 발명과 혁신능력 그리고 혁신의 확산능력
	③ 인적 자원	정규 교육과 비정규 교육수준
	④ 재정/자본 자원	저축정도, 총 증장률과 부문 증장률
	⑤ 천연자원	식량과 에너지의 저축, 중요한 광석과 귀한 금속의 보유량
국 가 수 행	① 국제체제에 기원한 제한	외부 위험의 특징, 국가이익의 특징, 정치목표의 특징
	② 국가의 기초적인 능력(infrastructural capacity)	자신 통제(목표를 설정한 능력), 사회통제(목표를 달성한 능력)
	③ 관념적 자원 (ideational resources)	도구적인 합리성(instrumental rationality),(교육 방법) 물질적인 합리성(substantive rationality)(국가이데올로기, 국가의 구조와 격려, 민간의 기구)
군 사 능 력	① 정부로부터 받은 전략 자원	국방예산, 인력, 군사기초시설, 전쟁연구 기관의 수과 질, 국방공업기초, 군사자원 재고와 지원
	② 전환 능력	위협과 전략, 군-민 관계구조, 외국과의 군사관계, 주의(doctrine), 훈련과 조직, 혁신능력
	③ 전투 능력	지면 전투 능력, 기초적인 연합 전략, 기본적인 연합 전략, 공지면 전투 능력, 기초적인 연합 전략, 기본적인 연합 전략, 공동 공격 능력, 전면 연합 전략 등
		해군력, 해군 상륙 전략, 수상함의 대공-대지(anti-air, anti-surface) 전력, 잠수함의 반수상함 능력, 수상함의 반잠수함 능력, 해군의 공격과 유한한 제공 능력, 종합해양 통제 능력 등
		기초적인 방공 능력, 기본적인 방공 능력과 기초적인 전략 공격 능력, 선진적인 방공 능력과 해양 방위 능력, 전장 방공 능력, 기본전략 공격과 해상 공격 능력 등

---

73) heRand Corporation, *Measuring National Power in Postindustrial Age*, pp.8
-54. (http://www.rand.org/pubs/monograph_reports/2005/MR1110.1.pdf)

<표 3-6> 중국사회과학원 모델의 국력측정지표체계[74]

과학기술력	과학기술투입	과학기술에 대한 지출, 기술인력 수량
	과학기술산출	과학논문수량, 특허수량
	과학기술이 경제에 기여하는 공헌	생산율
		기술 산업 수출액, 수출비중
인력자본	노동수량	경제활동인구
	노동의 질	문맹률, 평균 교육연한, 대학교입학률
자본자원	저축수준	저축총량
	FDI	외래직접투자 총량
	자본시장	주식시장
정보력	기본 기초시설	도로/㎢, 철도/㎢, 항공 운송량/년
	정보기초시설	고정전화/천호, 이동전화/천호, 컴퓨터수량/1000인구, 인터넷수량/1000인구
자연자원	토지와 에너지	국토면적, 경지면적/1인당, 에너지생산량, 에너지 생산량이 에너지 소비에 차지하는 비중
정부조정통제력	공공재 제공수준	공공교육지출, 공공위생지출, 정부공공지출 등 GDP에 차지하는 비중
	정부효율	재정정책, 화폐정책, 기업법률환경과 사회체계
군사력	군비투입총량, 군대수량, 핵포탄수량, 무기 수출이 세계에 차지하는 비중	
외교력	외교제안 능력, 동맹국유무(有無) 여부, 유엔에의 지위, 주변관계, 경제군사 원조능력, 외교독립성	
경제력	GDP, GDP/1인당, GDP성장률	

---

74) 李愼明, 王逸舟, 『2006年: 全球政治與安全報告』(北京: 社會科學文獻出版社, 2006), pp.265-266.

<표 3-7> 게르만 모델의 국력측정지표체계[75]

핵능력 유무	------
토지	면적, 인구밀도, 철도밀도
인구	노동인구, 에너지소비, 사기, 음식물 잉여 여부
공업기초	철강생산량, 석탄생산량, 원유생산량, 발전량, 철강잉여 여부, 원유잉여 여부, 광석잉여 여부, 기계잉여 여부
군대수량	군대수량

위에 국력측정에 대한 각 모델의 평가지표체계를 보면 각 모델의 편중점이 다르다는 점은 분명하다. 게르만 모델이 산업화시대를 반영한 모델이기 때문에 질적 지표가 아닌, 인구 수량이나 군대수량 및 국토면적, 생산량 등 양적 지표에 더 치중한다. 실제적으로 게르만의 모델뿐만 아니라 대부분 전통적인 국력측정방법 또한 이렇다.[76] 랜드 연구소가 산업시대의 국력측정모델의 편중을 교정하여 후기 산업시대에 대응하는 지표체계를 제시하였다. 이 모델은 "국가 자원(national resources)", "국가 수행(national performance)"과 "군사 능력(military capability)" 등 세 가지 수준의 지표체계를 제시하였는데 국가의 군사 능력에 보다 치중한다. 그리고 군사력의 양적 측면을 강조한 게르만의 모델에 비해 랜드 연구소의 모델은 군사장비의 질에 더 치중한다. 중국사회과학원의 모델은 경제나 기술 등 측면뿐만 아니라 정보력이나 정부조정통제력 등 이른바 소프트파워(soft power)도 강조한다. 지

---

75) F. Clifford German, "A tentative evaluation of world power", *Journal of Conflict Resolution*, (1960, 4), pp.138-144.

76) The Rand Corporation, *Measuring National Power in Postindustrial Age*, pp.2-3.

표체계의 편중점이 다르기 때문에 다른 모델에 의하여 다른 측정결과가 나올 것으로 예상된다. 게르만의 모델을 따르면 국토면적이 적고 자원도 부족한 일본과 한국에 대한 측정 결과는 실제보다 낮은 평가결과로 나타날 것이며, 조직력이나 정보력 및 노동력의 질이 낮은 중국에 대한 측정 결과는 실재보다 높게 나타날 것이다. 중국사회과학원의 모델에 의하면 한국과 일본에 대한 측정이 실재보다 과장된 결과가 나올 것이다.

그래서 어느 모델을 사용하든 국가파워의 실재를 완전히 정확하게 계산하지 못한다는 사실을 인정할 수밖에 없다. 위에 열거한 세 가지 모델뿐만 아니라 다른 모델도 마찬가지다. 하지만 같은 변수들을 사용하여 국가파워에 대한 점수를 확인함으로써 각 행위자 간 파워의 배열관계를 대체로 파악할 수 있다. 한 국가의 파워에 대한 계산이 중요하지만 구조에서는 행위자들 간 파워의 배열관계가 더 중요하다. 이것은 어떤 구조에서의 파워가 본질적으로 절대적인 개념이 아니라 상대적인 개념이기 때문이다. 다시 말해, 지역안보구조에서 어느 행위자의 정책결정과 정책방향에 영향을 미치는 요소는 절대적인 파워가 아니고 상대적인 파워, 즉 파워배열관계이다.

위에 열거한 랜드 연구소, 중국사회과학원 및 게르만 등 제시한 모델의 결함 때문에 여기에서는 탈냉전기 각 행위자의 국민총생산(GDP)만 국력의 측정지표로 사용하여 파워배열관계를 살펴볼 것이다. 유엔의 통계데이터베이스(database)에 따라서 1991년부터 2004년까지의 연도별 6개국 GDP는 표3－8과 같다.

〈표 3-8〉 6개국의 GDP(1991-2004)

단위: 억 달러 (90년 환율)

	91	92	93	94	95	96	97	98	99	00	01	02	03	04
미국	57460	59377	60974	63451	65061	67498	70568	73546	76847	79685	80289	81796	84297	87852
중국	4234	4838	5493	6197	6850	7506	8170	8807	9428	10183	10946	11855	12957	14189
일본	31415	31720	31799	32148	32794	33921	34521	34160	34114	34927	34998	34892	35348	36301
러시아	5412	4627	4224	3688	3537	3409	3456	3271	3480	3829	4024	4211	4520	4850
한국	2885	3055	3242	3519	3841	4110	4302	4007	4387	4759	4942	5290	5450	5703
북한	159	147	142	139	133	128	120	118	126	128	132	134	136	139

출처: http://unstats.un.org/unsd/snaama/dnlList.asp

위에 표3-8에서 보이듯이 아마 GDP만 본다면 미국과 중국 및 일본을 세계적 수준의 국가라고 할 수 있다. 러시아는 비록 중위국과 같은 정도의 GDP만 가지고 있지만 강력한 군사력과 풍부한 자원 및 유엔 안보리 상임이사국 지위 등으로 인해 다른 행위자에 비해 세계적 수준으로 계산될 수 있다. 한국은 중위국의 GDP를 가지고 있고 세계적 수준에 다다른 행위자로 계산되지는 못하지만 아시아에서 중대한 영향력을 가지고 있는 행위자라는 것을 인정되었다. 다만 북한은 여전히 약소국의 수준에서 머무르고 있다.

제3절 행위자들의 사회구성관계

1. 사회구성관계의 분류

국제체제에서 단순히 행위자들의 파워관계를 강조하는 현실주의자와 달리 부잔 등 학자들은 행위자들의 파워관계를 강조하는 동시에 행위자들의 우호나 적대라는 사회구성관계 개념을 도입하고, 파워관계와 사회구성관계를 지역안보구조를 설명하는 두 가지 변수로 삼는다. 그런데 부잔과 외퍼가 행위자의 우호적대관계를 지역안보구조를 설명하는 변수로 자신들의 이론에 도입하였지만, 어떤 관계가 우호관계냐, 어떤 관계가 적대관계냐에 대한 기준이 무엇인가라는 문제는 해결되지 않고 남아 있다. 카푸르도 그의 저작에서 행위자 사이의 우호적대 패턴 개념을 사용하였으며, 공동이익을 기반으로 한 관계를 공개적인(public) 혹은 은밀한(secret) 우호관계로 지칭하고, 충돌이익을 기반으로 한 관계를 공개적인 혹은 은밀한 적대관계로 지칭하였다.[77] 카푸르에 의하면 미국, 일본, 중국, 남한, 북한(카푸르는 러시아가 아시아 안보구조의 행위자 아니라고 보기 때문에 러시아를 제외했다) 사이의 10개 관계는 다음과 같다.[78]

---

77) Ashok Kapur, *Regional Security Structures in Asia*, p.152.
78) *Ibid*, p.153.

미국과 일본	공개적인 우호: 은밀한 적대
미국과 중국	공개적인 우호: 공개적인 적대
미국과 북한	공개적인 적대
미국과 남한	공개적인 우호
일본과 중국	은밀한 우호
일본과 남한	공개적인 우호: 공개적인 적대
일본과 북한	공개적인 적대
남한과 북한	공개적인 우호: 공개적인 적대
중국과 북한	공개적인 우호
중국과 남한	공개적인 적대

각 행위자들 사이의 사회구성관계에 대한 카푸르의 주장은 부분적으로 그들의 관계의 본질을 정확하게 반영한 것이라고 볼 수 있지만, 완전히 정확하게 설명했다고는 할 수 없다. 예를 들면, 카푸르는 일본이 중국에게 ODA을 제공한다는 점을 근거로 일본과 중국이 은밀한 우호관계를 가지고 있다는 결론을 내렸다. 그런데 이러한 결론은 중일관계의 현실에 부합하지 않는다고 말할 수 있다. 또 다른 의문을 제시할 수 있는 예로서 카푸르는 중국과 남한은 공개적인 적대관계에 처하고 있다고 주장한다. 그렇지만 주지하듯이 한중 관계가 안보 차원에서는 초급단계에 머물고 있는 것이 사실이지만, 경제 차원에서 절대적으로 적대 관계라고 할 수는 없다. 그래서 각 행위자들 사이의 우호적대관계 패턴에 대한 카푸르의 결론이 부분적으로 현실의 상황에 부합하지 못하다고 지적할 수 있는 것이다. 이것은 카푸르가 행위자의 관계양태에 대해 사용한 판단기준이 명확하지 않았기 때문이라고 생각한다. 그리고 부잔과 외퍼 및 카푸르가 모두

우호적대라는 양분법(兩分法)을 사용하여 행위자 간의 관계를 묘사함으로써 행위자 간의 관계의 전모를 반영하지 못했다고 할 수 있다. 그렇다면 행위자 간의 관계양태를 어떻게 분류할 것인가, 이에 대한 판단의 기준은 무엇인가, 이를 어떻게 설정할 것인가라는 문제들 먼저 해결돼야 된다.

여기에서는 부잔이나 외퍼, 카푸르의 국가 간 사회구성관계 양태에 대한 이분법을 수정하여, 웬트가 주장하는 삼분법(三分法)을 선택하도록 할 것이다. 다만 국가 사이의 사회구성관계를 적대, 경쟁과 우호관계로 설정한 웬트의 주장79)과 조금 달리 국가관계의 양태를 우호관계와 비적대비우호(非敵非友)관계 및 적대관계 세 가지로 설정하고자 한다. 왜냐하면 국가관계에서 우호나 적대관계 이외의 상태가 반드시 경쟁관계는 아니기 때문이다. 그리고 이 연구는 국가 간의 관계가 어떤 관계양태에 처하는 것에 대한 판단 기준을 주로 국가 사이의 안보관계에 의거하여 판단하고자 한다. 이러한 설정은 주로 두 가지 요인들을 고려했기 때문이다. 하나는 본 연구의 주제는 안보 분야의 주제이기 때문에 국가 사이의 안보 차원의 관계양태가 그들의 안보관계를 판단하는 우선의 기준이 되어야 된다고 생각했다는 것이다. 다른 하나는 경제관계(무역, 투자)가 국가총체적인 관계의 구성부분으로서 국가 간의 안보관계에 중요한 영향을 미칠 수는 있지만, 경제관계에만 의존하면 안보관계의 양태를 오판하는 결과를 쉽게 초래할 수 있다는 것이다.

---

79) Alexander Wendt, *Social Theory of International Politics*(Now York: Cambridge University Press, 1999), pp.246 – 312.

이러한 점을 고려하여 본 연구는 다음 그림3-1과 같은 관계 패턴을 설정하고자 한다.

〈그림 3-1〉 행위자들의 사회구성관계의 분류

협력		경쟁
우호관계	비적비우(非敵非友)관계	적대관계

① 동맹관계, 안보협력관계(반(半)동맹관계를 포함) 등을 우호관계로 설정한다.
② 수교가 이루어지지 않은 국가관계를 적대관계로 설정한다.
③ ①② 사이에 위치한 관계를 비적비우관계로 설정한다. 상황에 따라 특정관계는 양극단의 하나에 편중된다.

2. 행위자들의 사회구성관계의 양태

이에 따라 탈냉전기 미, 중, 일, 러, 남한과 북한 등 6개 행위자 사이의 15가지 관계양태가 다음 그림3-2와 같이 정리해 볼 수 있다.

〈그림 3-2〉 한반도 안보구조의 행위자들의 사회구성관계 양태

협력		경쟁
우호관계	비적비우(非敵非友)관계	적대관계
한 미 북 중 북 한	한 한 미 일 중 중	남 북 북
미 일 중 러 러 일	중 러 러 러 미 일	북 일 미

15가지 쌍무관계 중 우호관계가 6개, 비적비우관계가 6개, 적대관계가 3개이다. 이어서 15가지 쌍무관계를 간단히 고찰할 것이다.

• 한 - 미관계

미국과 한국은 1953년에 동맹관계를 맺었으며, 60 - 70년대 동맹관계의 강화를 거쳐 지금까지 세계에서 유일한 삼위일체의 쌍무적인 동맹 체제를 유지하여 왔다.[80] 미국이나 한국을 막론하고 한미동맹을 가장 성공한 동맹이라고 평가하고 있으며 "한미 동맹이 동북아 및 아·태 지역 전체의 평화와 안정증진에 기여할 것이라"는 데 견해를 같이한다.[81] 한국은 "한미동맹은 지난 반세기 동안 우리 안보의 근간으로서 한반도의 평화와 안정을 유지하고 민주주의와 경제성장 등 국가발전에 중추적인 역할을 수행하여 왔다"고 인식한다.[82] 그럼에도 불구하고 냉전체제 종식 이후 급변하는 국내외 안보정세에 따라 한미동맹은 새로운 도전을 맞이하고 있으며, 역사적 전환점에 처해 있다고 말할 수 있다.

• 미 - 일관계

미국과 일본은 1952년부터 동맹관계[83]라는 안보체제를 구축, 유지

---

80) 한미 동맹의 삼위일체에 대해 김일영, 조성렬, 『주한미국: 역사·쟁점·전망』 제1장 참조.

81) 제34차 한·미 연예 안보협의회의 공동성명, 2002년 12월 5일, 한국국방부, 『한·미 안보협의회의 공동성명, 1968 - 2002』(서울: 2003), p.185.

82) 한국국방부, 『국방백서』(서울: 2004), p.89.

83) 미·일 동매관계는 "미·일안보체제의 신뢰성 향상과 유효적 기능을 위

해오고 있다. 1996년에 양국은 신방위협력지침을 통해 기존의 동맹관계를 강화하면서 원래의 극동이라는 방위범위를 일본 주변 지역으로 확대시켰으며, 동맹의 방어적인 성격을 공격적인 성격으로 전환하려는 모습을 보이고 있다.

일본과 동맹관계를 체결한 미국의 주요 목적은 구소련과의 세계적인 경쟁이란 배경하에 일본의 공업잠재력과 전략적 위치를 점거하는 한편, 미국과 동맹관계를 맺은 일본은 경제적 빈곤으로 인해 국내 정치적 불안과 이로 인한 공산주의의 간접적인 침투가 발생하는 것을 막아내고, 일본을 국제사회 특히 미국이 이끄는 서방의 자유시장과의 통합하는 데 있었다.[84]

지난 80년대 중반, 90년대 초에 미국은 일본과의 무역마찰이 있었기 때문에 클린턴 정부는 처음에는 전통적 안보관심보다 무역과 기술에 대한 불균형을 우선 관심사로 삼았고 현상유지를 허용하지 않으려고 했지만, 그의 1기 말에는 다시 전향하여 "방위 우선, 무역 후위(defense first, trade later)"라는 정책으로 복귀했다.[85] 미국은 일본

해, ①정보교환과 정책협의의 충실; ②공동연구 및 공동 군사훈련, 운용면에서의 효과적인 협력관계를 구축; ③장비, 기술면에서 폭넓은 상호교류의 충실화; ④재일미군의 주둔을 원활하고 효과적으로 만드는 각종 시책의 실시"를 규정하였다. 권호연, 『일본 신방위 정책의 분석 및 자료』(세종연구소, 국가전략시리즈 96−01), p.9.

84) Koji Murata, "The U.S.−Japan Alliance and the U.S.−South Korea Alliance: Their Origins, Dilemmas, and Structures", *Comparative Strategy*, Vol. 14, No. 2(1995), p.187.

85) David L. Asher, "A U.S.−Japan Alliance for the Next Century", Orbis, Vol. 41, No. 3(Summer 1997), p.343.

과의 동맹관계의 유지를 극동 지역에서 영향력을 유지할 수 있는 중요한 요소로 인식하고,[86) 일본은 미국과의 동맹관계 유지를 일본의 안보에 필수적이라고 인식하고 있다.[87)

• 북 - 중 관계

중국과 북한의 관계는 시기에 따라 우여곡절을 겪은 적이 있었지만, 1961년에 체결된 동맹성격을 띠는 「우호합작조약」은 탈냉전기에 들어서도 공식적으로 아무런 수정 없이 지금까지 여전히 유지되고 있다. 그리고 중국공산당과 북한노동당 및 양국정부가 공식적으로 두 국가 사이의 전통적 우의를 소중히 여긴다는 점을 외부에 끊임없이 표방해왔다.

• 중 - 러 관계

1949년에 중국과 구소련이 수교한 이후에 냉전기 동안 양국관계는 변동을 많이 겪었지만, 탈냉전기에 들어서면서 세계정세의 변화에 따라 중국과 러시아의 관계가 전략적 협력방향으로 발전해 나가고 있다.

양국은 「中蘇國境東段協定」(1991. 5), 「中俄國境西段協定」(1994. 9), 「中俄國境東段補充協定」(2004. 10) 등을 통해 국경문제를 해결함으

---

86) William T. Pendley, "US Security Strategy in East Asia for the 1990s", *Strategic Review*, Vol. 20, No. 3(Summer 1992), p.12.

87) Susanne Feske, "The US‐Japanese Security Alliance: Out of Date or Highly Fashionable?" *The Journal of East Asian Affairs*, Vol. XI, No. 2(Summer/Fall 1997), p.441.

로써 양국관계의 발전을 저해할 수 있는 장애요소를 제거하였다.[88] 이를 바탕으로 중러 양국정부는 양국관계를 전면적으로 발전시키면서 특히 안보 분야의 협력이 더 긴밀한 방향으로 나아가는 모습이 보이고 있다. 이는 「中俄關于世界多極化和建立國際新秩序的聯合聲明」(1997. 4), 「中俄北京宣言」(2000. 7), 「中俄國家元首關于反導問題的聯合聲明」(2000. 7) 등 일련의 성명들과 중러 양국이 주도하는 카자흐스탄, 키르기스스탄, 타지키스탄 등의 국가들과의 안보 협조,[89] 상하이협력기구의 발족(2001. 6), 중러 '평화사명 – 2005' 군사훈련, 유엔 개혁과 북한, 이란의 핵문제에 대한 중러 간의 공조 등을 통해 잘 드러나고 있다.

중러는 1996년부터 양국 총리의 정기적 만남을 시행하고 있으며, 비록 양국 정상회담에 대한 공식적 규정은 없지만 1994년부터 2005년까지 매년 적어도 한 번의 정상회담이 개최되고 있다. 그리고 2004년까지 중러 양국은 18쌍의 성(州)들이 우호省州관계를, 47쌍의 도시들이 우호도시 관계를 맺었다.[90]

---

88) 歐純, 『中俄元首聯合聲明和宣言彙編(1992 – 2001)』 (北京: 世界知識出版社, 2003); 《中俄聯合公報》(2005. 7)http://news.xinhuanet.com/world/2005 – 07/03/content_3169227.htm (검색일: 2006년 3월 10일)

89) 1996년 4월 6일 5개국의 원수들 상하이에서 「關于邊境地區加强軍事領域信任的協定」을 체결했으며, 이 협정은 ①국경 지역에 주둔하는 각국 군대가 서로 진공하지 않고, ② 서로 상대방을 겨누는 군사연습을 진행하지 않고, ③군사연습의 규모, 범위와 차례를 제한하고, ④국경 이내 100킬로미터에서의 중요한 군사 활동에 대한 자세히 통보하고, ⑤현지 군사연습에 대한 관찰을 초청하고, ⑥위험군사 활동에 대한 예방하고, ⑦ 사로 국경지구에서 주둔하는 군대 사이 우호교제를 진행한다고 규정했다. 《新華月報》, (北京: 1996년 제5기), p.125.

중러는 전략적 협력관계를 맺음으로써 중국은 강화된 미일동맹을 견제하려고 하며, 러시아는 미국이 주도하는 나토의 동진으로 인한 열세를 보완하려는 전략적 사고를 하고 있기 때문이라고 분석할 수 있다.

• 북 - 러 관계

냉전기의 북한과 소련은 북중 관계처럼 변동이 있었지만, 군사적인 유대와 이데올로기의 동질성 때문에 우호관계를 유지해왔다. 특히 양국은 1961년 7월에 「조소 우호협력 및 상호원조조약」을 체결함으로써 냉전기 동안 동맹관계를 계속해서 유지해왔다. 한소 수교 이후 소련은 「조소 조약」의 제1조가 사실상 사문화되었다는 점, 따라서 한반도에서 분쟁이 발생할 경우 러시아가 자동적으로 북한을 지지하지 않을 것이라는 입장을 재확인하고,[91] 조약 만료 시점인 1996년 9월의 1년 전인 1995년 8월에 조약 폐기와 새로운 우호조약 체결 의사를 공식 통보하고 자동군사개입조항이 배제된 새로운 「러조 우호관계의 기본원칙에 관한조약」의 초안을 북한에 전달하였다.[92] 이에 따라 북러 관계가 악화되었다가 1996년부터 세계와 한반도 정세의 변화로 인해 북러 관계가 다시 정상화 방향으로 전환했다. 2000년 2월에 이르러 북러는 신우호조약을 체결하였다. 그리고 동년 7월

---

90) http://news.xinhuanet.com/ziliao/2003 - 08/15/content_1027959.htm(검색일 2006년 3월 10일)

91) 金光麟, "남북관계 변화와 러시아의 한반도 정책", 『New Asia』, Vol. 7, No. 4(winter 2000), pp.35 - 36.

92) 김덕중, "북한 - 러시아 관계와 6자회담", 『슬라브학보』, 제13권, 2호 (1998), pp.80 - 81.

러시아 푸틴 대통령은 북한을 방문하고 평양공동선언을 발표했으며, 이어서 2001년 7월 김정일 국방위원장은 러시아를 답방하여 모스크바 공동선언을 발표함으로써 관계정상화가 실현되었다고 할 수 있다.

복원된 북러 관계는 냉전기의 동맹관계는 아니지만 한반도 안보와 관련된 문제들, 예를 들어 주한 미군의 철수, 한반도 유사시의 대비 등을 공식 언급하고 있다.[93] 그렇기 때문에 북러 관계를 협력적 우호관계로 판단할 수 있다.

• 한 - 일 관계

한국과 일본은 1965년 수교 이후에 반동맹관계를 유지해왔지만 탈냉전기의 안보 차원의 교류와 협력에 비해 냉전기에의 양국의 교류와 협력은 별로 활발하지 않았다. 탈냉전기에 들어오면서 한일 양국은 안보 차원의 인식을 공유하고 방위교류가 활발하게 발전되었으며[94] 반동맹관계를 띠는 한일 간의 안보협력은 명실상부해진다고 할

---

93) 주한미군의 철수에 대해 모스크바 공동선언에서 "북한은 주한미군의 철수가 한반도 및 동북아의 평화와 안전보장에 미룰 수 없는 조미의 문제가 된다는 입장을 성명하였다. 러시아는 이 입장에 '이해'를 표명하였다."(모스크바 공동선언 제8항 참조) 이에 대해 홍완석은 러시아는 '이해를 표명했다'라는 중립적인 표현을 사용했음과 제8항은 공동선언 마지막 항이었다는 점을 두고 난항 끝에 북한 측의 요구를 러시아가 마지못해 수용한 것으로 분석했다. 홍완석, "북·러 모스크바 공동선언의 함의와 평가", 『통일문제연구』, (2001년 하반기호), p.50. 한반도 유사시의 대비에 대해 2000년 2월의 러·조 우호조약과 7월의 평양공동선언에는 "한반도 유사시 상호 접촉할 용의를 표명한다"라는 이른바 유사(類似) 안보조항이 삽입되었으나 모스크바 공동선언에서는 이 내용이 삭제되었다.

수 있게 되었다.

그런데 한국은 독도 문제, 역사교과서 문제, 고이즈미 총리의 신사참배 문제 등의 문제로 인한 일본의 우경화문제에 대한 우려를 갖고 있기 때문에 한일 간의 안보협력관계의 발전을 방해할 수 있는 장애요인이 잠재적으로 존재하고 있다고 인식해야 한다. 그래서 한일 관계를 협력적인 우호관계로 설정할 수 있게 되지만, 한·미와 미·일 간의 강력한 동맹관계보다 느슨한 것이라고 볼 수 있다.

• 한-중 관계

이미 서술한 바와 같이 냉전기의 적대적인 한중 관계는 탈냉전기 들어오면서 무역과 투자차원에서의 활발한 경제협력을 보여주고 있으나, 안보 측면에는 여전히 낮은 수준에 머물고 있다. 그렇지만 지역안보 차원의 개별적인 문제에 대한 양국의 공조와 협력의 모습도 보인다. 이런 요인들을 고려하여 한중 관계를 협력적 관계에 접근하는 비적비우적 관계로 규정할 수 있다.

• 한-러 관계

한러 양국은 냉전기에 적대적인 관계를 유지했으며 1990년 수교

---

94) 한일 방위교류가 방위수뇌급 등이 하이레벨교류(1994년부터 매년 1회의 한일방위정상회담), 방위당국자 간의 정기협의(1995년부터 통합막료회의의장, 합참의장, 방위정책실무자대화, 안보정책회의), 부대 간의 교류(1994-2000에 해군교류가 4회, 공군 교류가 2회를 이루어졌다), 유학생의 교환 및 방위연구교류 등을 포함하고 있다. 아즈마 끼요히꼬, 『한일 안보관계의 "갈등"과 "협조"에 관한 연구-미국의 코미트먼트를 중심으로』(경기대학교 대학원 석사논문, 2001), p.116.

한 후에 일시적으로 밀접한 관계로 발전하였지만, 90년대 중반에 들어와서 양국은 외교 갈등을 겪었다. 현 상황에서 양국은 경제 분야뿐만 아니라 안보 분야의 교류, 협력에서도 한중 간의 교류와 협력보다 모두 낮은 단계에 머물고 있다. 한러 수교 때부터 2003년까지 한러 관계는 안보 분야의 교류와 협력에 관해 몇 개의 문건을 체결하고 고위급 인사들이 몇 번 방문한 것이 고작이었다.[95] 그렇기 때문에 탈냉전기의 한러 관계를 비적비우적 관계로 규정할 수 있다.

• 미 - 러 관계

40여 년간 적대관계였던 미국과 러시아는 탈냉전기 초기에는 러시아의 친서방 외교정책으로 인해 비교적 밀접한 관계가 확립되었지만, 얼마 되지 않은 1993년 말, 1994년 무렵부터 러시아는 대외정책을 수정하기 시작하여, 고유한 국가이익과 영토적 국가 완전성을 강조하는 기본 이념을 강조했다.[96] 비록 미국은 러시아가 체제전환이라는

---

95) 한러 양국은 안보분야과 관련한 체결한 문건은 한러 군사교류 양해각서 교환(1992. 11), 한러 영해바깥해상에서의 사고방지협력 개정을 위한 각서 교환(1996. 8), 한러 군사협력각서교환(1996. 11), 한러 군사기술 방산 및 군수 협력 협정(1997. 11), 한러 해양경찰 협력 합의(1998. 9), 한러 군사비밀정보 상호보호 협정(2001. 2), 한러 위험한 군사행동방지협정(2002. 11) 등이다. 한러 안보고위 인사의 방문은 이병태 국방부 장관 방러(1994. 4), 그라쵸프 국방장관 방한과 한러 국방장관 회담(1995. 5), 김동진 국방부 장권 방러(1996. 11), 한러 국방장관 회담(1997. 11), 임동원 외교안보수석 방러(1999. 3), 조성태 국방장관 방러(2000. 6), 해군함정 블라디보스톡 방문(2000. 10) 등이다. 한정숙 등 『한러 관계사료집(1990 - 2003)』(서울: 서울대학교출판부, 2005), pp.695 - 713.

96) 姜鳳求, "미·러 관계와 한국의 대외정책", 『中蘇硏究』, 22권, 3호(1998

곤란한 단계에 직면하고 있었지만 본질적으로 여전히 강대국이기 때문에 러시아와의 건설적인 파트너 관계가 중요한다고 인식했다.[97] 그러나 미국은 러시아와 나토 사이의 안보진공(security vacuum)을 피하기 위해 나토의 동진을 적극적으로 주장하고,[98] 실제적으로도 동진 정책을 추진했다. 바로 이것이 러시아로 하여금 서방과 소원해지고 슬라브주의에 입각하여 국가이익을 강조하는 정책으로 회귀하게 한 요인이 되었다.

지금 비록 미국과 러시아가 전략무기감축조약, 핵군축, 그리고 일부 지역 충돌 등의 문제에 대해서 파트너관계를 유지하고 있기는 하지만, 특정 분야에서는 갈등이 존재하고 협조하지 못하고 있다.[99] 그리고 러시아는 유엔 개혁, 미래의 국제질서, 미국의 전역미사일 방어체제의 구축 등 문제에 대해 미국과 견해 차이가 보이고 있다. 그렇기 때문에 미러 관계를 비적비우적 관계로 규정할 수 있을 것이다.

• 일 - 러 관계

일본과 러시아는 제2차 세계대전에서의 교전국이었지만, 종전 11년 후인 1956년 양국은 정식 평화조약을 대신하여 외교적 상호 승인을 교환했다. 그리고 양국은 1960년대 말과 1970년대 초에 많은

가을), p.73.

97) Andrei Kozyrev, "The Lagging Partnership", *Foreign Affairs*, (May/June 1994), pp.59 - 71.

98) Zbigniew Brzezinski, "The Premature Partnership", *Foreign Affairs*, (March /April 1994), pp.67 - 82.

99) Andrei Kozyrev, "The Lagging Partnership", pp.59 - 60.

쌍방협정들을 체결하였다.[100) 그러나 미소 냉전체제라는 체제적 원인, 양자 사이의 영토분쟁 등으로 인해 냉전기에 양국관계에 큰 진전은 없었다. 탈냉전기 들어오면서 양국은 관계를 개선하기 위해 노력하고 있으며, 안보 차원에도 서로 협력적인 장치를 만들기 위한 모색을 시작했다. 1991년 10월 일본과 소련은 「안보수시협의기구」를 만들기로 합의하여 이 기구를 통해 아·태 지역의 안전보장에 대해 일소 양국의 외교 및 국방 관계자들이 수시로 만나 안건을 협의할 수 있도록 제도화했다.[101) 이후에 일러 양국에서 여러 번 정상회담을 개최하고, 1993년에 「東京선언」, 2003년에 「일러 행동계획」에 서명했다.[102) 그런데 영토문제로 인해 양국관계에 큰 진척이 없었고, 앞으로도 여전히 이 문제를 해결하는 것이 어려워 일러 관계가 안보 차원뿐만 아니라 경제차원에도 큰 진전을 가지기는 어려울 것으로 전망된다. 이런 점을 고려하여 일러 관계를 비적비우적 관계로 규정할 수 있다.

• 중-미관계

중국과 미국은 한국전쟁으로 인해 적대적 관계를 유지했으나, 중소와 미소 관계의 급변으로 70년대 후반부터 냉전종식 때까지 중국과 미국은 전략적 협력관계를 유지해왔다. 탈냉전기 들어 중국은 미

---

100) 이에 대해 Rodger Swearingen, *The Soviet Union and Postwar Japan*(Hoover Institution Press, 1978), pp.121-142 참조.

101) 김영춘, "일본의 국제적 역할 증대와 일·러 관계 변화", 『외교』, 제22호(1992년 6월), pp.15-25.

102) 최태강, 『러시아와 동북아』(서울: 오름, 2004), pp.132-144.

국과 이른바 전략적 파트너관계를 구축하기 위해 노력하는 한편 미국이 주도하는 단극적인 국제질서의 형성을 저지하려고 힘쓰고 있다. 미국은 아시아의 전통적인 국제질서의 심각한 변화의 주요한 원인이 바로 중국의 부상이라고 인식하면서[103] 중국이 현상유지 국가인가, 아닌가에 대해 많은 관심을 갖고 있다.[104] 특히 중국의 부상에 따른 군사 현대화의 목적과 그 지향이 불투명하다고 우려하고 있다. 현재 중국과 미국은 반테러전쟁, 핵 확산방지 등 문제에 대해 상호 협력하는 모습이 보이고 있지만, 미래의 국제질서, 경제무역문제, 유엔개혁, 전역미사일 방어체제 구축 등의 문제에 대해서는 잠재적인 갈등요인이 존재한다고 할 수 있다. 특히 대만문제로 인해 중미 간의 충돌이 폭발할 가능성이 크다. 이처럼 중미 관계는 협력과 충돌이 병존(幷存)하기 때문에 비적비우적 관계로 규정된다.

• 중 - 일 관계

19세기 말부터 제2차 세계대전 종전까지 중국과 일본은 계속해서 심각한 적대관계에 처해왔으나, 1970년대 중미 전략적 협력관계의 구축으로 인해 중국과 일본은 관계정상화를 실현함으로써 중일은 경제차원에서 상호관계를 유지하면서 안보 차원에서는 미국과 함께 전략적 협력관계를 맺었다. 그런데 탈냉전기 특히 90년대 중반에 들어오면서 중일 관계가 악화되기 시작했다. 중국은 미일동맹의 강화, 일

---

103) David Shambaugh, "China Engages Asia: Reshaping the Regional Order", *International Security*, Vol. 29, No. 3(Winter 2004/05), p.64.

104) Alastair Iain Johnston, "Is China a Status Quo Power?" *International Security*, Vol. 27, No. 4(spring 2003), pp.5 - 56.

본의 군사대국화와 우경화에 대해 심각하게 우려하고 있으며, 일본도 중국의 군비증강으로 인해 중국을 '가상의 적', '군사적 위협대상'으로 설정하였다.[105] 현재 중국과 일본은 무역과 투자란 경제적 협력관계를 계속 유지, 발전하고 있지만, 안보 차원에서는 역사문제, 영토문제, 대만문제 등으로 인해 심각한 교착상태에 처해 있다. 중일간의 안보갈등은 실질적 이익 분쟁과 깊은 역사적인 기억에서 기원한다고 할 수 있기 때문에 단기적으로 해결하기가 어려울 것으로 전망할 수 있다. 그래서 중일 관계는 경쟁관계와 가까운 비적비우관계로 규정된다.

• 남 - 북한 관계

탈냉전기 남북한은 상호 노력을 통해 관계 개선에서 많은 진전을 얻었으며 경제차원에서는 경의선/동해선 철도 도로 연결공사, 개성공단의 건설, 금강산관광사업 추진 등을 통해 협력관계의 모습이 보였다. 그렇지만 안보 차원에서 남북한은 여전히 적대관계에 처해 있다고 할 수 있다. 남한은 북한이 "아직까지 대남 적화 전략 노선의 폐기 등 근본적인 변화는 보이지 않고 있다. 북한군은 장기적인 전력증강 및 전투준비태세 부강활동과 침투관련 훈련활동을 지속적으로 추진하고 있기 때문에 한반도에서의 군사적 위협은 상존하고 있는 실정이다"고 인식하고 있으며,[106] 2004년의 국방백서는 북한의 군사

---

105) 2004년 일본의 방위백서에서 중국을 '가상의 적'으로 설정하였으며 방위계획대강에서 중국을 '군사적 위협대상'으로 규정하였다. 김영춘, 『중국의 부상에 대한 일본의 인식과 군사력 강화』(서울: 통일연구원, 연구총서 04 - 06), p.61.

적 위협은 상존한다고 언급하지 않았지만 "북한은 남북정상회담 이후에도 군사적으로는 변화의 모습을 보이지 않고 있다"고 주장했다.[107] 북한도 한미동맹과 남한에 주둔하고 있는 주한미군을 주요한 위협요인으로 인식해왔다. 그래서 안보 차원에서 남북한관계는 여전히 적대적 관계라고 판단할 수 있다.

• 북 – 일 관계

북 – 일 관계에서 북한과 일본이 아직까지 수교상태에 도달하지 못한데다가 무역액도 작아 적대관계로 판단할 수 있다.

• 북 – 미 관계

북 – 미관계는 북 – 일 관계처럼 아직까지 수교상태에 도달하지 못했기 때문에 적대관계로 판단할 수 있다.

---

106) 한국국방부, 『국방백서』(서울: 2000), p.36, p.47.
107) 한국국방부, 『국방백서』(서울: 2004), p.35.

제4장 한반도 안보구조

제1절 냉전기 한반도 안보구조

한국전쟁은 냉전기 한반도의 안보구조를 형성하는 데 결정적인 영향을 미친 사건이라고 할 수 있었다. 한국전쟁을 계기로 대항적인 동맹체제를 주요 특징으로 한 냉전기 한반도의 안보구조가 형성되었다.

1. 대항적 동맹체제

1) 북방동맹체제

• 북 · 소 동맹

제3장에서 언급했듯이 러시아와 일본은 조공체제에서 벗어난 한반도에 대해 다른 세력이 독점적으로 영향력을 행사하지 못하도록 하는 전략을 중점적으로 펼쳐왔다. 소련은 2차 세계대전 이후 한반도 정책에 여전히 이 전략을 제정했다. 한반도 분할점령에 관한 미국과의 합의에 따라 소련군은 1945년 8월 중하순 한반도 북위 38도선 이북 지역에 진입했다. 북한 지역에 주둔한 일본군의 항복을 받아내는 동시에 그때부터 1948년 12월 하순 철수했을 때까지 소련점령군은 정치와 군사 두 가지 측면에서 북한 지역에 대한 통제력을 확보했다. 정치적으로는 북한 각 도에 행정권을 행사할 수 있는 인민정치위원회를 조직하여[1] 북한 지역의 공산화과정을 전개함으로써[2] 한

---

1) 김계동, 『한반도의 분단과 전쟁: 민족분열과 국제개입 · 갈등』(서울: 서울대학교출판부, 2000), p.79.
2) 朴昌熙에 의하면 해방 직후 소련의 대북한정책은 크게 두 단계로 구분

반도가 대소 공격기지가 되지 않도록 한다는 정책을 분명히 견지해 나갔다.[3] 1948년 9월 9일 수립된 조선민주주의인민공화국은 북한 지역을 소비에트화한 소련의 한반도 정책의 결과물이었다. 그해 12월 소련점령군이 북한에서 철수함으로써 형식상 군정은 끝났지만 김일성정권에 대해 소련이 계속해서 지배적인 영향력을 행사하였다. 군사적으로 보면, 북한은 1948년 2월 소련 군사고문단의 지원을 받아 군대를 창설했고 소련으로부터 적지 않은 군사원조를 받아냈다.[4] 한국전쟁 동안 비록 소련이 직접 참전하지 않았지만 군사고문, 전투기 조종사, 무기 및 군사장비, 그리고 구호물자 등을 북한에 제공함으로써[5] 사실상 동맹관계를 맺었다.

할 수 있다. 첫째 단계는 군정을 통해 북한단독 공산정권을 수립하려는 것이었다. 둘째 단계는 소련의 대북한정책은 군정종식 후 북한정권이 소련의 지시에 충실히 맹종할 수 있는 衛星國으로 만드는 데 있었다. 자세한 내용이 朴昌熙, "소련의 대북한정책, 1945‒1951", pp.195‒225 참조.

3) 송종환, "한국전쟁에 대한 소련의 전략적 목표에 관한 연구", p.186.

4) 소련군은 북한으로부터 철수하면서 그들이 보유하고 있던 모든 중장비를 북한인민군에 이양하였다. 한국전쟁 이전에 소련은 100대의 야크(Yak)전투기, 70대의 폭격기, 10대의 정찰기 등 180대의 비행기와 150대의 중형 탱크 등의 전략물자를 북한에 공급하였다. 曺龍珍, 『북한의 對中・蘇동맹정책 변화에 관한 연구』, p.66: U.S. Department of the Army, *United States Army in the Korea War. South to the Naktong North to the Yalu*, Prepared by Roy E.Appleman, Office of the Chief of military History, (Washington, D.C.: U.S. Government Printing Office, 1961), Chapter Ⅱ, 殷千基, 『북한의 대 中蘇외교정책』(서울: 圖書出版 南芝, 1994), p.93 재인용.

5) 鄭鎭渭, 『北方三角關係‒북한의 對中・蘇관계를 중심으로』(서울: 法文社, 1985), p.23.

한국전쟁 이후 전후복구기에 북한이 소련으로부터 엄청난 경제 원조를 받음으로써[6] 경제적 차원에서 양국의 연대는 더 강화됐다. 군사안보 차원에서도 양국은 상대방의 성명이나 주장에 대해 지지를 표명함으로써[7] 긴밀한 협조관계를 유지해왔다.

이런 정치, 경제, 안보 차원에서의 연대관계를 기초하여 1961년 7월 북한과 소련은 군사동맹성격을 띤 「조소 우호협력 및 상호원조조약」을 체결해 양국의 안보협력관계가 제도화됐다.[8]

• 북 · 중 동맹

북한과 중국의 관계는 1950년 한국전쟁 발발 이전까지는 별다른 진전이 없었으며 북한에 대한 중국의 영향력은 거의 전무한 상태였다.[9] 1950년 발발한 한국전쟁은 중국에게 한반도에 개입할 수 있는

---

6) 1953년 9월 소련은 북한이 3개년경제계획(1954 – 1956)을 수행하는 데 필요한 10억 루블(약 2억 5천만 달러)의 무상원조를 제공하고, 1956년 북한에 7천 5백만 달러의 경제 원조를 제공하고 1959년도 약 1억 2천5백만 달러의 차권을 북한에 제공했다. 鄭鎭渭, 『北方三角關係 – 북한의 對中·蘇관계를 중심으로』, p.28, p.47.

7) 예를 들어 1957년 7월 6일에는 소련은 동년 6월 26일 UN 측이 휴전협정을 일방적으로 파기하였다는 북한의 성명을 지지하였다. 1958년 2월 20일 소련은 동년 2월 5일 조국평화 통일문제, 남한주둔 UN군의 철수를 촉구하는 북한의 성명을 지지하였다.

8) 어떤 학자에 의하면 북한과 소련은 일찍 1949년 3월 1일 모스크바에서 군사비밀협정을 포함한 朝·蘇10개년협정을 체결하였다. Allen S. Whiting, *China Crosses the Yalu: The Decision to Enter the Korean War*(New York: Macmillan, 1960), pp.42 – 43.

9) 鄭鎭渭, 『北方三角關係 – 북한의 對中·蘇관계를 중심으로』, p.19.

계기를 마련했다. 중국지원군이 한국전쟁에 전면적으로 개입함으로써 북한은 패망의 위기에서 벗어났고, "양국(북한과 중국)은 피로써 공고화되고 단절할 수 없는 군사적 우호관계"[10]로 사실상의 군사동맹관계를 맺었다.

한국전쟁 휴전 이후 1958년까지 상당수의 중국군대가 계속해서 북한에 주둔했다.[11] 1958년 2월 북한과 중국은 공동성명을 통해 그해 말까지 중국군대가 북한에서 완전히 철수한 것임을 밝히면서 남한에서도 유엔군의 완전철수를 요구했다. 이 공동성명에서 중국정부는 "중국인민이 조선민주주의인민공화국에 대한 어떠한 제국주의 침공도 예전과 다름없이 앞으로 방관하지 않을 것"[12]이라고 밝혔고, 중국 인민지원군 사령부도 "만약 미 제국주의자들과 그 앞잡이들이 정전(휴전)협정을 위반하고 한반도에서 또다시 침략전쟁을 도발한다면 중국인민은 조선인민군과 협력하여 싸워 적들의 침공을 막기 위해 중국군을 압록강을 건너보낼 것이다"[13]라는 성명을 발표했다. 이는 한반도 전쟁이 다시 발발할 경우 중국군대가 자동 개입하겠다는 의지를 표명한 것이다.

---

10) 『人民日報』, 1953년 10월 25일자.
11) 한국전쟁 휴전 이후 중국군은 1954년 9–10월의 7개 사단 1차 철수, 1955년 3–4월의 6개 사단 2차 철수, 1955년 10월의 6개 사단 3차 철수와 1958년의 1단계 철수(4월 6개 산단, 8만 명), 2단계 철수(7–8월 6개 사단, 특별 병종부대, 10만 명), 3단계 철수(9–10월 지원군 사령부, 3개 사단, 후방 공급부대, 7만 명)를 거쳐 1958년 10월에 철수를 완료했다.
12) 『조선노동당중앙위원회 통보』(평양: 1958년, N. 2), pp.3–7.
13) 『조선소식』(평양: 1958, N. 7), p.25. 박길용, 김국후, 『김일성외교비사』 (서울: 중앙일보사, 1994), p.88 재인용.

중국은 1958년 10월 군대를 철수시킨 이후 북한에 대한 군사원조를 크게 늘렸다. 1958년 2월 저우언라이(周恩來) 총리는 평양을 방문했고, 같은 해 11월과 12월 김일성 주석도 두 차례 중국을 방문했다. 이후 중국은 중국군대의 철수로 야기되는 북한군사력의 약화를 보완하는 형식으로 3억 달러에 달하는 무상원조와 함께 각종 군사장비를 북한에 제공했다. 특히 1958년부터 1960년까지 중국은 북한에 막대한 군사지원을 했다.[14) 뿐만 아니라 중국은 곤란한 국내 상황에도 불구하고 경제적으로도 북한을 크게 지원했다. 1953년 11월 중국은 북한과 「경제문화협조협정」을 체결해 1950년 6월 25일부터 1953년 12월 31일까지 빚진 모든 대중국채무의 상환을 면제하고, 1954년부터 1957년까지 80억 위안(약 3억 2천만 달러)의 무상원조를 북한에 제공하기로 약속했다.[15) 1958년 10월까지 북한에 주둔한 중국군대는 북한의 전후복구사업에 참가했다.[16)

---

14) 중국은 1958년 MIG-15 80여 대, 1958년에서 1959년 사이에 IL-28U 4대를 공급한 데 이어 YARK-18의 20여 대(1958-1959), MIG-17D의 중국형인 'Shenyang'F-4 300여 대(1958-1960), 그리고 MIG-19 20여 대(1959-1960)를 제공하였다. 그리고 1957년부터 1960년 사이에는 20톤 규모의 소형 소해정 24척 제공하였으며, 1960년 7월 초계정 2척과 어뢰정 9척을 제공하였다. SIPRI, Arms Trade Registers, p.61. 曺龍珍 『북한의 對中·蘇동맹정책 변화에 관한 연구』, p.91 재인용.

15) S.B. Thomas, "Chinese Communist Economic and Cultural Agreement with North Korea", *Pacific Affairs*, Vol. ⅩⅩⅦ, No. 1(March 1954), pp.62-63.

16) 중국자료에 의하면 중국은 북한에서 4,107개의 교량과 5개의 저수지, 총 연장 346km에 달하는 3,768개의 제방(堤防)을 건설하는 데 延人員 5백만 명을 투입했다. *Peking Review*, Vol.Ⅰ, No. 4(March 25, 1958), p.19. 鄭鎭渭, 『北方三角關係-북한의 對中·蘇관계를 중심으로』, p.24 재인용.

중국이 한국전쟁에 개입하면서 북한은 중국과 소위 '피로써 맺어진 유대'관계를 형성했다. 정전 이후 대규모 군사경제 원조를 지원한 소련과는 1961년 7월 동맹관계를 맺었고, 이어서 중국과 「우호합작조약」을 체결함으로써 양국의 안보협력관계도 제도화됐다.[17] 1961년에 체결된 북·소, 북·중 안보조약들은 1950년에 체결된 중·소 동맹조약과 함께 북·중·소 3개국을 연결시켜 이른바 북방 삼각안보협력체제가 법과 제도적 차원에서 형성됐다.

2) 남방동맹체제

• 한 · 미동맹

1945년 9월 미국은 한반도 남쪽 지역에 있는 일본군의 항복을 접수하기 위해 남한 지역에 진입했다. 그때부터 1949년 6월 미군이 남한에서 완전히 철수할 때까지 미군은 일본군의 항복을 접수하는 동시에 대한민국정부의 수립과 한국군의 창설에 많이 기여했다. 그런데 당시 미국은 남한의 전략적 중요성을 아직 인식하지 못했고, 다만 당시 유럽에서 미·소 간의 대결구조가 서서히 부각하고 있었기 때문에 남한을 정치적 '상징' 정도로 인식하고[18] 소련의 공산화확장을 저

---

17) 이떤 학자들에 의하면 북한과 중국은 1949년 3월 18일 모스크바에서 그리고 1953년 7월 북경에서 상호방위조약과 비밀군사협정을 체결하였다. 전자에 대해 林英樹, "內側から見た朝鮮戰爭", 『朝鮮戰爭史』(東京: ユリア評論社, 1967), p.30. 후자에 대해 鄭鎭渭, 『北方三角關係 - 북한의 對中·蘇관계를 중심으로』, p.253 참조.

18) Charles M. Dobbs, *The Unwanted Symbol: American Foreign Policy, the Cold war and Korea 1945-1950*(Kent: Kent State University Press,

지하는 완충지대로 삼았던 것으로 분석할 수 있다. 다시 말하면, 만약 상대방이 남한을 점령하려 하지 않는다면 남한이 별로 중요하지 않고, 상대방이 그 세력을 한반도의 남쪽 지역으로 확장하려 한다면 남한의 전략적 중요성이 커진다고 인식했다고 볼 수 있다. 바로 이런 인식 때문에 한국전쟁이 발발되자 미국은 즉시 한국전쟁에 개입했다.

비록 한국전쟁에 개입함으로써 미국은 한국과 우호관계를 맺었지만, 미국은 처음에는 한국과 법적으로 동맹관계를 맺고 싶어 하지는 않았다. 한국과 동맹조약을 체결하면 공산권을 자극할 수 있고 미국의 국익에 맞지 않는다고 인식했기 때문이었다.[19] 그런데 이승만 정부는 휴전협상을 교란시키는 전략으로 미국을 이끌어 1953년 8월 미국과 「상호방위조약」을 체결해 양국의 사실상의 군사동맹관계가 법적 근거를 만듦을 통해 제도화되었다.[20]

• 한 · 일 공조

한국전쟁의 발발로 미일동맹은 1952년, 한미동맹은 1953년에 각각 체결됐다. 일본이 한국전쟁 기간에 '기지국가'로서 전쟁에 간접적으로 개입했지만 역사문제 때문에 한일 간 직접적인 안보협력관계가 성립되지 못했으며 다만 미국을 매개로 한 간접적인 협력관계를 유지해왔다.[21] 이런 한일 간의 간접적인 안보협력관계와 관련된 합의

1981). 강성학 등『주한미군과 한미 안보협력』(세종연구소, 연구총서 96 - 02), p.17 재인용.

19) 文昌克,『한미 갈등의 해부』(서울: 나남, 1994), p.92, p.94.

20) 「한미상호방위조약」을 둘러싼 한미 간의 협상과 갈등에 대한 자세한 과정은 文昌克,『한미 갈등의 해부』, pp.91 - 111 참조.

는 1960년 미일 안보조약의 「극동조약」에 명시되었다.[22] 1960년대에 들어와서 미국은 동북아 안보체제를 강화하기 위해 한일 간의 적대관계를 청산하고 양국관계정상화를 강력히 설득했다. 한일 양국도 자국의 국내 상황을 고려하여 수교가 한미일 3국의 이해관계와 일치한다고 인식해 1960년대 중반 수교했다.[23] 한일 수교 이후 일본은 정치, 안보, 경제적인 면에서 남한과의 유대를 견지하는 남한 일변도 정책을 취함으로써[24] 이른바 남방 3각 동맹이라는 한미일 3개국의 안보협력체제가 형성되었다.

3) 동맹체제의 성격

위에서 서술한 바와 같이 한국전쟁에 직간접적으로 개입한 남북한과 미·중·일·소 등 6개국은 정전 이후 남방과 북방으로 나뉘는 대항적인 동맹체제를 형성함으로써 한반도에 새로운 안보환경을 조성했다. 이런 안보구조를 구성하는 동맹체제의 성격은 다음과 같이 정리해 볼 수 있다.

---

21) 全東震, 『日本의 對韓半島政策』(民族統一硏究院: 연구보고서 92 - 09), p.4.

22) 미·일 안보조약 제6조는 '일본의 안전에 기여하고 극동의 평화와 안전을 유지하기 위하여 미합중국의 육군, 공군 및 해군이 일본에 있는 시설 및 구역을 사용할 수 있다'고 규정하고 있었다.

23) 김영춘, "수교협정이후의 한·일 관계", 『국제정세』, (1990. 7), p.80.

24) 이러한 일본의 입장은 1969년 11월 「닉슨-사또 공동성명」 제4항에서 미일 양국은 "한국의 안전은 일본의 안전에 긴요하다"는 소위 「한국조항」에 합의하였다는 것에서 잘 드러났다.

• 방어적인 대항성(defensive confrontation)

북방동맹과 남방동맹은 모두 방어적인 동맹이었다고 할 수 있었다. 이것은 각 동맹조약의 내용을 보면 잘 알 수 있다. 북·소 조약의 제1조와 북·중 조약의 제2조에서 모두 "締約 상대방은 지체 없이 자기가 보유하고 있는 온갖 수단으로써('체약 상대방은 모든 힘을 다하여 지체 없이'「북·중 조약」) 군사적 및 기타 원조를 제공한다"는 동맹의무를 이행할 수 있는 것은 "締約一方이 어떠한 국가 또는 국가연합으로부터 무력진공을 당함으로써 전쟁상태에 처하게되는 경우에"라는 것을 전제조건으로 규정하였다.[25] 마찬가지로 한·미동맹 조약의 제2조에서도 비슷한 내용을 규정하였다.[26]그래서 한반도 안보구조의 골격으로서의 동맹체제는 방어적 성격을 갖고 있었으며 이 방어적 성격은 냉전이 종식될 때까지 큰 변화가 없었다. 이것은 당연히 양측은 모두 한국전쟁에 엄청난 인력과 재력을 투입하더라도 승리를 이기지 못한 상황과 관련하였다.

또한 북·중·소로 구성되는 북방동맹 체제와 한·미·일으로 구성되는 남방동맹 체제는 뚜렷하게 적대적이고 대항적인 관계를 가졌

---

25) 「조·소 우호협조 및 상호원조조약」「조·중 우호협조 및 상호원조조약」, 『한국외교관계자료집(立法참조자료 제193호)』(국회도서관입법조사국, 1976), pp.283 – 286.

26) 「한·미상호방위조약」의 제2조에서 "당사국 중 어느 일국의 정치적 독립 또는 안전이 외부로부터의 무력공격에 의하여 위협을 받고 있다고 어느 당사국이든지 인정할 때에는 언제든지 당사국은 서로 협의한다. 당사국은 단독적으로나 공동으로나 自助와 상호원조에 의하여 무력진공을 방지하기 위한 적절한 수단을 지속한다."고 규정하였다. 『한국외교관계자료집(立法참조자료 제193호)』, (국회도서관입법조사국, 1976), pp.77 – 78.

다. 두 동맹체제의 대항성은 2차 세계대전 종전 이후 나타난 동서진영 간의 이념적인 대립관계(냉전)뿐만 아니라, 한반도의 지정학적 가치에 대한 각국의 이해관계가 한국전쟁으로 심화되는 데 기인했다.

• 균형성(balance)

균형성은 남북 동맹집단 간의 역학관계가 대체로 균형을 유지하고 있었음을 의미했다. 한국전쟁 직전에는 북한이 남한보다 상대적으로 군사적, 경제적으로 우세하였지만, 정전체제가 확립된 이후에는 전쟁으로 심하게 파괴당한 북한이 남한보다 뚜렷한 우위를 차지하지 못했다. 한편 미국과 소련도 전략적 균형상태를 유지했다. 그리고 이것은 바로 남북방의 3각 동맹체제의 방어성과 관련한 점이었다.

• 쌍층성(two-layers)

쌍층성은 한반도 동맹체제가 두 가지 수준의 구조를 포함하고 있다는 의미이다. 즉 남북한 수준과 주변 강대국의 세계수준 혹은 동아시아수준이 겹쳐 있다. 이것은 두 동맹집단이 모두 내부적으로 비대칭적 동맹관계를 맺었기 때문이다. 남방과 북방동맹체제는 모두 강대국과 약소국 사이에 체결된 비대칭적 동맹이었으며, 소련은 북방동맹체제의 중추이고 미국은 남방동맹체제의 중추였다. 약소국인 남한과 북한은 강대국으로부터 보호를 받으려는 목적으로 동맹을 맺었고, 초강대국인 미국과 소련은 자기 세력권 내의 국가를 보호할 뿐만 아니라, 더 중요하게는 상대방의 세력 확장을 저지하려는 목적을 가지고 있었다. 미국과 소련은 주로 세계전략차원에서 남북한과의 동맹관계를 처리했으며, 남한과 북한은 주로 한반도 차원에서 강대국과의 동맹관계를 처리하게 되었다. 그래서 한반도 안보구조에 참여하는 각국이 힘의 차이에 근거하여 두 개 수준에서 게임을 전개함으로써 한반도 동맹체제는 쌍층적 성격을 갖게 됐다.

또한 이 쌍층적 성격은 70년대 중·미·소·일 사이의 관계가 변화하기 전에는 은폐된 상태에 있었으며 70년대 후에 중·미·소·일 관계의 변화가 그들과 남북한의 관계에 분명한 변화를 가져오지 못하였기 때문에 뚜렷하게 나타나게 되었다.

2. 정전체제

다른 지역에 비교한다면 한반도 지역의 가장 분명한 특징은 아마 법적인 차원에서 한국전쟁이 아직 끝나지 않고 한반도가 계속 정전상태에 머무르고 있다는 점일 것이다. 이것은 뒤에 서술하듯이 한반도의 안보구조가 불안전한 충돌구조라는 점을 결정하는 중요한 원인이라고 말할 수 있다.

1953년 7월 27일 판문점에서 서명된 '한국군사정전협정(휴전협정)'[27]에 따르면, 법적 의미로는 한반도에서 전쟁상태는 종결되지 않았다. 그러나 이 협정으로 한반도에 정전체제가 성립됨으로써 3년 동안 지속된 한국전쟁은 실질적으로 끝났다. 극단적인 충돌상태인 전쟁에서 일반적 충돌구조로의 전환과 전쟁으로까지 다시 확대되는 것을 방지하는 이 정전체제가 한반도에서 잠정적 평화를 유지하는 데 중요한

---

27) 한국휴전협정의 정식명칭은 '국제연합군 총사령관을 일방으로 하고 조선인민군 최고사령관 및 중국인민지원군 사령관을 다른 일방으로 하는 조선군사정전에 관한 협정'으로 되어 있다.

역할을 했다고 평가할 수 있다.

정전협정이 조인되기까지 교전 양측은 비무장지대와 군사분계선 문제, 정전 감시문제, 외국군의 철수문제 그리고 포로 송환방식 문제들을 둘러싸고 1951년 7월 10일부터 만 2년간에 걸쳐 159회의 본회담과 765회의 각종 관련 회의를 개최하였으며[28] 정전협상에서 논의되었던 주요 쟁점과 결과는 다음 표4-1과 같다.

표4-1에서 열거된 교전 쌍방의 논의사항 중에서 군사분계선과 비무장지대의 폭에 대한 설정, 포로송환과 민간인 교환 문제들은 정전협정의 조인에 따라 바로 해결되었다. 그러나 정전협정의 이행이라는 문제가 결코 정전협정의 조인에만 의거하여 해결할 수 있는 문제는 아니었다. 그러므로 양측은 "정전협정의 실시를 감독하며 본 정전협정의 어떠한 위반사건이든지 협의하여 처리"하기 위한 제도적인 장치인 '군사정전위원회'와 정전협정 이행에 대해 "감독, 감시, 시찰 및 조사의 직책을 집행"하며 이를 군사정전위원회에 보고하는 임무를 지닌 '중립국감독위원회'를 설치하였다.

---

28) 신복룡, "한국전쟁의 휴전", 김영작 외 『한국전쟁과 휴전체제』(서울: 집문당. 1998), pp.107-133. Rosemary Foot, *A Substitute for Victory: The Politics of Peacemaking at the Korean Armistice Talks*(Ithaca: Cornell University Press, 1990), Chapter 3, Chapter 7 참조.

<表 4-1> 정전협상의 주요쟁점과 결과

	대 립 점		합의점
	유 엔 측	공 산 측	
외국군 철수문제	순 군사문제	외국군 철수	각국에 권고
군사분계선	현 접촉선	북위 38도선	조인 시 접촉선
비무장지대의 폭	3.2Km	2Km	4Km
연안 수역	12마일	3마일	3마일
병력교대 규모	월75,000명	월5,000명	월35,000명
중립국 指名	스위스, 스웨덴, 노르웨이	소련, 체코, 폴란드	스위스, 스웨덴, 체코, 폴란드
출입구의 수	12개소	3개소	쌍방 각 5개소
포로送還 방법	자발적 송환 (1 대 1)	강제송환 (전체 대 전체)	귀환 거부 포로는 중립국송환위원회를 통해 정치회담 후 석방
민간인 교환	포로와 동일 (1 대 1)	포로와 별도	희망에 의한 송환
정치회담다시 논의사항	한국문제에 국한	한국문제와 아시아문제	한국문제의 평화적 해결

출처: 한국 국방정보본부, 『군사정전위원회편람』(서울: 국방정보본부, 1986), p.22.
홍용표, "정전협정과 한반도 평화체제 구축", 경남대 극동문제연구소 주최 학술회의 발표문(2005. 5. 3) 재인용.

군사정전위원회(이하: 군정위)는 10명의 고급 장교로 구성되며, 쌍방이 각기 5명씩 임명하되 5명 중 3명은 장성급으로 하고 나머지 2명은 대령급 이상인 자로 임명할 수 있게 하였다(제20항).[29] 위원회 산하에는 필요한 행정인원을 배치하여 비서처를 설치하되, 그 임무

---

29) 국토통일원, 『군사정전위원회본회의 회의록 분석』(서울: 문성경인, 1980), p.15.

는 동 위원회의 서기, 통역 및 동 위원회가 지정하는 기타 직책의 집행을 관장하도록 하였다. 쌍방은 각기 비서처에 비서장 1명, 보조 비서장 1명 및 비서처에 필요한 서기 및 전문 기술인원을 임명하며, 기록은 영문, 한글, 중국어로 작성하도록 하였다(제22항). 아울러 동 위원회는 처음에 10개의 감시 소조를 두어 그 협조를 받기로 하였다. 공동감시소조의 수는 4명 내지 6명의 영관장교로 구성하되 쌍방이 각기 반수씩 임명하도록 했으며, 감시소조의 사업상 필요한 운전수, 서기, 통역 등의 부속 인원을 쌍방이 제공하기로 하였다(제23항).

중립국감독위원회(이하: 중감위)는 스위스, 스웨덴, 폴란드, 체코 등 4개국의 고급장교 4명으로 구성되었고, 지정된 남북한 각 5개 출입항-즉 남한의 인천, 대구, 부산, 강릉, 군산과 북한의 신의주, 청진, 흥남, 만포, 신안주를 경유하여 교체되는 병력, 군사 장비 및 탄약에 대한 감독, 감시, 시찰 그리고 조사를 실시하여 그 결과를 군사정전위원회에 보고하는 공동기구였다. 또 동 위원회에 필요한 행정인원을 제공하도록 중립국에 요청하여 비서처를 설치하되, 그 임무는 동 위원회에 필요한 기록, 서기, 통역 및 동 위원회가 지정하는 기타 직책의 집행을 협조하는 것이었다(제39항). 군사정전위원회와 중립국감독위원회의 기구편성은 다음 그림4-1에 표시한 것과 같다.30)

---

30) 국토통일원, 『군사정전위원회본회의 회의록 분석』, p.17.

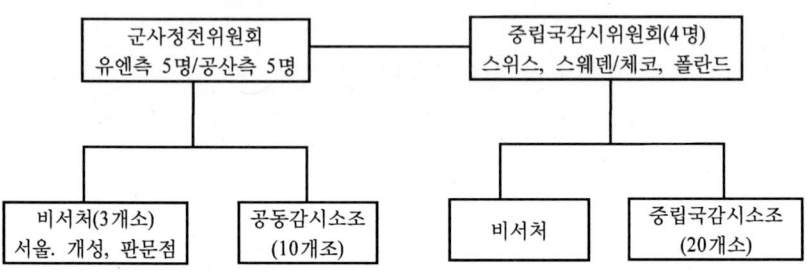

〈그림 4-1〉 군사정전위원회의 편성

```
┌─────────────────────────┐        ┌─────────────────────────┐
│   군사정전위원회            │────────│  중립국감시위원회(4명)       │
│ 유엔측 5명/공산측 5명        │        │ 스위스, 스웨덴/체코, 폴란드    │
└─────────────────────────┘        └─────────────────────────┘
     │            │                      │            │
┌─────────┐  ┌─────────┐          ┌─────────┐  ┌─────────┐
│비서처(3개소)│  │공동감시소조│          │ 비서처   │  │중립국감시소조│
│서울. 개성, 판문점│ │ (10개조) │          │         │  │ (20개소) │
└─────────┘  └─────────┘          └─────────┘  └─────────┘
```

정전체제의 역할과 기능을 보면 정전체제는 충돌해결(conflict resolution)과 위기관리(crisis management) 기구의 성격을 지녔다고 할 수 있었다. 비무장지대와 군사분계선 설정, 포로송환 등 일차 문제들을 해결한 뒤에는 충돌해결 역할과 위기관리 기능은 계속 행사됐다. 군정위와 중감위는 정전체제의 상설기구로서 정전 쌍방의 의사소통 채널과 잠정적으로 정전된 한반도의 위기관리와 군비통제 역할을 수행했다.

많은 학자들이 지적한 바와 같이 정전체제에 대한 관리기구로서 군정위와 중감위가 적지 않은 역할을 해온 것을 부인할 수 없지만, 그 역할에는 한계가 있었다. 군비통제 역할에서 그 한계가 더 뚜렷이 드러났다. 당초에는 중감위가 20개의 중립국감독소조를 두어 협조를 받도록 했으나, 일부 방해 행위와 간첩행위 의혹 등으로 인해 1956년 5월 6일 중감위는 남한과 북한에 있는 고정 감시소조의 임시철수에 대해 군정위에 건의하는데 동의했으며,31) 그 결과 중감위의 활동은 남북 쌍방이 제공하는 정보를 기록하는 수준으로 제한되

---

31) Yong-Sup Han, *Peace and Arms Control On the Korean Peninsula*(Seoul: Kyungnam University Press, 2005), p.85.

었다. 1957년 6월 21일 군정위 제75차 전체 회의에서 유엔사가 북한 군사력과의 균형을 달성할 때까지 무기와 인원의 유한한 증강에 대한 정보제공을 중지한다고 선언함으로써[32] 군정위와 중감위의 군비통제역할이 정지됐다. 군정위도 당초 원칙적으로 매일 개회하도록 되어 있었으나, 실제로는 1991년 2월 13일까지 459차례 본회의를 가졌다.[33] 군비통제역할을 중지한 이후 군정위와 중감위는 의사소통 채널로 정전 쌍방의 우발사건에 대해 논의 또는 합의하는 위기관리 역할을 50년대부터 90년대 초까지 큰 변화 없이 나름대로 수행해왔다.[34] 냉전기에, 특히 60년대 말기에, 군사분계선 근처에서 발생한 많은 '저강도 충돌'이 '고강도 충돌(전쟁)'로 확대하지 않은 것은 군정위와 중감위가 어느 정도 위기관리 역할을 수행했기 때문이라고 할 수 있다. 그러나 한반도 안보구조에서 두 동맹체제 사이의 세력 균형(보다 정확하게 말한다면 위협의 균형)이 군정위와 중감위의 위기관리 역할보다 더 중요하게 전쟁발발 방지기능을 했다고 할 수 있다. 그래서 정전체제는 한반도 충돌구조에서 위기관리기구로서 실제적으로 수행할 수 있는 역할보다는 상징적인 의미가 더 크다고 할 수 있다.

---

32) Yong‒Sup Han, *Peace and Arms Control On the Korean Peninsula*, p.86.

33) 서주석, "한반도 정전체제와 유엔군사령부", 『통일시론』, 통권9호, (2000 겨울), p.106.

34) 徐鏞瑄, 『韓半島 休戰體制 研究』(서울: 國防軍史研究所, 1999), 제3장 참조.

3. 냉전기 안보구조의 변천

앞에 논의한 한반도 안보구조의 성격이 70년대 이전까지는 주변 강대국들로 구성된 상층구조가 남북한으로 구성된 하층구조와 중첩되면서 상층구조가 하층구조를 덮었기 때문에 한반도 안보구조의 쌍층성이 뚜렷하게 드러나지 않았다. 1960년대 후반 1970년대 초부터 핵무기를 보유한 중국의 부상과 중·소 분쟁으로 전략적 이해관계가 변화하면서 중·미·일 3개국은 전략적 협력관계를 맺었다. 이로 인해 한반도 안보구조의 상층구조와 하층구조가 뚜렷하게 분리됐으며 한반도 안보구조에 변화를 가져왔다.

50년대부터 70년대 초까지의 한반도 안보구조를 다음의 그림4-2와 같이 정리해 볼 수 있다.

〈그림 4-2〉 50-70년대 한반도 안보구조

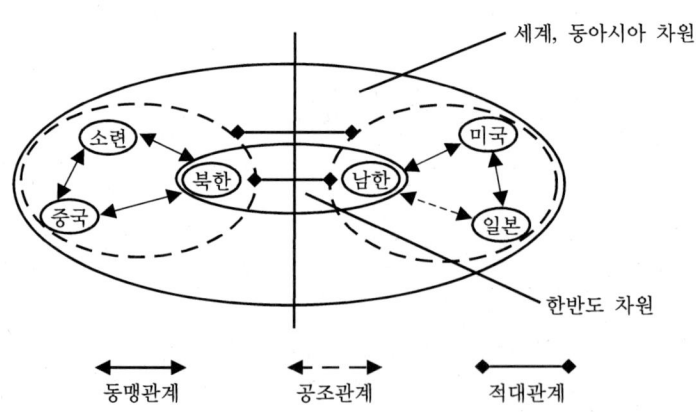

한반도 안보구조를 묘사하는 위의 그림과 다음의 그림들은 행위자 파워관계를 묘사할 수 없으며 그들의 사회구성관계만 반영할 수 있다는 한계를 안고 있다. 하지만 그림을 통해 행위자의 사회구성관계의 양태와 변화가 분명하게 볼 수 있다. 그림4-2에서 보이듯이 50-70년대 한반도 안보구조에서 행위자의 사회구성관계가 두 가지만 존재했다. 즉 우호관계(동맹관계와 공조관계를 포함함)와 적대관계다. 두 개 동맹집단 내부의 행위자 사이에는 우호관계를 갖고 있었던 반면, 동맹집단 사이가 적대상태에 처하였다. 그리고 이런 두 개 수준의 적대관계가 중첩되었다.

1970년대에 들어서면서 한반도 안보구조의 행위자들 사이의 역학관계와 사회구성관계가 모두 변화했는데 이는 안보구조의 변화를 초래했다. 이 가운데 역학관계에서 가장 주목할 것은 중국과 일본의 부상이었다. 1970년대 중국은 문화대혁명으로 정치적 혼란기였고 경제적으로도 여전히 어려운 상태였지만, 1964년 10월 16일 원자폭탄을 성공적으로 실험하면서 핵보유국으로서 국제정치 게임에 강대국으로 참여하기 시작했다. 일본도 전후 미국의 보호 아래 전후부흥과 경제건설 사업에 몰두하고 70년대 경제 강대국으로 부상했다. 중국과 일본의 부상은 동아시아의 파워구조의 변화를 초래하였다.[35] 60년내 한·일수교로 일본으로부터 경제 원조를 받은 남한은 성공적인 경제개발계획으로 점점 열세에서 벗어나 북한과 세력균형을 이뤘다.

---

35) 바넷(Barnett)에 의하면 동아시아에서 강대국의 관계는 50년대에 양극관계가 되었고 60년대에 3각관계가 되었으며 70년대에는 4각 변형관계가 되었다. A. Doak Barnett, *A New U.S. Policy Toward China*(Washington, D. C: Brooking Institution, 1971), p.34.

사회구성관계에서의 변화는 중소의 결렬, 중·미·일 전략적 협력관계의 형성, 한·일의 반동맹관계의 형성 등이었다. 1950년대 중후반부터 일어난 중국과 소련의 이념적인 분쟁은 1969년 변경 지역에서 무력충돌로까지 확대됐고 양국관계도 50년대 초기에 맺은 동맹관계에서 적대관계로 변천하였다. 이와 관련하여 중국과 미국 및 일본은 중소분쟁을 계기로 1972년 2월 「중·미 연합성명」의 발표하고 1972년 9월에는 중일 간 국교를 정상화함으로써 전략적 협력관계를 맺게 됐다.

행위자들 사이의 역학관계와 사회구성관계의 변화는 한반도 안보구조의 변화를 초래했다. 70년대부터 냉전이 끝난 90년대까지의 한반도 안보구조는 다음의 그림4-3과 같이 정리해 볼 수 있다.

그림4-3에서 볼 수 있는 것처럼 70년대 이후 한반도 안보구조의 변화에 대해 두 가지 차원으로 파악할 수 있다. 하나는 상하층 사이의 분리이고, 다른 하나는 남북한의 동맹체제의 변화다.

중·미·일·소 관계의 변화가 남북한 관계의 변화를 초래했지만[36] 중국과 미국의 협력은 상대방의 약소동맹국과의 적대관계를 해소하지는 못했다. 이로 인해 한반도 안보구조의 두 가지 수준이 뚜렷하게 분리되어 나타났다. 이것을 두 가지 원인으로 분석할 수 있다. 하나는 중미 간의 화해가 세계체제의 양극적 구조를 변화시킬 수 없었다는 점이다. 비록 중국과 미국은 협력관계를 맺었지만 한반도의

---

36) 70년대에 들어오면서 남북한이 직접대화를 통해 1972년 7월 4일에 「7·4 공동성명」을 발표했다. 이 공동성명은 미국과 중국 간 데탕트의 충격의 결과라고 할 수 있었다. 김태일, "남북한 통일정책의 변화와 결정요인", 한배호, 『한국현대정치론Ⅱ』(서울: 오름, 1996), pp.440-529.

상층구조가 여전히 미국과 소련의 양극 대립구조에 머물러 있었다. 다른 하나는 당시에 남북한은 약소국이었기 때문에 강대국의 게임에서 고려할 필요가 없는 변수라고 강대국들이 인식했으며 상대방의 약소동맹국과의 관계개선에 그다지 노력을 기울이지 않았다. 바꿔 말하면, 남한 또는 북한과의 관계를 개선하지 않더라도 중·미 간 전략적 협력관계의 형성에 영향을 미칠 수 없을 것이라고 인식되었다. 이런 두 가지 원인 때문에 냉전체제가 붕괴할 때까지 한반도 안보구조의 본격적인 변화가 초래되지 못했다. 그렇지만 상층구조의 변화는 동맹체제의 변화를 수반할 수밖에 없었으므로 탈냉전기 한반도 안보구조의 구조적인 변화를 일으키는 잠재적 요인으로 남아 있었다.

〈그림 4-3〉 70-90년대 한반도 안보구조

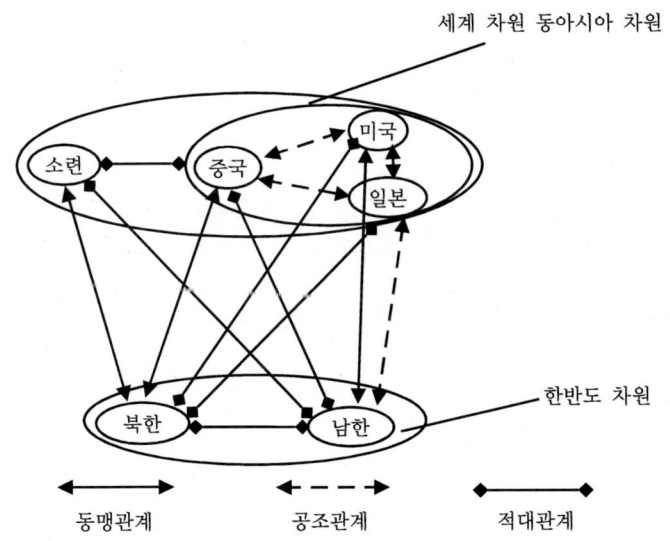

상층구조인 중·소·미·일 관계의 변화가 남북한의 동맹체제의 조정을 야기하면서 남북한의 동맹체제로 하여금 서로 상반된 방향으로 변하고 있었다. 중·소 분쟁으로 북한은 중국과 소련 양국 사이에서 흔들리기 시작했으며, 결과적으로 북한에 대한 중국과 소련의 영향력은 감소됐다. 북·중 동맹과 북·소 동맹은 모두 느슨한 상태로 변해 갔고, 이 같은 북방동맹체제의 균열은 북한으로 하여금 자주성을 추구하게 했다. 1950년대 중반부터 북한은 계속해서 "사상에서의 주체(1955년)", "경제에서의 자립(1956년)", "정치에서의 자주(1957년)", "국방에서의 자위(1962년)"를 주장하면서[37] 소련과 중국으로부터 독립적인 자세를 유지하려 했다.[38] 이런 자주성의 증대는 북한의 남한에 대한 우세, 1950년대 숙청을 통한 김일성의 통치력 확립 등과 함께 60년대 후반 휴전선 부근에서 '저강도 충돌(low intensity conflict)'을 자주 일으킨 요인으로 작용했다.[39] 이런 저강도 충돌의 결과로 한미동맹체제는 한미계획단과 한미 국방장관회의를 창설함으로써[40] 강화되는 방향으로 발전해 나갔다.

---

37) 육군사관학교, 『북한학』(서울: 博英社, 1999), p.141.

38) 이것은 1966년 8월 12일 「노동신문」에서 '자주성을 옹호하자'란 사설과 동년 10월 5일의 북한 당대표자회에서 행한 '현 정세와 우리 당의 과업'이라는 보고문에서 잘 드러난다. 정규섭, 『북한외교의 어제와 오늘』(서울: 일신사, 1997), pp.87－92.

39) 1966년부터 1969년까지 휴전선 근처에서 발생한 무력충돌은 모두 594건이었으며, 각각 1966년에 37건, 67년에 444건, 68년에 46건, 69년에 67건이었다. Daniel P. Bolger, *Scenes form an Unfinished War: low Intensity Conflict in Korea, 1966－1969*(Fort Leavenworth, KA: Combat Studies Institute, U.S. Army Command and General Staff College, 1991), pp.1－14.

냉전기에 중·미·소 관계의 재편은 쌍층적인 한반도 안보구조를 상·하층 구조로 분리시켰고 남방과 북방의 동맹체제를 상반된 방향으로 변하게 했다. 그러나 냉전기에는 지역 안보구조에 영향을 미칠 수 있는 가장 강력한 변수인 세계적 양극 대립체제에는 구조적인 변화가 없었기 때문에, 한반도 안보구조가 냉전기에 부분적으로 조정되었지만 충돌적인 성격에 본격적인 변화는 없었다고 할 수 있다.

제2절 탈냉전기 한반도 안보구조

1. 파워배열관계와 사회구성관계의 변화

1) 파워배열관계의 재편

구소련의 붕괴로 세계는 탈냉전기로 들어섰고, 세계 차원에서 진행된 냉전구조의 해체는 지역 안보구조에 영향을 미칠 수밖에 없었

---

40) 1968년 하와이에서 열린 한·미 전상회담에서 매년 국방장관회담을 갖기로 합의했다. 1971년 제4차 회의부터는 국방관계자뿐만 아니라 외무부 관계자들까지 참여하는 명실상부한 안보 차원의 회의로 발전하면서, 명칭도 '한·미 안보협의회의(SCM)'로 바뀌었다. 1977년 제10차 한·미 안보협의회의에서 합의한 '군사위원회 및 한·미 연합군사령부 권한 위임사항'과 1978년 군사위원회회의에서 하달한 '전략지시1호'에 근거를 두고 같은 해 11월에 한미계획단을 기초로 한·미 연합사령부가 창설되었다. 두 기구의 역할에 대해서는 김일영, 조성렬, 『주한미군: 역사·쟁점·전망』, pp.175 - 180 참조.

다. 세계 차원의 양극체제 붕괴는 먼저 한반도 안보구조에 참여하는 각 행위자들 사이의 역학관계를 변화시켰다. 초강대국이었던 구소련은 공산권의 해체와 체제전환 과정을 거치면서 초강대국의 지위를 잃어내고 여러 강대국 중의 하나로 전락했다. 반면 중국은 성공적으로 개혁개방정책을 추진하면서 강대국의 지위를 강화하고 있다. 미국은 1990년대 8년 동안 계속 연 8%의 경제성장률을 달성하면서 세계 유일의 초강대국의 지위를 유지했다. 민주주의를 성취한 한국은 권위주의체제에서 정부가 주도했던 경제발전전략을 계승하고 경제발전을 계속함으로써 세계 제11위의 경제력을 달성했다. 일본은 탈냉전기의 도래로 경제침체를 겪었지만 여전히 세계 2위의 경제력을 유지하고 있다. 오로지 북한만이 동유럽의 사회주의체제 붕괴와 자연재해를 겪으면서 정치적 경제적으로 매우 어려운 상황에 놓여 있다. 한반도 안보구조에 개입하는 각 행위자들의 GDP를 표4-2를 통해 비교해 보면 각 행위자들의 경제력의 변화를 대체로 이해할 수 있을 것이다.

〈표 4-2〉 6개국 GDP의 변화추이

단위: 억 달러(90년 환율)

	70	75	80	85	90	95	2000	2004
미국	30370	34901	41846	49052	57572	65061	79685	87852
중국	959	1236	1609	2681	3830	6850	10187	14189
러시아	7489	9825	12556	14740	5697	3537	3829	4850
일본	13345	16664	20650	24051	30396	32773	35161	36971
남한	572	837	1170	1664	2637	3841	4759	5703
북한	29	51	87	140	167	133	127	139

출처: http://unstats.un.org/unsd/snaama/dnlList.asp

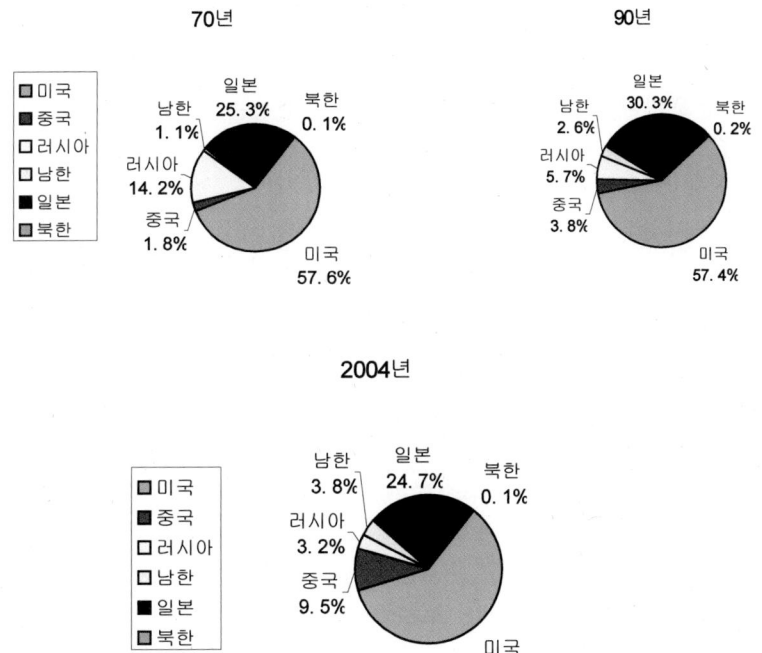

〈그림 4-4〉 6개국 GDP 총계에서 각각 차지한 비중

70년

90년

2004년

1970년부터 2004년까지 35년 동안 미국의 GDP는 30370억 달러에서 87852억 달러로 1.9배 상승했다. 일본도 1970년의 13345억 달러에서 2004년의 36971억 달러로 1.7배 증가했다. 특히 중국은 1970년 959억 달러에서 2004년 14189억 달러로 13.7배 성장했으며, 남한은 1970년 572억 달러에서 2004년 5703억 달러로 8.9배 성장했다. 북한 역시 1970년부터 2004년까지 성장하긴 했지만, GDP의 절대량이 아주 작다. 냉전기였던 1985년에 GDP 14740억 달러를 달성했던 러시

아는 경제력이 급격히 추락해 2004년 4850억 달러로 떨어졌다. 제2장에서 서술했듯이 지역안보구조에 대한 고찰에서 행위자의 절대 파워는 중요하기는 하지만, 각 행위자 사이의 상대적인 파워, 즉 파워의 배열분포관계가 상호 간 안보정책을 결정하는 보다 중요한 요인이다. 바꿔 말하자면 자기의 파워는 자기의 안보정책을 결정하는 변수가 아니며, 상호 간 파워에 대한 계산이 행위자의 안보정책을 결정하는 요인이다. 비록 GDP만 지표만으로 국력을 비교하는 것은 지나친 단순화지만, 6개국이 GDP 총계에서 차지하는 비중의 변화를 연도에 따라 비교하면 각 행위자들의 위상변화를 대체로 반영해 볼 수 있다.

위 그림4-4에서 보여 주듯이 70년 미국은 6개국 GDP 총계의 57.6%를 차지했고 일본과 구소련은 각각 25.3%와 14.2%를 차지했다. 중국과 남한은 각각1.8%, 1.1%에 불과했다. 90년에 미국은 70년에 비해 조금 내려가서 57.4%에 차지했고, 일본은 30.3%까지 올라가고 러시아는 체제의 붕괴로 인해 5.7%까지 내려갔다. 2004년에 미국은 조금 올라가서 59%를 차지했고, 일본은 24.7%로 돌아갔고 러시아는 3.2%만을 차지했다. 중국과 남한은 각각 9.5%와 3.8%로 비중이 높아졌다.

70년부터 2004년까지 25년 동안 미국의 GDP가 6개국의 총계에서 차지하는 비중은 크게 변하지 않았으며, 일본이 90년 30.3%까지 올라가다가 2004년까지 다시 24.7%로 떨어졌지만, 총체적으로 역시 큰 변화가 없었다. 그러나 러시아는 큰 폭으로 떨어졌고, 중국과 남한은 큰 폭으로 상승했다. 6개국 GDP의 상대적인 변화는 대체로 그들의 상대적인 역학관계의 변화를 반영한다고 할 수 있다. 각 행위자 사이의 역학관계의 이런 변화는 그들의 외교안보정책의 제정과 조정에 직접 영향을 미치게 된다.

2) 사회구성관계의 변화

각 행위자들의 역학관계의 변화는 각 행위자들의 사회구성관계도 변화시켰다. 아래 표4 - 3이 잘 보여 주듯이 50년대부터 70년대 초까지 남북한과 중 · 미 · 일 · 러 사이의 15개 쌍무관계 중 한 · 일관계가 적대적 관계에서 우호적 관계로 변화하고 중 · 소관계가 우호적 관계에서 적대적 관계로 되었다. 한 · 일 간 우호적 관계가 형성되면서 한반도 남방동맹체제가 성립됐고, 이는 또 동맹집단 내부의 유대관계와 상대 집단과의 대립관계를 모두 강화했다. 70년대부터 90년까지 한반도 안보구조의 상층구조는 3개 쌍무관계가 변화하면서 구조조정이 발생했고 하층구조인 남북한 관계에 영향을 주었지만, 남방과 북방의 대항적 동맹관계는 그대로 유지됐다. 이것은 상층구조의 양극적 성격과 북한과 소련의 동맹관계가 그대로 유지되었기 때문이라고 분석할 수 있다.

<표 4-3> 행위자들의 사회구성관계의 변화

		냉전기(50 - 70년대)	냉전기(70 - 90년대)	탈냉전기
한 반 도	한·러	적대	적대	비적비우
	한·중	적대	적대	비적비우
	한·미	우호	우호	우호
	한·일	적대→우호	우호	우호
	북·미	적대	적대	적대
	북·중	우호	우호	우호
	북·러	우호	우호	비적비우→우호
	북·일	적대	적대	적대
	남·북	적대	적대	적대
세 계 동 아 시 아	중·미	적대	우호	비적비우
	중·러	우호→적대	적대	우호
	중·일	적대	우호	비적비우
	미·러	적대	적대	비적비우
	미·일	우호	우호	우호
	러·일	적대	적대	비적비우

　탈냉전기로 들어오면서 한반도 안보구조의 행위자의 파워배열이 변화하고 있으며 동시에 그들의 사회구성관계도 변화하고 있다. 구조의 상층에서 중·미·러·일 간 적대적 관계가 사라졌으며 모두 비적비우적 관계, 아니면 우호적 관계가 되었다. 미국과 일본은 중국이나 러시아와 비적비우적 관계를 갖고 있는 동시에 중국의 부상으로 야기될 수 있는 동아시아 안보질서의 불안정에 대비하기 위해 냉전기보다 더 강화된 동맹관계를 유지하고 있다. 중국과 러시아도 미국을 견제하기 위해 60년대 후반부터 시작한 적대관계에 벗어나 전

략적인 협력관계를 맺었다. 그러나 이들은 결코 냉전기처럼 대항적 관계를 갖고 있지 않으며, 비적비우적 관계를 유지하고 있다. 구조의 상하층을 연결하고 있는 관계도 부분적으로 조정됐다. 즉 한국은 과거의 적국인 중국과 러시아와의 수교함으로써 관계가 정상화되었다. 하층구조인 남북한차원에서 볼 때도 변화의 모습이 보인다. 비록 공식적으로 남북한은 적대적 관계를 갖고 있지만 상층이나 중간층의 변화 그리고 한국 국내의 새로운 정치세력의 등장에 따라 나타난 대북정책의 조정 등으로 냉전기 경직된 남북관계보다 완화된 조짐이 역시 나타나고 있다. 냉전체제의 붕괴와 행위자 국내 상황의 변화에 기원한 행위자의 안보정책의 변화가 그들의 관계에 영향을 미쳐서 한반도 안보구조의 조정과 변화를 초래할 수밖에 없었다. 위에서 논의한 탈냉전기 한반도 안보구조를 다음 그림4-5로 나타낼 수 있다.

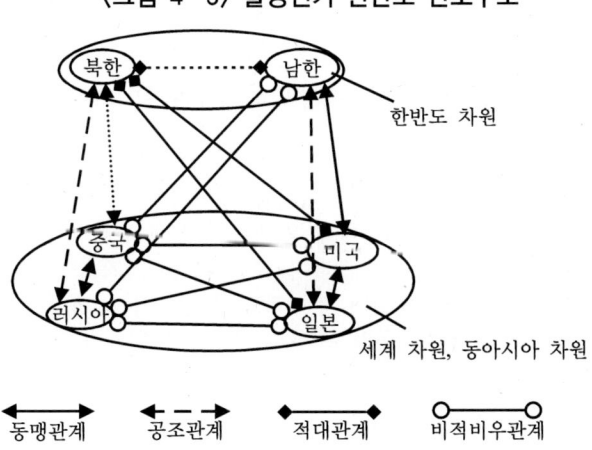

〈그림 4-5〉 탈냉전기 한반도 안보구조

2. 대항동맹관계의 모호화

앞에 이미 언급했듯이 구소련의 붕괴로 세계 차원에서 양극체제가 해체되었고, 한반도 안보구조의 상층구조의 관계는 원래의 적대적인 것에서 비적대적 비우호적인 것으로 전환됐다. 바꿔 말하면, 50 - 70년대에 존재했던 중·소 동맹과 미·일 동맹 간의 대항성은 70 - 90년대의 소련과 중·미·일 사이에의 대항단계를 거쳐 90년대 이후에 다시 변했다. 미일 동맹은 계속 유지될 뿐만 아니라 더욱 강화되는 방향으로 발전해 나갔고, 중러 양국은 적대관계에서 전략적 협력관계로 바뀌었다. 그런데 과거의 대립적 관계와는 달리 미일과 중러 사이의 관계가 적대적이지도 않고 우호적이지도 않은 모호한 성격을 갖게 됐다.[41] 상층구조의 모호해진 성격과 한·중과 한러 관계가 과거의 적대적인 것에서 비적비우적인 것으로 바뀌면서 한반도 안보구조의 핵심구성요소인 남방과 북방의 동맹체제에 영향을 미칠 수밖에 없었다. 구소련의 법통을 계승한 러시아가 1996년 북한과의 군사동맹조약을 폐기함으로써 북러 동맹은 해체됐다.[42] 북중 동맹은 공식

---

41) 어떤 학자들은 미일 동맹과 러 협력은 대항적이라고 주장하며 신냉전이란 용어를 제시한다. 이에 대해 필자는 다른 생각을 가지고 있다. 중러 협력과 미일 동맹은 서로 견제하려는 의도를 가지고 있기는 하지만, 양자 사이의 관계를 적대적인 것이라고 규정하기는 어렵다. 왜냐하면 중미, 중일과 미러, 러일 등의 관계가 적대적인 관계가 아닌, 비적비우적 관계라는 사실이 중·러 협력과 미·일 동맹 사이의 대항추세를 완화할 수 있을 것이라고 생각하기 때문이다.

42) 2000년 러시아와 북한은 다시 새로운 「우호조약」을 체결하였다. 홍완석에 의하면 북·러의 관계 개선을 통해 북한은 체제수호(북한 미사일 개

적으로 아무런 수정이 없지만 북중 국내의 상황과 지역안보판도의 변화에 따라 양국은 안보정책을 변화시킴으로써 미묘한 성격변화가 나타나고 있다. 한미동맹도 한국과 미국의 안보정책의 조정에 따라 변화의 모습을 보여주고 있다. 이런 점들을 고려하여 대항하던 남방과 북방의 동맹체제는 탈냉전기의 도래로 어떤 관계인가? 그 성격이 이미 바뀌었는가 아니면 여전히 과거처럼 대항하고 있는가? 이런 질문들에 대답하기 위해 먼저 두 개 동맹의 관계에 영향을 미칠 수 있는 변수가 무엇인지를 분석해야 한다.

북중동맹과 한·미동맹은 모두 비대칭적 동맹이며, 그들이 서로 작용하는 동학기제는 다음 그림4-6과 같이 나타낼 수 있다.

발의 자주권)와 첨단무기의 수입을 포함한 군사·안보협력(주한 미군철수)을 원했다면, 러시아는 대북 영향력 회복 차원의 정치협력(한반도 문제에 대한 러시아의 역할)과 경제협력(시베리아횡단철도의 연결)에 우선순위를 두었다. 이는 상호 상대방에 대한 이익적 접근의 시각차를 반영하고 그래서 북·러 양국 간 협력은 쉽게 접합될 수 없는 취약성을 드러낸다. 홍완석, "북·러 모스크바 공동선언의 함의와 평가", 『統一問題硏究』, 통권, 제36호(2001년 하반기호), pp.39-62. 그런데 홍 안서이 북한과 러시아의 시각차가 존재한다고 파악한 점은 맞지만, 러시아는 북한과의 관계차원에만 입각하여 행동하지 않는다는 점을 파악하지 못했다고 할 수 있다. 실제로는 러시아는 북한과의 관계에서뿐만 아니라, 한반도 차원, 내지 동아시아 차원에 입각하여 행동한다고 할 수 있다. 그러므로 2000년 북·러 「우호조약」은 61년의 동맹조약과 같다고 할 수 없으며, 어느 정도의 협력관계를 다시 복원했다고 할 수 있다.

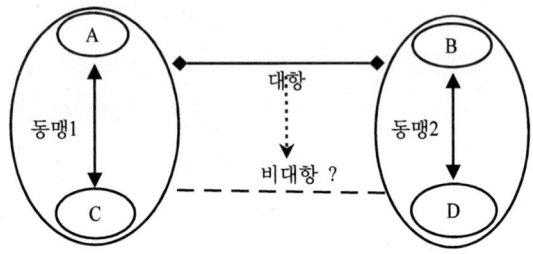

〈그림 4-6〉 한반도 동맹관계의 동학

위의 그림에서 두 가지 기초가정을 하고자 한다. 즉 ①A와 B는 강대국이고 C와 D는 약소국이라고 가정한다. ②A와 C가 비대칭동맹1을 체결하고 B와 D가 비대칭동맹2를 체결한다. 동맹1과 동맹2는 대항적인 관계를 가지고 있다고 가정한다. 그러면 두 동맹의 관계가 대항적인 것에서 비대항적인 것으로 바뀌는 것을 결정할 수 있는 요인이 무엇인가라는 질문을 던질 수 있다.

여기에는 두 가지 요인들이 동맹1과 동맹2의 관계에 영향을 미칠 수 있다. ①하나는 동맹 내부적인 요인이다. 만약 A와 C 또는 B와 D의 동맹관계가 하나 또는 동시에 약화되는 방향으로 변한다면 동맹관계의 대항성이 약해지고 비대항적인 관계로 바뀌는 것도 가능하다. ②다른 하나는 동맹체제의 구성원, 특히 강대국이란 구성원은 대항적인 동맹상대방의 구성원과의 적대적 관계가 비적대적 관계로 바뀐다면 동맹관계의 대항성도 사라질 가능성이 크다. 물론 ①과 ② 두 가지 요인들이 서로 배타적인 것이 아니라 서로 영향을 미칠 수 있는 동학기제를 갖고 있다.

이런 논리를 기초로 탈냉전기의 남북한의 동맹들 간의 관계가 냉전기의 대항적인 것으로부터 탈냉전기의 모호한 관계로 변모해오고 있다고 판단할 수 있다. 이어서 구체적으로 이를 분석하고자 한다.

다음의 그림4-7이 표시한 것처럼 탈냉전기의 도래로 중·미관계는 70년대 초부터 90년대 초까지의 전략적 협력관계에서 비적비우적인 상태로 전환되었으며 한·중관계도 냉전기의 적대관계에서 비적비우적인 관계로 바뀌었다. 중국은 과거 적대적 관계였던 미국과 한국과의 관계를 비적비우적으로 전환했으나, 중국의 맹우인 북한은 여전히 미국과 한국을 적대적 관계로 대하고 있다. 북한과 중국의 이런 처지 차이와 이로 생기는 시각과 정책 차이가 그들 사이의 관계에도 영향을 미칠 수밖에 없다. 이것은 공통의 적이 있다는 것이 북·중 동맹을 형성한 기초였기 때문이다. 마찬가지로 중·미 관계와 한·중 관계의 조정과 변화는 한·미 관계와 남북한 관계에도 영향을 미치고 있다. 이것은 한반도 안보구조의 특성 때문이다. 이어서 먼저 북·중 관계의 변화를 살펴보고자 한다.

〈그림 4-7〉 탈냉전기 남북한과 미국 및 중국 사이의 관계패턴

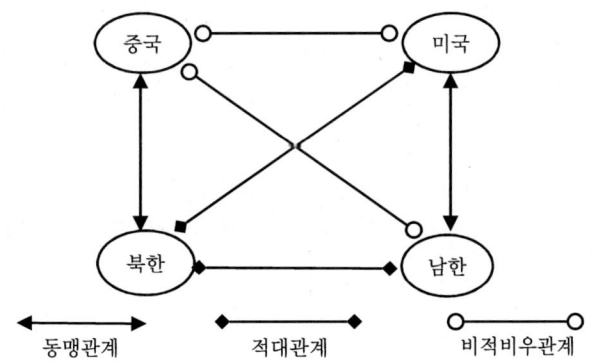

1) 북중 관계

비록 일부 학자들이 50여 년 전에 중국이 한국전쟁에 개입한 원인을 부분적으로 중국과 북한이 공통적인 이데올로기를 가졌기 때문이라고 주장하였지만,[43] 중국의 한국전쟁 개입의 주요 원인은 지정학적 요소와 비통한 역사경험 때문이라고 할 수 있다. 이에 대해서는 당시 중국의 공식 언론보도와 선전(宣傳)의 내용을 보면 잘 이해할 수 있다.[44] 중국은 1961년 북한과 동맹조약을 체결했을 때 기존 동맹관계를 제도화함으로써 북한에 미치는 영향력에서 소련과 경쟁하겠다는 의도를 갖고 있었지만,[45] 무엇보다도 지역안정이란 지정학적

---

43) 馬英民, "試析中國出兵朝鮮的主要原因", 『河北大學學報』, (1998. 3).

44) 중국군의 참전 이틀 전에 「人民日報」에서 "우리의 철천지원수인 美帝국주의가 우리의 우방을 상대로 침략전쟁을 하여 우리나라 국경선에서 전쟁을 불사하는 것을 보고만 있을 수 없다. 인민조선의 안전이 위협을 당하고 있다. 이것은 중국의 안전도 위협을 당하고 있다는 것을 의미한다."라는 글을 보도했으며, 또한 1951년 중국에 발간된 선전물인 「人民手冊」에서 "누구나 조선이 하나의 비교적 작은 국가임을 알고 있다 그러나 조선의 전략 지위는 매우 중요하다…… 역사적 사실은 우리에게 조선의 存亡과 중국의 安危가 밀접히 관계되었음을 말하고 있다. 脣亡則齒寒(입술이 없으면 치아가 추워지고), 戶破則堂危(문이 무너지면 집이 위태로워진다). 중국 인민이 조선 인민을 지원하는 抗美援朝는 단지 도의상의 책임일 뿐만 아니고 또한 중국 전체 인민의 모든 이해와 절실한 관계를 갖고 있어 자위를 위해 필요한 결정이다. 이웃을 구하는 것이 곧 스스로를 구하는 것이며 조국을 보위하기 위해 반드시 조선인민을 지원해야 한다"라는 글도 기록하고 있었다.

45) 조·소 조약은 1961년 7월 6일에 체결되었고, 바로 이어서 조·중 조약이 7월 11일에 체결되었다. 그리고 두 개 조약의 내용도 대부분 같다. 그런데 두 개 조약은 가장 큰 차이점은 조약의 유효기간이다. 조·소

요인이 북·중 동맹 조약 체결을 결정하는 가장 중요한 요인으로 작용했다. 미국이 한국전쟁에 개입하자마자 중국은 미국의 침략행동을 비난하고 미국을 자기의 주적이라고 인식했다. 북한도 마찬가지였다. 이런 공통인식은 중국과 북한으로 하여금 동맹을 맺고 공동정책을 수립하게 했다. 한국전쟁 종전 이후 주한미군에 대해 북한과 중국은 같은 입장을 표명했다. 양국은 주한미군이 한반도와 동아시아의 평화와 안정에 위협요인이라고 인식했으며, 주한미군의 철수를 요구하면서 한미연합사령부의 창설과 한미연합 군사훈련을 비난하고 반대했다. 왕비령(Fei-ling Wang)이 주장했듯이 중국은 그의 이웃이 "역외"의 강대국과 군사동맹을 맺는 것을 지역 불안정 요인으로 인식하여 항상 강렬하게 반대해왔다.[46] 비록 중국과 미국은 1971년부터 전략적 협력관계를 맺었지만, 중국은 이런 정책을 1970년 말까지 견지해왔다. 그런데 1982년부터 한반도 문제와 주한미군 문제에 대한 중국의 입장에 미묘한 변화가 나타났다. 북한과의 동맹관계가 주목을 끌지 않도록 하기 위해 중국은 한반도 문제를 냉정하게 처리하려는

조약은 "10년간 효력을 가진다. 체약일방이 기한만료 1년 전에 조약을 폐기하려는 희망을 표시하지 않는다면 조약은 다음 5년간 계속하여 효력을 가지며 이와 같은 절차에 의하여 앞으로 유효기간이 연장된다"고 규정한 반면에 조·중 조약은 "본 조약은 수정 또는 폐기하는 데 대한 쌍방 간의 합의가 없는 이상 계속 효력을 가진다"고 규정했다. 이런 차이를 어떻게 해설해야 하는가? 왜 두 개 조약은 이런 차이를 보이는가? 이는 당시 중·소 간에 이미 드러난 분쟁과 관련된다고 분석할 수 있다고 필자가 생각한다.

46) Fei-ling Wang, "Chinese Perception of The U.S.-Rok Alliance", in Tae-Hwan Kwak & Thomasl. Wilborn *The U.S.-Rok Alliance in Transition*(Seoul: The Institution For Far Eastern Studies, 1996), p.85.

의도를 갖기 시작했다. 1980년대 중반부터 중국의 한반도 정책은 주한미군의 비난을 중심으로 한 정책에 벗어나서 "조선의 당, 정부와 인민들이 조선반도 긴장정세의 완화를 위해 조선의 자주, 평화통일을 실현하는 정의로운 입장과 합리적 방안을 지지하는"[47] 한반도 지역 안정과 평화의 유지를 중심으로 한 정책방향으로 전환되었다. 이것은 1970년대 후반부터 중국이 미국보다 소련을 더 위협요인으로 인식했으며 1979년 미국과의 관계 정상화를 실현한 뒤 극동 지역에서 주둔하고 있는 미군을 소련을 견제할 수 있는 세력으로 여겨 지역안정에 유익하다고 인식하였기 때문이다. 그리고 1970년대 후반부터 중국이 개혁개방정책을 적극적으로 추진하면서 안정적인 외부환경이 필요하다고 인식했던 것도 작용했다고 분석할 수 있다. 70년대 후반 중·미가 전략적 협력관계를 형성했으나 이것이 직접적으로 한·중관계의 개선을 초래하지 못했다. 중국이 여전히 남한을 적으로 여기는 북한의 인식을 공유했기 때문에 남방과 북방의 대항적 동맹체제들은 그대로 유지했다. 그런데 탈냉전기로 들어서면서 1992년 8월 중국은 한국과 공식적으로 수교함으로써 적이었던 남방동맹의 구성원인 한국과 미국과의 관계가 모두 비적대적인 관계로 변했다. 이는 한국과 미국을 여전히 적으로 인식하고 그들과 적대 상태에 처하고 있는 북한과 중국의 관계에 영향을 미칠 수밖에 없었다.

주지하듯이 중국은 한국과의 수교를 통해 1989년 천안문사태로 야기된 서방의 봉쇄국면에서 벗어나려는 의도를 갖고 있었다. 한중 수교는 중국이 국가이익을 계산한 결과였다고 할 수 있다. 중국의

---

47) 『人民日報』, 1986년 7월 11일자.

이 같은 "배신행위"는 북한을 실망시켰고 북·중 관계는 악화 상태에 빠질 수밖에 없었다. 그러나 중국은 북한과의 우호관계를 손상시키고 싶어 하지 않았다. 그래서 얼마 지나지 않아 중국은 냉각되었던 북한과의 관계를 개선하기 위해 적극적으로 노력하기 시작했다.

아래 표4-4에서 잘 알 수 있듯이 중국이 북한보다 더 적극적으로 관계개선에 노력을 기울였다. 특히 1995년에 중국지도부는 북한과의 관계개선을 위해 많은 노력을 기울였던 것으로 보인다. 이것은 중국은 북한과 우호관계를 유지하는 것이 중국의 국가이익에 부합한다고 생각하기 때문이다. 탈냉전기의 안보환경을 고려할 때 중국에게 북한은 지정학적 가치를 지니고 있을 뿐만 아니라, 북한과의 관계 약화는 한반도의 평화와 안정을 저해하고 중국의 국가이익에 불리한 요인으로 적용할 수 있다고 중국은 인식한다.

먼저, 탈냉전기 중국의 안보환경, 특히 미국과의 관계에 대한 중국의 인식을 살펴보자고 한다. 구소련의 붕괴로 미국의 전략적 협력관계를 유지했던 중국은 자신의 전략적 중요성이 떨어지는 것에 대해 불안 심리를 갖고 있었다. 특히 1989년의 천안문 사태로 미국을 비롯한 서방국가들이 중국을 제재하면서 중국은 미국을 중국의 주요 적대세력으로 인식했다.[48] 1991년 미국이 걸프(Gulf) 전쟁에서 승리하자 중국지노부는 큰 충격을 받았다. 중국지도부는 걸프전을 미국이 주도할 수 있는 새로운 세계질서를 수립하려는 일환으로 해석했고 미국이 중국을 평화적으로 변화(peaceful evolution)시키려는 의도를 갖고 있다고 인식했다. 1992년 초 부시 미대통령이 싱가포르, 한

---

48) 『人民日報』, 1991년 4월 21일자.

국, 일본을 방문하자 중국지도부는 이를 중국을 고립하고 소멸시키려는 미국의 새로운 봉쇄정책의 일부분으로 인식했다.[49] 뿐만 아니라 중국의 여러 차례 경고에도 불구하고 1992년 9월 미국이 대만에 F-16 전투기 150대를 판매한 사건, 1993년 7월 베이징 시가 2000년 올림픽을 유치하려고 낸 신청에 미국이 개입한 사건, 1995년 6월 대만총통인 리덩휘(李登輝)가 미국을 방문한 사건과 1996년 3월 대만해협 위기에 미국이 개입한 사건 등으로 중국지도부뿐만 아니라 중국사회에서 반미정서가 고조되었으며,[50] 중·미관계도 1979년 수교 이래 가장 악화된 상태에 빠졌다. 그러나 중국은 탈냉전기 유일한 초강대국 미국과의 대결을 원하지 않았고 중·미관계가 우호적으로 발전하기를 희망했다. 탈냉전기의 도래로 인한 전략적 지위의 하락과 구소련 중심의 공산권의 붕괴로 어려움에 직면한 중국은 서방국가들의 봉쇄정책을 타파하기 위해 미국에 적극적으로 접근했으며, 다른 한편으로는 중국 국민들의 반미정서를 외교도구로 활용했다. 1997년 10월 장쩌민(江澤民) 중국국가주석이 미국을 방문해서 미국과 이른바 "전략적 파트너관계"의 형성을 선언하고 나서야 중국지도부는 마침내 조금 안심할 수 있었다. 탈냉전기 중·미관계의 이러한 변화가 한·미 동맹과 주한미군에 대한 중국의 인식에 영향을 미칠 수밖에 없었다. 비록 중국은 탈냉전기에 강화되는 미·일 동맹을 강

---

49) January 8, 1992. GuangQiu Xu, "Anti-U.S. Sentiments in China,1989-96: Sources, Development, and Impact", *Issue & Studies*, 34, No. 1(January 1998), p.87 재인용.

50) 1990년대 전반기 중국의 반미정서에 대해 GuangQiu Xu, "Anti-U.S. Sentiments in China, 1989-96: Sources, Development, and Impact", 참조.

렬하게 비난한 것만큼 한·미 동맹을 직접 비난하지는 않았지만, 탈
냉전기의 도래로 미일동맹과 한미동맹을 통합해 지역동맹으로 변모
시키려는 미국의 전략적 의도에 대해 경각심을 품었다. 이러한 미국
의 동맹전략을 중국을 겨냥한 '亞洲小北約'(아시아 소 나토)으로 중
국은 인식해왔다.[51] 1997년 6월 미일방위합작지침에 대한 중간 수정
보고에 대해 일본은 관계자를 파견하여 중국에게 통보했는데, 이에
대해 중국외교부는 미일 안보동맹은 냉전시대에 형성된 상호 방위체
제이며 냉전체제붕괴 후에 아시아 이웃국가들에게 불안을 초래하지
않고 지역안정에 복잡한 요인을 증가하지 않도록 쌍방의 범위를 넘
지 않아야 한다고 지적했다.[52] 동년 9월에 발표된 미일 신방위합작
지침에 대해 중국외교부 대변인 썬궈팡(沈國放)은 미일 양국은 군사
동맹을 강화하거나 군사합작을 확대한 것은 정치적 안정화가 진행되
고 경제적으로 계속 번성하고 있으며 안보 관련 대화가 활발하게 이
뤄지고 있는 아시아태평양 지역의 시대조류에 위반하는 것이라고 비
난했다.[53] 한미동맹에 대한 중국의 비난은 많지 않지만, 중국은 한
미 간의 합동군사훈련에 대한 우려를 표명했다. 1999년 8월 한미의

---

51) 張學明, 嚴高鴻, "冷戰后安全威脅多元化的成因分析"(탈냉전기 안보에
    대한 위협다원화의 성인에 대한 분석), 『南京政治學院學報』, (2003年,
    第6期); 吳心伯, "論美國亞太安全戰略的走向"(미국의 아태안보전략의
    추세에 대한 논의), 『夏旦學報』(2005年, 第2期); 林利民, "当前中國周邊
    安全環境評析"(현재 중국의 주변안보환경에 대한 평가와 분석), 『當代
    世界』, (2005年 第4期); 刀書林, "中國周邊安全環境芻議"(중국주변안보
    환경에 대한 논의) 『現代國際關系』, (2002年, 第1期) 등 참조.

52) 『人民日報』, 1997년 6월 11일자.

53) 『人民日報』, 1997년 9월 25일자.

"을지포커스렌즈"합동훈련에 대해 중국외교부 대변인 주방자오(朱邦造)는 "조선반도의 평화와 안정이 이 지역 내 각국 인민의 이익에 부합하도록 각 관련자는 조선반도의 긴장완화에 유익한 것을 도모하고 긴장을 격화시킬 수 있는 행위를 자제할 것을 희망한다"라고 간접적으로 한미 군사합동훈련을 비난했다.[54] 중국은 개혁개방정책을 실시한 후에 경제발전에 몰두하면서 주변 지역의 평화와 안정을 유지하는 것을 대외정책의 기조로 삼아왔다. 이에 따라 중국은 동북아에 있는 미군의 존재를 동북아 지역을 어느 정도 안정시킬 수 있는 요인으로 인식했다. 왜냐하면 중국은 일본의 군사대국화와 우경화를 심히 우려하여 동북아에 주둔하고 있는 미군을 일본의 군사대국화를 통제할 수 있는 요인의 하나로 인식해왔기 때문이다. 그러므로 중국은 동북아에 주둔하고 있는 미군에 대해 양면적 태도를 가지고 있다고 볼 수 있다. 한편으로는 어느 정도 미군의 주둔을 수용하면서[55] 다른 한편으로는 미일 동맹의 강화와 한반도에 긴장을 조성하는 한미군사훈련을 반대하는 입장을 가지고 있다. 미국의 신동맹전략을 견제하기 위해 중국은 자신들의 "배신행위"로 인해 약화된 북·중 관계를 회복하기 위해 적극적으로 노력하였다.

---

54) 『人民日報』, 1999년 8월 18일자.

55) 전 중국 외교부장 첸치천(錢其琛)은 1993년에 중국은 전통적이고 원칙적으로 어느 강대국의 군대가 다른 국가에 주둔하는 것을 지지하지 않지만 주한, 주일미군이란 문제가 역사의 유산이기 때문에 점차 해결되어야 된다고 공식적으로 언급하였다. 『人民日報』, 1993년 3월 24일자.

⟨표 4-4⟩ 1990년대 중반 북중관계 개선사례

시간	중국	북한
93.7	丹東에서 덩샤오핑(鄧小平)의 친필현판을 붙인 참전기념탑과 기념관 개막	
	후진타오(胡錦濤)를 단장으로 한 친선사절단을 평양에 파견	
9.9	인민일보는 북한 정권수립 45주년을 축하하는 사설을 게재	
9.16	중국 전인대(全人代)대표단이 북한을 방문	
11	중국국방대학 정치위원 리원칭(李文卿) 중장을 단장으로 한 중국인민해방군 대표단 등이 평양을 방문	
11.12		김영환 중앙재판소 제1부주석을 단장으로 한 북한 사법기구 대표단이 중국을 방문
95.2.26	장쩌민(江澤民) 중국공산당 총서기, 리펑(李鵬) 중국국무원 총리가 별도로 김정일과 북한 정무원총리인 강성산(姜成山)에게 조전을 보내고 오진우(吳振宇) 장군은 중-조 우의를 위해 기여한 공헌이 영원히 존재할 것이라고 강조	
2.28	류화칭(劉華淸) 중국공산당중앙정치국상임위원, 중앙군사위원 회부주석, 국방부장인 츠하오톈(遲浩田)은 북경 주재 북한대사관으로 가서 오진우(吳振宇) 장군을 애도	
3.11	순치샹(孫啓祥) 중국국방부외사국부국장을 단장으로 한 중국 인민해방군 외사대표단이 북한을 방문	
4.4		金正閣 북한 인민무장부 부부장을 단장으로 한 북한인민군 우호참관단은 중국을 방문
7.8	김일성 사망 1주년을 맞아 후진타오(胡錦濤)가 북경 주재 북한내사권으로 가서 중공중앙의 명의로 화환을 보내고 애도의 뜻을 다시 한 번 표시	
8.27	저녁에 장쩌민(江澤民) 중국공산당 총서기 및 국가주석은 이미 중국공산당 제4대 영도자로 내정(內定)된 당시 정치국상임위원인 후진타오(胡錦濤)와 같이 북경에 온 조선평양 王在山 경음악단과 만났으며, 양국인민들의 피로 형성된 우의가 시간의 시련을 겪을 수 있지만, 중국공산당과 중국정부가 예전처럼 중-조 간의 전통적인 우의와 우호관계를 발전시키기 위해 계속해서 노력할 것이라고 표시	

시간	중국	북한
9.9	인민일보가 「光輝적 歷程, 永遠한 友誼」라는 제목의 글을 게재해 북한정권을 축하하고 중국인민은 예전처럼 중-조 간의 우호관계를 발전시키기 위해 계속해서 노력할 것이라고 강조	
10.6	10월 6일 북한노동당이 창립 50주년을 맞아 장쩌민(江澤民)은 북경 주재 북한대산관의 연회에 참석하여 중-조 우의를 끊임없이 발전시키는 것은 중국공산당과 중국정부의 확고부동한 장기적 방침이라고 강조	
10.9	장쩌민(江澤民)은 김정일에게 축전을 보내 중-조 전통적 우의를 끊임없이 강화시키기 위해 노력할 뜻을 표시하고 중-조 우의가 만고장청(萬古長靑)할 것을 충심으로 축원한다고 전하	
10.10	인민일보에 「光輝적인 歷程」라는 제목의 사설이 실렸으며 북한노동당 성립 50주년을 열렬히 축하	
10.23	북한 주중 대사인 주창준(朱昌駿)이 중국인민지원군 참전 45년 기념연회를 거행했으며, 중앙군위부주석인 츠하오톈(遲浩田)과 외교부부부장인 탕자쉬엔(唐家璇)이 이 연회에 참석하여 츠하오톈(遲浩田)은 중-조 양국인민과 군대 간의 우의가 피로 응결됐으며 중-조 우의를 끊임없이 발전시키는 것은 중국공산당과 중국정부의 확고부동한 장기적인 방침일 뿐만 아니라 중국인민과 군대의 진실한 소망이라고 지적	
10.25	인민일보에 雅泰를 명의로 「중-조 우의 長存-紀念중국인민진원군 赴朝참전45주년」이라는 제목의 글이 실렸으며 중국인민들은 피로 응결된 중-조 우의를 줄곧 소중히 여기고 앞으로 國際風雲이 어떻게 변화하든 중-조 양국 인민 간의 위대한 우의가 영원히 청춘을 유지할 것이라고 언급	
10.25	중국인민해방군 廣州군구정치위원인 쓰위샤오(史玉孝)를 단장으로, 군사과학원부원장인 리지쥔(李際均), 북경군구공군사령원인 마잔민(馬占民), 전 중-조 연합전방철도운수사령부(聯合前方鐵道運輸司令部)사령원 겸 정치위원인 류쉬잉(劉居英), 해방군예술학원원장인 푸겅천(傳庚辰), 계림육군학원정치위원인 자오푸강(趙富剛), 전 총정부부주임인 자오신(曹欣), 전 총후군수부부부장인 량이빈(梁貽斌), 전 국방대학교육장인 쉬팡팅(徐舫艇) 등 9명을 구성된 전 중국인민지원군 대표단이 북한을 방문	

출처: 『人民日報』에 의해 정리함

중국이 북한과의 관계를 회복시킨 또 다른 이유는 북한과의 관계 악화가 한반도의 평화와 안정에 불리하게 작용하여 중국의 국가이익에 불리하다고 인식했다는 점이다. 한국과의 수교로 북·중 관계는 경직 상태에 빠졌으며 북한에 대한 중국의 영향력도 떨어지고 말았다.[56] 연루-포기라는 동맹딜레마 모델을 제시한 스나이더(snyder)가 주장한 것처럼[57] 중국은 북·중 동맹의 적인 미국이나 한국과의 적대적 관계를 해소하면서 북한을 포기된 상태로 놓아두었으며, 이에 따라 북한은 자구(自救)의 방법을 찾을 수밖에 없게 됐다. 그런데 자구를 위해 북한이 핵무기를 개발한 것은 거꾸로 북미 관계를 악화시켜 한반도를 위기 상황으로 몰고 갔다. 이 같은 상황은 한반도의 안정과 평화를 위협할 수 있기 때문에 중국은 국가이익에 부합하지 않는다고 인식했다. 그래서 90년대 중반부터 한반도에 대한 중국의 정책은 남북한 사이에 균형적 정책을 유지하는 방향으로 전환했다. 그런데 북·중 관계의 복원은 과거의 혈맹관계처럼 긴밀한 동맹관계로의 복귀를 의미하지는 않았고 미묘해졌다. 그렇기 때문에 학자들은 항상 북·중관계가 세계에서 가장 이상한 관계 중 하나라고 느낀다.[58] 지금 상황을 보면 공식적으로는 북중 양국은 여전히 동맹관계

---

56) 중국당국자들은 이미 1992년 8월에 중한수교 때부터 북한에 대한 중국의 영향력이 이미 제한되고 두드러지게 감소했다고 개인적으로 인정했다. Banning Garrett and Bonnie Glaser, "Looking across the Yalu: Chinese Assessments of North Korea", *Asian Survey*, 35, No. 6(June 1995), p.528.

57) Glenn H. Snyder, "The Security Dilemma in Alliance Politics", *World Politics*, Vol. 36(July 1984), pp.466-472.

58) Andrew Scobell, "China and North Korea: From Comrades-in-Arms to Allies at Arm's Length", Strategic Studies Institute(SSI),

를 유지하고 있다. 동맹이론에 의하면 동맹을 체결하는 것은 국가이 익을 위해서다. 그렇다면 북중 동맹이 중국에게 주는 국가이익은 무 엇인가? 앞에서 언급했듯이 북한과 중국을 연결한 이데올로기와 인 맥은 시간이 지나면서 점차 그 영향력이 줄어들었고 지금은 지정학 적 요인만 남았다고 할 수 있다. 중국이 평가하는 북한의 지정학적 가치는 기본적으로 중국의 공식입장으로부터 도출할 수 있다. 한반도 의 평화와 안정이 중국의 국가이익에 부합한다고 중국은 공식적으로 계속 주장해왔다. 이런 논리를 따르면 한반도의 평화와 안정을 해치 는 일에 대해서는 중국은 기본적으로 자기의 국가이익에 부합하지 않는다고 인식해 반대할 것이라고 예측할 수 있다. 그래서 북미 관계 와 남북 관계 개선에 대해 중국은 기본적으로 지지하는 입장을 견지 하고 있다. 반면에 한미군사훈련, 북한의 핵개발 계획, 북한을 압박하 는 미국의 강경정책, 그리고 북한의 갑작스런 붕괴 등은 모두 한반도 정세를 불안정하게 만드는 것이므로 중국이 반대할 것으로 예측할 수 있다. 바로 이런 정책원칙은 중국의 대북한 정책을 딜레마에 빠뜨 렸다. 비록 중국이 북한에게 필요한 식량과 에너지를 제공해오고 있 지만, 북한에 대한 중국의 영향력은 상상한 것만큼 크지 않은 것 같 다. 2003년 9월 중국학자인 썬지루(沈驥如)는 중국에서 국제문제를 다루는 유명한 잡지인 『世界經濟與政治』에 실린 글에서 1961년에 체결한 북·중 조약 중 군사동맹 성격을 띠는 제2항을 수정해야 한 다고 공개적으로 중국정부에게 제안했다. 이것은 중국정부가 간접적 으로 북한에게 압력을 가한 것으로 해석할 수 있다고 생각한다.[59] 북

---

http://www.strategicstudiesinstitute.army.mil/pubs/display.cfm?PubID=373

한의 핵개발 계획으로 북한과 미국 간 무력충돌의 가능성이 분명히 높아지고 있으며 중국도 이에 대해 심각히 우려하고 있다. 일단 한반도에서 전쟁이 다시 발발할 경우, 중국은 한국, 일본, 미국, 심지어 유럽에서 오는 투자를 잃을 뿐만 아니라 각국과의 무역도 중단되기 때문에 경제 대외의존도가 높은 중국에게는 치명적인 충격이 될 것으로 예상할 수 있다.60) 뿐만 아니라 만약 북한과의 충돌에서 미국이 지금까지 여전히 유지하고 있는 유엔군의 깃발을 이용한다면, 유엔안보리 상임이사국인 중국은 진퇴양난(進退兩難)의 중대한 딜레마에 봉착할 것이다. 그러나 이런 우려에도 불구하고 중국은 북한과의 조약을 수정하거나 폐기하려는 의도를 거의 갖고 있지 않은 것 같다. 중국이 북한과의 군사동맹 성격을 띠는 조약 내용을 수정한다면 다른 국가의 오판을 초래할 수 있기 때문에 한반도의 평화와 안정에 악영

---

59) 썬지루(沈驥如)는 중국사회과학원 산하 세계경제와 정치연구소, 국제전략연구실 주임이다. 2003년 9월 발간된 글의 제목은 "維護東北亞安全的当務之急－制止朝核問題上的危險博弈"(동북아의 안전을 유지하기 위해 급박하게 해야 하는 일이－북핵문제에 대한 위험한 게임을 제지하라)이었다. 중국학자가 공개적으로 민감한 문제에 대해 정부에게 제안하는 것은 정부가 주도하는 중국의 학술환경에서는 거의 없는 일이다. 이런 상황을 고려하면 썬지루(沈驥如)의 행위를 중국정부가 북한에 압력을 가하려는 것으로 해석할 수 있을 것이다. 2004년 8월 중국학계에서 유명한 잡지인『戰略與管理』제4기가 북한이 책임을 지지 않고 항상 중미 관계의 개선에 장애를 초래한다고 북한을 비난한 "以新視角審視朝鮮問題與東北亞形勢"(조선 문제와 동북아정세: 새로운 시각으로)라는 글을 게재해서 정간(停刊)을 당하였다. 두 개 사건을 비교하면 썬지루(沈驥如)의 글이 논문 자체를 벗어난 다른 함의를 포함한 것을 알 수 있다.

60) 2004년 중국대외무역의존도가 69.9%에 도달했으며 1978년 9.7%에 불과하였다. 중국국가통계국 홈페이지: http://www.stats.gov.cn/tjsj/ndsj/2005/indexch.htm 참조.

향을 끼칠 것이라는 생각을 가지고 있다.[61] 그리고 중국은 북한과의 안보동맹 조약을 유지함으로써 미국이나 한국과의 협상에서 카드로 사용할 수 있고 한미 동맹을 견제할 수 있는 도구로 삼을 수 있다.

1970년대부터 중국은 중미 사이에서 가장 중요한 갈등문제는 바로 대만문제라고 계속 주장해왔으며, 대만문제로 중국은 미국과 군사적으로 충돌할 가능성이 높다고 판단하고 있다. 이에 대해 중국은 군사위협, 대만의 여당 정치세력 이용, 대만인의 대륙투자 유도 등의 수단을 동원하여 대만과 대륙의 양안관계를 좋은 방향으로 발전시키려고 노력해왔으며, 다른 한편으로는 대만의 독립 지향적 활동들을 중지시킬 것을 미국에게 요구해왔다. 대만문제를 놓고 미국과 게임을 하면서 북한문제를 협상에서 좋은 카드로 중국이 사용할 수 있다고 적지 않은 사람들이 생각한다. 제2차 북핵위기가 발생한 뒤 중국은 적극적 중재와 6자회담의 주최로 지역안정에 책임을 지는 대국 이미지를 확실히 만들었다.

그리고 탈냉전기로 들어서면서 한미 동맹도 심각한 위기에 직면했다. 앞에서 이미 언급했듯이 중국은 전통적으로 이웃국가가 역외의 강대국과 맺은 군사동맹을 안보위협으로 인식해왔다. 미국을 자극하지 않기 위해 공식적으로 중국은 한미동맹에 대해 반대하지 않지만, 사실 중국은 한미동맹이 약화되거나 해체되는 것을 바라고 있다. 미국이 주도하는 이른바 "아시아 소 나토(亞洲小北約)"의 형성을 저지하기 위해 중국은 한국을 끌어들이는 노력을 계속 기울이고 있다. 고이즈미 총리의 신사참배와 역사교과서 문제와 북핵문제에 대해 중

---

61) 중국현대국제관계 연구원의 연구원과의 인터뷰(2005년 8월 17일).

국과 한국의 공조, 한중 간 무역투자 및 경제차원의 교류확대, 동북
아 균형자가 되려는 한국의 안보정책에 대한 중국의 지지 등은 바로
그런 노력들이다. 탈냉전기 들어 특히 2000년 남북정상회담 이후 한
미 간 갈등과 정책 불일치가 주목할 만한 정도로 커졌다고 중국은
인식했다.[62] 이와 같은 인식을 기초로 중국은 북한카드를 활용해 전
환점에 서 있는 한국의 외교정책에 영향을 미치려는 의도를 가지고
있다고 분석할 수 있다. 그리고 중미 관계가 불확정적이기 때문에
한미동맹을 견제하고 비상한 상황에 대비하기 위해서는 북한과의 안
보협력 조약의 유지가 여전히 필요하다고 중국은 인식하고 있다.

위에서 논의한 것을 종합하면, 비록 탈냉전기 들어와서 동맹 성격
을 띤 북·중 안보조약은 수정되나 폐기되지 않지만 중·미국과 한·
중 관계가 이미 과거의 적대상태에서 벗어났기 때문에 북·중 안보
협력관계가 느슨한 방향으로 발전할 수밖에 없을 것이다. 이것은 역
시 일찍 전부터 중국은 외쳐온 불결맹(不結盟)외교정책과 90년대 중
반에 제시한 신안보관에 부합한다. 하지만 중국은 결코 어떤 전문가
가 말한 것처럼 정상적인 국가관계 원칙에 입각해 북한과의 관계를
처리하지 않겠다. 이것은 중국은 대북한정책을 결정할 때 북·중 관
계 자체에 아니, 동아시아, 동북아 지역안보정세에 착안하여 대북정
책을 제정하기 때문이다. 약소한 북한은 자체가 처하고 있는 불리한
한반도와 국제환경하 중국의 도의적이나 물질적인 도움을 역시 설내
로 필요하다. 그런 것들로 인해 북·중 안보협력조약은 그의 실질적
인 내용이 어떻게 변화하는지 막론하고 형식적으로는 계속 유지될

---

62) 중국현대국제관계 연구원의 연구원과의 인터뷰(2005년 8월 17일).

것이다. 비록 중국은 한반도 국제정세의 악화를 적극적으로 예방해 오고 있지만 만약 심각한 안보위기를 당할 때 공동위기의식과 공동 이익을 기초로 양국은 실질적인 안보합작기회가 역시 완전히 배척하지 않는다. 지금의 북·중관계가 바로 이러한 불명불암(不明不暗)이란 불확실한 상태에 처하고 있다고 생각한다.

2) 한미 동맹관계

탈냉전기에 들어서면서 한·미 동맹이 표류하고 있다는 일부 학자들의 주장에서 볼 수 있듯이 한반도 안보구조의 중요한 구성부분인 한미 동맹도 심각한 변화를 겪고 있다. 한미 동맹에 변화를 일으킨 원인은 크게 두 가지로 분석할 수 있다. 하나는 구조적인 차원에서의 역학관계 변화와 사회구성관계의 변화이며, 다른 하나는 이러한 변화들로 야기된 한미 양국의 전략 차이다.

앞에서 지적했듯이 냉전기인 1970년에 미국의 GDP는 6개국 총량의 58%를 차지했으며 30여 년 후인 2004년에도 여전히 58%를 차지했다. 그런데 한국과 중국은 1970년에 각각 1%와 2%에 불과하였지만, 2004년에 4배씩 증가해서 각각 4%와 9%를 차지했다. 일본은 여전히 25%를 차지하고 있으며 러시아는 1970년의 14%에서 2004년에는 3%로 떨어졌다. GDP 비중을 비교해 볼 때 탈냉전기에 이르러서도 미국과 일본은 상대적으로 현상을 유지하고 있고, 러시아와 북한은 절대적으로 하락했다. 또한 한국과 중국은 많은 성장을 이룩했다.

사회구성관계 차원에서 볼 때 탈냉전기에 이르러 중국과 미국은 70년대 초부터 맺은 전략적 협력관계에서 벗어나 비적비우적인 관계를 유지하고 있다. 한국과 중국은 적대관계에서 벗어나 비적비우적인 관계로 발전했으며, 경제적으로 긴밀한 협력관계를 맺고 있다.

이러한 역학관계와 사회구성관계의 변화가 한미 양국의 전략 차이를 야기하고 양국은 자기의 안보전략을 조정함으로써 한미동맹의 변모를 초래하였다. 미국의 힘이 상대적으로 과거보다 하락하고 있지만, 여전히 세계 유일의 초강대국이다. 탈냉전 시기 세계 유일 초강대국으로서 미국은 불안정하고 불확실한 동유럽, 중동, 동아시아 지역의 안정을 유지하는 것을 세계전략의 주요 목표로 삼고 있으며 이에 따라 동맹 네트워크를 귀중한 전략적 자산으로 간주해왔다.[63] 동아시아 지역에 있어서 많은 학자들이 주장하듯이 미국은 중국의 부상으로 나타나는 세력변화를 동아시아 지역질서에서 강대국 사이의 충돌이 유발될 수 있는 요인으로 인식하고 있다.[64] 미래에 발생할지 모를 동아시아 지역의 불안정에 대비하기 위한 전략의 일환으로 미국은 미일 동맹을 중심으로 하는 지역 동맹네트워크를 강화하는 것에 주력하고 있다. 1990년대 중반부터 미국은 미일동맹을 중심으로

---

63) 이삼성, "한미동맹의 유연화(柔軟化)를 위한 재언", 『국가전략』, 9권, 3호(2003년), p.11.

64) Aaron L. Friedberg, "Ripe for Rivalry: Prospects for peace in a Multipolar Asia", *International security*, Vol. 18, No. 3(Winter 1993/1994), pp.5 - 33; Richard K. Betts, "Wealth, Power, and Instability: East Asia and the United States after the Cold War", *International security*, Vol. 18, No. 3(Winter 1993/1994), pp.34 - 77; Gerald Segal, "East Asia and the Constrainment of China", *International Security*, Vol. 20, No. 4(Spring 1996), pp.107 - 135; Robert S. Ross, "The Geography of the Peace: East Asia in the Twenty - first Century", *International Security*, Vol. 23, No. 4(Spring 1999), pp.81 - 118.

동맹 체제를 원래의 적용범위를 넘어 지역적 동맹으로 전환하고 있으며, 9·11 테러 사태 이후 이러한 신동맹체제를 구축하려는 미국의 행보가 빨라지고 있다. 미국의 신동맹전략으로 한미동맹은 그 적용범위가 한반도를 넘어 동아시아로 확대되어 지역적 동맹성격을 부여받게 될 것이다. 이 같은 미국의 전략은 새로운 시기에 접어드는 한미동맹의 성격과 역할에 영향을 미칠 수밖에 없을 것이며, 미일 동맹처럼 한미 동맹도 재정의가 필요하다는 주장이 나오고 있는 것이다.

그런데 한국은 한미 동맹에 대한 재정의가 필요하다고 생각하지만, 한미동맹은 어떻게 재정의할지에 대해 한국의 인식은 미국과 다르다. 한국은 급속히 부상하고 있는 중국을 어느 정도 안보위협으로 생각하기는 하지만, 양국이 적대관계에서 벗어나 비적비우적인 관계로 바뀐 것은 과거의 적대관계와 비교하면 큰 진전을 이룩한 것이다. 민간과 경제차원에서 볼 때는 한중 양국은 더 긴밀한 유대관계를 유지하고 있다. 또한 중국은 북한과 안보협력관계를 맺고 있으며 북한에 영향을 줄 수 있는 유력한 나라이기 때문에 민족통일을 지향하고 있는 한국으로서는 중국을 자극할 수 있는 행위를 자제하는 정략적 태도를 취할 수밖에 없다. 이것은 한국이 한반도의 안정과 평화 유지, 한반도의 통일 실현을 국가전략으로 삼고, 한미동맹이 이같은 국가전략에 종속돼야 된다고 생각하기 때문이다.

특히 대북한정책에 대해서 한미 양국이 전략 차이도 존재한다. 김영삼 정부의 실패한 대북정책의 경험을 섭취한 김대중 정부 출범 후 북핵문제의 해결을 비롯한 대북정책을 둘러싸 한미 양국의 갈등이 더 뚜렷하게 드러내고 있다. 미국에 있어서 북핵문제의 해결, 핵확산 방지가 지금 미국의 대동북아전략 중의 제일 관심사이며, 제일 순위에 놓고 우선 해결해야 한다. 이를 위해 일단 필요하면 아무런 정책 수단이 모두 가능하게 행사할 것이다. 한국은 동맹국으로서 이러한 대북정책을 지지해야 하고 한미동맹체제도 이러한 정책목표에 종속해야 한다. 한국에 있어서 북핵문제는 해결해야 되는 문제이지만 한반도 문제에 속하기 때문에 해결과정에서 한국은 주도적인 역할을 수행해야 되고 한반도의 평화와 번성을 위해 평화적으로 해결해야 된다. 그리고 미국은 동맹국으로서 한국의 국가이익과 관련한 이런 입장을 이해해야 하고 한미동맹체제도 이러한 국가전략에 부응해야 된다. 그런 전략 차이로 한미 간의 갈등이 일어난 것은 자연적이다.

실제적으로는 1953년 한미동맹을 체결했을 때에도 한미 양국 사이의 국가전략 차이는 존재했다. 미국은 한미동맹의 체결로 소련을 비롯한 공산주의 세력의 확장을 저지하려 했다. 당시 미국에게 한국은 전략적인 면에서 주변적인 것이었다.[65] 공산주의 세력의 확장을 저지하기 위해 미국은 자기가 오랫동안 표방해온 민주주의 가치를 버리고 양극 간의 체제경쟁에 전념했다. 미국이 군부독재 체제였던 전두환 정부의 1980년 광주 민주화운동 진압을 묵인한 것이 대표적인 사례다. 그런데 비록 한미상호방위조약에서 '태평양 지역의 평화와 안정의 유지'를 강조하고 있지만, 약소국인 한국은 미국과의 동맹을 체결한 목적은 강대국인 미국의 보호를 받아 자기의 안보를 확보하려 했는데 한반도 지역 외에 역시 뾰족한 수가 없었다. 비내칭

---

65) Ted Galen Carpenter, "South Korea: A Vital or Peripheral U.S. Security Interest?" in Doug Bandow, Ted Galen Carpenter, ed., *The U.S.-South Korean Alliance: Time for a Change*(New Brunswick and London: Transaction Publishers, 1992), pp.1-15.

적 동맹관계에서 강대국과 약소국의 동맹 목적은 국가이익과 국가전략에 따라 달라진다. 비록 60년대 월남파병, 80년대 태평양 군사훈련참여, 1991년 걸프전 협력 등 한국은 한반도를 넘어 역외로 진출한 적이 있었지만, 이런 것들이 한국이 한반도 지역 외에 진출한 지향을 생겨낸 것보다 미국과의 동맹 유지와 국가(정권)안보의 확보를 하기 위해서라는 것은 역사사실에 더 부합했다.

냉전 시기에는 한국과 미국의 전략 차이가 양극 대립체제에 의해 가려진 상태였으나, 양극 체제의 붕괴로 한반도 안보구조에서 역학관계와 사회구성관계의 변화가 발생하면서 한미 간 국가전략 차이가 드러나 한미동맹을 둘러싸고 한미 간 갈등이 발생할 수밖에 없었다. 유일한 초강대국인 미국의 대북한정책과 대한반도 정책은 아태 지역경영 전략의 일부에 불과하지만, 한국에게는 대북한정책이 대외전략의 주된 관심사이다. 이런 전략 차이 때문에 한미 동맹과 주한미군의 성격과 역할에 대해 양국이 견해차를 드러내는 것은 자연스러운 현상이다. 한마디로 한미 양국은 각자 자기의 전략에 따라 동맹의 성격과 정책을 규정하려고 함으로써 한미 갈등을 초래했다고 할 수 있다. 미국은 한미 동맹을 동아시아 전략의 변화에 따라 지역적인 동맹으로 전환해야 하며, 주한미군을 북한의 도발행위뿐만 아니라 중국의 부상이 초래할 수 있는 지역질서의 불안정이나 테러행위와 대량살상무기의 확산 등에 대비할 수 있는 경량화, 기동화, 첨단화에 입각한 소규모 신속기동군으로 전환해야 한다고 생각한다. 반면에 한국은 미국의 신동맹전략의 당위성을 이해하면서도 자신의 국가이익 때문에 이를 전적으로 받아들일 수 없다. 그러므로 한국은 국방능력이 여전히 부족하기 때문에 미국이 주도하는 한미 동맹을 유지하려고 하고 미국의 신동맹전략도 수용하였지만 그의 태도가 소극적이다. 미국의 TMD 참가요청의 거절, 북한 핵문제를 둘러싸고 나타나는 미국과의 갈등, 이라크 파병의 난관 등이 그런 사례. 한미동맹을 지역적 동맹으로 전환하려는 미국의 전략과는 달리, 한국은 비대칭적 불평등 동맹에서 대칭적 평등 동맹으로, 단순한 군사동맹에서 포괄적 동맹으로 수정되어야 된다고 주장한다.[66]

한국과 미국의 이러한 전략 차이는 탈냉전기 동아시아 동북아 안보체제에 발생한 행위자 사이의 파워배열과 사회구성변화에 기인하였다고 할 수 있다. 미국은 탈냉전기의 유일한 초강대국으로서 중국의 부상에 직면하여 자기의 헤게모니를 수호하고 지역안정의 유지와 테러사태의 대비를 하기 위해 자기 전략의 변화에 따라 동맹체제를 조정하려고 한다. 경제발전의 성공으로 자신감을 얻은 한국은 북진정책을 통해 중국과 러시아의 관계가 정상화함으로써 자기정책의 조정한 공간을 획득하고 미국에 대한 의존도를 줄이었다. 특히 대북한정책에서 한국은 미국이 결정하는 궤도에 벗어나 남북관계를 한국이 주도해야한다는 목소리가 정부 차원과 사회 차원에서 모두 높아지고 있다.

미국과 한국의 이 같은 전략 차이와 갈등은 한미 양국으로 하여금 한미동맹의 재조정이 필요하다고 생각하게 했다. 2003년 4월 "미래 한미 동맹 정책구상"회의에서 한미동맹의 재정의가 본격적으로 논의되기 시작됐다.[67] 이 회의에서 한미 양국은 지난 수십 년 동안

---

66) 조성렬, "21세기 한·미 동맹의 미래지향적 발전방향", 『국제문제연구』, (2003년 가을), pp.109 - 155; 이삼성, "한미동맹의 유연화(柔軟化)를 위한 재언", pp.7 - 55.

67) 미래 한미동맹 정책구상회의(FOTA)는 2002년 12월 제34차 한미 연례

한미동맹이 기여한 역할을 재확인하고 앞으로 한미동맹의 지속적인 발전을 위해 함께 노력해 나가기로 합의했다. 그러나 한·미동맹이 장차 한반도 외부의 안정에도 기여하는 방향으로 발전되어야 한다는 것에 대해 한국은 소극적인 태도를 보였다.[68]

위에서 논의했듯이 한반도에서 두 개 동맹집단이 가졌던 대항관계가 탈냉전기 들어오면서 동맹 구성원 내부의 관계 변화와 동맹 구성원들 사이의 관계 변화 등으로 인해 동맹집단 간의 대항성이 냉전기의 경직된 상태에 벗어나 모호해졌다. 그런데 비록 갈등이 한미 사이에 일어났지만 삼위일체의 한미동맹이 일찍 냉전기부터 느슨해진 북중안보 협력관계보다 여전히 강력한 안보협력체제이다. 그리고 북한에게 한미 동맹은 여전히 적대적인 세력이라고 할 수 있다. 북한에 대해 미국이 여전히 적대적인 태도를 가지고 있다. 한국은 김대중 정부부터 지금까지 대북한 정책이 많이 전환하였지만 법적 제도

안보협의회의에서 변화하는 역내 및 세계 안보환경에 대비하기 위해 양국 장관 간의 합의에 따라 한미 국방부 당국자들 간에 열린 회의이었다. 이 회의의 주요 논의 대상은 ① 용산 기지 이전과 미2사단 후방 배치 등 주한미국의 규모와 부대 재배치, ②주한미군의 역할과 한국군과의 지휘관계 개선, ③ 주한미군 주둔 및 유사시 미군의 개입을 규정한 한미상호방위조약 개정 등이다. 2003년 4월 서울에서 1차 회의가 개최되었으며, 2004년 8월까지 모두 11차례 회의를 열었다. 2004년 10월 제34차 한미 연례안보협의회의에서 한미 양국은 미래 동맹 관계를 더욱 광범위하고 장기적인 관점에서 논의하기 위해 이 회의를 한·미 안보정책구상회의(SPI)로 확대·발전시켜 운영키로 했다.

68) 2003년 제1차 회의에서 한미 양국은 한미 동맹의 미래 발전방향에 대한 원칙적 규정을 합의했지만, 그 이후로는 주로 주한미군 기지의 이전을 논의하였다. 한국국방부 홈페이지에서의 보도자료 참조. http://www.mnd.go.kr/

적 장치측면도 더 많이 노력해야 되고 앞으로도 대북정책의 퇴보나 반복을 방지하기 위해 국내의 변수에 대한 통제가 역시 너무 필요하다. 반도동맹체제의 이러한 상황변화는 북한에게는 냉전기보다 더 위험한 경지에 처하고 있다고 생각한다. 왜냐하면 냉전기 경직된 구조보다 대항성이 모호해진 유동적인 안보구조에서 변화 방향이 더욱 다양해지고 불확정성이 높아지기 때문이다.

요약하면, 한반도 안보구조의 상층구조를 형성하는 중·미·일·러의 역학관계가 상대적으로 균형을 이루고 있으며, 사회구성관계가 비적비우화(化)됐다. 상층구조와 하층구조를 연결하고 있는 동맹들의 관계도 모호해졌다. 이어서 하층구조인 남북한 관계를 분석해 보도록 하겠다.

3. 불균형한 남북한

1) 남북관계의 실질

세계 각 지역들은 서로 다른 특징을 갖고 있기 때문에 지역별로 국제안보를 연구하는 것은 의미를 가진다. 부잔과 외퍼는 지역적 특징을 중시하는 지역안보 복합체이론을 제시하면서 안보문제를 지역별로 비교 연구하는 것이 가능하다고 수상했다.[69] 강대국이 이해관계가 집중돼 있는 점으로 한반도 지역을 세계 다른 지역들과 구별할 수 있지만, 한반도 지역의 가장 두드러진 특징은 바로 남북관계의

---

69) Barry Buzan and Ole Wæver, *Regions and Powers: The Structure of International Security*, p.43.

존재다. 남북관계의 존재는 한반도 안보구조의 형성, 지속, 변천을 이끄는 가장 중요한 변수의 하나라고 생각한다.

남북관계는 오랫동안 통일을 유지했던 하나의 민족이 지난 반세기 동안 분단돼 있는 남북한 양측은 모두 통일을 지향하는 특수한 관계다. 1948년 남북한이 각각 선거를 통해 국민국가를 수립했을 때부터 특수한 남북관계가 성립됐다. 그때부터 남쪽의 대한민국과 북쪽의 조선민주주의인민공화국은 모두 한반도 전역에서 단일정부를 수립하겠다는 지향을 가지고 있으며, 지난 50여 년 동안 각각도 무력통일정책이나 평화통일정책을 제시함으로써 민족의 통일을 위해 꾸준히 노력해오고 있다. 한국 민족에게 커다란 고통을 남겼던 한국전쟁도 민족통일을 위한 전쟁이라고 해석할 수 있다. 왜 남북한은 모든 것을 희생하면서까지 민족통일을 달성하려 하는가? 왜 민족통일이란 전근대화과정에서 완성돼야 되는 임무가 탈근대화의 바람이 거세게 불고 있는 오늘날에 여전히 꾸준히 완성해야 하는 일로 삼고 있는가? 이 대답을 아마도 민족국가형태는 여전히 현재 국제체제의 지배형태이며, 하나의 민족은 하나의 국가를 수립해야 한다는 정치적 경향성에서 찾아야 된다. 바꿔 말해 통일된 정치체제를 오랫동안 유지해왔던 전통을 가진 민족은 하나의 정부를 수립하려는 경향성을 갖게 되며, 분단 정부가 수립되면 반드시 서로 배척하고 어느 하나의 정부가 민족의 정통성을 대표하는가라는 문제가 회피될 수 없다. 물론 분단정부 정치엘리트들의 개인적인 욕망도 통일을 추구하는 하나의 요인으로 작용할 수 있다. 그래서 남북한 분단정부가 수립됐을 때부터 남북한 정치지도자들은 정통성을 차지하기 위한 경쟁을 계속 전개해오고 지금까지 이 문제가 여전히 존재하고 있다. 비록 남북한은 1972년 남북한 공동성명, 1992년 남북기본합의서, 2000년 남북정상회담 공동성명을 채택함으로써 서로 상대 정부를 정치실체로 사실상 인정했지만, 여전히 상대방 정치체제의 정통성을 부인하는 태도를 버리지 않고 있다. 비록 주권국가로서 각각 유엔에 가입했지만, 남북한은 여전히 그들의 관계를 국가와 국가의 관계 아니라 통일을 지향하는 특수관계로 규정한다.[70] 이 같은 남북한 관계의 특수성으로 인해 통일과정은 통일방식에 따라 남북한 체제를 각각 어떻게 평가하고 어떻게 유지 또는 해체하는가의 문제를 내포할 수밖에 없다. 그렇기 때문에 남북한은 모두 통일방식에 경계심을 갖고 있다. 두 개의 '분단국가'를 소멸시키지 않고는 한 개의 '통일국가'를 만드는 것이 힘들기 때문이다. 이것은 통일이 궁극적으로 기존 권력의 소멸과 새로운 권력의 형성을 목표로 할 수밖에 없기 때문이다. 그래서 통일문제는 그 최종심급에서 권력의 소멸과 형성의 문제인 것이다.[71] 북베트남이 무력으로 이룩한 통일방식과 서독이 흡수방식으로 주도한 통일방식은 남한이나 북한 모두에게 영향을 미칠 수밖에 없는 것이다. 분단 반세기 동안 남북한은 서로 다른 정치체제, 사회제도, 경제구조, 지배 이데올로기, 이익집단을 형성했기 때문에 통일은 기존의 이익분배 구조를 파괴하고 다시 이익분배 구조를 만드는 것을 의미하며 이 문제는 통일과정에서 남북한이 풀어야 할 핵심문제이다.

남북관계의 변화에 따라 한반도 국제체제에 행위자들 간의 역농성

---

70) 『6.15 남북공동선언』

71) 박명림, "국내정치와 남북관계: '1.5 레벨게임'의 구조와 동학: '내부'민주주의와 '남북'냉전체제해제의 동시 발전의 모색", 『계간 사상』, (2000년 여름호), p.266.

이 가져올 수 있기 때문에 남북관계는 남북한만 사이의 관계에 국한되지 않으며, 국제적인 성격을 띠게 된다. 이것은 남북관계의 다른 면이다. 앞에서 논의했듯이 한국전쟁, 남북한의 분단과 동맹체제의 체결은 주변 강대국들에게 한반도 안보에 개입할 수 있는 기회와 장치를 제공하였다. 주변 강대국들은 이런 장치들을 통해 한반도 안보에 대해 자신들의 영향력을 발휘할 수 있는 반면에 남북한은 통일을 이루는 과정에서 남북관계의 변화는 이런 동맹 장치들의 강화나 완화 내지 해체를 가져올 수도 있다. 바꿔 말하자면 남북한이 통일을 달성할 과정에서나 통일을 달성된 후 남북한정부나 통일정부가 과거 형성된 주변 강대국과의 관계를 어떻게 처리할 것인가라는 문제도 존재하고 있다. 구체적으로는 통일과정에서의 남북한정부, 통일을 이룬 통일정부가 한미 동맹과 북중 동맹을 어떻게 처리할 것인가라는 문제가 현실적인 문제다. 미국은 한미 동맹으로 한반도에 동아시아 지역에 개입할 교두보를 마련했고, 중국은 북중 동맹으로 미국과 직접 접촉하지 않는 완충지대를 확보했다. 이 두 개의 동맹관계를 어떻게 처리될 것인가라는 문제는 남북한 통일에 대한 미국과 중국의 입장과 밀접한 관련이 있다. 그리고 지정학적 원인과 역사적 관계 때문에 일본과 러시아도 남북한의 통일에 대해 높은 관심을 갖고 있다. 민족국가는 지배적 형태로서의 국제체제에서는 민족통일의 당위성이 있기 때문에 남북한의 통일에 대해 한반도 안보구조의 다른 행위자들이 공개적으로는 반대하지 않고 지지하는 입장을 표명하고 있다. 그러나 일단 남북한이 통일을 달성된다면 통일한국의 대외전략의 조정에 따라 각 행위자들의 역학관계의 재편이 초래될 것이다. 통일정부의 대외정책 향배는 (주변 강대국들을 어떻게 인식하든지) 새로운 한반도 안보구조를 결정하는 핵심변수가 될 것이다. 그렇기 때문에 주변 강대국들이 남북한의 통일방식에 대해 관심을 가질 수밖에 없다.

바로 남북한의 통일과정은 어떤 주변 강대국의 영향력이 한반도에서 줄어들 가능성을 내포하기 때문에 그들이 상대적으로는 보수적인 성향으로 기울고 있다. 바로 남북관계의 급속한 진전이 그들의 대한반도 영향력의 확보라는 국가이익에 손해를 끼칠 가능성이 존재하기 때문에 그들이 남북한 관계가 급격하게 불확정적으로 변화하는 것보다 분단 현상의 유지를 더 바라고 있다. 그러나 남북관계의 특수성은 분단 현상의 유지가 어려운 점을 결정한다.

탈냉전기 중·미·일·러 간의 관계는 상대적으로 안정되었으며, 민족통일을 추구하는 특수한 남북한 관계의 변화가 한반도 안보구조의 재편에 영향을 미치는 핵심변수로 중요하고 있다. 앞에서 지적한 바와 같이 탈냉전기 들어 남북한은 경제적 차원, 인도적 차원, 심지어 정치 안보적 차원에서도 적지 않은 교류를 해왔지만, 제도적 차원에서 적대적 상태를 해소하지 못하고 있는 것이 사실이다. 남북한은 적대세력으로서 한반도 안보구조에 참여하고 있는 성격이 여전히 존재하고 있다. 그러므로 남북한의 역학관계를 검토해야 할 필요성이 제기된다. 이어서 남북한 관계의 특수성을 바탕으로 남북한의 역학관계에 대해 경제 군사직 치원뿐만 아니라, 정통성 차원에서도 검토해 볼 것이다.

2) 남북한의 군사력 비교

제3장에서 논의한 바와 같이 종합적인 국력을 비교하면 남북한의

역학관계는 불균형 상태인 것이다. 전쟁의 결과를 결정하는 가장 중요한 변수는 '총체적 국력'이라는 관점에 의하면, 남북한 사이에 다시 전쟁이 일어날 경우 주한미군의 전력을 제외하더라도 한국은 전쟁에서 승리할 수 있다고 판단할 수 있다. 그럼에도 불구하고 현재 한국 정부, 특히 한국 군부는 남한의 군사력이 북한보다 여전히 부족하다며 북한의 군사위협론을 강조하고 있다. 그런데 한국 군부의 주장과 달리 많은 학자들은 그렇게 생각하지 않는다. 함택영에 의하면 남한은 80년대 초부터 북한의 군사력을 능가했고 80년대에는 그 격차가 현격히 커졌다고 주장한다.[72] 곽태환에 따르면 80년대 말에 남북한은 전략적 균형에 도달했다.[73] 왜 같은 현상에 대해 전혀 다른 해석이 나오고 있는가? 어떻게 비교해야 남북한의 군사력을 정확하게 파악할 수 있는가? 일반적으로 학계에서 자주 사용하는 군사력 평가 방법은 크게 정태적 방법과 동태적 방법으로 나뉜다. '단순개수비교', '전력지수(화력 × 기동력 × 방호력)', '클라인의 군사능력비교' 등을 포함하는 정태적 방법과 '전쟁모의(Joint Integrated Contingency Model: JICM)'라는 동태적 방법 및 군사비 비교 방법들 등이다.[74] 각 평가방법의 내용 및 장단점은 아래 표4-6과와 같다.

---

72) 함택영, "북한 군사력 및 군사위협 평가 재론", 『현대북한연구』, 7권, 3호 (2005), p.84.

73) Tae-Hwan Kwak, "Military Capabilities of South and North Korea: a Comparative Study", *Asian Perspective*, Vol. 14, No. 1(Spring-Summer 1990), pp.113-143.

74) 함택영은 군사비 비교방법을 정태적 방법의 하나로 귀결한다.

〈표 4-6〉 군사력평가 방법

평가방법		내 용	장 점	단 점
정태적비교	단순개수비교	병력 수, 장비 수, 부대 수 등 수량에 의한 비교	수량 및 분석의 용이성	• 무기체제의 질적 수준 판단 불가 • 전체적인 종합분석능력의 어려움 • 전략/전술에 관련된 문제해결의 어려움
	전력지수비교	무기체제별 상대적인 중요도를 계량화하여 종합비교	• 무기체제별 상대적 가중치 설정으로 질적 수준의 평가가 가능 • 종합분석의 용이	• 무기체제 가중치 설정의 한계성 • 전투상황의 묘사 불능 • 전투지원체제(군수, C4I 등)무시
	클라인의군사능력비교	병력과 부대의 수 및 장비보유수량과 같은 가시적 전력뿐만 아니라 병력의 질, 조직의 질과 같은 비가시적인 전력도 상대적인 가중치를 설정하여 종합비교	• 군사력 부문 중 가시적 전력(병력, 부대 수, 장비 수 등)의 평가는 화력지수법과 동일 • 화력지수법으로 표현 못하는 지원능력의 일부를 묘사 가능	• 평가범주별 가중치 설정문제의 어려움 • 전투상황의 묘사 불능
동태적비교	워게임에의한비교	화력지수를 이용하여 전략, 전술, 전장 환경, 전투지원능력 등 제반요소를 고려하여 비교	• 무기체제 질적 수준 반영 • 실질적 전투상황의 묘사 가능 • 군사계획, 교리, 절차 및 편성을 발전시키고 평가	• 무형적 요소의 묘사 곤란 • 워게임 결과는 워게임 실시를 위한 가정상황 및 입력자료에 지대한 영향 발생 • 실제전투상황의 영향요인 중 중요한 요소들만 고려하여 실시 • 복잡한 중간처리에 의한 결과의 설명이 불가능한 경우가 다발
	군사비비교	군사투자비를 비교하여 간접적으로 군사력을 비교	• 간접적인 군사력 비교평가 가능 • 거시적인 군사력 변화 및 전망가능	• 군사비 추정방법이 기관마다 차이가 있어 추정 값의 상당한 오차 발생 • 세부적인 분야별 군사력 변화 및 전망판단이 어려움

출처: 한국국방연구원, 『동북아 군사력: 2003-2004』(서울: 2004), p.505.

다양한 평가방법의 존재는 군사력을 정확하게 측정하는 것이 어려운 작업이라는 반증이다. 다른 방법을 사용하면 다른 결과를 얻는다. 포함되는 변수가 많으면 많을수록 평가가 더 어려워지고 결과에 오차가 나타날 가능성이 더 커진다. 군사력 평가에 있어서 가장 중요한 원칙은 양적 요소뿐만 아니라, 질적 요소 그리고 조직적 요소를 고려해야 한다는 것이다. 만약 이 세 가지 요소를 통합하여 공동척도로 계량화해서 계산할 수 있다면 평가결과의 오차는 적어지고 객관적으로 군사력을 비교할 수 있을 것이다. 일국의 무장력을 위한 인적·물적·조직적 역량에 투자한 '요소비용의 총계'로 정의되는 군사비는 군사력을 비교하는 가장 중요한 척도로 사용될 수 있다.[75] 물론 군사비를 척도로 사용하여 군사력을 비교할 때 경제체제나 재정수단 및 가격 메커니즘이 서로 다르다는 점에 유의해야 한다. 또한 남북한의 경우 각각 동맹 우방국으로부터 받는 군사원조를 계산에 포함해야 한다. 이 같은 요소들을 고려해서 계산한 군사자본재(military capital stock)로 비교하면 남한의 군사력은 80년대 초부터 북한을 능가했으며 90년대 후반에는 2~3배 정도의 우위를 차지했다.[76] 이 결론은 워게임 전문가인 제임스 더니건(James F. Dunnigan)이 계산한 1995년 기준 각국의 전투력 비교에서 남한은 총 1020점을 얻은 반면에 북한은 총 389점으로 얻었다는 결론과 비슷하다.[77]

---

75) 함택영, 북한 군사력 및 군사위협 평가 재론", p.80.

76) 함택영, 『국가안보의 정치경제학』(서울: 법문사, 1998년), pp.185 - 191.

77) James F. Dunnigan, *How to Make War*, 3rd ed. (New York: William Morrow, 1993), p.591. 이철기, "국방개혁과 남북관계의 상관성", 한국국제정치학회 주최 국방안보학술회의 발표문 재인용. (2006년 2월 24일)

남한 전투력의 계산에는 주한미군의 전력은 포함되지 않았다. 만약 주한미군의 군사력을 고려한다면 북한의 군사력은 남한의 군사력에 비해 훨씬 심각한 열세에 놓이게 된다. 그래서 군사력 차원에서 볼 때 남북한은 심한 불균형 상태에 놓여 있는 것이 분명하다. 한국정부가 북한의 군사위협을 강조하는 이유는 군사력을 강화하는 국방정책을 추진하고 국민의 안보의식을 고양하기 위해서이다. 부차적으로는 과거에는 군사정권들이 권위주의체제의 정통성을 합리화하기 위하여, 민주화 정권 이후에는 군의 입지와 국방예산을 확보하기 위해서이다.78) 또 다른 하나의 이유는 아래 표4-7과 같이 단순개수비교 방법을 사용할 경우 얻는 결과이다. 아래 표4-7처럼 만약 단순개수 비교 방법을 사용하면 북한의 군사력이 남한보다 우세한 것으로 나타나는데, 이는 현실에 맞지 않는 결과이다.

물론 북한이 전쟁억지능력을 어느 정도 보유하고 있는 것은 사실이다. 1990년대에 어려운 경제난으로 북한은 '재래식'전력으로는 남한과 더 이상 경쟁할 수 없게 되었고, 보다 저렴하고 억지력이 강한 대안을 찾지 않을 수 없게 됐다. 북한은 남한의 수도권을 타격할 수 있는 장거리포대, 대량살상무기와 이를 수송할 장거리 운반수단을 개발하는 등 재래식 및 비재래식 억지능력을 확보함으로써 남한의 우수한 전쟁수행능력을 상대적으로 상쇄할 수 있는 군사력을 보유하려고 했다.

---

78) 함택영, "북한 군사력 및 군사위협 평가 재론", 『현대북한연구』, 7권, 3호 (2005), pp.77-78.

〈표 4-7〉 남북한 군사력 비교

(2004.12 기준)

구 분			한 국	북 한
병력 (평시)	계		68만 1천여 명	117만여 명
	육 군		55만여 명	100만여 명
	해 군		6만 7천여 명	6만여 명
	공 군		6만 4천여 명	11만여 명
주요전력	육군	부대	군단(급)	13(항작사, 특전사 포함)	19(포명군단, 미사일지도국, 경보교도지도국 포함)
			사단	49	75
			기동여단	19	69(교도 10여 개 미포함)
		장비	전차	2300여 대	3700여 대
			장갑차	2400여 대	2100여 대
			야포	5100여 문	8700여 문
			다련장/방사포	200여 문	4600여 문
			지대지유도무기	30여 기(발사대)	60여 기(발사대)
	해군	수상함	전투함	120여 척	430여 척
			상륙함	10여 척	260여 척
			기뢰전함	10여 척	30여 척
			지원함	20여 척	30여 척
			잠수함	10여 척	70여 척
	공군		전투기	530여 대	830여 대
			특수기	70여 대(해군 항공기 포함)	30여 대
			지원기	200여 대	520여 대
	헬 기			690여 대(육·해·공군 헬기 통합)	320여 대
예비전력(병력)			304만 여명	770만여 명(교도대, 노농적위대, 붉은청년 근위대 포함)

※ 한국의 군사력에 제시된 해군은 해병대 2만 7천여 명을 포함한 수치이며 지상군단), 장비
　는 해병대 전력을 합산한 수치임.
※ 북한군 야포문수는 보병연대급 화포인 76.2mm를 제외한 수치임

출처: 한국 국방부, 『국방백서(2004)』(서울: 2005).

3) 남북한의 정통성 비교

정통성(legitimacy)의 어원은 라틴어의 'legitimus', 'legitimitas'에서 찾는 것이 일반적이며, 현대사회에서 주로 통치 권력의 정당성을 의미하고 있다. 립셋(Seymour M. Lipset)에 의하면 "정통성은 현존하는 정치기구가 사회를 위하여 가장 적절하고 정당한 것이라는 신념을 생성 · 유지시킬 수 있는 정치체제의 능력을 포함한다."[79] 슈테른베르거(Dolf Sternberger)는 "국민을 지배하는 권리를 정부가 갖고 있다는 의식과 그것이 피지배층에 의해 인정되고 있는 현상"[80]을 정통성이라고 명명한다. 따라서 정통성이란 어떤 정치체제나 정부의 통치권의 정당성을 말한다고 할 수 있다. 그러므로 본질적으로 정통성은 주로 한 정부와 그 국민들 간의 관계 차원에서의 개념이며 주권국가들로 구성되는 무정부적 국제체제와는 상관없다고 할 수 있다. 즉 한 정부가 정통성을 가지는지는 국제적으로 인정받는지에 달려 있지 않고 국내적으로 인정받는지에 달려 있다. 그러나 국제화된 현대사회의 성격 때문에 한 정부가 정통성을 확보했는지 여부는 그 정부에 대한 국제사회의 태도와도 관련을 가지고 있다. 왜냐하면 국제사회의 태도가 그 정부의 외교자원이 얼마나 있는지를 결정함으로써 그 정부에 대한 국민의 태도에 영향을 미칠 수 있기 때문이다.

모든 국가와 정부는 그들의 정통성을 주장하고 이를 확립하려고

---

79) Seymour M. Lipset, *Political Man: The Social Bases of Politics*(New York: Doubleday & Company Inc., 1960), p.29.

80) Dolf Sternberger, "Legitimacy", in David Sills, ed., *International Encyclopedia of the Social Sciences* Vol. 9(New York: Free Press, 1968), p.244.

노력한다. 이것은 정통성의 유무(有無)가 정치적 안정과 밀접한 관련을 가지고 있기 때문이다. 특히 분단 상황에 있는 국가에서는 이러한 이유 외에도 통일을 주도적으로 수행할 수 있는 논리적 근거를 제시할 수 있다는 측면에서 정통성은 매우 첨예한 문제가 된다.[81] 그러면 한 국가 혹은 정부의 정통성이 어디에서 오는 것인가와 어떻게 평가하거나 측량하는가라는 문제를 제기할 수 있다. 일반적으로 말하자면 국가들 혹은 정부들의 정통성의 원천은 동일하지 않으며, 대체로 한 국가 혹은 정부의 정통성은 그 국가와 사회가 놓여 있는 발전단계나 사회, 역사, 문화 전통과 관련된다. 즉 정통성은 역사적, 지역적 요소를 포함하고 있다. 만약 한 국가가 봉건사회 단계에 있다면 그 정통성은 계승에서 비롯된다고 할 수 있고, 한 국가가 현대 국가단계에 있다면 법적 차원에서 비롯된다고 할 수 있다. 또한 지역적 차원에서 볼 때 특정 지역의 국가들의 정통성 원천은 역사문화적 전통 때문에 이는 다른 지역 국가들과 다르다. 예를 들어 서유럽국가와는 달리 중동국가들의 정통성은 민족주의와 종교로부터 나온다고 할 수 있다.[82] 그런데 정통성이 어느 정도 정신적 차원에서 비롯된다고 할지라도 현대사회에서는 정부의 책임(accountability)과 효율(efficiency)이 정통성의 강도를 결정하는 중요한 지표라고 할 수 있다.[83]

---

81) 국토통일원, 『民族史的 正統性硏究論叢』(서울: 1976), p.549, 朴東完, 『북한정권의 정통성 주장에 대한 연구: 맑스·레닌주의적 요소와 민족적 요소를 중심으로』(한국정신문화연구원 석사논문, 1986), pp.2-3 재인용.

82) G. Hossein Razi, "Legitimacy, Religion, and Nationalism in The Middle East", *American Political Science Review*, Vol. 84, No. 1(March 1990), pp.69-91.

83) 웨더포드(M. Stephen Weatherford)는 거시적(공식적 체제 특성을 강조

앞에 서술한 바와 같이 지난 50여 년 동안 남북한은 끊임없이 통일을 추구하면서 정통성 확보를 위해 경쟁해왔다. 그러면 남한과 북한의 정통성을 어떻게 측정할 것인가? 여기서는 정부의 책임과 효율을 상징적으로 표현할 수 있는 국민총소득과 1인당 국민소득 등 경제적 차원과 남북한의 국제적 위상 두 가지 차원으로 비교해 남북한의 정통성을 고찰하고자 한다.

먼저 90년 이래 남북한의 국민총소득과 1인당 국민소득을 살펴본다. 아래 표4-8에서 볼 수 있듯이 90년 한국의 국민총소득과 1인당 국민소득은 북한에 비해 11.4배와 5.4배에 달했으며, 2004년에는 각각 32.8배와 15.5배로 더욱 격차가 벌려졌다. 그러나 50년대 초부터 70년대 초까지의 20년 동안은 그렇지 않았다. 분단 초기인 50년대에는 남한보다 북한의 공업기초가 더 좋았고 사회주의 진영으로부터 원조가 있었기 때문에 70년대 초까지 정치적 불안정으로 민생이 도탄에 빠졌던 남한에 비해 북한이 더 높은 정통성을 확보하고 있었다고 할 수 있다. 70년대 초부터 남한이 고도의 경제성장을 이룩했고, 경제총량과 사회복지 등 경제차원에서 북한을 능가하였을 뿐만 아니라, 80년대 말에는 민주주의 정치체제로 성공적으로 전환함으로써 북한보다 훨씬 더 활력과 생기를 지닌 국가를 만들었다. 두 개의 분

함)과 미시적(공민의 태도와 행위를 강조함) 차원에서 한 정치체제의 정통성을 연구한다고 주장했으며 거시적(체제적 수준)에서 주로 책임(accountability), 효율(efficiency), 절차의 공평(procedural fairness)과 분배 공평(distributive fairness) 등 네 가지 속성이 있다고 한다. M. Stephen Weatherford, "Measuring Political Legitimacy", *American Political Science Review*, Vol. 86, No. 1(March 1992), pp.149-150.

단 정부가 같은 민족, 같은 출발점에서 시작했으면서도 지난 50년 동안 국민총소득이 30여 배로 차이가 벌어진 것은 체제의 우열(優劣)을 분명히 보여준다.

〈표 4-8〉 남북한 국민총소득과 1인당 비교

년도	남 한		북 한		비 교	
	GNI (억달러)	1인당 GNI(달러)	GNI (억달러)	1인당 GNI(달러)	GNI: 남/북(배)	1인당GNI: 남/북(배)
1990	2635	6147	232	1146	11.4	5.4
1991	3076	7105	229	1115	13.5	6.4
1992	3293	7527	211	1013	15.6	7.4
1993	3614	8177	205	969	17.7	8.4
1994	4223	9456	212	992	19.9	9.5
1995	5155	11432	223	1034	23.1	11.1
1996	5553	12197	214	989	25.9	12.3
1997	5136	11176	177	811	29.1	13.8
1998	3404	7355	126	573	27.1	12.8
1999	4400	9438	158	714	27.9	13.2
2000	5096	10841	168	757	30.4	14.3
2001	4811	10160	157	706	30.6	14.4
2002	5475	11499	170	762	32.1	15.1
2003	6086	12720	184	818	33.1	15.6
2004	6810	14162	208	914	32.8	15.5

출처: 한국통계청 http://kosis.nso.go.kr/cgi-bin/sws 999.cgi

남북한의 국제위상도 정통성을 비교하는 하나의 척도이다. 앞에 논의했듯이 국제위상이 한 정부가 정통성을 갖는지 여부 직접 결정하지는 않지만, 분단 상태에서는 어느 측이 민족의 정통성을 보다 잘 대표할 수 있는지 간접적으로 설명할 수 있다. 어느 측이 민족통일을 주도할 때 국제사회의 인정을 보다 쉽게 얻을 수 있는지를 예측할 수 있는 것이다. 자본주의 진영과 사회주의 진영으로 대립했던 냉전 기간 동안은 남북한이 모두 자기가 소속된 진영으로부터 국제적 인정을 받을 수 있었기 때문에 국제적 인정은 남한이나 북한에게 별로 심각한 문제가 아니었다. 그러나 동유럽 사회주의체제의 붕괴로 북한보다 남한의 국제적 활동공간이 훨씬 더 넓어지고 있으며 국제사회에서 북한보다 남한이 한민족의 위상을 대표하는 정부로 인정받고 있다. 아래 표4-9, 4-10, 4-11과 같이 2004년 현재까지 북한은 154개국과 외교관계를 맺고 있고 남한은 185개국과 외교관계를 맺고 있다. 남북한의 외교관계를 비교하면 31개국의 차이가 난다. 국제기구의 가입현황을 보면 2003년 현재까지 남한은 94개 국제기구에 가입했으나 북한은 35개에 불과하다.

〈표 4-9〉 남북한 수교 현황 비교

(2004년 현재)

지역별	남 한	북 한	동 시	남한-북한
아주·태평양	36	24	24	12
미 수	34	22	21	12
구 주	51	48	47	3
중 동	19	16	15	3
아 프 리 카	45	44	43	1
계	185개국	154개국	150개국	31개국

출처: http://kosis.nso.go.kr/cgi-bin/sws_999.cgi?ID=DT_1ZGAA10&IDTYPE = 3&A LANG=1&FPUB=3&SELITEM=0.1.2.3

〈표 4-10〉 시기별 남북한 수교 상황

시 기	한 국	북 한
1953년까지	6	10
1960년까지	16	16
1971년까지	83	37
1980년까지	112	100
2003년까지	186	153

출처: 통일부, 『북한개요: 2004』

〈표 4-11〉 남북한 국제기구 가입현황

(2003년 현재)

구 분	UN산하기구	UN전문기구	UN독립기구	정부 간 기구	합 계
한 국	5	16	3	70	94
북 한	4	11	0	20	35

출처: 통일부, 『북한개요: 2004』

위에서 논의했듯이 북한이 군사적, 경제적으로나 국제사회의 위상으로나 모두 남한보다 분명히 열세에 놓여 있다. 뿐만 아니라 이른바 연성파워(soft power)차원에서도 남한이 북한보다 우세를 차지하는 것은 분명하다. 남한은 1986년(서울)과 2002(부산)의 아시안 게임, 1988년의 올림픽과 2002년의 월드컵 등 대표적 국제스포츠행사와 국제도서박람회 및 국제영화박람회 등 국제 문화교류 행사를 주최했다. 또 한국 사람들이 국제기구의 책임자로서 국제기구에 활발히 진출함으로써 남한은 국제사회에 적극적으로 참여하면서 한국의 국제적 위상을 끌어올렸다. "한류"열풍도 남한의 대중문화를 동아시아 지역으로 널리 확산시키고 있으며, 아시아 국가 사람들이 북한보다 남한을 더 인정하고 좋아하도록 만들고 있다.

수십 년 동안의 체제경쟁을 거치면서 남한은 북한보다 월등히 우세한 위상을 차지했다. 이것은 통일을 추구하는 과정에서 남한이 주도적 지위를 확보할 수 있음을 의미한다. 남한에 비해 열등한 북한은 그 체제의 정통성을 빠르게 잃고 있다고 할 수 있다. 수만 명의 북한주민들이 살길을 찾아 국경을 넘어 외국으로 피난을 가고 있는 상황만 보아도 북한의 정통성 실태를 알 수 있다. 만약 보통 사람들의 탈북은 식량난에서 비롯된 생존을 위한 행위이라고 할 수 있다면, 황장엽처럼 상층 엘리트의 탈북은 북한체제의 정통성이 신념적으로 와해되어 있고 북한체제가 경제위기뿐만 아니라 신념위기에 처해 있다는 증거라고 할 수 있다. 그래서 북한체제의 위기는 단순히 미국, 일본, 남한과의 국력격차와 그들의 적대적 정책에서 비롯됐다고 말할 수 없으며, 같은 민족인 남한과의 체제 경쟁에서 패배했으며 북한 내부에서 북한체제를 인정하지 않는 정통성의 위기에서 비롯됐다고 할 수 있다.

따라서 탈냉전기 한반도 안보구조는 북한에게는 불균형 구조라고 할 수 있다.

이런 구조적인 불균형은 반드시 위기상태에 처한 행위자로 하여금 위기를 탈피할 수 있는 방법을 찾도록 강요한다.

제5장 한반도의 위기와 관리

제4장에서 지적한 바와 같이 탈냉전기에 접어들면서 한반도의 안보구조가 북한에게 불리한 불균형 구조로 바뀌었다. 북한정권의 안전을 위협하고 있는 요인이 두 가지가 있다고 할 수 있다. 하나는 미국, 일본 및 남한과의 적대관계와 파워격차이며, 다른 하나는 수십년 동안 진행된 남한과의 체제경쟁에서 패배하면서 북한주민들이 북한정권의 정통성을 인정하지 않게 됐다는 점이다. 그러므로 북한정권이 시급히 해결해야 할 과제는 이런 위협으로부터 벗어나야 한다는 것이다. 따라서 이런 두 가지 위협요인을 어떻게 해소할 것이며 어느 것을 먼저 해결할 것인지는 북한정권이 판단할 몫이었다. 두 번째 위협요인은 그 특수한 성격 때문에 짧은 시일 내에 해소할 수 없는 것이다. 국민총생산의 30배, 1일당 국민소득 15배 격차를 단숨에 해결하는 것은 결코 쉬운 일이 아니다. 따라서 북한은 먼저 첫 번째 위협요인을 해결하는 데 몰두했다. 첫 번째 위협요인을 해결하는 정책으로 북한은 핵무기 개발을 선택했다. 이른바 벼랑 끝 전술을 활용해서 미국, 일본과의 외교관계를 수립해서 먼저 상층구조의 불균형 상태를 균형 상태로 전환시키려 하고 유리한 국제환경을 만들다. 그다음 외부의 지원으로 경제성장을 달성함으로써 정통성을 회복하고 마침내 하층구조도 균형 상태로 전환시키려는 것이 북한의 의도이다.

바로 북한의 벼랑 끝 전술은 한반도 지역을 위기상태로 내몰고 있다. 따라서 북핵위기를 비롯한 한반도의 위기는 한반도 안보구조의 산물이라고 할 수 있다. 그런데 앞에서 논의했듯이 한반도 안보구조가 대항적 충돌구조이기 때문에 북핵위기를 해결할 수 있는 장치를 쉽게 마련하지 못한다. 냉전기 끝난 90년대 초부터 현재까지 한반도 지역은 계속해서 제1차 북핵위기와 정전체제위기 및 제2차 북핵위기를 조우하였다. 제1차 북핵위기는 북미 양자회담 방식으로 해결되었으며, 제2차 북핵위기는 역시 6자회담이란 협상방식을 만들어냈다. 그리고 정전체제위기를 해결하기 위해 4자회담 방식은 채택되었다. 왜 탈냉전기 한반도 지역에서 위기가 계속 발발하였는가? 제1차 북핵위기를 해결한 양자회담 방식은 한반도의 국제관계에 어떤 영향을 주었는가? 양자회담이 어떻게 4자회담과 6자회담으로 전환할 수 있었는가? 이런 전환과정에서 관련한 행위자들의 서로 정책에서 변화가 있었는가? 이 장은 이런 3차례 위기의 발발과 해결과정을 고찰할 것이다. 이러한 고찰을 통해 위기의 해결과정에서 관련 행위자의 정책은 어떻게 변화했는지, 서로정책의 탄력성이 있는지, 위기의 해결과정에서 담당한 역할이 어떻게 되는지 파악하고 다음 장에 한반도 안보구조의 조성이나 변천에 영향을 미칠 수 있는 핵심 변수가 무엇인지 추출할 것에 준비작업을 마련한다.

제1절 위기의 예방

실제로는 한반도에 위기 관리장치가 이미 존재하고 있다고 할 수 있다. 광의로 말하자면 한미 동맹과 북중 동맹이 어느 정도에서 위기관리의 역할을 수행할 수 있는 장치라고 할 수 있다. 제4장에서도 정전관리위원회가 역시 위기관리 역할을 수행해온 장치라고 지적하였다. 그런데 이미 지적한 바와 같이 정전관리위원회는 군비통제의 기능을 이미 50년대 후반에 상실하였으며, 쌍무적 동맹체제도 그 자체가 위기를 야기하는 원인으로 충돌을 일으킬 수 있는 원천적으로 부족한 관리 장치이다. 그런 것들 때문에 북한의 핵계획은 단서가 좀 잡히었을 때 미국은 위기를 예방하기 위해서는 기존의 정전관리위원회와 동맹체제와는 다른 새로운 장치를 모색할 것이었다.

1. 국제기구에 의한 접근방식

1980년대 후반기 북한핵문제가 부상했을 때 미국은 주로 국제원자력기구를 통해 북한의 핵계획을[1] 통제하려고 하였다. 1984년 미국은 북한에서 대형 원자로를 발견한 후에 북한을 압박하여 핵확산금지조약(NPT: Nuclear Non-Proliferation Treaty)에 가입하도록 구소련

---

1) 북한의 핵계획은 오래 전에 수립되었으며, 부분적으로는 한국전쟁 중 미국의 핵위협 때문에 북한은 50년대부터 핵연구를 시작하였다. 1960년대 구소련과 중국의 도움을 받아 북한은 핵연구 계획을 가속화했다. 1965년에 구소련으로부터 처음 핵원자로(2-5메가와트: megawatt)를 받아 1967년에 영변에서 가동했다. 1970년대 중반에 북한이 보다 큰 원자로(30-50메가와트)를 건설하여 1980년에 종결하고 1987년에 가동되었다는 보도가 전해졌다. 북한의 핵개발과정에 대해 Roger Dingman, "Atomic Diplomacy During the Korean War",; Rosemary Foot, "Nuclear Coercion and the Ending of the Korean Conflict", *International Security*, Vol. 13, No. 3(Winter 1988-1989); Andrew Mack, "North Korea and the Bomb", *Foreign Policy*, No. 83(Summer 1991), pp.87-104; Young-sun Song, "The Korean Nuclear Issue", *Korea and World Affairs*, Vol. 15, No. 3(Fall 1991), pp.471-493; Leonard Spector and Jacqueline Smith, "North Korea: The Next Nuclear Nightmare?" *Arms Control Today*, Vol. 21, No. 2(March 1991), pp.8-13. 등 참조.

에 요구했다.[2] 북한은 비록 1974년 국제원자력기구(IAEA: International Atomic Energy Agency)에 가입했지만, 1985년까지 NPT에 가입하지 않았다. 1985년 12월 북한은 구소련으로부터 635MWe의 경수로를 들여오기 위해 NPT에 가입하였으며,[3] NPT에 서명한 후 18개월 이내에 IAEA의 '전면 안전조치협정'에 서명해야 하는데 서명을 하지 않고 미뤘다. 1987년 6월까지 서명했어야 하나 이때 IAEA가 협정 서류를 잘못 보낸[4] 것이 확인되었고, 이로 인해 IAEA는 18개월을 다시 적용하여 1988년 12월까지 서명하기를 기대하였으나 이때까지도 북한은 아무런 반응을 보이지 않았다.[5]

---

2) Michael J. Mazarr, "North Korea's Nuclear Program", *Korea and World Affairs*(Summer 1992), p.295.

3) 1985년 북한과 구소련이 체결한 「원전 건설에 관한 경제기술협력협정」에는 북한의 NPT 가입을 전제로 구소련이 북한에게 제공하기로 했던 원자로가 VVER – 440(MWe) 경수로 4기인 것으로 기록되어 있다. 그러나 북한이 NPT에 가입한 이후, 북한이 IAEA에 신고한 최초보고서에는 VVER – 635(MWe)원자로 3기가 계획 중인 것으로 기록되어 있다. 1985년 협정을 추진하는 과정에서 440MWe 경수로 4기가 635MWe 경수로 3기로 대체된 것인지, 아니면 440MWe 경수로 4기의 지원이 파기되고 635MWe 경수로 3기의 지원이 새로 생겨난 것인지에 관해서는 알려진 바가 없다. 장철운, 『남북한 핵정책 비교 연구』(경남대학교 북한대학원 석사학위논문, 2005), p.62.

4) IAEA는 실수로 안정협정 체결을 위한 문서(조약 당사자용: type – 153)를 엉뚱한 문서(협정초안: type – 66)로 잘못 보냈다. 결과 IAEA는 1987년 6월에야 올바른 협정문서를 보냈으며, 이에 IAEA는 별다른 조치 없이 북한의 응답시한을 1988년 12월로 허용했다. 이에 대해서 Don Oberdorfer, *Two Koreas: A Contemporary History*(New York: Basic Books, 2001), p.254.

5) 장철운, 『남북한 핵정책 비교 연구』, p.62.

북한이 IAEA에 가입함으로써 IAEA의 안전조치협정에 서명하고 IAEA의 사찰을 허락해야만 했지만, 서명하지 않은 것은 북한이 전략적인 의도를 가지고 있었기 때문이었다. 즉 북한은 IAEA의 안정보장협정의 서명을 미국과의 관계개선을 위한 협상카드로 활용하려는 의도를 가지고 있었다. 그래서 북한은 처음에는 IAEA를 정면으로 회피하여 시기를 기다렸다. 이것은 미국을 협상대상으로 삼아 미국과의 관계개선을 통해 한반도 안보구조를 북한에게 유리한 방향으로 조정하려는 전략을 가지고 있었기 때문이라고 분석할 수 있다. 이런 북핵계획을 둘러싼 미국과 북한의 접근방식 차이를 다음 그림5－1과 같이 간략화할 수 있다.

<그림 5-1> 북핵계획을 다루는 북미 접근방식의 차이

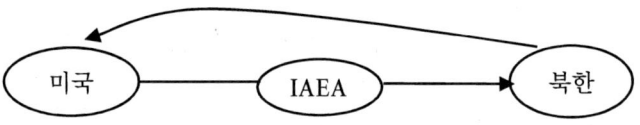

북한이 IAEA 사찰을 지연시키자 1989년 1월 미국은 북한을 A급 감시 지역으로 지정하고 인공위성을 통한 군사정찰을 강화했다. 미국이 북핵문제에 대해 이와 같이 신속하고 예민하게 대응한 것은 미국이 핵확산 방지를 최우선 전략목표로 삼은 것에 기인한다고 할 수 있다. 미국은 북한의 핵개발이 동북아 지역의 안보환경과 국제관계를 불안정하게 바꾸는 중요변수라고 생각했다. 북한의 핵무장은 한반도의 안정을 해칠 뿐만 아니라 한국의 핵무장을 자극할 것이고, 더 나아가 일본에게 핵무장의 빌미를 제공하면서 곧바로 대만 등으로 핵

확산을 가속화시킬 가능성이 있는 것이다. 만약 일본과 대만이 핵무장을 한다면 핵보유국인 중국과 러시아를 자극해 이 지역의 불안정을 초래할 수 있고, 동북아에서 미국의 전략적 이익을 결정적으로 훼손할 뿐만 아니라 미국이 최우선적으로 구축하려는 핵무기 비확산체제의 붕괴를 야기할 수 있을 것이다. 그렇기 때문에 미국은 북핵문제에 얽힌 이해관계가 매우 높다고 인식하고 있었다.6) 그런데 위에 지적한 바와 같이 이 시기에 미국은 북한과의 직접 대화를 통해 북핵문제를 해결하려 하지 않고 주로 기존 국제기구인 IAEA를 통해 북한의 핵개발 활동을 관리하려는 접근방식을 선택했다. 북한이 핵무기 개발계획을 통해 한반도 안보구조를 조정하는 전략을 추구한 것과는 달리 미국은 핵확산 방지를 전략적 목표로 삼았기 때문에 국제기구를 통한 관리방식을 선택했다. 조금 구체적으로 말하자면, 미국이 북한과 대화를 통해 관계를 개선하는 것은 한반도 안보구조에서 중요한 변수로 작용할 수 있고 미국과 남한의 관계를 변화시킬 수 있으며, 나아가 동북아 국제관계의 전면적인 조정을 초래할 가능성이 존재하기 때문에 이에 대해 조심할 수밖에 없었다. 바꿔 말하면 북미관계조정과 변화의 결과에 대해 신중하게 검토하고 성숙한 대비방안을 마련해 놓기 전에는 미국은 북한과의 관계개선을 결코 원하지 않았다. 그리고 외교정책에서 국제조약의 규칙과 도덕적 가치를 존중하는 미국은 북한이 IAEA에 가입했기 때문에 당연히 핵사찰을 수락해야

---

6) Hearings Before The Subcommittee on East Asian and Pacific Affairs of the Committee on Foreign Relations United States Senate, 102nd Congress, 2nd Sessions, February 6, 1992. pp.99－100. 정문헌, 『남북한과 미국: 남북관계의 浮沈』(서울: 도서출판 매봉, 2004), p.74 재인용.

한다고 생각했다. 또한 미국은 IAEA를 통해 북한의 핵 활동을 통제할 수 있다고 생각한 것이다. 그렇기 때문에 비록 1988년부터 1991년까지 북한과 미국은 베이징에서 모든 18회의 비공식 참사관급 대화를 가졌지만, 형식적으로 핵계획을 다뤘을 뿐이다.[7]

이 시기에는 북핵문제를 관리하려는 IAEA의 입장도 강경했다. 탈냉전기 들어 IAEA는 자신의 역할을 확대·강화하고자 했고 특히 비확산 임무와 관련하여 사찰 권한의 강화를 추진하였다. 이라크 핵사찰 실패로 실추된 권위의 회복, 핵 비확산 규범의 강화, 북한의 핵 안전협정 이행 지연 등을 배경으로 IAEA는 북한 핵사찰 시행에 대해 강경해졌다.[8] 핵사찰에 대한 IAEA의 접근방식은 절대주의적, 기술 중심적 접근이라고 말할 수 있는데, 핵무기 개발 국가의 동기를 불문하고 핵의 비평화적 이용은 물론 그렇게 의심할 만한 행동이나 징후를 무조건 차단한다는 입장이다. 탈냉전기 비확산정책을 외교안보정책의 제일순위로 여기는 미국도 역시 절대주의적 사찰을 선호하였기 때문에 IAEA의 사찰방식과 입장을 지지해왔다. 그렇지만 북한은 핵사찰에 대한 미국과 IAEA의 입장과 달리, 상대주의적 혹은 동기 중심적 접근방식을 취하고 있었다. 이것은 기본적으로 위에 지적한 양측의 전략 차이 때문이라고 할 수 있다. 1990년 2월 IAEA 이사회에서 북한 외교관은 북한이 NPT에 서명한 것은 미군이 남한에서 전술핵무기를 철거하고 남한에 대한 핵우산을 폐지할 것이라는 가정에서 이루어진 것이라고 주장하고, 북한은 미국이 그렇게 할 때

---

7) 서보혁, 『탈냉전기 북미관계사』(서울: 선인, 2004), p.163.
8) 위의 책, pp.158－159.

까지 NPT를 이행하지 않을 것이라고 말함[9]으로써 자신의 핵계획을 미국(의 동북아정책조정)과 연계했다.

북한의 핵 활동을 효과적으로 관리하기 위해 미국과 남한은 1991 년 초부터 정치적, 경제적과 군사적인 자원을 동원하여 IAEA의 사찰을 허용하도록 북한을 강압·설득하기 시작했다. 1991년 2월 IAEA 이사회에서 미국, 일본, 호주, 캐나다, 폴란드 등 5개국이 공동으로 서명한 대북한 핵안전 조치 협정체결 촉구 문서를 유엔안보리문서 (91. 2. 22지) 및 IAEA이사회문서(91. 3. 22자)로 배포했다.[10] 또 미국 정부의 관리자들이 잇따라 남한을 방문해, 남한정부가 북한 핵개발의 저지라는 미국의 목표와 공동보조를 맞추기를 요구하고 한반도 비핵화 공동선언의 조기 이행을 대북정책의 최우선 과제로 삼아주기를 강력히 요청했다. 이런 점에서 당시에 미국은 국제제도(IAEA)와 남북관계를 활용해서 북한의 핵개발 계획을 관리하려는 전략을 채택한 것은 분명하다. 그런데 1991년 중반쯤에 미국의 전략에 변화의 조짐이 나타났다. 5월 미국의 한 정부관계자가 미국은 남한에서 핵무기를 철수할 것을 원한다는 보도가 나왔고,[11] 6월 초 부시 미행정부가 북한이 핵개발 계획을 포기하도록 설득하는 노력의 일부분으로 미국의 핵탄두를 남한에서 철수할 것을 고려하고 있다고 로스앤젤레스 타임즈(The Los Angeles Times)가 보도했다.[12] 그리고 가장 주목할

9) Andrew Mack, "North Korea and the Bomb", pp.90 – 91.

10) 전문헌, 『남북한과 미국: 남북관계의 浮沈』, pp.122 – 123.

11) Michael J. Mazarr, "North Korea's Nuclear Program", p.298.

12) Jim Mann, "U.S. Weighing Deal to End A – Arms in Korea", *The Los Angeles Times*, June 9, 1991.

만한 일은 6월 1일 북미 외교관이 베이징에서 만나 북핵문제를 논의했다는 것이다. 이런 상황은 북한에게 미국과의 관계개선의 희망을 주었고, 이어 북한의 입장도 전환할 조짐을 보였다. 비엔나 주재 북한대사 전인철은 북한이 핵안전협정 서명의 검토를 준비하고 있다고 말했으며, 일주일 후에 북한특사가 북한의 공식 외교팀이 7월에 비엔나에 도착하고 서명을 위해 IAEA 핵안전협정의 세부사항을 검토할 것이라고 비엔나에서 발표했다.[13] 7월에 북한 관계자들이 북한은 IAEA 핵안전협정을 9월에 서명할 것이라고 밝힘으로써 북미협상의 진전을 보였다. 9월 27일 부시 대통령은 전 세계에 배치해둔 미국의 전술 핵무기를 전면 철수할 것이라고 발표하였다. 이틀 후인 9월 29일에 북한은 "우리는 미국이 단거리 핵무기들을 일방적으로 철수하겠다고 발표한 것을 환영하며 이를 위한 실제적인 조치가 빨리 취해지기를 바란다…… 미국이 실지로 남조선에서 핵무기를 철수하게 되면 우리의 핵담보협정 체결의 길이 열리게 될 것이다"고 외교부 대변인의 성명을 통해 입장을 밝혔다.[14] 11월 16일 북한은 IAEA와 핵안전협정 체결의 전제조건으로 "북한과 미국의 협상에 의해 미군의 핵이 북한에 위협을 주지 않는다는 보장이 확보되어야 한다"라고 하였는데, 11월 25일 북한 외무성은 미국이 한반도에서 핵무기 철수를 시작하면 북한은 IAEA 사찰에 서명할 것이라고 발표하고 북·미 대화와 협상을 통해 핵사찰 문제를 해결한다는 입장을 공식화하였다.[15]

---

13) T. R. Reid, "N. Korea Will Discuss Nuclear Plant Inspection", *The Washington Post*, May 31, 1991.

14) 『로동신문』, 1991년 9월 29일자.

15) 이 소식은 당시 평양을 방문한 미 국제전략문제연구소(CSIS)부소장인

그런 가운데 1992년 1월 22일 북한 노동당 국제비서 김용순과 미국 국무성 정무차관 캔터(Arnold Kanter)가 뉴욕에서 한국전쟁 이후 첫 고위급회담을 가졌다. 이 회담 직후인 1월 30일 북한 원자력부 차장 홍근표와 IAEA 사무총장 한스 블릭스(Hans Blix)가 IAEA 핵안전협정을 비엔나에서 서명함으로써 마침내 미국은 기존의 국제제도적인 장치인 IAEA를 통해 북한 핵개발 계획을 관리하려던 당초 목표를 달성하였다.

비록 북한이 IAEA안전협정에 서명하기는 하였지만 이것은 북한이 IAEA의 권위를 인정했기 때문이 아니라, 미국과의 협상통로를 여는 것이라고 판단했기 때문이라고 할 수 있다. 아래의 그림5-2가 표시하듯이 북한이 IAEA의 사찰수락결과②는 북미관계① 그림5-1에서의 일방적 행태에서 지금의 쌍방향적 행태로 변화가 낳은 부속물에 불과하다. 그래서 ②가 순조로울지는 미국이 ①나 ③ 어느 쪽에 치중하느냐에 달려 있다.

〈그림 5-2〉 북한과 미국 및 IAEA 간 관계

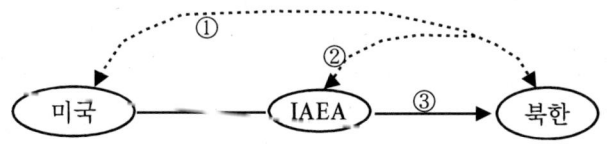

원리엄 테일러(William J Taylor)가 11월 21일 서울에 와서 말한 것이다. *New York Times*, November 27, 1991; *Washington Post*, November 27, 1991. 서보혁, 『탈냉전기 북미관계사』, p.161 재인용.

2. 남북관계차원의 접근방식

북한 핵개발 계획을 관리하려는 다른 접근방식은 바로 남한과 미국이 남북차원에서 제도나 장치를 마련하는 것이었다. 그런데 처음에는 남한은 주로 IAEA에게 북한 핵개발 계획을 관리하게 하려는 미국의 전략에 협조했는데, 남북관계 차원에서는 주로 남북한의 화해와 남북관계를 주도하기 위해 노력해왔다.

1988년 노태우 대통령은 취임사에서 '한반도 문제의 당사자 해결원칙'을 선언하였다.[16] 같은 해에 북한을 민족공동체 구성의 일원으로서 상호·협력하는 '동반자'로 인식한다는 이른바 7·7선언을 천명하고 이어 해외동포 남북한 자유왕래 허용 및 대북 비방방송 중지(88. 7. 19), 북한 및 공산권자료 개방(88. 9. 3), 대북한 경제개방 조치(88. 10. 7) 등을 지속적으로 단행하였다. 나아가 1989년 연두기자회견에서 노태우는 남북정상회담의 실현에 대한 의지를 거듭 천명했으며, '민족통합'과 '민족자존의 자주시대'를 열어갈 것을 강조하였다.[17] 이 같은 남북교류를 적극적으로 추진하는 전략을 채택한 것은 이른바 '한강의 기적'이란 성공적인 경제성장에 힘입어 남한이 남북관계를 주도할 수 있는 자신감을 가졌기 때문이다.

남한의 제의에 대해 북한도 적극적으로 대응하는 모습이 보여주었다. 1988년 북한의 김일성 주석은 신년사에서 남북연석회의를 제의하였고, 이듬해인 1989년에 남북정치협상회의를 제의하였다. 이러한

---

16) "한반도 문제는 기본적으로 남북한 당사자들이 민주적 방식을 통해 평화적으로 풀어 나갈 것", 노태우 대통령 취임사(1988년 2월 25일).

17) 정문헌, 『남북한과 미국: 남북관계의 浮沈』, pp.59－60.

분위기 속에서 남북대화가 여러 가지 차원에서 활발하게 전개되었다. 다음 표5-1에 알 수 있듯이 1988년부터 1992년까지 4년 동안 남북한이 총 183회의 회담을 열었는데, 그전 20년 동안 있었던 남북한 대화의 총 횟수보다 더 많았다. 특히 총 131회에 달하는 남북 당국자 고위급 회담의 결과로 남북교류 활동이 급증하는 추세였다.[18]

남북회담이 활발하게 진행하는 가운데 부상하고 있는 북핵문제가 남북대화의 중요한 의제가 된 것은 당연하다. 북한과 IAEA 및 미국이 핵사찰문제에 대한 교섭이 교착상태에 빠졌을 때, 북한이 핵안전협정에 서명하고 핵사찰을 수용할 수 있도록 유도하기 위해 남한은 핵문제에 관한 대북제의를 적극적으로 제시했다. 물론 이것은 북핵문제에 대해 남한이 적극적인 역할을 발휘하라는 미국의 요청은 중요한 촉진요인이었다. 1991년 11월 8일 노태우 대통령은 '한반도의 비핵화와 평화구축을 위한 선언'을 발표하여 남한은 "핵무기를 제조, 소유, 저장, 배치 혹은 사용하지 않을 것"임과 동시에 "한국의 모든 핵시설을 국제사찰에 개방하겠다"고 선언하면서 "북한도 이에 상응하는 정책을 취할 것"을 촉구하였다.[19]

---

18) 남북고위급회담은 예비회담과 정식회담이란 누 가지 단계로 나뉜다. 1989년 2월 8일부터 1990년 7월 26일까지 1년 반에 걸친 8차례의 예비회담에서 양측은 회담명칭, 의제, 일시 및 장소, 대표단구성, 회담형식 등을 논의하였고 1990년 9월 5일부터 1992년 9월 17일까지 모두 8차례의 정식회의를 열었다. 이에 대한 자세한 내용: 『통일백서: 1990』, pp.126-146; 『통일백서: 1992』, pp.152-175 참조.

19) 자세한 내용은 통일원, 『통일백서: 1992』, pp.453-455 참조.

<표 5-1> 남북대화 현황(1971-1992)

1971-1979	1980-1987	1988-1992
• 적십자회담(71-77): 85 • 비밀접촉(71-77): 13 • 조절위원회(72-75): 19 • 변칙대좌(79): 3 • 탁구회담(79): 4	• 총리회담준비(80): 10 • 적십자회담(84-85): 5 • 체육회담(84-87): 7 • 경제회담(84-85): 5 • 국회회담(85): 2	• 고위급회담(89-92): 131 • 국회회담(88-90): 11 • 적십자회담(89-92): 18 • 체육회담(89-91): 23
계: 124회	계: 29회	계: 183회

출처: 임동원, "남북고위급회담과 북한의 협상전략", 『북한의 협상전략과 남북한 관계』(경남대 극동문제연구소, 1997), p.7.

또한 북한과의 당국회담에서 북핵문제도 중요한 의제가 되었다. 1991년 10월 22일 평양에서 열린 제4차 고위급 회담에서 남한은 '남북 간의 화해·불가침과 교류·협력에 관한 합의서(안)'를 제안하는 한편, 북한의 핵무기 개발 포기와 핵사찰 수락을 촉구하였다. 이에 대해 북한은 '조선반도의 비핵지대화에 관한 선언(초안)'과 한반도 내 핵무기 철거와 흡수통일 포기 등을 제안했다.[20] 그 제안의 내

20) 실제로 북한은 일찍이 1976년부터 한반도비핵지대화를 제기하였다. 1976년 8월 제5차 비동맹정상회담에서 북한은 정식으로 한반도에서의 비핵지대화를 제기한 이후 1980년 북한 노동당 제6차 대회에서 한반도의 비핵화를 일본 사회당과 동북아 비핵화지대 설치문제에 대한 공동선언으로 발표하였으며, 1985년 12월 NPT에 서명했을 때 또다시 한반도 비핵지대화를 주장하였다. 1986년 북한은 구소련의 비핵지대안을 기초로 한반도에서의 비핵지대안을 주장하고 1990년대에 들어오면서 계속해서 비핵지대화 방안을 적극적으로 주장하고 1990년 9월 제2차 남북고위급 회담에서부터 이 방안을 강조해왔다. 郭臺煥, "한반도 비핵화문제와 전망", 『통일문제연구』, 제4권, 1호(1999 봄), p.177.

용은 다음과 같다. ①핵무기 시험·생산·반입·소유 및 사용 금지, ②핵무기 배치금지와 핵무기를 적재한 비행기와 함선들의 영공 및 영해 통과·착륙 및 기항 금지, ③핵우산 제공을 받는 협약체결의 금지, ④핵무기와 핵장비가 동원된 군사연습 금지 등이다.[21] 이 회담에서 핵문제에 대한 남북한 간의 의견 차이는 컸다. 남한은 "북한측이 우선 핵사찰을 받아야만 핵문제를 논의할 기본적인 조건이 갖추어지게 되며 그렇게 되면 한반도의 핵문제를 논의할 수 있다"는 입장을 견지하는 반면에 북한은 "남조선 내 핵무기가 북조선에 대한 핵사찰에 앞서 우선 토의되어야 할 문제이며 앞으로 북남고위급회담에서 이 문제들이 논의되어야 한다"고 주장하였다.[22] 그 결과 제4차 남북고위급회담에서 비록 공동발표문 형식으로 남북합의서의 명칭과 구성내용에 대한 합의를 달성하였지만 핵문제에 대해서 남북한은 큰 진전을 이루지는 못했다.

이런 상황에서 남한은 IAEA에 의존하여 북한의 핵계획을 통제하려는 이전의 전략을 수정하여 독자적으로 새로운 장치를 만드는 전략으로 전환하였다. 12월 10일부터 13일까지의 제5차 남북고위급회담에서 남한은 서문과 5개항으로 구성된 '한반도의 비핵화에 관한 공동선언(안)'을 긴급 제안했다.[23] 이와 관련해 12월 18일 노태우 대통령은 또다시 핵부재선언을 발표하였다.[24] 그런데 북한은 주한미군의 핵무기 철수를 주장하면서 제4차 남북고위급회담에서 제안했던

---

21) 郭臺煥, "한반도 비핵화문제와 전망", p.178.

22) 통일원, 『통일백서: 1992』, p.155.

23) 통일원, 『통일백서: 1992』, p.198.

24) 자세히 내용에 대해 통일원, 『통일백서: 1992』, pp.455-457 참조.

'조선반도의 비핵지대화에 관한 선언(초안)'을 그대로 다시 제안했다.

이처럼 북한은 핵개발 계획의 포기와 주한미군의 핵무기 철수문제를 연결하려는 의도를 분명히 표명한 것이었다. 그러나 남한정부는 주한미군의 핵무기 철수문제와 북한의 핵사찰 수용은 별개의 문제라고 주장했다. 북한의 핵사찰 수용은 '핵확산금지조약'에 규정된 가입국의 의무이며, 남한정부의 '비핵화선언'은 북한의 핵무기 개발 포기를 유도하기 위해 제안한 것이라고 주장했다. 북한이 요구하는 주한미군의 핵무기 한반도 철수 문제와 북한의 핵사찰 수용을 연계시키지 않겠다는 의도를 밝히고 북한의 '비핵지대화를 위한 공동선언'제안에 대해 남한과 미국은 확실히 반대 입장을 표명했다. 이것은 표면적으로는 한미양국이 한반도 유사시에 미국 핵무기의 운반·배치를 제약받고 싶지 않았고, 일단 유사시 핵무기의 한반도 반입을 완전히 배제하고 싶지 않기 때문인 것 같은데 실제적으로는 이것은 미국의 동북아정책의 조정과 관련하며, 한국은 미국의 동북아정책의 조정을 좌우할 수 없었고 미국도 북핵문제의 해결이 자기의 대동북아정책의 조정을 연결시키고 싶지 않았기 때문이었다.

한편 남한의 '비핵화 선언'에 대해 북한도 반대 입장을 가지고 있었다. 북한은 "비핵화를 운운하면서 남에게 핵우산 보호를 구걸하는 것은 비핵화를 하지 않겠다는 것"이라고 남한을 비난하고 "이미 반입된 다른 나라의 핵무기를 그대로 두고 외국 핵무기의 조선반도 영토, 영해, 영공이 통과를 허용하는 비핵화는 사실상 무의미한 것"이라며 남한의 제안에 대해 반대 입장을 표명하였다.[25] 이로써 알 수

---

25) 『로동신문』, 1991년 11월 25일자.

있듯이 북한의 비핵지대화 방안과 한국의 비핵화 방안은 커다란 차이가 있었다. 그렇기 때문에 제5차 남북고위급회담에서 역시 북핵문제에 대한 합의를 달성하지 못했다.

그런데 제5차 남북고위급회담에서 「남북사이의 화해와 불가침 및 교류·협력에 관한 합의서」를 채택함으로써 남북관계 개선에 큰 진전을 이뤘다. 이어서 양측은 제5차 남북고위급회담에서의 남북 합의에 따라 한반도의 핵문제를 협의하기 위한 대표접촉이 1991년 12월 26일부터 31일까지 3차례에 걸쳐 진행되었다. 제1차 접촉(12. 26)에서 남한은 북한이 국제원자력기구와 핵안전조치협정문안을 이미 합의해 놓은 상태이기 때문에 사안의 시급성을 감안, 북한이 늦어도 1992년 1월 15일까지 핵안전조치협정에 서명하고 비준·발효시킬 것을 촉구했다. 이에 대해 북한은 핵안전조치협정 체결 문제는 국제원자력기구와 북한 간에 해결할 문제이며, 이미 1991년 12월 12일 외교부 성명을 통해 밝혔듯이 머지않은 시간 내에 자주적으로 해결할 것이라고 하면서 체결 일자를 1992년 1월 15일 이전 운운하는 것은 내부문제에 간섭하는 것이라고 주장하였다.26) 이와 함께 북한은 남한이 제시한 비핵화(안)의 내용을 일부 수용한 새로운 비핵화 공동선언(안)을 제시함으로써 유연한 모습을 보여주었다. 북한이 제시한 공동선언(안)은 기존의 '비핵지대화에 관한 선언' 중 '비핵지대' 개념을 '비핵화' 개념으로 수정하여 ①핵무기 적재 비행기·함선의 통과, 착륙, 기항 금지 ②핵우산협약 체결 금지 ③미국 핵무기와 주한 미군의 철수 및 핵 기지 철폐 공동노력 ④비핵지대 존중을 위한 대

---

26) 통일원, 『통일백서: 1992』, p.202.

외적 조치 강구 등을 삭제하였고, ①핵에너지를 평화적 목적에만 이용 ②핵재처리시설과 우라늄 농축시설 불 보유 ③조선반도의 비핵화 검증 ④공동선언의 이행을 위한 '남북핵통제공동위원회'의 구성·운영 등을 추가·수정하였다.[27) 제2차 접촉(12. 28)에서 한국은 지난 1차 접촉에서 북한이 제시한 공동선언(안)의 명칭, 서문 및 내용 일부를 수용한 새로운 '한반도의 비핵화에 관한 공동선언(안)'을 제시하고, 공동선언 문안내용에 대한 토의를 통해 문안정리에 들어갈 것을 제의하였다. 이 접촉에서 남북한이 서문과 '핵에너지의 평화적 목적 이용'(2항), '핵재처리 시설과 우라늄 농축시설의 불 보유'(3항), '공동선언 발효 후 1개월 이내 핵통제공동위원회 구성'(5항) 등에서 의견일치를 보았다. 이어서 31일 제3차 대표접촉에서 남북한은 비핵화 공동선언(안)에 대한 의견을 교환하여 미타결 조항에 대해 절충함으로써[28) 마침내 '한반도의 비핵화에 관한 공동선언'에 완전히 합의하였다.[29) 이 합의에 따라 그 이행기구인 남북핵통제공동위원회의 구성·운영문제 합의를 위한 제1차 대표접촉이 제6차 남북고위급회담 기간 중인 1992년 2월 19일 평양에서 진행되고 이후 3월 14일까지 판문점에서 6차례의 대표접촉을 갖고 '남북핵통제공동위원회 구성·운영에 관한 합의서'를 채택하고, 사찰규정 채택시한 등을 공동발표

27) 위의 책, p.202.

28) 즉 '핵무기 제조·사용금지 문제'(1항)는 북한의 절충안대로 '제조'·'생산'을 모두 명기하고, '반입' 대신 남한 측 요구대로 '접수'로 표기하였다. '상호핵사찰 대상 문제'(4항)는 남한안의 '상대측이 선정하는 대상'에 대해 북한이 반대함으로써 '상대측이 선정하고 쌍방이 합의하는 대상'으로 절충하였다.

29) 공동선언 원문에 대해 통일원, 『통일백서: 1992』, p.487참조.

문에 담아 발표하고, 3월18일 쌍방 총리가 서명한 '남북핵통제공동위원회 구성·운영에 관한 합의서'를 교환하여 3월 19일 핵통제공동위원회를 가동하게 됐다.[30]

이처럼 탈냉전기에 접어들면서 미국과 한국은 북한 핵계획을 통제하는 두 개의 장치를 만들었다. 하나는 기존의 IAEA안전협정이고, 또 하나는 남북관계 차원에서의 비핵화공동선언과 핵통제공동위원회이었다. 특히 비핵화공동선언의 채택으로 적어도 명목상 남한이 남북관계차원에서 북핵문제를 다룰 수 있는 장치를 마련했음을 의미했으며, 남한 입장에서 보자면 대북외교에서 큰 진전을 이뤘다고 할 수 있었다. 그런데 비록 북한이 IAEA 안전협정에 서명과 동시에 사찰을 수락하고 한국과 한반도 비핵화 공동선언을 체결했을지라도 쌍방의 전략 차이는 안전협정의 서명과 비핵화공동선언의 체결 이후에도 좁혀지지는 않았다. 북한은 핵개발계획을 미국이나 남한과의 협상에서 카드로 활용하고 미국과 남한과의 관계를 개선함으로써 한반도 안보구조를 조정하고 탈냉전의 도래에 따른 불리한 국제환경을 탈피하려는 의도가 있었다. 확실히 미국이나 한국과의 협상을 통해 북한은 부분적으로 이익을 챙겼다. 예를 들어, 남북합의서의 채택으로 남한으로부터 북측 체제에 대한 대외적 인정을 받아냈으며, 미국과의 협상 채널노 열었다. 뿐만 아니라 역학관계의 배열차원에서 미국의 핵무기 철수에 따라 불리한 처지도 어느 정도 개선되었다. 그런데 미국의 전략적 의도는 북한의 핵개발을 통제하려는 데 있었고, 남한의 전략 의도는 북한의 핵 활동을 통제하고 남북관계를 주도하

---

30) 합의서 원문에 대해 통일원, 『통일백서: 1992』, p.488 - 489참조.

려는 데 있었다.

이번 협상을 통해 북한이 IAEA안전협정의 서명과 사찰수락 및 한국과의 비핵화공동선언을 체결한 것은 쌍방의 전략상의 교차점을 찾아낸 것이 아니고, 교환의 결과 때문이라고 할 수 있다. 아래의 그림5-3에서 표시하듯이 ②과 ③의 성사는 주로 ①의 통로를 열어주기 때문이다. 그렇지만 이런 협상들은 북한에게는 단지 시작일 뿐이었다. 다시 말하자면, 미국과의 협상을 통해 단지 협상의 채널을 열었으며, 이 채널을 통해 미국과의 외교관계 정상화라는 목적을 달성할 수 있을지는 여전히 미지수였다. 1992년 1월 22일 뉴욕에서 열린 북미 고위급회담에서 북한은 북미 고위급회담의 조속한 정례화를 요청하였으나 미국은 ①핵안전조치협정 성명 및 비준, ②IAEA의 핵사찰 실시, ③남북 상호사찰의 실시 등 3개 전제조건이 충족되어야 가능하다는 입장을 밝혔다.[31] 그런데 북한에게 위의 3개 전제조건은 실현된 전제조건은 미국과의 관계개선이다. 이로 인해 예측할 수 있듯이, 만약 미국과 남한이 단지 IAEA와 한반도 비핵화 공동선언을 이용하여 북한의 핵개발 계획을 통제하는 것으로 그치고 북한과의 관계를 개선하지 않는다면 이런 서명들은 북한에게는 쓸모없는 휴지조각에 불과하다. 이것은 도덕적인 비난을 받는 것보다 정권(국가)안보가 더 중요하기 때문이다. 이후 북핵문제의 전개방향이 이 같은 판단을 입증한다.

---

31) 임동원, "남북고위급회담과 북한의 협상전략", p.117.

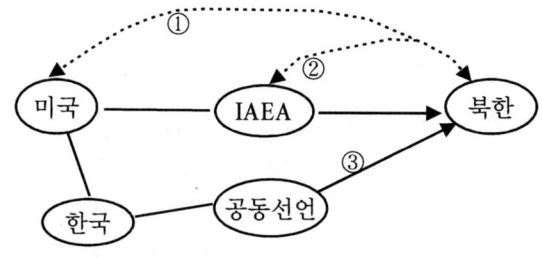

〈그림 5-3〉 북핵계획을 둘러싼 한·북·미와 IAEA 간 관계

제2절 제1차 북핵위기의 관리

남북 비핵화 공동선언의 발표와 IAEA의 핵안전조치협정의 서명은 북한핵계획을 통제할 수 있는 제도적 장치가 가동했음을 의미한다. 처음에는 북한의 핵시설에 대한 IAEA의 사찰도 비교적 순조롭게 진행되었지만 특별사찰을 둘러싼 북한과 IAEA의 갈등으로 인해 1993년 3월 12일 북한이 NPT 탈퇴선언을 발표함에 따라 이른바 제1차 북핵위기가 고조되었다. 제1차 북핵위기가 발생한 후 국제사회 특히 한반도 안보구조의 행위자의 관심을 이끌어 마침내 북한과 미국은 양자회담을 통해 제네바 기본합의서를 체결함으로써 위기 국면을 해소했다. 제1차 북핵위기가 어떻게 발생하였는가? 왜 미국은 IAEA를 제쳐놓고 북한과 직접 협상했는가? 북미합의는 한반도의 안보구조에 어떤 영향을 미쳤는가? 이런 문제들을 조명하기 위해 이 절에서 제1차 북핵위기의 발발과 해결과정을 고찰하고자 한다.

1. 위기의 고조

남북한이 비핵화공동선언을 채택하기 전에 1992년 1월 7일 한국 국방부는 1992년 팀 스피리트 군사훈련의 중지를 발표하였다. 이에 대해 북한은 호의적이었고 가까운 시일 내에 IAEA와 핵안전조치협 정에 서명하고 핵사찰을 받기로 결정했다는 외교부 성명을 발표하였 다. 1992년 1월 30일 북한이 IAEA의 핵안전조치협정에 서명한 후에 4월 9일에 최고인민회의 제9기 제3차 회의에서 이 협정을 비준하였 다. 이에 따라 북한은 1992년 5월 4일에 16개 핵시설 목록을 IAEA 에 신속하게 제출하였으며, 이후 여섯 차례에 걸쳐서 IAEA 임시사 찰을 통해 16개 시설에 대한 점검을 받았다.[32] 그런데 이런 16개 핵 시설 모두에 대한 임시사찰이 완료되기 전에 IAEA는 2개의 미신고 시설에 대한 특별사찰을 요구하였다.[33] 이것은 6차례의 임시사찰이 끝나고 IAEA는 플루토늄 추출량이 북한이 신고한 내용과 다르다는

---

32) 북한의 NPT 탈퇴선언 이전 동안 북한은 여섯 차례의 IAEA 임시사찰 을 수용하였다. 이 중 다섯 차례의 임시사찰은 1992년에 실시되었고, 마지막 임시사찰만 1993년에 실시되었다. 각 임시사살의 시기가 다음과 같다. 1차(1992. 5. 26 - 6. 5), 2차(7. 7 - 7. 20), 3차(9. 1 - 9. 11), 4차 (11. 2 - 11. 14), 5차(12. 14 - 12. 20), 6차(1993. 1. 26 - 2. 6).

33) IAEA는 실시된 특별사찰은 1992년 5월 루마니아가 민주화된 후 자신 의 투명성을 밝히기 위해 '자발적'으로 IAEA에 플루토늄 분리작업에 대한 특별보고서를 제출하면서 이의 검증을 위한 사찰을 요청하여 이 행된 경우와 걸프전에서 패배한 이라크가 '강제적'으로 사찰을 받은 경 우뿐이었다. 그 후 어느 국가도 아직 '강제적' 특별사찰을 받아본 적은 없다. 박건영, 『한반도의 국제정치: 평화와 통일을 위한 새로운 접근』 (서울: 오름, 1999), p.109 참조.

것을 확인하였기 때문이었다. IAEA 사찰단이 1992년 북한에 대한 임시사찰 과정에서 취재한 플루토늄 샘플과 폐기물 샘플의 분석을 통해 IAEA는 북한이 시인한 것보다 더 많은 양의 플루토늄을 수회에 걸쳐 추출했다는 결과를 알게 되었으며, 북한이 이미 이를 3회에 걸쳐 추출한 것으로 IAEA는 분석하였다. 1993년 2월 9일 IAEA는 샘플로 추정한 플루토늄의 차이와 새로운 정보에 입각하여 북한이 안전협정을 위반한 것으로 의심되는 2개의 미신고시설에 대해 특별사찰을 요구하고 북한의 핵개발계획의 전 과정을 규명함으로써 북한의 과거 핵개발에 대한 완전한 투명성을 확보하려고 하였다.[34] 이로써 1993년 2월 25일 IAEA 내부요인뿐만 아니라, 미국의 강경한 태도로 IAEA이사회는 북한에 전면적인 핵안전협정 준수를 결의하였고, 북한에게 특별사찰을 강력하게 요구하였다. 그러나 이에 대해 북한은 주권침해라고 반발하면서 거부하였다.

북한이 왜 IAEA의 특별사찰 요구를 거부하였는가? 부분적 원인으로는 다른 어느 국가에게도 요구하지 않았던 IAEA의 특별사찰을 북한에게 수용하라는 것은 '공화국의 존엄과 자주권을 엄중히 침해하는 행위'라고 북한정부는 생각했다. 또 다른 원인은 IAEA의 핵안전조치협정에 서명한 후 북한과 미국 및 남한의 관계발전 양태에서 찾아야 한다. 앞에 지적했듯이 북한은 동유럽 사회주의체제의 붕괴로 야기된 체제의 생존위기에서 탈피하여 국제사회로부터 인정을 받을 필요성이 있었고, 이를 위해서는 제일 먼저 북미 관계의 개선을 필수적인 것으로 인식해왔다. 그러므로 북한이 북미 관계의 정상화를

---

34) 김관봉, 『NPT와 북한핵』(서울: 예진출판사, 1995년), p.113.

희망하여 1992년 북미 간의 첫 고위급회담에서 북미 고위급회담의 조속한 정례화를 요청하였다. 이에 대해 미국도 핵안전조치협정 서명 및 비준, IAEA의 핵사찰 실시, 남북사찰의 실시 등 3개 전제조건이 충족되어야 가능하다는 입장을 밝혔다. 그런데 일단 북한이 법률효력이 있는 조약을 서명한 후에는 미국이 이런 조약을 도구로 북한의 핵 활동을 통제하려고만 하였고 북미 관계 개선에는 전혀 노력을 기울이지 않았다. 북한이 남북 관계의 진전과 핵 투명성 보장을 계속적으로 표명하고 노력했음에도 불구하고, NPT 탈퇴 선언 이전까지 실질적으로 북미 관계의 정상화를 위한 북미 협상의 계기를 마련할 수 없었다.[35] 북미 관계의 진전 상황에 대한 북한의 불만이 IAEA의 특별사찰을 거부하는 것으로 표출됐다. IAEA의 사찰이 순조롭게 진행되지 못한다면, 미국은 보다 강경하게 북한에게 핵사찰 수용하라는 압력을 행사할 것이다. 이것은 미국 국내정치와 연결되어 있는 것이었다.[36] 한·북·미 3자들 사이의 동태적 역학관계도

---

35) 정문헌, 『남북한과 미국: 남북관계의 *浮沈*』, p.121.

36) 미국 국내에는 북한에 대한 이른바 강경파와 온건파가 존재한다. 리언 시걸에 의하면, 미국 정책결정자들은 북한에 대한 네 가지의 신념에 의해 강경노선으로 가게 되었다. 1) 핵확산을 통해 일단 한 국가가 핵폭탄을 제조하기로 결정하면, 그것을 중단하도록 설득하는 것이 어렵다는 것이다. 2) 스탈린주의적 공산주의의 마지막 보루인 북한은 외부세계에 대한 적대감으로 인하여 핵폭탄을 제조할 동기를 갖고 있다는 것이다. 3) 주요한 핵확산 위협이 북한, 이란, 이라크와 같은 악당 국가에서 발생한다는 것이다. 4) 어떤 국가들의 핵 야망을 포기하도록 하는 방법은 그들을 무법자 취급하고 그들이 무장해체 하도록 강제하는 것이다. 리언 시걸 저. 구갑우, 김갑식, 윤여령 공역, 『미국은 협력하려 하지 않았다』(서울: 사회평론, 1999), pp.26 - 29.

마찬가지다. 본래 북한은 국력과 정통성 격차로 우위에 있는 남한이 남북 관계를 주도하는 것을 우려했기 때문에 남북 관계의 발전에 대해 경계했으며 적극적인 태도도 취하지 않았다. 미국은 남북 관계의 진전을 북미 관계 개선의 전제조건으로 제시했음으로써 남북 관계의 진전을 이루지 않고는 북미 관계의 개선을 기대하기가 불가능하다는 것을 북한은 인식하게 됐다. 북미 관계의 개선을 위해 남북 관계의 개선을 추진할 수밖에 없지만, 남북 관계의 개선은 분명히 부차적인 작업이라고 북한이 인식하였다. 그런데 일단 남북 관계를 다룰 수 있는 제도적인 장치가 마련된 후 남한과 미국은 바로 이런 제도적인 장치를 이용하여 북한이 원하지 않는 속도와 수준으로 남북 관계를 추진하고자 할 것이다. 남북한의 전략 차이는 남북 관계의 발전이 순조롭게 진행되지 않을 빌미를 제공하기 때문에 일단 남북 관계의 진전이 없다면 이는 미국이 대북한 강경 노선을 실시할 수 있는 구실이 될 것이다. 일단 미국이 북한에 대해 강경한 정책을 취하고 북한이 미국과의 관계를 개선하려는 목표를 달성할 수 없을 것으로 전망한다면, IAEA와의 갈등이 초래될 수 있고 남한과의 관계도 경색될 수밖에 없을 것이다. 이런 악순환의 관계 고리를 다음 그림5 - 4처럼 표시할 수 있다.

북한은 6개월간 여섯 차례의 IAEA 사찰을 수용하였으나 북한이 원하던 미국과의 관계개선의 조짐은 보이지 않았다. 오히려 IAEA 사찰은 두 곳의 핵의혹 시설에 대한 검증을 요구했고, 미국과 남한도 북한을 압박하기 위한 조치로서 한번 중단했던 팀 스피리트 훈련의 재개를 결정했다. 이로 인해 북한은 실망하였고, IAEA의 불공정성을 이유로 NPT 탈퇴를 선언하였다.

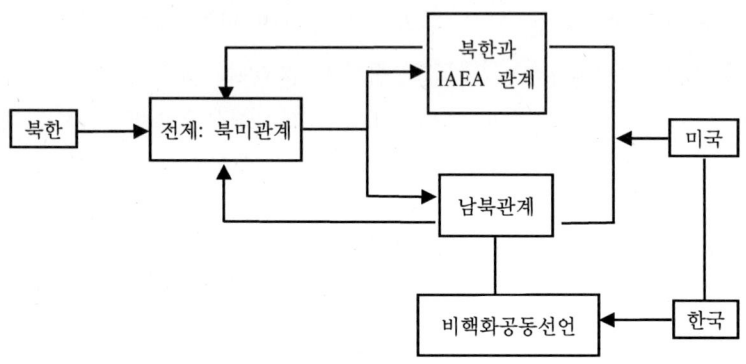

〈그림 5-4〉한·북·미 3자 간 관계구도

　북한과 IAEA 및 미국 사이에 갈등이 일어났을 때, 남한이 북핵 문제와 남북 관계 분리원칙을 수정하여 미국의 대북 강경정책에 협조함으로써 북한을 자극하고 제1차 북핵위기의 발발을 유발한 하나의 원인을 제공하였다. 1993년 2월 25일에 출범한 김영삼 대통령의 신정부는 대북정책의 기조로 화해협력단계, 남북연합단계, 통일국가단계의 3단계론과 민족복리, 공존공영, 국민합의 3기조를 제시하였다. 이를 통해 볼 때 김영삼 정부는 정권 초기에는 북핵 문제와 남북 관계를 연계하지 않고 북핵 문제와 남북 관계를 분리해서 대응하는 대북정책을 원칙적으로 설정하였다고 볼 수 있다. 그러나 북한에 대한 미국 내 강경파의 득세가 한국 내의 강경파의 위상과 입장을 강화시킴으로써 한국의 대북정책의 방향을 전환시켰다. 북한과 IAEA 및 미국의 갈등에 따라 팀 스피리트 훈련 재개 문제는 한미연례 안보협상회의가 개최되기 바로 전에 주요한 현안으로 제시되었다. 1992년 10월 워싱턴에서 열린 한미연례안보협상회의에서 한미양국은 '최근 북한이 국제원자력 기구(IAEA)의 핵사찰을 구실로 한반도 비핵화 공동성언에 명시된 남북 상호사찰을 계속 지연·회피하고 있는데 대한 심각한 우려를 표명하였으며, 핵무기개발 의사가 없을 뿐만 아니라 핵재처리 시설 및 우라늄 농축시설을 보유하고 있지 않다는 사실을 보증할 수 있도록 한반도 비핵화 공동선언에 포함되어 있는 모든 공약을 즉각 이행할 것을 촉구하였으며' '남북관계 특히 상호 핵사찰 등에 있어서 의미 있는 진전이 없을 경우 1993년 팀 스피리트 훈련을 실시하기 위한 준비조치를 계속해 나가기로 합의하였다.'[37] 1993년 3월 7일 한미 영국은 팀 스피리트 훈련을 재개하였고 1993년 3월 9일 워싱턴을 방문 중이던 공노명 한국 핵통제 공동위원장은 "북핵 문제 해결 없이는 경제협력을 포함한 남북 관계의 진전은 있을 수 없으며 이와 같은 우리 정부의 통일된 입장을 클린턴 행정부에 전했다"고 발표하였고,[38] 4월 20일 남한은 통일관계 장관회의에서 대북핵 연계정책을 지속하는 것을 결정하였다.[39]

이처럼 한미양국은 두 방향에서 북한을 압박함으로써 북한으로 하여금 미국과의 관계개선이란 목표를 달성하지 못할 것이라고 전망하

---

37) 한국국방부, 『한·미 안보협의회의(SCM)공동성명: 1968 – 2002』(서울: 2003), pp.123 – 1

38) 『중앙일보』, 1993년 3월 10일자.

39) 이 회의에서 한국정부는 1) 해무기 개발 저지, 2) NPT 북귀 및 남북 동시핵사찰 실시, 3) 대화를 통한 평화적 해결이라는 핵문제에 대한 3개항의 기본 입장을 정립하였고 핵문제 해결 시까지 경제협력과 기업인 방북을 유보하기로 정함으로써 사실상 북핵 문제와 남북 관계 개선 문제와의 분리정책을 포기하였다고 할 수 있다. 정문현, 『남북한과 미국: 남북관계의 浮沈』, p.127.

게 했고, 다시금 벼랑 끝 전술을 행사하도록 조장해 한반도에 위기를 초래했다.

2. 위기의 해결

북한이 NPT 탈퇴 선언을 하자 한반도에 위기가 고조되었다. 그런데 실제로는 북한의 NPT 탈퇴 성명에서 미국이 팀 스피리트 훈련을 통한 핵위협을 중단하고 IAEA의 독자성과 공정성이 회복될 경우, 탈퇴를 재고할 수 있다는 암시를 하였다. 북한의 NPT 탈퇴는 벼랑 끝 전술의 성격을 띤다고 해석할 수 있는 부분이다. 북한이 NPT 탈퇴 이전에는 이루지 못한 미국과의 관계개선이란 목표를 달성하기 위해 벼랑 끝 전술을 활용하여 미국을 협상테이블 앞에 끌어냄으로써 미국과의 양자협상을 통해 북미 관계 개선이라는 목표를 부분적으로나마 이루었다고 할 수 있다. 1년이 넘게 3단계를 걸친 북미 양자 간의 회담을 통해 마침내 1994년 10월 「제네바기본합의서」가 체결됨으로써 제1차 북핵위기가 해결되었다.

제1차 북핵위기의 발생은 한반도 안보구조의 산물이고 북미 양자회담을 통한 해결방식도 한반도 안보구조의 산물이라고 할 수 있다. 이것은 북미 양국의 협상성사와 이 과정에서 각 행위자들 간의 상호작용을 살핌을 통해 이해될 수 있다. 그리고 바로 제1차 북핵위기의 북미양자협상 해결방식은 한반도의 국제관계, 특히 남북한과 미국 삼각관계에 깊은 영향을 주었다.

북한의 NPT탈퇴선언 이후 국제사회의 비난 여론이 높아졌으며 특히 IAEA는 이에 대해 강력하게 대응했다. 4월 8일 IAEA는 공식 전체 회의를 개최하고 성명을 채택하였다. 이날 성명의 골자는 다음과 같다: ①NPT 당사국들의 조약 의무준수의 중요성을 재확인하고, ②한반도 비핵화 공동선언을 지지하며, ③현 상황을 해결하려는 모든 노력을 환영하며, 특히 IAEA가 북한과의 협의를 위해 계속 노력할 것을 고무하며, ④북핵문제의 상황을 계속 주시한다는 것이었다.[40] 그러나 북한이 NPT 탈퇴 철회를 거부하는 강경한 태도를 유지했기 때문에 미국은 다음 단계로 유엔안보리 수준의 조치를 추진했다. 4월 23일 미국은 안보리 상임이사국 협의회에서 1차 결의안 초안을 제시하였고, 중국이 한 번 더 의장 성명을 추진하자고 반대했으나 미국은 영국, 프랑스, 러시아와 함께 4월 28일 대북 결의안 초안을 마련, 4월 30일에 이를 중국에 제시하였다. 한편 미국은 결의안 채택 후 북미 고위급 회담에 대한 중국 측의 요구를 수용할 것임을 밝혀 5월 11일 북핵문제에 대한 유엔안보리 결의안 825호가 채택되었다. 이는 바로 북미 고위급회담을 위한 근거가 되었다. 이에 따라 6월 초부터 북미고위급회담이 시작됐다.

IAEA에서 유엔안보리로, 또 북미고위급회담으로 연쇄적으로 전개된 것은 각 행위자들이 상호작용한 결과라고 할 수 있다. 3월 12일 북한이 NPT탈퇴선언을 발표하자마자 유엔주재 중국대사가 북한의 NPT 탈퇴 문제에 대해 유엔안보리 취급에 반대하는 입장을 밝혔다. 3월 18일 천시치유(陳士球) 오스트리아 주재 중국대사가 또다시 북핵문제의 유엔안보리 회부를 반대한다고 밝혔다.[41] 3월 23일, 31일,

---

40) 통일원, 『북핵문제 관련 주요일지(1. 1 - 11. 1)』(서울: 국제교역문화사, 1993), p.31.
41) 김용호, "비대칭동맹에 있어 동맹신뢰성과 후기 동맹딜레마: 북·중 동

4월 8일 중국은 외교부장인 첸치천(錢其琛)의 담화, 중국국무원 총리인 리펑(李鵬)의 기자회견과 중국외교부 대변인 우지안민(吳建民)의 기자회견을 통해 북핵 문제를 유엔안보리에 상정할 경우 문제가 더 복잡해질 것이기 때문에 유엔안보리에서 해결하지 말고 관련자들의 협상을 통해 이 문제를 해결하라는 입장을 거듭 권고하였다.[42] 한편 북한도 국제사회의 강력한 비난을 무시할 수 없었다. 유엔 주재 북한 대표부의 허종 대사는 '어느 정도까지 양보할 것'이라고 말하면서 위기국면의 타개를 시도하였으며,[43] 5월 11일 유엔안보리가 북한의 NPT 복귀와 핵안전협정 준수를 촉구하기 위해 추가적인 조치를 고려할 수 있음을 표명하자 북한은 미국에 협상하자고 제의하였다. 이때 미국 클린턴정부도 북핵 문제 해결을 위한 대북정책의 선택을 두고 고심하고 있었다. 북한의 대화 제의는 미국이 먼저 대화를 제의할 경우 가질 수 있는 국내 정치적 부담을 없애준 동시에 미국이 수락한다면 북미 대화를 제의했던 중국의 체면을 봐줄 수 있기 때문에 북미 양국은 북한의 NPT 탈퇴 효력일(6월 12일)을 바로 앞둔 6월 초 고위급회담을 개최하기로 하여 북핵문제에 대한 정치적 해결의 길이 처음으로 열렸다.

유엔 안보리 825호 결의안에 따라 1993년 5월 17일부터 미국무부의 찰스 카트만 한국과장과 북한의 김정수 주유엔 북한대표부 차석

맹과 북한의 대미접근을 중심으로", 『통일문제연구』, 통권 제36호(2001년 하반기호), p.24.

42) 『人民日報』, 1993년 3월 24일자, 4월 1일자, 4월 9일자.

43) Washington Times, April 14, 1993. 서보혁, 『탈냉전기 북미관계사』, p.181 재인용.

대사가 세 차례 실무접촉을 가진 끝에 6월 2일부터 북미 고위급회담을 시작하기로 합의했다. 이때부터 제네바합의의 채택까지 북미협상은 대체로 6월 2일‐11월의 제1단계, 7월 14일‐19일의 제2단계, 1994년 8월 12일‐15일과 9월 23일‐10월 21일 등 3단계로 나뉘었다. 우여곡절이 많은 북미협상 과정을 살펴보면 제네바합의의 체결이 결코 쉬운 일이 아니었던 것으로 보인다.

6월 2일‐11일간의 뉴욕의 제1단계 북미고위급회담 동안 미국은 한미 협의를 바탕으로 '선 NPT 복귀, 후 관계개선 원칙' 아래 북한의 NPT 복귀와 IAEA 특별사찰 수용, 그리고 남북한 간 비핵화 공동선언의 실천 등을 요구하였다. 반면 북한은 핵문제뿐만 아니라 상호 이해를 갖고 있는 문제들을 '포괄적으로 동시에 논의'해야 한다고 주장했다. 미국이 '대북 압살 정책' 포기하고 북한의 실체와 정치체제를 인정해서, 평등·호혜·선린의 원칙에 입각한 북미 관계의 개선을 요구했다. 이로써 알 수 있듯이 1차 접촉에서 북미 양국은 회담의제조차 맞출 수 없었다. 그런데 2차 접촉 이후 양국은 비공식 접촉을 통해 서로의 입장을 조율했는데 6월 10일 3차 접촉에서 북한은 강경자세를 누그러뜨려 남한과의 비핵화 선언을 이행할 의사가 있음을 표명했다. 그 결과 11일 4차 접촉에서 양측은 북한의 NPT 탈퇴 유보와 북미 간 고위급 회담의 지속이라는 합의를 언론에 보도하는 공동성명(joint statement)형식을 채택함으로써 달성하였다.[44] 이

---

44) 공동발표문의 내용은 크게 5가지 사항을 담고 있었다. 구체적으로는 ① 핵무기를 포함한 무력의 불사용 및 불위협을 보장한다. ②전면적인 핵안전조치협정의 공정한 적용을 포함한 비핵화된 한반도의 평화와 안전을 보장하고, 상대방의 주권을 상호존중하며 내정에 간섭하지 아니한

어서 7월 14일부터 19일까지 제2단계 북미고위급회담이 제네바 북한 대표부에서 개최되었다. 14일 2단계 회담의 첫날 접촉에서 북한은 국제원자력기구의 불공정성 문제를 들고 나왔고, 이에 대해 미국은 위성촬영의 내용과 그 결과를 상세히 설명하면서 국제원자력 기구의 특별사찰 수용과 남북 상호 핵사찰에 대한 북한 측의 약속이행을 촉구했다. 그러나 북한은 IAEA 안전조치 협정의 이행에 따라 미국 측의 선행조건을 요구했다. 북한의 요구는 핵무기 불사용 문서보장, 대규모 한미 군사훈련 중지, 한반도에 핵무기 불배치 선언, 휴전협정의 평화협정으로의 대체, 북한에 대한 테러국 지정 철회, 고려연방제 통일 방안 지지 등 6개항으로 그전부터 줄곧 주장해오던 사항이었다.[45] 7월 16일 두 번째 접촉에서 미국은 한반도 비핵화 공동선언의 이행을 위한 남북대화의 필요성을 강조했고, 북한은 이에 원칙적으로 동의하면서 이전에 요구했던 팀 스피리트 훈련 중지나 주한미군기지 사찰 문제를 고집하지 않는 대신 경수로 전환에 대한 미국의 지원 요청을 IAEA와의 협상을 위한 새로운 전제조건으로 제시하였다. 마침내 7월 19일 5개항을 포함한 언론발표문을 발표하였다.[46]

다. ③한반도의 평화적 통일을 지지한다. ④평등하고 공정한 기초 위에서 대화를 계속한다. ⑤북한은 필요하다고 인정하는 기간 동안 NPT탈퇴의 효력을 일방적으로 정지시킨다는 것 등이었다. 권영진, 『북한 핵문제에 대한 한국의 정책결정과정 연구』(고려대학교 박사학위논문, 1998), pp.143-148.

45) 정문헌, 『남북한과 미국: 남북관계의 浮沈』, p.134.

46) 이 언론발표문에 포함된 5개항이 다음과 같다. ①1993년 6월 11일 북미공동발표문의 원칙을 재확인한다. ②미국은 북핵문제의 최종적 해결의 일환으로 경수로 도입을 지지하며, 이를 위한 협의 용의가 있음을

2단계회담 공동발표문에서 북미 3단계 고위급회담을 2개월 이내에 진행하기로 합의한 내용을 포함했지만, 11월 말로 한번 연기되었고 1994년 3월 31일로 다시 연기되었다가 마침내 1994년 7월 8일에야 비로소 개최되었다. 회담 첫날 북한은 ①최단 시일 내에 흑연감속로를 대체할 경수로 도입, ②대북 무력 불사용 및 불위협에 대한 법적·실제적 보장, ③북미 간 즉각적인 외교관계 정상화 등을 요구사항으로 내놓았으며, 이러한 세 가지 요구사항이 충족될 경우 NPT 지위유지, IAEA 핵사찰보장, 한반도 비핵화 공동선언에 관한 구체적 보장 등을 이행하겠다고 약속했다. 특히, 북한은 경수로 지원과 무력 불사용 보장을 필수조건으로 제시하고, 무력 불사용 및 불위협을 위한 제도적 보장과 관련하여 평화협정 및 주한미군문제를 추후에 협의할 것을 강조했다.[47) 이에 대해 미국은 추가적인 핵연료 재처리의 금지와 사용 후 핵연료의 제3국 이전을 가장 중요한 요구사항으로 제시하면서 경수로 지원문제에 대해서는 북한이 동시적 조치를 취할

표명한다. ③양측은 IAEA 핵안전조치의 완전하고도 공정한 적용이 핵확산금지체제를 이룩하는데 필수적이라는 데 견해를 같이하면서 북한은 핵안전조치와 관련한 현안문제와 기타 문제들에 대한 IARA와의 협의를 빠른 사일 내에 시작할 용의를 표명한다, ④양측은 한반도 비핵화 공동선언 이행의 중요성을 재확인하고, 북한은 핵문제를 포함한 남북한의 문제들에 대해 빠른 시일 내에 남북회담을 시작할 용의를 가지고 있다는 것을 재확인한다, ⑤양측은 경수로 도입을 포함한 핵문제 해결과 관련된 현안 및 북미 간 전반적인 관계 개선 문제를 토의하기 위해 2개월 내에 다음 회담을 진행하기로 합의한다. 통일원, 『북핵문제 관련 주요일지(1. 1 - 11. 1)』, p.140.

47) 외무부, 『3단계 미-북한 회담 진행경과』, 정문현, 『남북한과 미국: 남북관계의 浮沈』, p.176 재인용.

경우에 한해서 협의할 용의가 있다는 입장을 전달했다. 아울러 미국은 북미관계 정상화를 위해 즉각적인 조치를 취할 준비가 되어 있다는 것을 주지시키고, 무력 불사용 보장에 대해서도 긍정적 반응을 보였다. 다만, 평화협정 체결문제는 남북 기본합의서에 따라 남북 당사자 간에 해결할 사안이라는 점을 강조했고, 주한미군 철수문제도 현 단계에서는 절대 논의할 수 없다는 것을 분명히 했다.[48] 이어 8월 5일부터 속개된 제네바회담은 빠른 속도로 진전되기 시작했고 북한은 평화협정 체결문제와 주한미군 철수문제에 더 이상 집착하지 않고 경수로 지원문제를 가장 중요한 안건으로 제시하였고 미국은 예상대로 사용 후 핵연료의 처리문제와 핵연료 재장전문제를 가장 중요한 현안으로 제시했다. 3단계 회담에서 마지막까지 쟁점이 된 것은 5MWe 원자로의 사용 후 핵 연료봉 처리문제와 핵연료 재장전문제였다. 미국은 이 두 가지 문제가 북한 핵 프로그램을 동결하는데 가장 핵심적 문제라고 생각하고 있었던 반면, 북한은 핵카드의 지속성 여부가 달린 문제라는 점에서 좀처럼 양보할 의사를 보이지 않았다. 그런데 양측은 각자의 국내 상황이 있었기[49] 때문에 결국 이 문제는 북미 양측 간에 이견이 있는 부분에 대해 상당히 모호하고 원칙적인 표현으로 절충하는 선에서 매듭을 짓고, 마침내 8월 12

---

48) 외무부, 『3단계 미-북한 회담 진행경과』, 정문헌, 『남북한과 미국: 남북관계의 浮沈』, p.177 재인용.

49) 미국의 경우, 11월의 중간선거와 1995년 NPT 연장회의가 임박했기 때문에 북핵문제를 어떤 형태로든 조기에 매듭지어야 할 필요가 있었다. 한편, 북한은 국가존립을 위한 대외관계의 안정과 김일성 주석의 사망으로 인해 야기되는 불안정 해결, 김정일의 권력승계를 위한 분위기 조성을 위해 북미 관계 개선에 가시적 성과를 도모할 필요가 있다.

일 북미관계개선과 경수로지원에 관한 포괄적 기본원칙을 담은 공동
발표문을 채택하였다.50) 이어서 9월 23일 북미 3단계 고위급 2차 회
담이 재개되었고 별다른 문제없이 최종 10월 21일에 북미 양국은
이른바 제네바합의서, 즉 '기본합의서(Agreed Framework)'와 비공개
'보조합의서'에 공식적으로 서명하였다. 그 내용을 세 부분으로 나눠
보자면 핵문제, 핵 불확산체제와 관련한 부분과 북미 관계와 관련한
부분 및 동북아 지역안전과 관련한 부분을 포함하였다.51)

---

50) 이 공동발표문의 내용이 다음과 같다. ①북한은 흑연감속로와 관련시설
    을 경수형 발전소로 전환할 용의가 있으며, 미국은 2,000MWe 규모의
    경수로를 북한에 가능한 한 빠른 시일 내에 제공하고, 경수로 전환 기간
    동안 대체에너지를 제공한다. 북한은 경수로 제공 및 잠정적 대체에너지
    제공조치에 관한 미국의 보장을 접수하는 즉시 IAEA 감시하에 50MWe
    및 200MWe 원자로 건설을 동결하고, 재처리를 하지 않으며 방사화학
    실험실을 폐쇄할 것이다. ②미국과 북한은 정치 및 경제관계의 완전한
    정상화를 위한 조치로서 각기 상대방의 수도에 외교창구를 개설하고 무
    역 및 투자 장벽을 완화시킬 준비가 되어 있다. ③ 한반도의 비핵화와
    안전을 위해 미국은 북한에 대하여 핵무기 불사용 및 불위협에 대한 보
    장을 제공할 준비가 되어 있고, 북한은 한반도비핵화 공동선언을 이해할
    준비가 되어 있다. ④ 북한은 NPT 당사국으로서 잔류하고 동 조약에 따
    른 안전조치협정의 이행을 수락할 준비가 되어 있다, 또한 미국과 북한
    은 흑연감속로의 경수로 전환지원, 사용 후 핵연료의 안전한 보관과 처
    리, 대체에너지 제공문제 및 연락사무소 개설을 추진하기 위한 전문가회
    의(expert‐level meeting)를 개최할 것과 1994년 9월 23일 제네바에서
    회담을 재개할 것에 합의하였다. 외무부, 『3단계 미‐북한 회담 진행경
    과』, 정문현, 『남북한과 미국: 남북관계의 浮沈』, p.180 재인용.
51) 자세한 내용은 본 연구의 부록부분을 참조함.

3. 해결방식의 평가

북미 기본합의서의 체결로 북한의 NPT 탈퇴로 인해 고조되었던 한반도의 위기는 해소됐으나, 탈냉전기에 접어들면서 미국과 남한이 IAEA와 한반도비핵화공동선언으로 북한의 핵계획을 관리하고자 했던 전략은 실패하고 말았다. 바꿔 말하자면 IAEA와 한반도비핵화공동선언은 법률적 효력을 갖는 국제기구나 쌍무적인 조약으로서 서명자들은 그들의 권위를 존중해야 한다. 그런데 서명자인 북한이 IAEA와 비핵화공동선언을 무시하고 북미 협상에 의존해 IAEA와 비핵화공동선언의 이행을 약속했음으로써 IAEA와 비핵화공동선언의 권위와 독립적인 효력에 상처를 남길 수밖에 없었다. 또한 북미 양국은 양자협의를 통해 북핵문제로 야기된 한반도의 위기를 해결했음으로써 한반도의 국제관계에 깊은 영향을 주었다.

북핵 문제를 다룬 북미 고위급회담과 북미 기본합의서의 채택이 모두 한반도 국제관계 구조의 산물이라고 할 수 있다. 즉 북미 기본합의서의 체결은 북핵 문제를 둘러싼 각 행위자의 정책이 서로 절충한 결과이었다. 이것은 북핵위기가 고조되었을 때 각 행위자의 반응과 주장을 보면 잘 알 수 있다. 북한과 IAEA가 특별사찰과 관련해 갈등이 일어났을 때, 미국은 먼저 북핵문제를 유엔안보리에 회부하고 북한을 제재해야 한다고 주장하였다. 이에 대해 각 행위자들의 반응은 달랐다.

1) 중국

중국은 다음 표5-2에 나타나는 것처럼 계속해서 북한에 대한 제재를 반대하는 입장을 견지하였다.

〈표 5-2〉 제1차 북핵위기에 대한 중국의 입장

1993. 10. 22	리펑(李鵬) 총리, 북한은 주권국가이므로 명령이나 압력을 가할 수 없으며 압력에 의한 문제해결에 반대한다고 밝힘
11. 9	첸치천(錢其琛) 외교부장, 국제사회의 대북압력 움직임이 바람직하지 않다고 언급
12. 21	중국외교부 대변인, 중국은 대북한 석유금수조치에 반대한다고 밝힘
1994. 3. 16	첸치천(錢其琛) 외교부장, 북핵문제와 관련, 중재의사가 없음을 강조하여 대북 영향력을 행사하지 않을 것임을 천명
3. 19	우지안민(吳建民) 외교부 대변인, 북핵문제 안보리 회부와 대북제재에 반대한다고 언급
3. 22	리펑(李鵬) 총리, 북핵문제의 안보리 회부 반대 입장 천명
3. 25	중국은 UN안보리 협의에서 미국, 영국, 프랑스, 러시아 4개국이 합의한 대북한 결의안 초안을 채택하는 데 반대
4. 2	첸치천(錢其琛) 외교부장, 안보리 대북제재안 채택에 유화적 어구 사용 환영표시
6. 3	탕자쉬안(唐家璇) 외교부 부부장, 대북제재 반대 입장 표명

중국이 국제사회의 대북제재에 반대한 이유는 다음과 같다. 첫째, 탈냉전기 들어 중국 안보정책이 지역화 방향으로 전환함에 따라 한반도의 평화와 안정을 유지하는 것은 중국의 대한반도 정책의 주축이 되었다. 그런데 1992년의 한중 수교로 인해 북·중 관계가 악화

될 수밖에 없었다. 중국은 북중 관계의 악화를 원치 않았기 때문에 제4장에서 논의했듯이, 1993년에 중국은 북한과의 관계개선을 위한 노력을 시작하였다. 국제사회의 대북제재를 반대한 중국의 의도는 이러한 북중 관계의 발전궤도에서 이해해야 한다. 둘째, 국제사회의 대북제재로 인해 야기될 수 있는 북한체제의 붕괴, 북한과 국제사회의 충돌은 한반도 지역의 안정에 불리하다고 생각하였다. 그렇기 때문에 중국은 국제사회의 대북제재에 계속 반대해왔다. 하지만 중국은 북한이 핵무기를 가질 경우, 한반도의 평화와 안정에 불리하다고 인식하였기 때문에 1994년 3월 21일 IAEA 특별이사회가 북한의 핵사찰 거부를 안보리에 통고하는 결의안을 채택했을 때 중국이 기권한 것은 핵개발 계획을 포기하도록 북한을 설득하는 동시에 필요한 압력을 행사한 것이라고 해석할 수 있다. 그 외에 1989년 천안문사태 후에 국제사회의 제재를 받은 중국은 미국을 비롯한 국제사회의 관계개선을 위해 협력하는 자세를 보여줘야 한다고 인식하였는데, 825호 결의안에 대한 중국의 기권은 이러한 점을 보여준 것이다.

그리고 북핵문제를 해결하는 협상 방식으로 중국은 북한이 요구한 북미 양자대화를 수용할 것을 미국에게 요청했을 뿐만 아니라 중국도 소위 '4방3변'대화방식을 제시하였던 것이었다.[52]

이로써 알 수 있듯이 제1차 북핵위기에 대한 중국의 정책은 다음의 두 가지로 요약할 수 있다. 하나는 국제사회의 대북제재를 저지하려는 것이며, 다른 하나는 북핵문제를 협상을 통해 해결해야 한다

---

52) 소위 '4방3변'은 남북한과 미국 및 IAEA라는 당사자들이 남북한 간, 미국과 북한 간, 그리고 IAEA와 북한 간이라는 3개의 대화채널을 통한 협상을 말한다. 김관봉, 『NPT와 북한 핵』, pp.144-145.

는 것이었다. 바꿔 말하자면 그때 중국은 북한의 핵보유를 저지하기 보다는 북한에 대한 국제사회의 제재를 막는 것이 더 시급하다고 인식하였다. 그리고 북핵 문제를 협상을 통해 해결해야 한다는 원칙을 제시하면서 중국의 참여 여부보다는 이 협상에 누가 참여하더라도 북핵 문제를 평화적으로 해결하기만 하면 된다고 인식하였다.

2) 러시아

북핵 문제가 부상했을 때, 러시아는 북핵 문제에 대한 관심을 표명하면서 기본적으로는 미국의 방식대로 북한의 핵활동의 현재와 미래를 동결하는 정책에 찬성해 미국과 남한의 입장을 지지했다. 1992년 11월 한·러 정상회담의 공동발표문에서 러시아는 북핵과 관련해 양국의 전반적 협력관계를 명시하였다. 1993년 4월 28일 러시아는 미국이 유엔안보리에 제시한 대북 결의안 초안을 지지하였는데, 1993년 10월 13일 러·일 정상회담에서도 북핵 문제에 대해 우려를 표명하였고, 동북아의 평화와 안정을 해치는 북한 핵문제에 대해 일본과 러시아가 공동 대처하자고 하였다. 또 러시아는 북한이 NPT 가입국으로서 계속 잔류하여 IAEA 사찰을 엄격히 수용하고, 「한반도비핵화공동선언」의 실천을 통해 국제사회의 우려를 해소시켜야 한다는 입장을 밝혔다. 이러한 러시아의 입장은 사실상 미국과 남한이 추진하는 대북한 핵정책과 맥락을 같이하는 것이었다.[53]

북핵위기가 고조되자 러시아정부는 1994년 3월 24일 외무부성명

---

53) 유찬열, "동북아 4강의 대북한 핵정책 비교분석", 『국방논집』, 제27호 (1994년 가을), p.55.

을 통해 북한문제의 해결을 위해 러시아, 북한, 남한, 미국, 중국, 일본, 유엔 및 IAEA 등이 참가하는 이른바 '8자회담'을 제의하였는데 "남북한, 한반도와 국경을 맞대고 있는 당사국들, 그리고 핵관련 국제기구들이 참여하는 '8자회담'만이 현 사태를 해결하는 데 가장 효과적인 방안"이라고 밝혔다.54) 또 러시아는 이 성명에서 북한이 IAEA회원국으로서 의무를 수행할 것을 촉구하고, 유엔안보리의 대북한 결의안을 지지한다고 밝혔다. 1994년 6월 김영삼 대통령의 러시아 방문 시 러시아는 한국, 미국, 일본의 입장에 적극 동조하고 있음을 다시 강조하였고, 옐친 대통령은 북핵문제가 평화적으로 해결되는 것이 바람직하나 만일 북한이 끝내 태도변화를 보이지 않을 경우, 국제사회의 제재가 불가피하다는 점에 공동 인식을 갖고 있다고 언급하였다. 1994년 6월 16일 러시아 북핵문제해결을 위한 '8자회담' 개최를 다시 제의하였고, 한반도 비핵화선언의 이행과 미국·북한과 일본·북한 간의 관계개선을 포괄적으로 동시에 타결하자고 제의하였다.55) 6월 18일에도 러시아는 북한이 핵확산금지체제를 파괴하는 전례를 만들 경우, 북한에 대한 제재조치를 받아들일 것이라고 안드레이코치레프 외무장관이 밝혔다, "북한이 NPT 체제를 훼손하는 길을 택한다면 러시아를 포함한 국제사회는 제재조치의 발동을 비롯하여 극단적인 조치를 취할 수밖에 없는 것은 자명하다."56) 그럼에도

---

54) 『조선일보』, 1994년 3월 25일자.

55) 구체적으로 러시아는 '8자회담'이 개최될 경우 전체 회의와 함께 1) 한반도비핵화 선언이행, 2) 회의당사국들 간 관계개선, 3) 북한의 핵사찰거부에 대비한 제재문제 등을 논의하는 3개 소위를 만들어 협의를 진행하자는 입장을 밝혔다. 『조선일보』, 1994년 6월 18일자.

불구하고 러시아는 북핵 문제를 근본적으로 해결하는 데 있어 여하한 제재조치도 현실적으로 시기상조라고·생각하고 있었다. 한편 북한은 러시아가 대북제재에 동참한다면, 러시아의 행위를 '선전포고'로 간주할 것이라고 공언했기 때문에 러시아는 그러한 상황이 된다면 북한에 대한 약 30억 달러의 러시아 채권과 러시아 외교관들과 가족들이 위험에 처하게 될 것을 우려했다. 또한, 구소련을 계승한 러시아는 북한 내에 상당히 광범위한 경제적 이해관계를 갖고 있으며, 북한에 대한 러시아의 군사, 정치, 경제적 지위를 유지하고 공고히 하여야만 한반도가 통일된 이후에도 러시아가 한반도에 영향력을 행사할 수 있을 것이라고 인식했다.[57] 그래서 탈냉전 초기 러시아가 친서방 전략을 실시한 것과 관련하여 제1차 북핵위기에 대한 러시아의 정책은 기본적으로 미국중심의 대북정책을 추종하였다는 것을 알 수 있지만, 위에 지적한 여러 원인들로 인해 때로는 IAEA를 중심으로 하는 정책과 독립적 주장을 제시했다고 볼 수 있다.

3) 일본

제1차 북핵위기에서 일본은 기본적으로 미국의 정책을 추종하는 태도를 보였다. 북한이 NPT 탈퇴 의사를 표명하자 호소카와(細川護熙) 총리는 유엔 안보리에서 "어떤 조치가 있을 경우 헌법외 범위

---

56) 『한국일보』, 1994년 6월 19일자.

57) Vladimir S. Miasnikov, "The North Korean Nuclear Policy", a paper presented at the Institute for Sino－Soviet Studies, Hanyang University, September 27－28, 1994. 김관봉, 『NPT와 북한 핵』, p.152 재인용.

내에서 책임 있는 대응을 할 것"이라고 확실하게 말하였다. 1994년 2월 일·미 정상회담에서 일본은 북한에게 유엔의 경제제재가 가해지면 일본으로서 책임 있는 역할을 하겠다고 선언하였다. 동년 3월에도 일본은 호소카와 총리의 발언을 통해 유엔에서 북한에 대한 제재결정이 확정되면 일본은 즉각 이를 이행할 수 있도록 만전을 기할 것이라고 재다짐하였다. 이러한 일본의 입장은 한·일 정상회담에서도 재확인되었다. 더 나아가 일본은 북핵 문제가 해결되기 전에 북한과의 어떠한 수교협상도 불가능하다고 천명하였다.

1994년 4월 북한의 재처리시설에 대한 IAEA의 사찰노력이 실패하여 핵 연료봉 교체문제가 야기된 후 일본은 북한에 대한 경제 제재의 일환으로 대북송금중단 등의 제재조치에 대해 구체적인 검토작업에 착수하였다. 1994년 6월에 일본은 국제사회의 제재조치에 대비하여 '대북한제재 10개항'을 마련하였다.[58] 6월 14일 일본은 대북한 송금동결조치의 추진계획을 발표하면서 유엔제재 결의와 관계없이 이를 독자적으로 추진할 준비가 되어 있다고 언급하고 필요하면 전면적인 대북한 무역 및 여행금지도 가능하고 이 모든 것을 남한

---

58) 그 10개항의 제재방안은 인적 교류 규제, 학술·문화교류 규제, 그리고 삼품·금융거래 규제의 3가지 종류로 구별되었으며, 첫 번째의 인적 교류 규제에는 제3국에서의 외교관 접촉금지, 국가 공무원의 도항금지, 그리고 북한 공무원의 일본입국 금지 및 민간인 입국과 선원 상륙 심사강화 등이 포함되었다. 두 번째의 학술·문화교류 규제는 문화, 스포츠 그리고 과학기술의 교류금지를 의미하였다. 세 번째의 상품·금융거래 구제에는 수출입과 중계무역 금지, 투자금융 및 기타 자본거래 금지, 대북한 소금동결 등의 지불수단의 수출입 규제, 핵관련 물질 및 무기관련 물자금수 등을 포함하였다.

및 미국과의 협의를 통해 결정하겠다고 부언하였다.[59)]

1994년 8월 제3단계 북미고위급회담 개최 이후 일본은 대북한 제재에 대해 다시 언급하지 않았고, 더 나아가 북미기본합의서 서명 이후에는 대북한 경수로지원에 적극적인 태도를 보일 수 있었다.

그래서 제1차 북핵위기에 대해 일본은 독립적인 대북정책을 추진하지 않고 기본적으로 미국의 정책에 따라 대북 정책을 결정하고 실시하였다. 왜냐하면 미·일 동맹 체제와 북한과의 미수교상태가 일본에게 제공하는 정책공간에 한계가 있을 수밖에 없었기 때문이다. 그런데 일본정부는 미국의 대북 정책을 추종하였지만, 일본 내 친북한 조총련이 반발하였고 정당별로 대북정책이 조금씩 다르게 나타나는 등 국내요인들 때문에 미국의 대북정책을 그대로 추종하는 정책에는 어느 정도 한계가 있었다고 할 수 있다.

4) 한국

제1차 북핵위기가 고조되는 동안 북핵문제에 대한 정책변화가 가장 많이 나타난 행위자가 바로 한국이었다. 남북한 비핵화공동선언의 서명과 핵통제공동위원회의 가동으로 남한은 직접 북핵문제를 다룰 수 있는 제도를 마련하였을 뿐만 아니라 북핵문제의 당사자 신분을 얻었다. 그런데 북한이 남북관계를 주도하려는 남한의 의도를 경계했기 때문에 핵통제공동위원회가 주도하는 핵사찰이 실제로는 진전을 이루지 못했다. 그럼에도 불구하고 1993년 출발한 김영삼 정부

---

59) 유찬열, "동북아 4강의 대북한 핵정책 비교분석", 『국방논집』, 제27호 (1994년 가을), p.63.

가 초기에는 남북 관계와 북핵 문제의 연계전략으로부터 벗어나 남북관계의 지전을 우선정책으로 하는 원칙에 입각하여 대북 정책을 추진하였다. 그러나 북한이 IAEA의 특별사찰 요구와 한국의 당사자 신분을 거부하면서 북핵문제가 국제문제로 다시 부상했을 때 한국사회의 보수진영으로부터 강력한 불만이 제기됐으며 한국정부는 당혹스러운 처지에 놓이게 되었다.[60] 결국 1993년 4월 20일 개최된 통일관계 장관회의에서 핵-경협 연계정책을 지속하는 강경론으로 선회하였다.[61]

이러한 흐름에서 김영삼 대통령은 "핵을 가진 자와는 악수할 수 없다"고 언급하였으며 6월 16일 김영삼 정부가 출범 이후 처음으로 대통령이 주관하는 전군 주요지휘관회의를 소집하고 이 회의에서 북한의 도발에 대한 군사적 대비 태세를 완비해 나갈 것을 결의하였다. 그리고 6월 17일 김영삼 대통령은 영국의 BBC TV와의 회견에서 북한이 NPT 탈퇴를 유보했지만 전쟁 가능성에 대비하면서 지연전술을 쓴다면서 "북한에 어떠한 추가적인 양보를 해서도 안 된다"고 강력하게 경고했다.

실질적으로 한국의 불만은 북한에 양보를 하는 것이 아니었고 자기가 주도역할을 담당하지 못했기 때문이다. 5월 14일 한완상 통일부총리는 미북 접촉결과와 관계없이 남북 대화가 가능하다고 밝힘으로써 한국정부의 입장이 '선 북미접촉 후 남북대화에서' '동시추진'으로 바뀐 것을 시사했다. 그러나 북미 회담에 힘쓴 북한의 '통미봉

---

60) 정문현, 『남북한과 미국: 남북관계의 浮沈』, p.143.
61) 위의 책, p.143.

남'62)전략으로 인해 한국의 동시추진 전략이 결국 무산됐다. 남북 관계의 난항에 따라 한국정부는 핵문제와 경협을 연계시킬 것을 시사하고, 한편으로는 북미회담 과정에서 한국의 입장이 반영되어야 한다는 것으로 미국을 압박하였다. 1993년 11월 23일에 열린 한미 정상회담에서 한국이 북미 간 직접협상을 지지하기 위해 북한이 국제원자력기구 및 한국과의 대화에 임하는 두 가지 조건을 충족시켜야 한다는 주장을 되풀이하였다. 또한 팀 스피리트 훈련을 북한의 핵사찰 수용과 연계하여 중단하는 것에 대해서 반대한다는 입장을 밝혔다.63) 결국 한미 정상회담의 발표문은 북핵문제 해결을 당초 한미 실무자 간에 의견 접근을 보았던 '포괄적 타결(comprehensive solution)'이 아니라 '철저하고 광범위한 방식(thorough and broad approach)'으로 발표되었다. 이는 북핵문제의 '과거, 현재, 미래'의 철저한 규명을 의미

---

62) 한국의 '동시추진'에 따라 5월 20일 황인성 총리는 강성산 북한 정무원 총리에게 보내는 전통문을 통해 핵문제와 그에 수반되는 남북현안을 논의하기 위해 5월 27일 남북고위급회담대표 접촉을 갖자고 제의했다. 이에 대해 5월 25일 북한의 강성산 정무원 총리는 고위급 회담을 거부하면서 '남북한 특사 교환'을 하자고 제의하였다. 북한의 특사교환 주장에 대해 한국정부는 6월 2일 핵문제와 특사교환 문제를 동시에 논의하기 위한 남북 당국 간 실무접촉을 가질 것은 수정을 제의했다. 6월 22일 황인성 총리는 대북 전통문을 통해 "우리 측도 귀측이 제의한 특사교환을 실현시키자는 입장"이라며 "실무대표접촉에서 핵문제에 관한 기초적 협의와 함께 특사교환을 위한 절차 문제 협의도 병행할 수 있다"고 밝혔으며 북한은 6월 26일 강선산 총리의 담화를 통해 특사교환의 무산 책임을 한국정부에게 전가하면서 남북대화를 일방적으로 중단시키고 말았다. 한 달여 동안 11차례에 걸친 남북한 서한 및 전통문 교환 단 한차례의 접촉도 성사시키지 못하였다.

63) 『한겨레신문』, 1993년 11월 19일자.

하며, '광범위한'이란 목표달성을 위해서 모든 수단을 강구하겠다는 점도 강조한 것이었다.[64] 한미 정상회담 발표문에서 나타난 미국의 대북정책의 변화는 한국의 불만과 요구를 수용한 결과라고 할 수 있었다. 이것은 바로 모로(James D. Morrow)가 제시한 것처럼 동맹체제는 안전과 자유의 교환을 기반으로 유지되기[65] 때문에 동맹국의 정책선택은 동맹상대국의 이익을 고려할 수밖에 없는 것이다.

한미 정상회담은 일단 북미 양자의 협상을 북미 협상과 한미 협상이라는 3각 협상구도로 바꿔놓았다. 그러나 한미 협상의 강화는 순조롭게 진행됐던 북미 간의 협상을 다른 방향으로 몰아갔다. 한국의 정책변화에 대해 미국은 불만을 표출하였지만 동맹체제의 한계가 있기 때문에 북미 협상에서 한국의 주장을 반영할 수밖에 없었다. 미국은 1993년 12월 10일 재개된 북미 실무접촉에서 한국과의 협의 결과를 토대로 북한이 IAEA의 전면사찰과 남북대화 재개에 동의하면 3단계 회담을 개최하고 북미 관계 증진 문제를 검토할 수 있다는 수정안을 제시하였다. 이에 대해 12월 20일 북한이 5MWe 원자로와 방사화학 실험실에 대한 사찰실시 범위에 대해 IAEA와의 협의를 통한 해결 가능성을 제시하면서 ①IAEA사찰활동 개시, ②특사교환을 위한 남북실무 접촉 재개, ③팀 스피리트 훈련 중단발표, ④북미 3단계 고위급회담 일정 발표 등 4개항에 대한 동시조치를 제의하였다.[66]

---

64) 외무부, 『북핵문제 현황과 대책』, 1994년 1월 12일, 정문헌, 『남북한과 미국: 남북관계의 浮沈』, p.147 재인용.

65) James D. Morrow, "Alliances and Asymmetry: An Alternative to the Capability Aggregation Model of Alliances", *American Journal of Political Science*, Vol. 35, No. 4 (November 1991), pp.904 – 933.

그러나 미국은 북한에 대해 사찰범위의 확대를 요구했다. 1994년 1월 8일 방한 중인 샘 넌 미 상원 군사위원장은 2개 미신고 시설에 대한 특별사찰을 실시해야 한다고 주장하면서 북한이 거부할 것에 대비해 경제제재 가능성도 준비해야 한다는 입장을 밝혔다. 1월 11일 방한 기자회견에서도 북미 관계 개선은 북한이 IAEA 완전 사찰을 수용하고, 한반도 비핵화 공동선언을 이행할 뿐만 아니라 테러포기와 미사일 수출중지 등의 조치를 취해야 가능하다고 밝혔다.67) 2월 1일 미 상원은 북한이 핵사찰을 계속 거부할 경우 전술핵무기를 한국에 재배치할 것을 권고하는 결의안을 통과시키고, 북한이 핵개발을 중단할 때까지 팀 스피리트 훈련을 지원해야 하고 대북 경제봉쇄 정책에 대한 국제적 지지를 모색해야 한다고 클린턴 정부에게 촉구했다. 더 나아가 1994년 3월 한스 블릭스(Hans Blix) IAEA 사무총장의 북한 핵사찰 실패선언과 남북특사교환에 대한 실무회담의 난항에 따라 미국과 남한에서 대북 강경파들의 목소리가 더욱 높아지게 되었고, 심지어 '영변 폭격론'이 제시되었다.68) '영변 폭격론'이 미국

---

66) 북한외교부 대변인 기자회견, 통일원, 『북핵문제 관련 주요일지(1.1 - 11.1)』, pp.373 - 374.

67) The Washington Post, January 8, 1994.

68) 이러한 '영변 폭격론'자는 로버트 게이츠(Robert Gates), 스코우크래프트(Brent Scowcroft), 캔터(Arnold Kanter), 하우스(karen E House) 등이 대표적 인물이었다. 로버트 게이츠 전 CIA국장은 처음부터 북한의 핵의혹을 협상카드로 파악하고 접근한 것 자체가 명백한 오류였음이 입증된 상황에서 북한의 재처리시설을 군사적으로 파괴하여 핵개발을 차단해야 한다고 주장했다. 스코우크래프트와 캔터 등은 저수조에 보관되어 있는 사용 후 핵연료가 재처리시설로 옮겨지기 전에 북한의 재처리시설을 파괴해야 한다고 주장하였다. 하우스는 북핵위기가 걸프전의 형국

사회에서 고조됨에 따라 클린턴 정부도 경제제재와 유엔안보리를 통한 대북제재 강화를 모색하는 한편 사용 후 핵연료를 재처리하기 시작할 경우 영변을 공격하는 방안도 신중하게 검토하기 시작하였다.69) 그런데 미국의 영변 폭격론과 그 실천적 모색은 오히려 한국 사회에서 고조되었던 강경론을 상대적으로 약화시키고 대북 온건론자의 목소리가 높아지는 결과를 만들었다. 6월 14일 남한의 통일안보정책 조정회의는 "정부는 북핵 문제의 평화적 해결을 위하여 확고하고 일관된 노력을 계속해 나갈 것"이라는 성명서를 발표하여 영변 폭격에 대해 한국정부의 거부의사를 전달하였다.70) 영변 폭격론에 대한 한국의 반대가 미국의 군사행동을 저지한 하나의 요인으로 작용함으로써 마침내 북미 제네바합의를 이끌어냈다.

요컨대, 북핵위기를 둘러싸고 표출된 각 행위자들의 정책목표와 정책수단을 다음의 표5-3과 같이 요약할 수 있다.

으로 발전하고 있다면서 걸프전에서 보여준 '사막의 방패작전'이 한반도에서도 실천되어야 한다고 주장하였다. Robert Kates, "Perspective on North Korea: The Rogue Probably Has the Bomb: Now what Do We Now?" *Los Angeles Times*, June 17, 1994; Brendt Scowcroft and Arnold Kanter, "Korea: Time for Action", The *Washington Post*, June 15, 1994; Karen Eliot House, "Korea: Raise Another Desert Shield", *The Wall Street Journal*, June 15, 1994.

69) 구갑우, 김갑식, 윤여령 공역, 『미국은 협력하려 하지 않았다』, p.161.

70) 성명서의 내용은 통일원, 『북핵문제 전개과정 및 주요일지(1991. 9 - 1994. 9)』, (서울: 1994), pp.306-308.

〈표 5-3〉 제1차 북핵위기를 둘러싼 각 행위자의 정책목표와 수단

행위자	정책목표 치중점	정 책 수 단
북한	북미관계정상화	북미협상
미국	핵 확산금지체제유지	IAEA에 의함→군사공격→북미협상
한국	한반도공동선언 존중	남북비핵화공동선언→군사공격→북미협상 지지
중국	한반도 평화와 안정	대북제제반대, 대화를 통해 평화적 해결
러시아	북핵문제 해결, 미국을 추종	대북제제대비, 북미협상지지
일본	북핵문제해결, 미국을 추종	대북제재대비, 북미협상지지

　표5-3에서 보이는 것처럼, 북핵위기를 둘러싼 각 행위자의 정책
목표와 정책수단이 달랐다. 북한, 미국, 한국과 중국의 정책목표가
각각 달랐기 때문에 그들이 주장한 정책수단도 달랐던 것이다. 그중
에서도 북한의 대미정책과 미국의 대북정책은 북핵위기의 해결과정
의 중심축이었고 다른 행위자들은 북미 관계에 따라 정책을 채택하
였다. 다른 행위자들의 정책선택은 거꾸로 북미 관계에 영향을 주었
다. 북핵 문제를 유엔안보리 회부하고 대북제재를 채택하려는 미국
의 정책에 대한 중국의 반대와 러시아의 신중한 입장과 일본의 우려
는 미국을 견제하는 요인으로 작용하였고 그들의 대북제재 지지가
북한이 양보하게 만든 요인으로 작용했다. 또한 북한이 보유한 군사
억제능력71)과 남한의 반대가 미국이 추진했던 영변폭격이란 군사수

71) 일단 전쟁이 발발할 경우 동맹군이 아무리 열심히 공격을 방지하거나
중단시키기 위해 노력한다고 하더라도 서울에는 최소한 수천 발의 포
탄이 폭발하게 되고 최종적으로 수만 명의 민간인 사망자와 수백억 달
러의 피해로 나타날 것이다. 만약 화학무기를 포함한다면 그 피해는 더
욱 커질 것이다. Michael O'Hanlon and Mike Mochizuki, *Crisis On The
Korean Peninsula: How to deal with a Nuclear North Korea*(New York:

단을 통한 북핵위기의 해결 계획을 무산시켰다. 미국과 북한의 국내 상황도 북미 협상을 추진하게 하는 요인으로 작용했다. 각 행위자들의 상호작용으로 마침내 북미 양자협상방식이 한반도 안보위기의 관리방식으로 북핵위기를 해소하였다.

그런데 북미 양자협상은 결과적으로 기존의 국제기구로 북핵 문제를 통제하는 것을 힘들게 만들었다. 남북한 간의 한반도비핵화공동선언도 북핵 문제의 관리 장치로서의 역할을 상실하게 됐다.[72] 또한 북미 협상과 제네바 기본합의서의 체결은 탈냉전기에 들어 한반도 국제관계의 중대한 사건으로 한반도의 국제관계 변화에 깊은 영향을 미쳤다. 특히 남북관계를 주도하려는 남한이 북미 협상의 틀에서 배제된 것은 앞으로 남한의 대북, 대미정책에 큰 영향을 미칠 것이었다. 북미기본합의서의 내용을 보면 북핵문제는 핵문제와 핵확산금지체제와 관련하는 문제뿐만 아니라 북미관계 및 한반도 지역안보와 관련하는 문제라고 할 수 있다. 따라서 북미 합의의 이행은 단순히 경수로 지원문제만이 아니고 앞으로 북미 관계의 진전과 한반도 지역안보 상황과 밀접하게 관련돼 있다고 할 수 있다. 그래서 비록 북미 양국은 기본합의서를 체결하기는 하였지만 이에 대한 이행 여부는 상당한 정도에서 미지수로 남아 있었다.

The Brookings Institution, 2003), p.74.

72) 남북한 핵통제공동위원회가 1992년 3월 19일 개막한 후에 남북 상호핵사찰 규명마련과 상호사찰 실시 문제를 둘러싸 여러 번 걸쳐 논의되었지만 진전을 보지 못했다. 남북한 접촉일정과 논의내용에 대해 통일원, 『통일백서: 1992』, pp.207-215 참조.

제3절 새로운 위기관리체제: 4자회담

북미 기본합의서의 체결은 고조됐던 한반도의 위기가 일단락되었다는 것을 의미한다. 이것은 기본적으로 각 행위자 간의 상호작용과 북미양국의 국내요인으로 인해 북한과 미국이 타협한 결과라고 할 수 있다. 북한은 심각해진 경제난과 김일성 주석의 사망으로 인해 야기된 체제의 불안정으로 인해 북미관계 정상화라는 목표를 수정하여 대신 경제난과 에너지난 등 절박한 경제위기를 극복하는 방향으로 전략목표를 변경했다. 국내에서 북한체제 붕괴론이 고조되었고 1995년 5월 NPT 연장으로 미국은 IAEA와 NPT 체제를 통해 북한 핵계획을 통제하려는 전략을 수정하여 북한의 양자협상 요구를 수용하였다. 이런 점에서 볼 때 제네바 기본합의서가 북한이나 미국의 원래의 전략목표와는 어느 정도 차이가 있다고 할 수 있다. 다른 행위자들 중에서 중국, 러시아와 일본이 북미의 타협은 각자의 정책목표에 기본적으로 부합한다고 인식했기 때문에 이를 환영했다. 그러나 남한은 한반도 위기사태를 해결했다는 결과에는 만족했지만 당사자로서 한반도비핵화공동선언에 의한 북핵문제를 해결하려는 전략은 무산됐고, 게다가 북미 양자협상과정에서 완전히 배제된 것에 대해 불만이 많았다. 제1차 북핵위기의 해결에 따라 형성된 새로운 구조 아래에서 한국의 불만에 대응하는 새로운 정책과 북미 관계의 추이에 따라 각 행위자들이 다시 새롭게 상호작용하는 단계에 들어갔다. 1994년 북한의 정전체제의 탈퇴로 야기된 정전체제의 기능마비기를 관리하기 위해 1997년 12월부터 1999년 8월까지 열린 4자회담이 바로 이러한 상호작용의 무대였다고 인식할 수 있다. 이 절에서 주로 제네바기본합의서가 체결된 후 남북한과 미국 3자 사이에 상호작용의 결과로 만들어진 4자회담의 전개과정을 살펴봄으로써 각 행위자의 관계동학을 고자할 것이다.

1. 별도의 위기

탈냉전 초기 들어 북핵문제로 인해 야기된 위기사태 이외에 별도의 위기가 발발하였고 이는 바로 북한의 정전협정 무력화 전략으로 인해 초래된 기존의 한반도 위기관리체제인 정전체제의 위기였다. 제4장에서 지적했듯이 50년대 성립된 정전관리체제의 군비통제기능은 벌써 50년대 중후반부터 상실되었지만, 그 의사소통 채널과 정전 관리라는 역할이 냉전기의 40년 동안 나름대로 수행되었다고 할 수 있다. 그런데 90년대에 들어와서 북한이 미국과의 협상을 통해 북미 관계 개선이란 전략목표를 달성하기 위한 전략의 일환으로서 정전협정의 무력화를 시도함으로써 정전체제의 위기가 야기되었다. 1991년 3월 군사정전위원회 유엔 측 수석대표로 한국군 장성 황원탁 소장이 임명되자 북한은 한국군 장성은 정전협정의 체결당사자가 아니기 때문에 유엔 측 수석대표로 인정할 수 없다고 비난하며 군사정전위원회 본회담에 불참하기 시작하였다.[73] 또한 핵위기가 고조되었던

---

73) 한국과 미국은 1991년 3월 합의에 의해 유엔군 측 군사정전위 대표를 한국 장성으로 교체하였다. 북한은 한국전쟁 동안 한국군이 유엔군의 일원이 아니었으며, 정전협정체결에 반대했고, 한국군에 대한 작전권을 지니고 있지 않다는 것을 이유로 한국군장성이 수석대표인 군사정전위원

1994년 4월 북한은 외교부 성명을 통해 미국의 "부당한 처사"로 인해 정전협정은 "조선반도에서 평화를 보장할 수 없는 빈 종잇장이 되고 군정위는 사실상 주인이 없는 기구로서 유명무실하게 되었으며 미국이 남조선에 마음대로 무력과 무장장비를 끌어들이고 조선반도의 정세도 제 마음대로 격화시켜 전쟁접경에로 이끌어 가고 있지만 정전협정이 그것을 막는 데 아무런 제도적 장치로서의 역할을 하지 못하고 있는 것이 현실이다"는 점을 지적했다. 따라서 북한은 정전협정의 "실제적 당사자"인 북한과 미국이 적대관계를 해소하고 "조선반도의 진정한 평화와 안전을 보장하자면 반드시 정전협정을 평화협정으로 바꾸고 현 정전 기구를 대신하는 평화보장체계를 수립할 것을"미국에 요구하였다.74) 이어 더 나아가 북한이 북한 측 군사정전위원회 대표를 철수시켰으며, 군사정전위원회를 대신할 새로운 협상기구로 '조선인민군 판문점대표부'(KPA PMJ Mission)를 설치했다. 뿐만 아니라 북한의 요구에 따라 중국도 12월 군사정전위원회 대표단을 완전히 철수시킴으로써 군사정전위원회 기능을 완전히 무력화시킨 바 있다.75) 한편 북한은 1993년 4월과 1995년 2월에 중립국감독위원회의 체코 및 폴란드 대표단을 철수시킴으로써 중립국감독위원회의 기능도 마비시켰다. 이어 5월에 조선인민군 판문점대표부가 성명을 통해 중감위 북측사무소 폐쇄와 북측 공동경비구역 출입제한

회담에 참석할 수 없다는 입장을 지니고 있다. Kim Byung Hong, "North Korea's Perspective On The U.S.-North Korea Peace Treaty", *Journal of Northeast Asian Studies*, Vol. 13, No. 4(Winter 1994), pp.87-88.

74) 『로동신문』, 1994년 4월 29일자.

75) 한국국방부, 『국방백서(1995-1996)』, pp.135-136.

조치를 발표하였다. 아울러 일찍 1992년 2월에 북한은 미국에 대해 ①평화협정 체결 시까지 정전협정 대신 무장충돌과 돌발사건 발생 시 해결방도 등을 규정하고, ②군사정전위원회 대신, 북미 공동 군사 기구를 조직운영하며, ③이를 위한 해당경비의 협상을 진행한다는 것을 골자로 하는 북미잠정협정 체결을 제의한 데 대해 미국이 별다 른 대응을 하지 않자 이달 3월 9일 미국이 잠정평화협정 제의에 호 응하지 않을 경우 '최종적이고 주동적인 조치'를 취하겠다고 경고한 후 4월에 비무장지대의 지위를 인정하지 않겠다고 천명하였다.76) 이 에 따라 북한은 비무장지대 정찰활동, 판문점 무력시위, 휴전선 지역 근접비행 등 감행하였다.77) 이러한 북한의 주장과 조치는 정전체제 의 의사소통채널 기능과 정전관리 역할을 차단시키고 군사분계선 양 측의 긴장과 불안을 조성하여 이는 어느 정도의 위기를 초래하였다. 바로 이러한 상황은 1996년 4월 한·미 정상회담에서 한국이 제시 한 4자회담의 하나의 배경이 되었다.

한국과 미국이 4자회담을 제시한 다른 배경은 북미기본합의서가 체결된 후에 남북관계와 북미관계의 발전 상태에서 묻혔다. 총체적으

---

76) 金江寧, "북한의 정전협정 파기공세", 『군사논단』, 제7호(1996년 여름 호), p.223.

77) 1994년 4월 29일 북한은 판문점공동경비구역의 북측 지역에 철모와 개 인화기로 무장한 병력을 40여 명 배치함으로써 병력의 초과투입과 함 께 무력시위를 감행하였고, 4월 30일에는 북한공군기들의 휴전선근접 지역 비행이 있었다. 그리고 1995년 4월 19일과 4월 23일에는 무장한 북한군이 비무장지대 내에서 정찰활동을 벌인 바 있으며 5월 9일에 비 무장 10여 명이 군사분계선 내에서 정찰활동을 했다. 통일원, 『월간 북 한동향』(1994. 5), pp.47-82; 『한국일보』, 1995년 5월 11일자.

로 보면 북미기본합의서가 체결된 후 북미관계가 순조롭게 계속 발전하는 한편 남북관계가 교착상태가 되었다. 이에 대해서는 제네바합의가 체결된 후 북미관계와 남북관계를 살펴봄으로써 알 수 있다.

제네바합의 이후 미국무부 한국과(科)와 주유엔 북한대표부 간의 접촉채널이 공식화되었다. 북한은 결수로 기술협상을 통해 미국과의 협상채널을 유지하는 동시에 별도의 대미접근채널을 개척하여 특히 군사적 측면을 우선시해 왔다. 북한이 1994년 4월 28일에 '새로운 평화보장체제'수립을 주장하였지만 미국은 이를 거부하였기 때문에 1996년 2월 22일에 평화협정체결 이전에라도 한반도에서 군사적 충돌을 방지하자는 명목으로 북·미 간 잠정협정을 체결할 것을 미국에 다시 제의하였다.[78] 미국은 남·북 간 평화협정 체결이라는 한국의 입장을 존중하여 북한의 제의를 또다시 거부하였다. 그러나 1994년 12월 미군 헬기의 북한영토 불시착 사건을 계기로 북미가 장성급 접촉을 하였다. 이후 군사정전위원회의 정상적인 기능이 이행되지 못하는 상황에서 북한은 조선인민군 판문점대표부의 자격으로, 미국은 정전위원회 유엔 측 대표 자격으로 변칙적인 형태의 접촉을 해오고 있으며 북·미 간 군사적 접촉은 또한 한국전쟁에서 사망 또는 실종된 미군유해의 송환[79]과 북한의 미사일 개발 및 수술문제를[80] 둘러싸고

---

78) 동 제의에서 북한은 군사정전위를 대치하는 북·미군사위원회 설치, 이러한 문제를 논의하기 위한 협상의 개최 등을 제시하였다. 그리고 북·미 간 군사위원회가 가동되면 남북 간 군사위원회를 가동할 수 있다는 복선(two-track)구조를 제시하였다. 박영호, 『남북한 및 미국의 3자 관계와 평화공존』(통일연구원 연구총서 02-23), p.32.

79) 미군유해 문제에 대한 북미 간의 협상은 1988년 시작하여 북한은 1990년 5월부터 미군 유행을 송환하기 시작했다. 또한 북미양국은 1993년 8

전개되었다.81)

비군사적 측면에서도 북미 관계는 미국이 대북 경제제재를 단계적
으로 완화하고 북한의 식량난에 따른 인도주의 명분의 식량지원을
하였으며 북한도 미국의 경제제재 완전해제를 추구하기 위해 적극적
인 외교노력을 기울였다. 1995년 1월 20일 미국은 자동전화의 연결,
미국인의 여행편의를 위한 외환거래 규제해제, 미국 철강회사용 마
그네사이트의 수입허용, 원자력 분야 사업 등과 관련된 제1단계 대
북 경제제재 완화조치를 취하였다.82) 1996년 3월 '여행경고국(Travel
Warning State)'에서의 북한 제외와 인도적 차원의 대북 물자 및 자
금 제공 허용 등 조치를 취했다.

이렇게 순조로이 발전된 북미관계에 비해 제네바합의 이후 남북관
계는 난항상황에 부딪혔다고 볼 수 있었다.

교착상태에 빠진 북미회담이 1994년 6월 지미 카터 전 미국 대통

월에 '미군유해에 관한 합의서'가 조인되었다.

80) 북미 미사일 협상에 대해 다음 절에서 자세히 논의할 것이다.

81) 박영호, 『남북한 및 미국의 3자 관계와 평화공존』, p.32.

82) 미국의 제1단계 경제제재 완화조치는 관련법규를 개정하지 않고 대통
령의 행정명령만으로 가능한 부분에 국한되어 상징적 수준에 그쳤다.
즉 적성국교역법에 의한 전반적인 수출금지는 여전히 유효하였기 때문
에 미국의 시민권자나 영주권자는 해외체류 중이더라도 재무부의 허가
를 받지 않는 한 북한과 상업거래를 할 수 없으며, 미국은행을 이용한
대북 송금을 할 수 없었다. 그리고 미국무부는 1995년 4월 발간한 「연
례 국제테러보고서」에서 북한을 이라크 · 이란 · 리비아 · 시리아 · 쿠바 ·
수단 등과 함께 국제테러 지원국으로 재지정하고 기존 제재를 지속할
것을 표명하였다. 김국신, 『미국의 대북정책과 북한의 반응』(통일연구원
연구총서 01 - 22), pp.17 - 18.

령의 방북을 계기로 돌파구를 찾음에 따라 한국정부도 이전의 핵문제와 연관된 정책에 벗어나서 대북과 관련한 유연한 정책을 취했다. 6월 18일 서울에 온 지미 카터는 김영삼 대통령에게 김일성 주석이 김영삼 대통령이 이전에 정상회담을 가지자고 한 제의에 대해 고마움을 표시하면서, 정상회담에 호응하겠다는 의사를 밝혔다고 전했다. 이를 들은 김영삼 대통령은 "언제 어디서든 조건 없이 김일성 주석을 만나겠다며, 실무적으로 필요한 사항은 실무자 차원에서 협의할 것"이라고 밝혔다.[83] 이에 따라 한국은 1994년 6월 20일 이영덕 국무총리 명의로 북한 강성산 정무원 총리 앞으로 전화통지문을 보내 남북정상회담 개최 절차 문제를 협의하기 위하여 부총리급을 수석대표로 하는 남북한 예비접촉을 6월 28일 오전 10시 판문점에서 가질 것을 제의하였다. 이에 대해 북한은 6월 22일 강성산 정무원 총리 명의로 한국의 제의를 환영하며 이에 동의한다는 내용의 전화통지문을 보냈다. 이로써 남북한은 남북정상회담 개최의 질차문제를 협의하기 위한 부총리급 예비접촉은 6월 28일 오전 10시 판문점에서 비공개로 개최되었다. 이어 남북정상회담 실무정차 협의를 위해 7월 1일 제1차 실무대표접촉, 7월 2일 제2차 실무대표접촉, 7월 7일 통신관계 실무자접촉, 7월 8일 경호 관계 실무자접촉 등 남북한 직접접촉이 진행됨으로써[84] 남북관계가 새로운 단계로 발전된 모습을 보여주었다. 그러나 김일성 주석의 사망으로 인해 남북정상회담은 무기한 연기되었을 뿐만 아니라 이른바 '조문파동'으로 인해 남북관계도 다

---

83) 통일원, 『통일백서: 1994』, p.154.

84) 남북한 접촉과 관련한 쌍방의 논의내용에 대해 통일원, 『통일백서: 1994』, pp.156 – 167 참조.

시 경직된 상태에 빠지고 말았다. 이런 상황 가운데 북미회담에 배척된 한국은 대북전략의 일환으로서 대북 경수로 지원 사업을 주도하려는 정책을 제정하였다.85) 11월 8일 제17차 통일 관계 장관회의를 개최하여 대북 경수로 지원 사업에 있어 한국의 중심적 역할을 차질 없이 수행하기 위해 통일관계장관회의 산하에 '경수로사업지원기획단'을 설치키로 합의하였고 1995년 1월 23일에 대통령이 임명하는 차관급 단장과 통일원·재경원·외무부·통산부·과기처 등 관계 부처와 한전·원자력 연구소 등 관련기관으로부터 파견된 인원으로 구성된 경수로사업지원기획단이 출범하였다.

그러나 북한은 경수로에 대해 한국형보다 러시아형을 채용할 것을 강력히 희망하였다. 러시아도 경제적과 안보적 이득을 위해 러시아형 경수로를 북한에게 제공할 것을 희망하였다.86) 북한은 한국형 경

---

85) 실제적으로 북미제네바회담이 성사할 조짐은 처음 보였을 때 한국은 바로 경수로지원에 대한 한국중심으로 한 입장을 제시하였다. 1994년 10월 11일 대통령 주재 안보관계장관 조찬 간담회에서 북핵 해결을 위해서는 특별사찰과 함께 한국형 경수로가 채택돼야 한다는 한·미 간 원칙 준수 확인하였고 10월 14일 이홍구 통일부총리는 국감답변 시 북한 핵문제 해결 5개 원칙을 제시하였다. 즉 ①북한 핵개발 중지·동결, ②한반도 전쟁 재발 예방과 대화·협상을 통한 문제해결, ③비핵화공동선언 이행을 포함한 남북대화 재개, ④북핵의 과거·현재·미래의 투명성을 보장하고 IAEA의 기존·판단을 중시, ⑤대북경수로 지원은 반드시 한국이 중심이 되어야 함. 통일원, 『통일백서: 1994』, p.381.

86) 1994년 8월 시디렌코 원자력 에너지부 차관은 러시아를 방문한 미북협상의 미국 측 대표인 갈루치 미 차관보에게 북한에 러시아 경수로를 제공하겠다는 의사를 분명히 전달하였다. 1994년 9월 러시아는 파노프 외무차관을 대통령특사로 북한에 파견하여 경수로 공급문제를 긴밀히 협의토록 하였다. 또한 북미합의서가 채택되자 10월 27일 러시아는 외

286

수로를 배척한 것은 경수로 자체를 배척하는 것이 아니고 한국형 경수로가 도입될 경우 북한에 대한 한국의 영향력이 반드시 확대될 것이기 때문에 남북관계 차원에서 한국의 주도 추세에 대항하는 정책의 일환으로 사용한 것이었다. 따라서 경수로 형을 둘러싸 한·북·미 3자 사이에는 두 개의 협상채널이 병행되는 것을 볼 수 있었다. 일찍 1994년 6월 북한과 미국 간에 1000MWe급 경수로 2기의 북한 지원 문제가 논의되었을 때 워싱턴에서 별도의 협상과정도 전개되었다. 한·미·일은 7월 초에 제네바에서 열리는 북미 고위급회담을 준비하기 위해 열린 한·미·일 전문가회의를 개최했다.[87] 이 회의의 핵심주제는 한국표준원전을 북한에 공급하는 문제와 한국의 참여방법이었다. 이 회의에서 미국은 북한이 적성국이기 때문에 원자력기술은 법에 따라 수출할 수 없으며 한국의 표준원전도 기술근원은 미국이기 때문에 같은 이유로 수출할 수 없기 때문에 준공식적인 입장으로서 러시아형 경수로를 북한에 제공할 것을 제시하였다.[88] 이에 대해 한국은 법적 차원 및 러시아형 경수로가 안고 있는 안전성

무부 공식논평을 통해 8자 회담을 개최할 것을 주장하고 러시아 경수로 북한공급을 희망하였다. 러시아는 이렇게 강력히 러시아형 경수로 공급을 희망한 것은 경제적 이득을 위할 뿐만 아니라 그동안 소원했던 북-러 간의 관계를 회복시키고 북핵문제에 대한 협상에서 전혀 개입할 수 없었던 러시아가 북핵문제에 개입할 수 있는 발판을 얻을 수 있는 기획을 만들려 하기 때문이었다. 신재인, 『북한 핵 프로그램의 전망과 한반도에서의 기술-경제 협력』(세종연구소 연구논문, 98-07), p.45.

87) 이 회의에 미국은 국무부, 국방부, 에너지부에서 20여 명이 참석하였고 일본은 통산성, 외무성에서 10여 명이 참석하였으며 한국은 외무부, 과기처, 원자력연구소에서 나온 4명이 참석하였다.

88) 신재인, 『북한 핵 프로그램의 전망과 한반도에서의 기술-경제 협력』, p.46.

문제 차원에서 미국의 제의를 반박하였고 결국 미국 관리들로 하여금 한국표준원전의 실체를 인정하도록 했다. 그 뒤 북경(1994. 11. 30)과 베를린(1995. 1. 28, 1995. 3. 25) 북미 경수로 전문가회담에서 미국은 한국 표준형을 제공한다는 방침을 결정하고 북한을 설득하기 시작하였다.

그러나 북한은 경수로 제공국이 한국이라는 사실을 공개적으로 인정하기를 거부하였기 때문에 회담은 난항을 거듭하였다. 특히 한국형 원전은 없고 한국표준원전도 신뢰할 수 없다는 한국 내 원로공학자로부터의 반론이 한국 국내 신문에 게재됨에 따라 북한도 이 기사를 매우 훌륭하게 이용하였고, 한국표준원전의 기술이 미국기술을 근간으로 하고 있기 때문에 한국형이라는 말은 절대적으로 쓸 수가 없고 한국표준원전도 운전 실적이 없기 때문에 북한에 공급하기에는 적절하지 못하다고 주장하였다. 이러한 사유로 1995년 4월에 베를린에서 개최된 제4차, 제5차 북미 경수로 전문가회의는 결렬되었다. 다른 한편으로 일찍 1994년 8월 북미 제3단계고위급 회담에서 북핵문제를 처리하는 국제 컨소시엄 구성에 관한 논의가 이루어졌으며[89] 그때부터 미국은 국제 컨소시엄의 기반 마련을 위한 준비에 착수하였다. 1994년 9월 8일에 한국, 미국, 일본, 중국, 러시아, 영국, 프랑스, 독일, 케나다, 호주 및 네덜란드 등 10개국이 참여한 브리핑에서 갈루치 대사는 경수로 공급과 대체 에너지 공급의 어려움을 토로하였고 '한반도에너지개발기구'(The Korean Peninsula Energy Development

---

89) 정옥임, "국제기구로서의 KEDO: 각국의 이해관계와 한국의 정책", 『한국과 국제정치』, 제4권, 제11호(1998년 봄·여름), p.243.

Organization, KEDO)라는 조직을 만들고 조직의 정치적 역할을 증진시킨다는 이유에서 주계약자를 미국 회사로 지정하고자 하였다.[90] 미국의 이런 구상은 일석다조(一石多鳥)인 전술이라고 할 수 있었다. 첫째, 회원국의 재정을 이용할 수 있으며 자국의 재정 부담을 경감시킬 뿐만 아니라, 미국회사가 주계약자가 됨으로써 경제적 이득도 얻을 수 있을 것으로 예상됐다. 둘째, KEDO는 경수로문제뿐만 아니라 대체 에너지로서의 중유공급, 인출된 연료봉의 처리 등 경수로 공급 이외의 많은 북핵문제 관련하고 있는 현안들이 다루어질 수 있다는 미국의 주장이 일단 성사된다면, 북미협상의 채널을 즉각 IAEA와 병행할 수 있는 다른 국제 레짐(regime)으로 대체시킴으로써 북한의 외교 공간을 줄일 수 있을 것이다.[91] 셋째, 미국이 통제할 수 있는 KEDO는 북핵문제가 다루어질 수 있는 레짐(regime)으로서 미국으로 하여금 막후에서의 조종을 가능하게 해 줄 것이므로, 미국의 동아시아의 관계네트워크에 대한 큰 조정을 면할 수 있고, 피동적 조정으로 초래할 불확정성이 야기할 수 있는 전략이익의 훼손도 회피될 수 있을 것이다.

그러나 이에 대해 한국은 이 조직에서 한국과 미국이 공동 의장직을 맡을 것과 서울에 사무국을 설치할 것, 그리고 한국형 경수로

---

90) 위의 글, p.246.

91) KEDO는 참가국의 행위를 규정할 수 있는 국제레짐의 성격을 띠고 있었다. 그의 회원국들이 한국, 미국 일본, 뉴질랜드, 호주, 케나다(1995), 인도네시아, 칠레, 아르헨티나(1996), 유럽, 폴란드(1997) 체코(1999), 우즈베키스탄(2000) 등을 포함하였다 그리고 KEDO는 19개 비회원국으로부터 물질적과 재정 원조를 받았다, 그래서 KEDO는 광범위하게 인정을 받는 국제제도라는 성격을 띠고 있는 점을 볼 수 있다.

지원을 확실히 할 것 등을 골자로 하는 대체안을 내놓았다.[92] 1995
년 3월 9일에 KEDO가 공식적으로 출범한 후에[93] 한국은 계속해서
한국형 경수로를 채택할 것과 KEDO에서 한국이 중심역할을 행사할
것을 미국에 요구해왔다. 1995년 3월 31일 한국은 김영삼 대통령의
발언 형식으로 대북 경수로 지원사업과 관련해 한국형이 채택되지
않고 한국이 중심적 역할을 못할 경우 한 푼도 안 내겠다는 강력한
입장을 표명함으로써 미국에 압력을 가하였다.[94] 1995년 4월 7일
KEDO 제2차 집행위원회가 뉴욕에서 개최되었고 북한에 제공되는 원
전은 한국표준원전으로 결정하고 한국이 건설의 중심적 역할을 한다
는 데에 합의하였다. 1995년 5월 10일 한·미·일 3국은 북미 경수
로 협상과 관련한 고위급협의에서 대북 경수로공급 협정 문안에 한
국형을 명기하지 않지만 한국의 중심적 역할을 재확인하였으며, 이
어 6월 7일 북미 준 고위급회담에서 한국형 경수로와 경수로 건설
에서 한국의 중심적 역할에 대해 합의하였다.[95] 1995년 6월 13일 콸
라룸푸르에서 미국과 북한은 제네바합의 이행에 대한 북미 공동언론
발표문을 공개하고 "경수로사업은 각각 2개의 냉각제 유로를 가진
약 1,000MW의 발전용량의 가압경수로 2기로 구성된다. 그리고 KEDO

---

92) 정옥임, "국제기구로서의 KEDO: 각국의 이해관계와 한국의 정책", p.246.
93) KEDO는 최고 의사결정기구로 '집행이사회'를 두고 그 밑에 사무국을
    두어 결정된 사항을 집행하도록 하였다. KEDO의 조직구조, 회원국, 역
    사 등에 대해 KEDO의 홈페이지인http://www.kedo.org 참조.
94) 1995년 3월 31일 김영삼 대통령 발언.
95) 이수형, "동맹의 안보 딜레마와 포기-연루의 순환: 북핵문제를 둘러싼
    한-미 갈등 관계를 중심으로", 『國際政治論叢』, 제39집, 1호(1999), p.31.

가 선전하는 경수로의 노형은 미국의 원설계와 기술로부터 개발된 개량형으로 현재 생산 중인 노형으로 한다"고 한국표준원전을 간접적으로 묘사함으로써 노형에 대한 협상이 일단락되었다.

최종 한국형 경수로가 도입된 것은 크게 세 가지 원인 때문이라고 할 수 있었다. 첫째, 당시에 세계적으로 1,000MWe급 경수로를 공급할 수 있는 국가가 러시아와 한국밖에 없었다. 이에 대해 경수로 지원문제가 논의되었을 때에는 미국이나 북한 모두가 잘 알지 못하였다. 법률 효력이 있는 제네바합의가 이미 체결되었고 러시아형 경수로의 안전성 문제는 러시아 핵 전문가마저 인정하였기 때문에 기술적 차원에서 한국형 경수로가 채택될 수밖에 없었다. 둘째, 한미동맹 체제가 하나의 요인으로 작용했기 때문이라고 볼 수 있었다. 한미동맹의 균열을 방지하기 위해 미국은 원래의 구상을 수정하고 대북경수로 지원사업과 KEDO에서 중심적 역할을 맡으려는 한국의 주장을 수용하였다. 셋째, 경제적 차원에서 볼 때는 대북경수로지원에 필요한 비용은 45억 달러이고 대체에너지를 공급할 중유는 연마다 50만 톤이었다. 한국은 대북 지원 사업에서 중심적 역할을 이행하기 위해 대략 70% 정도의 비용, 약 30억 달러를 지불할 것을 원하였다. 이러한 비용은 한국을 제외한다면 어느 나라도 지불하기를 원하지 않을 것이다.

한국에 있어서 경수로협상이 대북 전략상의 승리의 한 본보기였다는 것은 부인할 수 없다. 남북한 사람들이 건설공사를 통해서 자연스럽게 한 팀이 되어 움직이고, 라디오나 텔레비전 등을 신청하면서 자연스럽게 상호 정치와 관련이 없는 일상생활, 가족관계, 운동 등에 대해서 대화가 이루어진다. 북한 근로자는 3-4개월마다 30%씩 교체되고 있어서 많은 북한 사람들을 접촉할 수 있고 따라서 이러한 분위기는 통일을 위한 정치작업에 큰 공헌을 할 수 있게 된다.[96]

미국과의 협상을 통해 한국은 마침내 KEDO에서의 중심적 지위를 차지할 수 있었다. 그러나 핵문제와 조문파동으로 폐쇄된 남북관계가 여전히 경직된 상태에 처해 있다는 것은 사실이었다. 즉 남북관계를 다루는 남북한 쌍무적 채널이 여전히 가로막혔다. 당사자란 신분으로 남북관계를 다루려는 한국정부는 남북관계의 교착 국면을 타개하기 위해 식량난에 처한 북한의 식량지원 요구로 인해 1995년에 북한과 같이 북경에서 쌀회담을 개최했고, 이 회담은 한국에게는 남북관계의 교착 상태란 배경하에서 남북대화의 채널을 열고자 했던 작업의 일환으로 인식되었다. 그런데 바로 북한은 한국의 이러한 전략의도에 대한 경계심을 가지고 있었기 때문에 쌀회담은 결국 결렬되었다.

남북한 북경 쌀회담은 1995년 6월부터 9월까지 모두 3차례에 거쳐 진행되었으며, 협상과정에서 남북한의 주요 쟁점과 합의 결과는 다음 표5 - 4와 같다.

---

96) 신재인, 『북한 핵 프로그램의 전망과 한반도에서의 기술 - 경제 협력』, pp. 50 - 51.

<표 5-4> 쌀회담 과정에서 주요 쟁점과 합의 결과

회담일시	한국 주장	북한 주장	합의 결과
1차회담 (95. 6. 17 -6. 21)	1. 당국 간의 협상 2. 쌀 5만 톤 지원의사 3. 지원쌀 육상운송 4. 합의서 공개	1. 민간지원을 통한 협상 2. 쌀 150만 톤 요구 3. 쌀의 해상운송 4. 합의서 비공개	1. 북한의 협상주체가 불분명(대외경제협 력추진위원회) 2. 쌀 15만 톤 지원 3. 쌀의 해상운송 4. 합의서 비공개(나중 에 기자들에게 비보 도를 전제로 공개)
2차회담 (95. 7. 15 -7. 19)	1. 쌀 지원과 '86 우성호' 송환, 경제협력연계 2. 쌀 원산지 표기 요구 3. 3차회담장소를 한반도 로 지정(서울, 평양, 판 문점)	1. 경협문제는 '일정한 범위' 내에서 논의할 수 있음. 2. 쌀 원산지 표기 거부 3. 3차회담장소를 제3국으 로 하고 회담의 비공개	3차회담의 일시와 장소 를 합의(8월 10일 경. 북경)
3차회담 (95. 9. 27 -9. 30)	쌀 지원에 앞서 '86우성 호'송환과 안승운 목사 납 치 사건 진상규명	쌀의 추가지원과 수해지원	결렬

출처: 양운철, 『1995년 북경 남북 쌀회담: 과정과 교훈』(세종연구소, 연구논문 98-05), p.88.

표5-4에서 알 수 있듯이 쌀회담과 관련하여 남북한은 서로 다른 목적을 갖고 있었다. 북한은 수재로 인한 식량난에 직면해 있었기 때문에 시급한 문제를 해결하기 위해 한국과의 협상테이블에 나섰지만, 한국이 이 회담을 정치적으로 이용하려는 의도에 대해서는 의구심을 가지고 있는 것이 분명했다. 북한은 협상의 민간성격 주장이나 쌀 원산지 표기 거부나 합의서 비공개 등의 주장을 제시함으로써 이 회담의 정치적 영향과 효과를 되도록 축소하려는 의도를 나타냈다. 반면 회담의 당국 간 협상 성격, 합의서 공개, 경제협력으로의 확대, 지원 쌀 육로운송, 회담장소를 한반도 내로 지정 등과 같은 한국의

주장은 쌀회담을 계기로 교착된 남북관계 상태를 타개하기 위해 당사자 신분으로 남북관계를 다루려는 한국의 전략의도를 나타냈다. 남북한의 이러한 상충된 회담 의도는 최종 회담의 결렬을 초래할 수밖에 없었다. 이와 더불어 '씨 아펙스호'인공기 게양 사건[97]과 '삼선 비너스호'사건이[98] 한국국민의 보수정서를 격화시켰고, 북일 쌀회담의 성공이[99] 북한의 식량압력을 완화시키고 흥정의 카드를 강화함으

---

97) 1차 쌀회담의 합의에 따라 1995년 6월 25일 한국쌀 2천 톤을 실은 한국선 '씨 아펙스호'가 강원도 동해항를 출항하여 북한의 청진항으로 항해하였다. 도선묘지에 도착한 후 북한 측은 인공기를 레이더 마스트에 게양토록 요구와 국제관례에 따라 '씨 아펙스호'가 북한의 인공기를 게양하였다. 그러나 청진항 내항으로 진입하는 중 북한 측 '씨 아펙스호'에 게양되어 있는 태극기는 내리라는 요구를 하였다. 결국 '씨 아펙스호'가 6월 27일 오전 8시 부두에 접안을 시작해 28일 오전 10시 45분 쌀 하역작업을 마칠 때까지 북한 측 인공기만을 마스트에 달게 되었다.

98) 대북한 지원쌀을 운송하는 15번째 배인 '삼선 비너스호'가 1995년 7월 31일 포항을 출하하여 8월 1일 청진항에 입항하여 하역을 시작하였다. 예정일은 2－3일이 경과한 8월 3일－8월 4일로 예정되었다. 그러나 8월 2일 '삼선 비너스호'의 1등 항해사 李良天이 침대 밑에 감추었던 폴라이드 카메라로 청진항을 배경으로 사진 14장을 찍었는데 잠시 후 북한 측 청진통해감시소 직원들이 승선하여 카메라를 압수해 갔다. 그리고 8월 5일 오후 2시경에 갑작스럽게 이양천은 연행되었고 8일 후인 13일 오전에 돌아왔다. 이 사건으로 인해 '삼선 비너스호'가 8월 5일 4시에 하역을 완료하고 8월 6일 중에 출항을 하여야 함에도 북한 측에 의해 출항을 못하고 억류되어 있었다.

99) 남북한 쌀회담에 많은 영향을 미친 '또 다른' 쌀회담인 북한과 일본 간의 쌀회담이 1995년 2월 싱가포르에서 북일의 비밀접촉부터 시작했다. 이 접촉에서 양국은 김일성 사후 연기되어 온 일본 연립여당의 조문사절단이 조속히 북한을 방문하여, 그 대가로 일본은 북한에 쌀을 지원하기로 합의하였다. 그런데 북일 쌀회담이 본격적으로 시작한 것은 남북

로써 남북한 쌀회담 결렬을 유발할 요인으로 작용하였다.

이처럼 제1차 북핵위기는 한국이 배척된 북미 양자협상 방식으로 해결된 후 남북관계의 계속된 경직을 가져왔고, 이것은 당사자 신분으로 남북관계를 다루려는 한국의 전략이 좌절된 것을 의미했다. 이것은 많은 학자들이 김영삼 정부의 대북정책의 일관성이 결여되었기 때문이라고 주장하지만, 실제로는 특수한 남북관계와 남북관계를 둘러싼 국제관계 사이의 상호작용이 낳은 필연적 결과였다고 할 수 있었다. 비록 김영삼 정부는 대북정책의 일관성을 유지할 수 있더라도 일단 북미 관계가 순조롭게 진행된다면 한국이 배척되는 운명을 피할 수 없었을 것이다. 왜냐하면 북한이 목표로 삼고 있는 대상은 한국이 아니고 미국이었다. 미국은 남북관계의 진전을 북미관계 개선의 전제로 북한에 제시하였기 때문에 북미관계의 진전을 위해 북한이 어느 정도로는 한국과의 관계를 개선할 수 있지만, 이것은 북한에의 실용주의전술이라고 할 수 있을 뿐이다. 바로 그렇기 때문에 북미기본합의서가 체결된 후 한국은 남북관계의 경직된 상태를 타개하기 위해 계속 노력했음으로써 다자적인 국제기구인 KEDO를 통해 대북경수로지원사업의 주도권을 잡았지만, 남북한 쌍무차원에서의 쌀회담이 최종적으로 실패할 수밖에 없었다.[100]

한의 1차 북경회담이 매듭진 직후인 6월 23일부터였다. 결국 3차례회담을 거쳐 6월 28일에 양국은 총 30만 톤의 일본쌀을 유상으로 빠른 시일 안에 북한에 제공하기로 합의하였다. 자세한 과정에 대해 양운철, 『1995년 北京 남북 쌀회담: 과정과 교훈』(세종연구소 연구논문 98－05), pp.39－45 참조.

100) 남북한 북경 쌀회담은 북한이 일본쌀을 받기 위한 하나의 절차에 불과했다는 주장이 존재한다. 양운철, 『1995년 北京 남북 쌀회담: 과정

쌀회담을 통해 남북관계의 교착상태를 타개하지 못한데다 북한의 정전체제 무력화 전략에 대응하기 위해 한국은 다시 다자협상의 장을 돌아가 이를 통해 남북관계를 다룰 수 있는 돌파구를 찾으려고 했다. 바로 이런 이유 때문에 한미 양국은 정전체제의 무력화시키려는 북한의 전술에 대한 대응책으로서 4자회담을 개최하자고 제의하였다.

2. 4자회담의 전개

1996년 4월 16일에 열린 한미 정상회담에서 4자회담이 제안[101]되었을 때부터 1997년 8월 5일에 시작한 1차 예비회담까지 1년여의 시간 동안 남북한 및 미국은 여러 번의 흥정을 했다. 북한의 정전체제 무력화 전략에 대응하려는 한미의 제안에 대한 북한의 처음 공식적인 반응은 1996년 5월 7일 외교부대변인의 발언을 통해 나왔고 "상세한 설명이 필요하다"는 것이었다. 이에 대해 한미 양국은 5월 21일 북한 측에 공동설명회 개최의사를 전달하였고 8월 15일 한국은 광복절 경축사를 통해 북한이 4자회담에 호응할 경우, '광범위한

과 교훈』, p.40.

101) 1996년 4월 16일 김영삼 대통령과 한국을 방문한 클린턴 미국 대통령은 제주도에서 정상회담을 갖고 "한반도 평화증진을 위해 4자 회담을 개최하기 위한 한미공동발표문"(South Korea－U.S. Joint Announcement on Proposal to Hold a Four－Party Meeting to Promote Peace on the Korean Peninsula)을 선언하였다. 한미 양국이 4자회담을 제시한 것은 북한의 "대미평화협정"체결 제의에 대한 대응책이라고 할 수 있었다. 김명기, 이종걸, "4자회담을 제의한 한미공동발표문의 법의 평가", 『북한연구』, 제2권(1999), pp.281－295.

긴장완화조치'의 일환으로 식량지원을 포함한 다양한 경제협력방안을 논의할 수 있을 것임을 밝혔다. 미국도 북한이 공동설명회에 참여하면 대북지원을 해 주겠다는 인센티브(incentive)제공을 통해 북한을 공동설명회에 참여시키려고 하였다.102) 반면에 북한은 중국을 제외하고 남북한과 미국이 참여하는 3자회담 의사를 피력하였다.103) 1996년 9월에 동해안 무장잠수함 침투사건으로 남북 간의 긴장이 고조되었기 때문에 1996년 11월 24일 마닐라 한미 정상회담에서 잠수함사건에 대해 북한의 사과를 촉구하려는 공동대책이 나왔다. 북한은 미국과의 관계진전 정책이 벽에 부딪치자 1996년 12월 29일 외교부 성명을 통해 무력도발에 대해 유례없는 시인·사과를 하며, 북미 접촉을 통해 4자회담 공동설명회를 1997년 1월 29일 뉴욕에서 개최하기로 합의하였다. 그런데 북한은 미국이 대북 식량지원약속을 이행하지 않는다는 이유로 공동설명회를 2차례 연기하여 1997년 3월 5일에서야 비로소 한미 양국은 4자회담의 취지를 설명하기 위해 뉴욕에서 개최한 3자 공동설명회에 참여하였다. 이어 4월 4일 남북한과 미국은 뉴욕에서 참사관급 실무접촉, 4월 16일부터 21일까지의 공동설명회 후속협의를 거쳐 마침내 6월 30일 뉴욕에서 개최된 「차관보급 3자 협의」에서 중국을 포함한 「4자회담 예비회담」을 1997년

---

102) 박영호, 박종철, 『4자회담의 추진전략: 「분과위」운영방안을 중심으로』
(통일연구원 연구총서, 99 – 17), p.21.

103) 북한은 1996년 8월 당시 황장엽 최고인민회의 외교위원장을 통해 "중국을 제외하고 남북한과 미국이 참여하는 3자회담이라면 응할 용의가 있다"고 하여 4자회담 대신에 3자회담을 개최하자는 견해를 나타낸 바 있었다.

8월 5일 뉴욕에서 개최하기로 합의하였다.

이 단계에서 러시아와 일본뿐만 아니라 중국마저 한반도 평화체제를 수립하기 위한 접근방식에 대한 논의과정에 참여하지 못하였고, 주로 남북한과 미국이 회담에 대해 논의하였다. 한미의 4자회담 제의에 대해 북한은 뉴욕설명회에서 4자회담을 긍정적으로 검토하겠다고 하면서 대규모 식량지원을 먼저 제공해 줄 것을 요구하였고 또한 북미관계의 발전, 주한미국 문제의 해결 및 4자회담 과정에 있어서 미국의 주도적 역할이 필요함을 거론하였다. 뉴욕 후속협의에서 북한은 4자회담 개최 전에 미국과의 관계개선을 위해 대북 경제제재조치 완환 및 적대정책 포기를 요구하고, 남북한과 미국이 먼저 4자회담 분위기 조성차원에서 협의를 진행시키고 적절한 시기에 중국을 참여시키는 「3+1」형식의 회담으로 진행할 것을 제의하였다. 6월 30일의 「차관보급 3자 협의」에서 북한은 대규모 식량지원 이외에 북미 외교관계 수립, 주한미군 철수, 미국의 대북 경제제재해제 등을 계속 요구하였다. 이로써 알 수 있다는 것은 첫째는 북한이 북미 관계의 진전을 위해 이 회담을 발판으로 이용하여 미국을 회담대상으로 삼고 회담의 다자성격이 되도록 제한시키고자 한 의도를 가진 것이었다. 둘째는 북한은 한미의 4자회담 추진 의도에 대해 의구심을 가지면서 4자회담의 수용을 미국이나 한국으로부터 경제제재조치 완화 및 식량지원과 같은 대가를 얻어내려는 협상카드로 사용하려고 했다. 그러므로 4자회담에 대해 쌍방의 전략 차이가 존재했기 때문에 예비회담이 성사되었지만, 갈등이 필연적으로 발생할 수밖에 없었다.

예비회담은 1997년 8월 5일에 시작되어 1997년 11월 21일까지 모두 3차례에 거쳐 진행되었다. 1차 예비회담(97. 8. 5-7)에서 의제와 관련하여 남북한의 갈등이 본격적으로 발생했다. 한국 측은 '한반도 평화체제 수립문제'와 '긴장완화와 신뢰구축 문제를' 의제로 제안하였고, 미국도 이에 동의하였다. 반면에 북한 측은 '조선반도의 평화보장체제 수립'이라는 포괄적 의제 밑에 세부의제로서 '조선반도와 그 주변 지역으로부터의 미군철수', '조·미 평화협정 체결', '한반도 내 무기반입 금지' 등을 포함하자고 주장하였다. 한편 중국 측은 '한반도의 평화체제 수립문제'와 '관련 각 측 간의 관계개선 문제'라는 포괄적인 의제를 제안하였다.[104] 또한 북한은 본회담 참여조건으로 한국과 미국에게 먼저 150만 톤에 달하는 식량지원의 약속을 요구하였고, 이에 대해 한국과 미국은 '선 회담, 후 지원'입장을 고수하였다. 2차 예비회담(1997. 9. 18 - 19)에서 4자는 본회담 개최문제를 집중적으로 논의하였지만, 의제문제는 여전히 회피할 수 없는 걸림돌이 되었다. 한국 측은 예비회담에서 세부의제 설정을 논의할 경우 회담이 지연될 수 있다면서 본회담에서 '한반도 평화체제 구축과 긴장완화에 관한 제반 문제'라는 포괄적인 단일 의제를 채택하자고 재차 제안하였고 이에 대해 미국과 중국은 동의하였다. 반면에 북한은 선 식량지원, 주한미군 철수, 북미평화협정 체결 이외에 한반도 내 군사장비 도입 금지 문제를 추가로 제시하고 원래의 입장을 되풀이하였다. 결국 2차 예비회담은 의세에 대한 절충점을 찾지 못한 채 회담이 종료되었다. 3차 예비회담(1997. 11. 21)에서 한국 측이 '한반도 평화체제 구축과 긴장완화에 관한 문제'를 의제로 제시하여 이에 대해 다른 3방은 동의하고 1997년 12월 9일 1차 본회담을 제네바에서

---

104) 『남북대화』, 제65호, p.19.

개최하기로 합의함으로써 의제문제를 둘러싼 공방전이 일단락되었다.

3차 예비회담에서 공방전을 벌인 주역은 주로 남북한이었고 중국은 주로 남북한의 제안을 둘러싼 중재자의 역할을 담당하고 있었으며, 미국은 기본적으로 한국과 같은 입장을 가졌다. 2차 예비회담은 남북한의 대립적인 제안으로 인해 성과를 얻지 못해 종료된 후 한국과 미국은 북한의 정전체제 인정 및 남북기본합의서 실천, 그리고 본회담 참가를 조건으로 매월 10만 톤 정도의 식량을 제공하고, 본회담 개최와 함께 대규모 식량지원의 용의가 있다는 입장을 밝혔지만,105) 북한은 외교부대변인을 통해 미국이 식량을 무기로 정치적 양보를 강요하고 있다고106) 지적하면서 미국 측이 대북 식량지원과 4자회담을 연계하려는 것을 비난하였다. 의제에 대한 갈등으로 본회담 개최 여부가 불확실하게 된 것은 북한의 통미봉남(通美封南)전략의 연장(延長)이라고 할 수 있다. 바꿔 말하면 남북한이 4자회담에서 중점을 두는 대상이 달랐다. 한국은 북한을 겨누고 있는 반면에 북한은 미국을 겨누고 있었다. 바로 이러한 정책방향의 차이로 예비회담이 난항을 겪었다. 그런데 이러한 매듭을 풀 수 있는 방법은 없는 것이 아니었고, 미국은 한국에 부응한 자세에서 벗어나 적극적으로 나서자 매듭이 풀리기 시작했다. 의제의 갈등으로 2차 예비회담이 난항을 겪자 미국은 미 국무부와 주유엔 북한대표부 간의 대화채널을 통해 북한에 본회담 수락 여부에 대한 압력을 가하였으며 이에 따라 북미 실무자 간의 접촉이 이루어져 3차 예비회담을 개최하고, 그 회담이

---

105) 『중앙일보』, 1997년 9월 19일자.

106) 『조선중앙통신』, 1997년 9월 21일자.

성공할 경우 12월 둘째 주에 본회담을 개최하기로 합의했다. 물론 북한이 한국 측이 제시한 의제를 수락한 것은 다른 요인도 있었다. 첫째는, 중미 정상회담(97. 10. 29)에서 북한의 4자회담 수락이 강력하게 촉구되었고 정상회담 직전에 중국이 4자회담 중국 측 수석대표인 천지안(陳健) 외교부 부장조리를 평양에 파견(10. 25－11. 1)하여 북한을 설득하였다. 둘째는, 토니 홀(Tony Hall) 미 하원 의원 일행의 방북(10. 14－17), 미 정부 식량대표단의 방북(10. 25－11. 4), 미국의 500만 달러 규모의 대북 의약품 지원 등이 북한의 회담 참가에 있어서 윤활제의 역할로 작용하였다고 할 수 있다. 셋째는, 미국이 세계식량계획(WEP)을 통한 방식으로 100만 톤 규모의 식량을 북한에게 제공하기로 비공개적으로 약속하였다.[107]

요컨대 의제에 대한 남북한의 갈등이 남북한 입장의 조화를 통해 해결된 것은 아니라, 미국의 채찍과 당근 정책 및 중국의 설득을 통해서 북한을 4자회담장에 끌어들일 수 있었다. 그렇지만 이런 것들을 통해 의제갈등이 표면적으로 해결되었지만, 양측의 전략 차이 때문에 본회담에서 갈등이 다시 일어날 수밖에 없었다.

4자회담 본회담은 1997년 12월 9일에 시작되어 1999년 6월까지 모두 6차례의 회담이 열렸다. 최종 4자회담은 아무런 합의도 없었고 한미공동발표문 형식으로 끝났다. 6차례 회의가 열린 시기와 각 측의 입장 및 합의는 다음 표5－5와 같다.

---

107) *Washington Post*, November 25, 1997.

〈표 5-5〉 4자회담에 각 행위자의 주장과 합의

차례	각 측 입장				합의
	한국	북한	미국	중국	
1차 97. 12. 9-10	1.한반도 평화체제 구축은 시급히 해결해야 할 과제이며 남북의 주도와 관련국의 뒷받침하에 이루어져야 함 2.남북당사자 원칙 존중, 3.긴장완화와 신뢰구축 조치 강구 4.「남북기본합의서」와 「군사정전협정」 등 기존합의의 준수·이행, 평화체제 구축 및 긴장완화 조치의 단계별 협의·이행 5.회담의 효율적 운영을 위한 분과위 구성	한반도의 평화보장체제 수립과 긴장완화 및 신뢰조성을 위해 4자회담에서 북·미 평화협정 체결과 주한미군철수 문제 우선 논의되어야 함	1.4자회담과정에서 정전협정이 준수되어야 한다는 점을 강조함 2.한반도 긴장완화 문제와 관련, 합의된 「남북기본합의서」상의 합의사항을 이행하는 것이 중요하다고 제안함 3.주한미국이 북한에 위협이라는 북한의 주장을 반박함	1.4자회담을 통해 남북관계와 북·미관계가 개선되어야 한다는 점을 강조함 2.한반도의 평화적 통일과 남북 간의 관계개선을 지지한다는 입장을 밝힘	1.4자는 제2차회담 준비를 위한 「특별소위원회」를 개최한다는 데에 합의함 2.차기의장국순서를 결정, 그 결과를 의장성명으로 발표함
2차 98. 3. 16-21,	1.4자회담과 남북대화는 병행 추진되어야 함을 강조함 2.한반도에 공고한 평화체제가 마련될 때까지 현 정전체제가 준수되고 남북기본합의서가 이행되어야 한다고 지적함 3.4자회담의 효율적 운영을 위해 평화체제분과위원회, 긴장완화 및 신뢰구축 분과위원회를 조속히 구성할 것을 제의함	1.주한미군 철수와 북·미평화협정 체결 문제를 우선 논의 2.분과위 구성에 앞서 세부의제를 먼저 확정	한국과 동조함	회담의 주요 과업은 '분과위' 등 조직과 형식의 확정 및 이와 관련된 문제의 논의라고 피력함	차기회담 날짜도 정하지 못해 제2차 4자회담 회의 진행과정을 밝히는 4자회담 의장성명을 채택하고 회담을 끝마침
3차 98. 10. 21-24	1.4자회담의 실질적 진전을 보장하기 위해 효율적인 회담조직과 회담운영 방안에 관한 명확하고도 구체적인 합의가 이번회담에서 도출되기를 기대한다고 밝힘 2.본회담의제를 심층 토의하기 위한 '평화체제' '긴장완화'분과위 구성. 3.군사 당국자 간 직통전화의 설치 등 군사적 신뢰구축에 관한 합의 4.4자회담의 정례적 개최를 역설함	1.주한미군 철수, 북·미평화협정 체결 2.한반도 내 군사장비 반입문제, 한미합동군사연습 중지문제를 제시함 3.군사적 신뢰구축보다 정치적 신뢰구축이 우선 추진되어야 한다고 주장함	1.북한이 합의를 반복하고 절차문제를 구실로 회담진전에 난관을 조성한 사례를 지적함 2.앞으로 목적도 없이 회의만 계속되는 상황을 용납할 수 없다는 입장을 내보임	이번 회담에서 각국의 의견 차이가 다소 있더라도 허심탄회하고 융통성 있는 태도로 회담진전을 추구하는 것이 필요하다고 강조함	1.'평화체제구축' 및 '긴장완화'문제를 각각 논의하기 위한 2개 분과위 구성에 합의하고 이를 '공동언론발표문'으로 채택함 2.「분과위의 설립 및 운영에 관한 각서」를 채택 3.제4차회담 1999년 1월 18-22일까지 개최키로 합의함

302

차례	각 측 입장				합의
	한국	북한	미국	중국	
4차 99. 1. 18 - 23,	1.2개 분과위를 통해 실질 문제논의가 본격화, 내실 있는 분과위 운영을 통해 조속한 시일 내에 실질문제에 대한 구체적 합의를 도출해내자고 언급함 2.실질문제 논의에 있어 쉬운 것부터 실천해 나감으로써 서로 간의 신뢰를 구축하는 것이 시급하고 중요한 일임을 강조함	1.한반도 긴장조성의 원인으로 되어 있는 미국의 대북적대시정책 변경과 그 수단의 제거가 근본 문제라고 주장함 2.주한미군철수문제와 북·미평화협정 체결과 같은 근본문제들이 반드시 논의·해결 되어야 함 3. 민족 내부문제인 남북 사이의 문제들은 어떠한 경우에도 논의되는 것을 허용할 수 없다고 주장함	1.실질적인 문제를 찾아내고 해결하려는 노력이 필요하다고 지적함 2. 쉬운 문제부터 어려운 문제로 해결해나간다는 원칙이 가상 실제적인 접근방법이라고 밝힘	1.한반도 정세에 대한 각 측의 이견 차이가 있기 때문에 분과위 논의를 통해 공통점을 찾는 노력이 필요함 2.분과위논의를 점진적으로 해 나간다는 원칙과 상호 간 압력행사 자제 및 '구동존이(求同存異)' 원칙을 유지해 나가야 한다고 강조함	5차 본회담 1999년 4월 12일제네바 개최 합의
5차 99. 4. 24 - 27	1.전체 회의보다 분과위회의를 보다 강화함으로써 실질문제논의에 주력한다는 입장을 주장함 2.긴장완화 분야에서 한두가지 시범적인 군사적 신뢰구축 조치에 합의함으로써 비록 작지만 가시적 진전을 도출하기 위해 노력할 것을 강조함	주한미군 철수, 북·미평화협정 체결 등 분과위 의제가 먼저 확정되어야 한다는 것을 주장함에 따라 긴장완화분과위에서 '주한미군 철수'를 평화체제 분과위에서 '북·미평화협정 체결'을 주의제로 할 것을 주장함	군사적 신뢰구축조치를 우선 논의하자는 한국의 입장에 대체로 동조함	협의가 쉬운 신뢰구축 조치를 우선 협의할 것을 주장함	6차 본회담 8월 중제네바 개최합의
	1.긴장완화분과위의에서 남북군사 당사자 간 직통전화설치 등 군사적 신뢰구축조치의 협의·이행을 촉구하고 쉬운 문제부터 어려운 문제로의 접근방식을 강조함.	1.주한미군철수문제는 남북화해를 위한 가장 초보적 조치이며 미국의 대북 신뢰 조성 의지의 척도라고 하면서 이 문제를 의제화할 것을 주장함	1.긴장완화와 신뢰구축을 위해 '의사소통'이 중요하다는 점을 강조하며 남북군사당국자 간 직통전화 설치 등 한국 측과 유사한 내용을 제의함	1.한반도 긴상완화를 위한 신뢰구축의 필요성을 강조하고 우발사태에 대비한 행동규범을 만들자고 제의함	

차례	각 측 입장				합의
	한국	북한	미국	중국	
6차 99. 8. 5-8. 9	2.긴장완화의 실질적 협의 진전을 위한 방안으로 판문점 장성급회담 활성화와 남북군사공동위원회 가동 등을 추가로 제의함. 3.평화체제 구축을 위해 실질적 여건과 기반 마련이 필요함을 강조하여 평화체제의 형식으로 남북이 주당사자로 되고 중·미는 증인자격으로 서명하는 「남북평화합의서」와 중·미는 합의서의 효력을 보장하는 내용의 「추가의정서」를 채택할 것을 주장하고 평화체제의 내용에는 전쟁상태의 종식 선언 및 무력불사용 등 일반적 내용과 일정 수준의 신뢰구축과 군축 조치를 담아야 한다고 강조함	2.북·미의 전전협정의 기본 당사자였던 만큼 새로운 평화협정 체결에서도 북·미의 평화협정 체결의 당사자가 되어야 한다고 주장함	2.주한미군문제는 한·미 간의 문제이며 여타 측과 협상할 문제가 아니라고 강조함 3.평화체제의 형식과 내용에 대해 한국 측의 제의에 동조하고 평화체제와 관련한 합의는 긴장완화와 신뢰구축의 합의를 토대로 추진되어야 함을 강조함	2.평화체제 구축에 대한 입장을 「조선반도 평화협정 초안」 형태로 구체화하여 제시하고 이 협정의 내용으로 전쟁사태의 종식 선언, 불가침·내정불간섭, 군사적 신뢰구축 및 군축조치 등 일반적인 평화협정에 포함되는 사항을 제시함	

출처: 통일부, 『통일백서: 1998』, 『통일백서: 2000』.

위에 표5-5의 내용을 보면 알 수 있는 것처럼 4자회담에서 실질적인 흥정자는 바로 남북한이었으며, 한국의 적극적인 자세와 북한의 방어적인 모습을 볼 수 있다. 중국이나 미국은 기본적으로 남북한의 제안과 반응을 둘러싸 조정자·중재자 역할만 담당하였다고 할 수 있다.

한국은 4자회담의 주요한 제의자로서 정책목표는 두 가지였다고 할 수 있다. 하나는 북한의 정전체제 무력화 시도로 인한 한반도의 위기상태를 해소하려는 것이며, 다른 하나는 다자틀을 활용하여 남북관계의 경직상태를 타개하려는 것이었다. 핵문제로 인해 계속 경직된 남북관계를 타개하기 위해 한국은 4자회담이란 다자기구를 활용함으로써 실질적인 당사자로서 남북관계를 다룰 수 있는 통로를 재가동하려는 전략의도를 갖고 있었다. 1차 본회담에서의 남북한 당사자 원칙 존중, 남북기본합의서와 같은 기존합의의 준수·이행 등의 제의로부터 한국의 전략의도가 드러났다. 실제적으로는 한반도 문제를 논의하는 4자회담이란 다자방식은 한국에 있어 최선책이 아니고 남북 양자차원에의 통로를 마련하지 못한 상황에서 부득이한 우회적 방책이라고 할 수 있다. 뿐만 아니라 비록 한국은 미국의 단독행동을 제한할 수 있는 한미동맹 체제가 존재하기 때문에 미국과 북한 단독으로 평화체제문제를 논의할 가능성이 희박하다고 인식했지만, 제네바 합의를 체결한 후 순조롭게 전개되고 있는 북미 협상은 한국으로 하여금 북미 간의 군사협상이 계속되어 평화체제에 대한 논의로까지 발전할 것에 대해 심각한 우려를 안고 있었다. 심지어 북한이 참여하는 3자회담에 대해 미국과 북한이 주된 역할을 담당하고 한국이 들러리가 될 가능성이 있기 때문에 한국도 부정적 입장을 보였다.[108] 그래서 1996년 4월에 클린턴 대통령의 방한을 앞두고 북한과 미국 간의 평화체제 협상에 대한 우려를 갖고 있었기 때문에 북미평화협상을 저지하기 위한 차선책으로서 4자회담을 제시하였다.[109]

4자회담의 형식에 대해 한국은 4자 틀에서 남북한이 주도하는 이른바 「4-2」방식과 「선 분과위구성 후 의제선정」을 주장하고 내용에

---

108) 북한은 1984년 미국, 남한, 북한 간의 3자회담을 주장하였던 것이었다. 북한의 제안은 북미 간 평화협정을 체결하고 남북 간 불가침선언을 채택한다는 2중구조로 되어 있었다.

109) 박영호, 박종철, 『4자회담의 추진전략: 「분과위」운영방안을 중심으로』, p.35.

대해 한국은 쉬운 문제부터 어려운 문제로의 접근방식을 주장하였다.

4자회담이 한국에 있어서 차선책이었던 데 비해 초기에 북한은 기본적으로 부정적 태도를 보였다.[110] 그런데 북한은 미국이 제안자이며 4자회담을 거절한다면 당시에 순조롭게 발전하고 있는 북미관계에 불리할 것으로 판단하고 4자회담을 수용한다면 미국과의 협상통로를 하나 더 확보할 뿐만 아니라 4자회담을 수용하라는 요구를 북한에 제시한 중국의 체면도 살리고 실리도[111] 얻을 수 있기 때문에 4자회담 제의를 수용하고 말았다. 그럼에도 불구하고 이것은 결코 북한의 통미봉남 전략의 변화가 나타난다는 것은 아니다. 왜냐하면 1차 회담부터 6차까지 계속해서 미국을 회담의 대상으로 삼고 주한미군 철수와 북미 평화협정 체결을 주장해온 북한의 입장이 변화하지 않았다.

4자회담 제의는 미국의 대한반도의 기정(既定)전략이 아니고 동맹국인 한국의 정책을 수용해낸 결과라고 할 수 있었다. 이것은 4자회담과정에서 미국이 주도자 역할을 담당하지 않고 기본적으로 한국의

---

110) 한미양국은 4자회담 제의를 제시한 후 북한은 「현실성 여부 검토」 (1996. 4. 18), 「미국측의 설명 요구」(1996. 5. 7), 「4자회담에 관심을 가질 근거가 없음」(1996. 8. 23), 「4자회담에서 주한미군 철수문제 우선 논의」(1996. 9. 2), 「4자회담 설명을 들을 필요성 없음」(1996. 11. 11) 등 외교부대변인 발언을 통해 부정적 태도를 나타냈다.

111) 북한은 「4자회담 공동설명회」(1997. 3. 5) 참가조건으로 미국의 경제제재 완화, 대북경제지원, 미곡물 회사인 카길사의 대북한 곡물 물물교환 허용 등을 요구하고 4자회담 본회담의 참가조건으로 150만 톤의 식량지원과 경제제재 완화를 요구하기도 하였다. 그리고 북한은 3차 4자회담(1998. 10)에서 미국으로부터 밀 30만 톤을 제공받는 대가로 두 개의 분과위원회 구성에 협의하였다.

제안을 부화·조정하는 역할만 하였다는 것을 결정하였다. 한국이 배제된 북미협상은 한국의 불만을 초래함으로써 탈냉전에 들어 한미 간의 균열이 처음 발생했다. 미국의 동아시아전략 전개에 영향을 미치리라는 한미동맹의 균열을 해소하기 위해 한국을 위안할 수 있는 조치로서 미국은 한국과 함께 4자회담 제의를 제시하였다. 물론 미국에 있어서 4자회담이란 다자틀을 이용하고 북한의 도발행위를 통제하려는 의도를 역시 보일 수 있었다.[112] 북핵문제부터 시작한 북미 간의 회담이 제네바합의 후 군사적 측면과 비군사적 측면에서 계속해서 발전해왔으며 북미 양자 간 현안(미군유해송환무제, 핵·미사일문제)과 한반도 평화문제가 연결될 추세가 한국뿐만 아니라 미국으로 하여금 우려감을 갖게 하였다. 왜냐하면 일단 한국을 배척한 북미 간의 군사협상이 양자현안의 범위를 넘어 한반도 평화체제로 확대된다면 한미 간의 갈등은 반드시 심화되는 방향으로 나갈 것이다. 이번 미국은 4자회담을 통해 한반도 평화체제 문제를 논의하는 틀을 마련함으로써 한국의 한반도 문제 당사자를 맡으려는 요구를 만족시킬 수 있는 동시에 북한의 한반도 평화체제 문제가 북미양자 간의 문제라는 주장을 차단할 수 있을 것이다. 이처럼 미국은 남북한 사이 균형적 정책을 취함을 통해 그의 대동북아와 대한반도 정책의 대폭조정을 넌할 수 있을 것이다 이러한 미국의 전략 의도는 4자회담에서 한국의 제안을 부화하고 있는 동시에 북미양자의 협상통로를 유지하는 데 나타냈다.

---

112) 이헌경, 『미국의 4자회담 전략과 한국의 대응책』(민족통일연구원 연구보고서 98 - 23), p.5.

중국은 4자회담 전 과정 중 6차 회담에서 제시한「조선반도 평화협정초안」외에 별다른 제안을 제시하지 않고 때로는 한국과 미국의 입장을 지지하고 때로는 북한의 입장을 지지함으로써 중재자의 역할만 하였다. "조선전쟁전전협정의 하나 체결국과 반도주변국가로서 중국은 반도평화기계를 건립할 과정에서 건설적 역할을 발휘하고 ……반도의 장기적 평화와 안정을 실현하기 위해 공헌을 기여해야 한다고" 주장함113)으로써 한반도 평화체제 수립하는 과정에서 배제될 것을 원하지 않다는 입장을 나타났다. 그리고 중국은 한반도 평화체제를 수립하는 과정에서 미국이 주도적 역할을 할 것에 대해 경계를 가지고 있기 때문에 남북한은 당사자로서 한반도 문제를 해결할 원칙을 지지하였다. 따라서 중국은 4자회담에서 미국의 역할을 가능한 제한하고 남북한이 한반도 평화체제 전환의 당사자로서 역할을 당하기를 바란다는 것은 북미 간 평화협정 체결을 통한 한반도 평화체제 전환이라는 북한의 입장과 크게 차이가 있는 것이었다.114) 한편 한반도의 평화와 안정을 유지하는 것을 한반도 문제를 처리하는 기본원칙으로 삼는 중국은 북미관계 개선의 필요성을 인식한다는 점에서 북한과 공감대를 갖고 있는 것이었다. 이러한 중국의 원칙과 입장은 4자회담에서 중국은 주로 흥정자인 남북한 사이에 서 있어 중재자 역할로서의 성격을 드러냈다.

4자회담에 참여한 행위자로서 남북한과 중국 그리고 미국의 이러한 성격상 4자회담성사 여부에 영향을 미칠 수 있는 가장 중요한 변

---

113) 중국외교부 대변인 탕국치앙(唐國强) 기자회견, 『人民日報』, 1997년 7월 3일자.
114) 이헌경, 『미국의 4자회담 전략과 한국의 대응책』, p.40.

수는 남·북한 간의 흥정이라는 것을 결정하였다. 일부 학자는 일찍 4자회담 진행 중에 4자회담의 전망에 대하여 비관적인 견해를 갖고 있었다. 그러나 4자회담의 중단요인은 올슨(Olsen)이 지적한 것은 아니다.115) 바꿔 말하면 4자회담 성사 여부에 대해 중미관계 변수의 영향력은 올슨이 지적한 것과 달리 그다지 크지 않는 것으로 보였다. 4자회담은 주요 흥정자인 남북한이 첨예하게 대립되는 입장 차이 때문에 중단되었다. 이미 지적한 바와 같이 북한은 4자회담에 대해 처음부터 부정적이고 소극적인 태도를 취하였던 것이었다. 북한이 4자회담을 수용한 것은 한반도 평화체제를 논의하는 다자방식과 남북한 당사자 원칙을 수용한 것을 의미하지 않으며 다만 북미양자채널의 부속된 장치로 간주했을 뿐이다. 일단 이러한 부속 장치를 이용할 수 있는 가치가 사라지고 계속 공전을 거듭하며 북미양자채널의 운행에 방해가 될 수 있다는 판단이 나온다면 4자회담 역시 수명을 다하게 될 것이다. 1차 회담부터 대립한 입장을 가진 남북한은 6차 회담에 이르기까지 여전히 합의점을 찾아내지 못했다. 중재자·조정자 역할을 수행하고 있는 중국이나 미국 역시 정책 공간의 한계를 가지고 있었기 때문에 중재역할을 잘 수행하지 못해 마침내 1년여 동안 지속되어온 4자회담은 최종 성과가 없는 상태에서 끝날 수밖에 없었다.

---

115) 올슨은 미중 간의 상이한 견해와 이해관계가 산재하고 있기 때문에 미중이 참여하게 되는 4자회담 속에서 한반도 평화체제에 대한 합의가 도출될 수 있는 가능성이 희박하다고 인식했다. 올슨은 중국을 개입시킴으로써 문제를 더 복잡하게 하는 대신 미국이 적극적이며 주도적인 역할을 수행함으로써 한국문제를 해결하는 것이 바람직하다는 입장을 보인다. Edward A. Olsen, "U.S.&China: Conflicting Korean Agendas", *Koean and World Affairs*, Vol. XXI, No. 2(Summer 1997), pp.254－269.

3. 4자회담의 실패

4자회담은 일본과 러시아를 배제한 상태에서 열렸다. 그렇지만 양국은 기본적으로 이 회담을 지지하는 입장을 갖고 있었다. 일본은 한반도에서의 평화와 안정이 자국의 안보에 긴요하다고 인식하며 한반도 안보문제에 대한 관심을 가지고 있었다. 러시아도 마찬가지다. 러시아는 1953년의 정전협정을 대치할 수 있는 한반도에서의 새로운 평화체제를 만들기 위해 관련국 모두가 참여하는 국제회의를 개최하기를 원하고 있었다. 제1차 북핵위기가 고조되었을 때 러시아는 한반도 안보문제를 논의할 8자회담 제안을 제시하였던 것이었다. 1994년 말 러시아는 한국통일 문제를 논의하고 통일 이후의 한국안보를 국제적으로 보장하기 위한 국제평화회의의 개최를 제안하였다. 러시아의 제안은 '2＋4'방안(남북한＋러, 중, 미, 일)으로 알려져 있으며, 이 국제회의를 통해 1953년 정전협정을 영구적 평화조약으로 대체하는 문제를 다룰 것을 주장하였다.[116] 그래서 이번 4자회담에서 러시아는 당사자로서 자국이 포함되지 않은 것을 유감스럽게 생각했다. 그럼에도 불구하고 러시아는 4자회담에 관여하거나 방해할 의사를 갖고 있지 않았다. 이처럼 일본과 러시아는 한반도 안보문제에 대한 관심을 가지고 있기 때문에 정전체제의 평화체제로의 전환에 대한 논쟁에 개입할 수 있는 법적 근거가 없지만, 제2차 북핵문제로 인해 한반도 문제를 다루는 6자회담에 개입하게 되었다.

---

116) Shim Jae Hoon, "Korea: Silent Partner", *Far Eastern Economic Review*, January 5, 1995.

4자회담의 실패원인이 크게 네 가지 있었다고 할 수 있다. 첫 번째 원인은 한반도 영구적 평화체제 구축이 어려운 주제이며, 북미관계 개선 전에 구조적인 조건이 결여되기 때문에 기본적으로 힘든 작업이라는 것이다. 이번 4자회담에서 남북한이 겨냥한 방향 차이가 발견될 수 있으며, 북미관계 개선 전에 북한이 실질적으로 한국의 한반도 평화체제 구축의 당사자신분을 인정할 것은 어렵다고 판단할 수 있다. 북한이 적어도 북미관계개선과 한국의 당사자신분인정을 병행해야 할 입장을 가진다고 분석할 수 있다.

두 번째 원인은 북미양자채널이 지속 유지되는 것은 북한에게 4자회담의 가치를 낮추었다는 점이다. 제네바합의 직후 북미 간의 접촉 채널이 4자회담 이외에 여전히 북미미사일회담[117]과 북미고위급회담[118]이란 두 개 협상채널이 열렸다. 이런 북미양자 간의 직접 협상 채널은 4자회담과 같은 다자채널보다 북한에게 더 가치 있고 북한이 원하는 것이라고 할 수 있다.

세 번째 원인은 정전체제를 재가동하는 데 있었다. 비록 북한이

---

117) 북미미사일협상이 1996년 4월부터 2000년 11월까지 모두 6차례협상을 거쳐 최종 합의가 도출되지 못했다. 6차례의 협상일정과 장소가 다음과 같다. 1차 회담 1996년 4월 20-21일, 베를린; 2차 회담 1996년 6월 11-13일, 베를린. 3차 회담 1998년 10월 1-2일, 뉴욕; 4차 회담 1999년 3월 29-30일, 평양; 5차 회담 2000년 7월 10-12일, 콸라룸푸르; 6차 회담 2000년 11월 1-3일, 콸라룸푸르. 자세한 협상과정에 대해 서보혁, 『탈냉전기 북미관계사』, pp.254-281; 박종철, 『북·미미사일 협상과 한국의 대책』(통일연구원, 연구총서 01-17) 등 참조.

118) 북미고위급회담이 1998년 8월 21일-9월 5일 뉴욕에서 시작한 이후 1999년 6월 23-24일 북경, 8월 3-9일 제네바, 9월 7-12일 베를린, 11월 15-19일 베를린에서 개최하였다.

정전체제의 무력화전략을 감행하였더라도 실질적 측면에서 볼 때는 정전협정의 효력은 지속되고 있으며, 북한도 이를 인정하고 있다.[119] 4자회담이 진행 중의 1998년 2월 한국 국방부와 유엔군사령부는 정전협정의 이행과 위기관리를 위한 책임 있는 채널을 재가동하기 위해 유엔군사령부와 북한군 간의 장성급 회담을 제의하였고 북한은 이를 받아들여 6월 북한군－유엔사 간의 장성급 회담 개최에 대한 합의가 채택되었다. 장성급 회담은 이후 14차례 개최되었으며 이는 정전협정에 명시적인 근거를 갖고 있지 않지만 정전협정 위반사건을 협의하는 외에도 재발방지를 촉구하는 채널로서 활용되었다. 이 때문에 한국이나 미국은 물론 중국도 포함된 각 관련국은 정전체제의 위기가 그다지 심각하지 않다는 인식결과를 내놓았다.

네 번째 원인은 김대중 정부의 햇볕정책으로 인해 한반도 차원에서 남북관계를 다루는 통로가 열렸기 때문에 한국에 있어서 4자회담의 가치는 역시 하락하였다는 것이었다. 1998년 출발한 김대중 정부는 '통일철학'은 없고 '냉온탕식 외교'라는 비판을 받은 김영삼 정부의 대북정책 실패의 교훈을 벗 삼아 남북한의 평화·화해·협력의 실현을 통한 남북한 관계 개선을 대북정책의 목표로 설정하고 한반도의 평화를 정착시키기 위해 이른바 햇볕정책을 추진하였다. 이에 따라 김대중 정부는 먼저 정경분리원칙에 입각하고 민간교류와 경제협력으로부터 대북정책을 추진하는 것을 시작하였다. 기능주의에 입각한 남북한 경제와 민간차원의 교류는 반드시 정치차원으로 확산할

---

119) 홍용표, "종전협정과 한반도 평화체제 구축", 경남대 극동문제연구소 주최 한반도 평화체제 공개학술회의 발표문(2005년 5월 3일).

수 있었다. 1999년 6월 22일 오랫동안 중단된 남북당국차원의 접촉은 다시 시작하였다. 6월 22−26일에 제1차 남북차관급당국회담이 북경에서 열렸으며 이어서 7월 1−3일에 제2차 남북차관급당국회담이 북경에서 개최하였다.120) 남북 당국 간의 접촉은 한국으로 하여금 남북차원에서 한반도 문제를 다룰 수 있는 자신감을 갖춤으로써 4자회담의 가치를 하락시켰다.

이로써 4자회담의 장외에 북미관계와 남북관계의 변화가 각 측으로 하여금 4자회담의 중요성을 별로 크지 않다고 느끼기 때문에 마침내 4자회담이 중단되고 말았다. 4자회담이 한반도 문제를 논의한 다자틀로서 1954년 제네바회담 이후에 처음이었다. 비록 4자회담이 마침내 성과 없이 중단되었지만 한반도 문제와 관련 각방은 한반도 평화체제를 논의한 필요성을 느끼고 한반도의 영구적 평화체제를 수립하기 위해 이런 다자틀을 작동시키며, 이 점만 감안할 때 그 의미가 여전히 크다고 할 수 있다. 그리고 이 자리에서 한반도 문제 관련 각 측은 정전체제를 평화체제로의 전환에 대한 자기의 견해를 제출하고 각 측의 입장을 탐명(探明)할 수 있는 기획을 제공함으로써 앞으로 반드시 해결해야 하는 한반도 평화체제 문제에 대한 논의에 역시 가치가 있는 경험을 제공하였다고 할 수 있었다. 또한 다자간 서로 입장규명과 의견교환의 장으로서의 4자회담의 실패는 각 행위자에게 정책조정의 동기를 제공하였다. 특히 한국은 4자회담의 주요 제안자로서 이번 제안의 실패로 인해 그의 대북정책의 전환이 가속화하였다. 즉 김대중 정부는 김영삼 정부의 대북정책에 대한 반성을

---

120) 통일부, 『남북대화년표』 1999, p.167, p.176.

기초하여 김영삼 정부의 대북정경연결정책에 벗어나 정경분리란 햇볕 정책을 추진하고 이로 인해 한반도 국제관계에 영향을 미칠 수 있는 새로운 요인이 나오는 것이었다.

제4절 제2차 북핵위기의 관리

1. 위기의 발발

2차 북핵위기는 2002년 10월 3일에서 5일까지 방북한 미국 대통령 특사인 켈리 동아태담당차관보가 북한이 핵무기개발을 시인했다는 발언을 통해서 시작되었다. 북한의 농축 우라늄의 '시인'에 따라 미국은 북한의 농축우라늄 프로그램은 NPT, IAEA와 체결한 핵안전협정조치, 북미기본합의서, 한반도 비핵화 공동선언의 위반이며 농축우라늄 프로그램을 자발적으로 폐기하도록 북한에게 강력히 요구하였다. 이에 대응하여 북한은 북미 간의 불가침조약을 체결할 것을 역으로서 미국에 제시하였다.[121] 이에 대해 미국은 거절할 뿐만 아니라 11월 14일 KEDO집행이사회가 대북 중유공급을 12월분부터 중단하기로 결정하였다. 이어서 북한이 KEDO의 중유공급 중단을 문제로 삼아 12월 12일 그동안 북미기본합의서에 의해 동결되어온 핵

---

121) "조미사이의 불가침조약 체결이 핵문제 해결의 합리적이고 현실적인 방도", 북한외무성 대변인 담화, 『조선중앙통신』, 2002년 10월 25일자, 29일자.

프로그램의 동결 해제 및 핵발전소의 가동을 선언하고, 12월 14일 IAEA에 핵 봉인 제거와 감시카메라를 철거를 요구하였으며, 12월 22일에는 실제 핵 봉인을 제거하고 감시카메라를 철거하였으며, IAEA의 감시원 2명을 출국시키도록 결정하였다.[122] 2003년 1월 10일에 북한이 더 나아가 핵확산금지조약 탈퇴와 그에 따른 IAEA와 체결한 핵안전협정조치로부터의 자유, 즉 핵사찰을 받을 의무로부터의 해방을 선언함으로써[123] 북핵위기가 다시 발발하였다.

2차 북핵위기의 발발한 원인은 1차 북핵위기의 발발한 원인이 특별시찰을 둘러싼 북한과 IAEA 간의 갈등으로 일어났다는 것과 달리 직접적으로 북미관계가 악화되는 데 기인하였다고 볼 수 있다. 물론 1차 북핵위기가 발발한 막후원인은 역시 북미관계에서 내포되어 있었다는 것은 부인될 수 없다.

전술했듯이 1차 북핵위기가 북미양자협상 방식으로 해결된 직후 북미관계가 비교적으로 순조롭게 진행되고 있었으며 미국은 북한에 대한 여러 가지 경제제재 해제 조치를 취했다. 특히 1999년 9월 7－12일 베를린에서 열린 북미고위급회담에서 북한은 미사일 시험발사를 유예하는 대신 미국은 대북 경제제재를 추가로 해제하기로 합의

---

122) "핵시실들의 가동과 건설을 즉시 재개", 북한외무성 대변인 담화,『조선중앙통신』, 2002년 12월 12일자: "리제선 원자력총국장 핵시실 김시카메라 철수를 국제원자력에게 요구",『조선중앙통신』, 2002년 12월 14일자: "핵시설 봉인과 감사카메라 제거작업을 즉시 개시",『조선중앙통신』, 2002년 12월 22일자: "조선정부 국제원자력기구 사찰원들을 내보내기로 결정",『조선중앙통신』, 2002년 12월 27일자.

123) "조선민주주의인민공화국 정부 성명",『조선중앙통신』, 2003년 1월 10일자.

함[124])에 따라 9월 17일 미행정부는 적성국 교역법, 방산 물자법, 수출관리법 등 3개 법에 근거하여 행정부가 재량으로 결정할 수 있는 범위 내에서 대북한 경제제재 완화조치를 발표하였다. 이에 따라 북한 상품의 미국 내 수입과 미국 상품의 북한 수출이 대부분 허용되고, 민간 및 상업용 자금의 송금과 선박과 항공기를 이용한 여객 및 화물운송이 가능해졌다. 이어 북미양국은 1999년 11월 15 - 19일 개최된 베를린 고위급회담에서 미국의 대북제재 추가 완화, 연락사무소 설치, 북한의 미사일 실험발사 중지 보장방안 등을 논의하였고 아무성과 없이 끝났지만 북미양국은 관계개선의 방향으로 더 나갔다는 것을 상징할 수 있었다. 뿐만 아니라 양국은 미사일문제의 해결을 위한 협상채널도 지속 유지되었다. 2000년 6월에 들어서 미국은 북한에 대한 접근에 유연성을 보이기 위해 그동안 사용해왔던 '불량국가'(rogue state)란 용어 대신에 '우려 대상국'(state of concern)이란 용어를 사용하였다. 2000년 10월에 북한의 실질적인 2인자인 조명록 국방위원회 제1부위원장이 김정일 국방위원장의 특사 자격으로 워싱턴을 방문하여 10월 12일 북·미 간 공동콤뮤니케가 발표되었다.[125] 곧이어 올브라이트(Madeleine K. Albright) 국무장관이 평양을 방문

124) 박영호, 『남북한 및 미국의 3자 관계와 평화공존』(통일연구원, 연구총서 02 - 23), p.34.

125) 공동콤뮤니케의 주요 내용은 ① 북한의 장거리 미사일 개발 포기, ② 양국 간 적대관계 청산, 미국의 북한체제 보장 및 경제지원, ③ 한반도 평화체제 구축을 위해 4자회담 등 여러 가지 방안 활용, ④ 클린턴 대통령의 평양 방문 준비를 위한 올브라이트 국무장관의 방북 등이다. U.S. Department of State, "U.S. - DPRK Joint Communique", October 12, 2000.

하였다. 이처럼 양국관계에서 처음으로 최고위급 정책결정자의 상호
교환 방문이 이루어지면서 양국관계 개선의 분위기로 조성되었다.
그런데 미국의 정권 교체로 인해 북미관계가 불명상태에 머물렀고
2001년 9·11 테러사건으로 대폭 역전되었다.

비록 클린턴 정부는 대북 포용정책을 추진하였지만 미국의 정치체
제의 제약함과 북미관계의 장기 적대 및 한반도 국제관계의 복잡 등
요인으로 북미관계의 정상화가 어려운 작업으로 되게 만들었다. 클
린턴 정부는 대북 포용정책을 추진하는 동안 미국 내의 보수파는 특
히 의회에서의 공화당 의원들이 클린턴의 대북정책을 계속 비난하였
으며,[126] 클린턴 2기에는 미국 의회, 특히 공화당 주도의 하원에서
행정부의 대북정책에 대한 비판이 가시화되었다.[127] 1999년 9월 15일
클린턴 행정부의 대북정책 구상인 이른바 페리보고서가 미 의회에
제출된 후 미 공화당 의원들이 페리보고서의 실효성에 대해 강한 의
문을 제시하면서 의회 내 북한 자문단을 구성하여 11월 3일 페리 보
고서에 대응하는 대북정책 보고서를 발간하였다.[128] 그리고 2001년
1월에 취임한 부시 대통령은 초기 후보 시절 선거 캠페인 과정에서

---

126) 정옥임, 『북핵588일!: 클린턴 행정부의 대응과 전략』(서울: 서울프레스,
    1995), p.264.
127) 정옥임, 『탈냉전기 미국의 대북정책과 국내정치: 선거 및 정권 교체와
    의 인과성 분석』(세종정책연구 2002 - 15), p.28.
128) 그들이 제네바 핵합의에도 불구하고 5년 동안 핵무기 등 북한의 종합
    적인 위협은 더욱 증대됐다고 주장하여 클린턴 행정부의 대북정책을
    비판하였다. North Korea Advisory Group, *Report to The Speaker, U.S.
    House of Representatives*, November 1999, 박영호, 『남북한 및 미국의
    3자 관계와 평화공존』, pp.35 - 36 재인용.

부터 북한에 대한 부정적인 시각을 가지고 있었다.129) 이런 것들에 대해 북한이 주의하지 않을 리가 없었다. 그렇지만 부시 정부가 출범한 이후 바로 클린턴 정부의 대북정책을 대폭 수정하지 않았다. 부시 정부는 취임 후 몇 개월 동안 클린턴 정부의 대북 포용정책을 검토함과 동시에 자신의 새로운 대북정책을 모색하고 2001년 6월 6일 대북접근정책이란 새로운 대북정책을 발표하였다.130) 이는 부시정부가 북미양국 간의 현안들을 포괄적으로 해결하기 위한 대북 '접근정책'으로서 원칙적으로는 클린턴 정부하의 대북포용정책으로 회귀한 것으로 보여줄 수 있다. 그러나 9·11 테러사건의 발생은 미국의 대북정책에 직접적으로 영향을 미쳤다.

9·11 테러사건의 부정적인 파장을 우려한 북한이 바로 다음날인 9월 12일 반테러선언을 하고,131) 이어 '테러재정지원금지 국제협약'(International Conven-tion for the Suppression of the Financing of Terrorism)과 '인질반대 국제협약'(International Convention against the Taking of Hostages) 2개의 반테러 국제협약에 가입하였고 아직 가입

---

129) 박영호, 『남북한 및 미국의 3자 관계와 평화공존』, p.37.

130) 부시 정부는 이 새로운 대북정책 발표를 통해 북한의 핵활동과 관련하여 북미기본합의서를 개선하여 이행하는 문제, 북한의 탄도미사일 프로그램을 검증 가능한 방식으로 제한하는 문제와 미사일 수출금지 문제, 재래식무력 위협감소 문제를 포함한 포괄적인 의제에 대해 북한 측과 "진지하게 논의"할 것이라는 의사를 표명하였다. 정옥임, 『탈 냉전기 미국의 대북정책과 국내정치: 선거 및 정권 교체와의 인과성 분석』, p.11.

131) "테러반대 입장 불편", 미국에서의 대규모 테러공격 산건 관련 조선외무성 대변인 대답, 『조선중앙통신』, 2001년 9월 12일자.

하지 않은 5개 협약에도 가입할 의사를 표명함으로써 반테러 입장을 보여주기 위한 자세를 나타냈다.132) 또한 북한은 유엔총회의 연설에서 반테러 입장을 명백히 하였고133) 미국에게 미 국무성의 '테러지원국 명단'에서 북한을 제외해 줄 것을 요구하였다. 그렇지만 2001년 12월 31일자로 부시 정부는 의회에 제출된 핵태세 보고서에서 특정 상황에서 핵무기를 사용할 수 있는 7개 대상국에서 북한을 포함하였으며,134) 이어서 2002년 1월 말에 부시 대통령은 의회에서 발표한 대국민 연두교서에서도 북한을 대량살상무기를 추구하는 이라크, 이란과 함께 "악의 축" 국가로 규정하였다.135) 이것은 북한에게 결정적인 심리적 타격을 가하는 일이며, 북한은 이는 미국이 북한에 대해 "핵무기를 사용하지도 않으며 핵무기로 위협하지도 않는다는 공식담보"를 제공하기로 한 북미기본합의를 위반한 것이라고 비난하고, 북한도 필요하면 북미기본합의에 구애됨이 없이 대응조치를 취해나갈 수밖에 없다고 주장하였다. 이처럼 기존한 서로 간의 불신을 기초하여 또

---

132) 『조선중앙통신』, 2001년 11월 3일자.

133) "유엔총회 제56차 회의 전원회의에서 조선대표단 단장 연설", 『조선중앙통신』, 2001년 11월 16일자.

134) "Foreign Missile Developments and the Ballistic Missile threat Through 2015", Unclassified Summary of a National Intelligence Estimate, National Intelligence Council, December 2001, 백학순, 『부시정부 출범 이후의 북미관계 변화와 북한핵 문제』(세종정책연구 2003－17), p.18 재인용.

135) George W. Bush, "The State of the Union Address", January 28, 2002. 백학순, 『부시정부 출범 이후의 북미관계 변화와 북한핵 문제』, p.19 재인용.

는 촉매제 역할을 한 9·11테러사건으로 인해 북미 간의 갈등이 심화되고 마침내 켈리의 방북을 계기로 2차 북핵위기가 발발하였다.

2. 6자회담의 틀

제2차 북핵위기의 발발은 미국뿐만 아니라 한반도 안보와 관련 각국으로 하여금 시급하게 해결해야 할 문제에 직면하였으며, 이에 대해 어떻게 해결할 것인가라는 위기관리의 문제가 제시되었다. 왜 냐하면 제1차 북핵위기에 비해 국제환경의 변화와 북한 핵기술의 진전으로 인해 이번 위기가 더 심각한 문제이고 각국에게 더 이상 간과할 수 없을 정도의 문제이기 때문이었다.[136] 그리고 1차 북핵위기의 관리와 같이 북미양국협약이란 방식으로 해결하느냐 아니면 다른 방식으로 해결하느냐라는 문제는 각국의 주요관심사가 되어 있었다. 미국은 이번 위기를 대비하기 위해 한국과 한반도 주변에 공군력과 해군력을 증가하는 조치를 취하였지만 처음부터 평화적 해결을 천명해왔다. 어떻게 평화적으로 해결하느냐에 대해 미국은 북미양자협상 방식에 대한 관심이 없었고 선택하려 하지 않을 것이다. 이에 따라 미국은 IAEA로 하여금 북한의 핵문제와 관련된 위반사항을 유엔안보리에 조속히 보고하고, 유엔안전보리가 북한 문제를 강력히 다루어 줄 것을 요구하는[137] 동시에 동맹자원을 동원하고[138] 중국이나

---

136) 유종찬, 『미국의 대북한 인식, 관료정치, 그리고 동맹이 북핵위기에 미친 영향: 1993년 1차 북핵위기와 2002년 2차 북핵위기를 중심으로』(연세대학교 대학원 석사눈몬, 2004), p.87.

137) 이에 따라 2003년 1월 6일 IAEA는 특별이사회를 열어 핵문제에 대한

러시아로 하여금 북핵문제 해결에 적극 나서주도록 요구하였다.

반면에 북한이 여전히 1차 북핵위기 때처럼 미국을 겨누고 북미 양자협상 방식으로 해결할 것을 기대하였다. 2002년 10월 15일에 북한은 미국과의 불가침조약을 체결할 것을 미국에 제의하였다. 그런데 미국은 북한의 요구를 거절하였고 또한 2003년 1월 하순에 유엔 안보리의 상임이사국인 미국, 중국, 러시아, 영국, 프랑스 5개국에다가 한국과 북한, 일본, 유럽연합, 호주 5개국을 포함하여 '5＋5'형식의 다자간 틀을 만들어 북핵문제를 해결하려는 의향을 비치기도 하였다.139) 이에 대해 북한은 2003년 1월 25일 외무성 대변인의 발언을 통해 미국이 '핵문제와 관련한 자기의 책임을 회피하고 우리에 대한 압박을 국제화하려는 불순한 기도가 깔려 있다. ……「다자회담」이라는 간판으로 자기 책임을 회피하려 한다'고 비난하고 '당사자인 우리와 미국이 직접 마주 앉아 협상의 방법으로 문제를 해결하도록' 미국에 요구하였다.140)

왜 미국은 수용했던 양자협상방식을 선택하려 하지 않고 다자방식

북한의 협력을 촉구하는 결의안을 통과시켰고 2월 12일에 개최된 특별이사회는 북핵문제를 유엔안보리로 이관하기로 결정하였다. 유엔안보리는 2003년 2월 중순 북핵문제를 전문가회의에 회부하였다.

138) 2003년 1월 6-7일 한·미·일 대북조정감독그룹회의(Trilateral Coordination and Oversight Group: TCOG)가 열렸고 북한의 완전한 핵 폐기를 요구하였다.

139) 파월 미국무장관은 스위스 다보스에서 개최된 33회 세계경제포럼(WEF)연례회의에서 노무현 대통령당선자 특사인 정동영 의원을 만난 자리에서 이를 설명하였다. 『조선일보』, 2002년 1월 27일자.

140) 『로동신문』, 2003년 1월 26일자.

을 원하는가? 미국은 북한과의 양자회담이 어떠한 결과를 가져왔는 지 이미 1994년 제네바 북미기본합의서의 경우를 통해 증명되었다 고 인식하였다. 미국의 입장은 북한과 양자회담을 통해 설령 어떤 합의에 이른다 하더라도 양자합의는, 북한이 제네바합의의 위반에서 보듯이, 북한이 양자합의를 위반하는 경우, 양자합의를 맺은 한 특정 국가와의 관계만 악화되기 때문에 그만큼 그 합의의 위반이 쉬울 수 있으며, 그리고 그 경우 합의를 위반한 북한에 대한 처벌이 한 특정 국가에 의해서만 이루어지기 때문에 북한으로서 위반에 따른 부정적 효과도 크다고 할 수 없다는 것이다. 반대로 다자회담을 통해 다자 합의를 이루게 되면, 양자회담을 통한 양자합의에 비해 보다 많은 나라들과 맺은 합의이므로 위반할 경우 그만큼 다수의 국가들로부터 제재와 처벌은 받게 될 것이기 때문에, 북한이 이러한 다자합의를 위반하기가 더 어렵다는 것이다.[141] 따라서 이번에는 미국은 양자 틀을 버리고 다자 협상 틀을 선택하려 할 것이었다.

북한의 양자대화요구와 미국의 다자협상선택은 상호대치하고 있는 국면에서 중국의 중재 역할과 미국의 강경입장으로[142] 마침내 2003년

---

141) 백학순, 『부시정부 출범 이후의 북미관계 변화와 북한핵 문제』, p.30.

142) 왜 북한이 형식적인 3자회담을 수용했는가에 대해 중국의 중재역할이 하나 요인으로 적용했기 때문이라고 할 수 있지만 이번 미국의 강경 입장 특히 짧은 시일 내 대이라크전쟁의 승리가 보다 중요한 요인으 로 적용했기 때문이라고 볼 수 있었다. 미국은 2003년 3월 20일에 이 라크를 공습하고 4월 16일에 공식적으로 후세인 정권을 실각시키었다. 바로 이 시기 전후, 즉 4월 12일과 18일 북한이 외무성대변인 담화를 통해 미국은 대조선 적대시정책을 포기하면 형식에 구애받지 않고 대 화하겠다고 밝혔음으로써 양보의 자세가 보여주었다.

4월에 북한, 미국, 중국 간의 3자회담이 북경에서 열렸다. 3자회담은 북미영국이 상호 타협한 정책의 산물이라고 할 수 있었으며 형식적으로 북한이 미국이 주장한 것처럼 중국을 포함한 다자회담 방식을 받아들였지만, 실제 중국이 주로 주최국으로서 역할을 하였기 때문에 3자회담이 북한과 미국 간의 '양자회담'으로 진행되었다. 이러한 모호한 성격을 갖는 3자회담이 북한이나 미국 및 중국 모두에게 어느 정도의 체면은 살렸지만 북미양국의 입장 차이를 해소할 수 없었고 양측은 자기의 입장을 다시 되풀이함으로써143) 회담이 종결되었다.

이번 3자회담의 내용을 보면 여전히 북미 간의 협상이었지만 형식적인 차원에서 볼 때는 미국이 북미협상의 주도권을 잡아냈다. 3자회담 이후 5월 24일에는 3자회담 개최 한 달을 맞이하여 발표한 북한 외무성 대변인 담화에서 "조미쌍무회담을 먼저하고 다자회담도 할 수 있다"고 다자회담에 대해 긍정적 의사까지 표명하였다.144) 그러나 미국이 별다른 반응을 하지 않고 계속해서 동아시아의 동맹국인 한국과 일본뿐만 아니라 국제사회에서 영향을 갖는 유럽이나 호주 등을 포함한 국제연대를 구축하였음으로써 다자 협상 틀을 구축함을 통해 대북압박을 가하였다.145) 이러한 미국의 강경한 태도에

---

143) 3자회담에서 미국은 ① 선 핵개발포기 후 체제보장, ② 3자회담은 다자회담의 예비회담임, ③ 평화적 해결부터 북한정권교체끼지 가능, ④ 한일 참가 필요함 등을 주장하는 반면 북한은 ① 선 체제보장, 후 불가침조약 체결, ② 3자회담은 양자회담임, ③ 한일 배제원칙 등을 주장하였다.

144) 『로동신문』, 2003년 5월 25일자.

145) 북핵문제를 다룰 다자틀을 구축하기 위해 미국의 일련 조치들은 다음 등을 포함하였다. 2003년 5월 중순과 하순에 열린 한미와 미일정상회

직면한 북한이 별다른 방법 없이 다시 다자회담을 응할 수 없다는 입장으로 돌아갈 수밖에 없었다.[146] 그런데 이러한 북한입장의 번복은 그로 하여금 협상의 주도권을 더 잃게 했다. 미국은 그를 중심으로 국제연대를 구축하는 동시에 북한의 양자대화 요구에 조금도 양보하지 않고 남북한, 미국, 중국, 일본을 포함하는 5자회담을 개최하고자 할 제안을 제시하였다. 양자회담 요구가 성사하기가 어렵다고 판단한 북한이 5자회담 제의를 거부하고 주동을 쟁취하기 위해 러시아를 포함한 6자회담을 요구하였다.[147] 2003년 8월 1일에 러시아는 외무부 성명을 통해 북한이 6자회담을 전격 수용했음을 발표하였고 8월 중순에 관련 각 측은 6자회담에 합의하였다.

북한의 양보를 의미한 6자회담이란 다자틀의 창출은 역시 미국이 외교적인 승리를 거둔 것을 의미하였다. 미국은 동맹국과 우방국으로 구성한 국제압박연대, 북핵문제를 평화적으로 해결할 것을 주장

담에서 북핵문제 해결을 위한 다자회담에 한국과 일본의 참여에 대한 재강조함, 6월 3일 G8정상들의 북한에 대해 핵 프로그램의 폐기를 촉구할 공동성명, 6월부터 미국, 일본, 호주, 유럽국가 등 11개국이 참여하는 대량살상무기 확산방지구상(PSI)의 구체화.

146) 북한이 미국이 벌이고 있는 심리모략과 봉쇄정책 등은 정전협정파기 행위이고, 선전포고이며, 궁극적으로는 전쟁행위나 다를 바 없다⋯⋯ 다자회담 주장은 핵문제를 평화적으로 풀기 위한 것이 아니라 우리에 대한 고립압살행위를 가리는 위장물에 지나지 않는다고 주장하였고 미국이 일방적으로 정세를 격화시키는 행동을 개시한 조건에서 우리는 미국이 표방하는 어떤 다자회담에도 더 이상 기대를 가질 수 없게 되었고 미국의 어떤 물리적 적대행위에 대한 즉시에 보복할 권리를 가지고 있다는 것을 천명하였다. 『로동신문』, 2003년 6월 19일자.

147) 주승호, "러시아의 북핵문제 6자회담 전략", 『국방연구』, 제47권, 제1호 (2004년 6월), p.89.

하는 중국의 중재와 이라크전쟁의 빠른 승리로 나타난 억제기제 등의 요소로 북한을 다자틀로 끌어냈다. 북한 역시 미국과의 양자 회담이 성사하기가 힘들다고 판단했고 미국과의 대치를 계속하기보다는 6자회담의 장을 활용할 것은 자기에게 더 유리한다고 생각했기 때문에 다자틀을 수용하고 말았다. 그렇지만 이것은 결코 회담내용에 대해 북한이 미국과의 합의점을 찾아낸다는 것을 의미하는 것은 아니다. 그래서 비록 6자는 2003년 8월 하순 북경에서 같은 협상테이블에 앉았지만 그것은 새로운 흥정의 시작에 불과하며 지난 1994년의 북미 양자합의와 다른 이러한 다자틀이 북핵위기를 잘 관리할 수 있는지 여부 여전히 미지수이라고 할 수 있다.

3. 다자방식의 대두

2003년 8월 27-29일에서 열린 1차 6자회담부터 2005년 9월 19일 끝난 4차 6자회담까지 2년 동안 제2차 북핵위기를 풀기 위해 모두 4차례 회담이 개최되었다. 각 차례 회담의 개최시일, 각 측의 주장이 다음 표5-6과 같다. 회담의 과정을 보면 4차례의 6자회담이 대체로 세 단계로 나눌 수 있다. 1, 2차 회담은 주로 각 측은 자기의 주장을 천명하고 회담의 원칙을 확정한 과정이며 3차 회담에서 북한, 미국과 한국이 구체적인 제안을 제시하고, 이를 중심으로 북한과 미국은 본격적으로 흥정단계에 임하였으며, 3차 회담이 끝난 후에 6자회담이 난항단계를 겪고 각 측의 노력으로 1년 후에 4차 회담이 다시 개최되었고 마침내 이른바 9.19 공동성명이 채택되었다. 2년 동안 회담에 참여하고 있는 6자들의 참여형태를 보면서도 그들의 성격과 신분 차이도 역시 분명하게 나타나고 있는 것으로 볼 수 있다.

6자회담틀에서 중국은 회담장소를 제공하는 주최국으로서 회담개최를 위해 중재역할을 적극적으로 이행하려 한다고 하지만 한반도 비핵화와 북핵문제를 평화적으로 해결하라는 제의를 제시하는 것 외에 구제적인 중재안을 제시하지 않았다. 이것은 중국이 회담의 흥정자로 담당하려 하지 않고 줄다리기를 하고 있는 양측의 가운데 서는 것이 자기의 대한반도 전략에 더 부합된다고 판단하기 때문이라고 분석할 수 있다.

6자회담에서의 러시아가 그의 정체성에 대한 정립이 역시 어려운 일이다. 러시아는 흥정자가 아니고 중재자도 아니다. 1차 북핵위기 해결과정에서 특히 4자회담에서 러시아는 자기가 배척된 것에 대해 일찍이 불만을 표현하였으며, 이번 6자회담에 임하는 것은 한반도 문제를 논의하고 있는 장에 진출하였지만 일정한 역할을 수행할 노력과 입지를 보유하고 있지 못한 형편이기[148] 때문에 6자회담에서 그 처지가 난처할 수밖에 없을 것이다.

6자회담에서 일본의 처지도 난처할 것 같다. 미국이나 한국의 앞에 서면 미국이나 한국은 안 된다고 생각하여, 뒤떨어지면 자기가 원하지 않는 형편이다. 그래서 6자회담에서 일본은 구제적인 제안을 제시하지 않고 미국을 추종하고 한국을 협조할 뿐이다. 때로는 자기의 역할과 소리를 강화하기 위해 일본인의 납치문제를 의제로 삼고 거론하였으며, 이는 북핵문제와 다른 문제이기 때문에 회담을 방해하려한다는 비난을 받을 수밖에 없을 것이다.

---

148) 강원식, "6자회담의 동상이몽 성격 연구", 『북한연구학회보』, 제8권, 제1호(2004년 여름), p.127.

그래서 6자회담에서 실제적인 주역은 북한, 미국과 한국이라고 할수 있다. 앞에 지적했듯이 북한이 3자회담과 6자회담이란 다자틀을 수용하기 전에 계속 미국과의 양자회담을 개최할 것을 요구하고, 제1차 북핵위기의 해법(解法)처럼 북미양자협상을 통해 북핵문제를 해결하자고 주장하였던 것이었다. 다방면의 압력으로 인해 북한이 다자틀에서 양자협상이 가능하다는 것을 조건으로 6자회담을 수용하였지만 회담에서 계속 미국과의 양자협상의 개최를 요구할 것을 예상할수 있다. 미국은 초기에는 성공적으로 북한을 다자틀에 끌어냈지만 6자 틀에서 북한의 양자협상요구가 어떻게 적절하게 수용하는가라는 문제를 역시 회피할 수 없기 때문에 미국에 있어서 6자 틀과 양자협상 사이의 균형이 어떻게 유지할 것인가는 역시 어려운 과제라고 할수 있다. 한국에 있어서 북핵문제를 해결하는 가장 이상적인 방식은 남북한이 체결한 한반도비핵화공동선언으로 북핵문제를 해결하는 데있다. 이것은 당사자 신분으로 남북관계를 주도하려고 하는 한국의 국가전략에 가장 부합하다고 할 수 있다. 1차 북핵위기의 해결과정에서 한국이 배척되었고, 북미양자협상이 성사되었으며, 4자회담에서 남북한이 주역으로써 흥정하였지만 마침내 아무런 성과 없이 끝났다. 1차 북핵위기 해결과 4자회담의 교훈을 받아 이번 6자회담에서 한국이 배척되는 것을 방지함과 주도적인 역할 발휘함, 그리고 북핵위기를 효과적으로 관리함 등들이 한국이 직면하고 있는 과제라고 할 수있다. 이렇게 볼 때는 비록 6자회담이란 틀의 가동이 시작하였지만 진행과정에서 양자협상이 6자 틀을 능가할 것을 기울이고 있는 북한과 양자협상이 6자 틀에 국한하기 위해 노력하고 있는 미국과 한국이 끊임없이 힘을 겨루고 있을 것으로 예상할 수 있다.

〈표 5-6〉 6자회담 각 행위자의 주장

6자 회담	북한	미국	한국	중국	일본	러시아
1차 (03. 8. 27 -29)	-미국의 적대정책 포기 이후 핵개발계획 폐기 -'4단계 동시 행동안' 제시①	-핵개발포기 검증 이후 체제 보장과 기타현안 논의 -3단계안 제시②	-3단계 상호병행조치제안 -핵문제 해결 시 과감한 지원	-한반도 비핵화·평화적 해결 -미북관계 정상화 -현 상태 유지	-핵, 미사일, 남북일본인 문제일본인 문제해결 시 경제지원과 국교정상화	-미북의 우려사항 동시 해소 -러중의 북한 체제 보장
2차 (04. 2. 25 -28)	-농축우라늄 존재 부인 -핵동결 대 보장 -미국의 적대정책 포기	-농축우라늄 포함한 모든 핵 완전폐기 -리비아식 자진 신고 -핵 폐기 시다자틀을 속 안전보장	-농축우라늄 포함한 모든 핵 완전폐기 -핵 폐기 진전 시 다자틀 내 안전보장제공 가능 -핵 폐기 전제한 핵동결 및 검증 가능할 경우, 상응조치 용의	-핵동결 대 보장 -주변여건에 상관없이 회담 지속	-농축우라늄 포함한 모든 핵을 검증가능한 방식으로 폐기	-한반도 비핵화 -북한의 핵동결 결은 비핵화의 중간단계
3차 (04. 6. 23 -26)	-미국 적대시정책 포기 시, 핵무기 관련 프로그램을 투명하게 포기		-북한이 모든 핵 프로그램을 국제적 검증하게 투명하고 철저하게 폐기 -북한이 모든 핵 프로그램을 일정 기간 내에 신고하고 동결할 것을 제안			

6자 회담	북한	미국	한국	중국	일본	러시아
3차 (04. 6. 23 –26)	−모든 해무기 관련 시설과 재처리를 통해 나온 결과물을 동결하고, 동결 기간 동안 해무기의 제조, 이전, 시험 중단 −농축우라늄 프로그램 존재를 전면 부인	−해동결/폐기에 대한 상응조치 이행 방안 제안③ −북한이 농축우라늄 프로그램을 시인하고 이를 동결·폐기할 것을 요구	−북한이 농축우라늄 프로그램을 시인하고 이를 동결·폐기할 것을 요구 −동결 기간 중 중유지원, 북한의 에너지 수요 연구사업 개시, 잠정적 안전보장 제공, 비타지원국 명단 삭제 및 제재한국 명단 대화를 위한 대화 개시 제안④	−해 폐기 원칙을 설명	−북한이 농축우라늄 프로그램을 시인하고 이를 동결·폐기할 것을 요구	−해 폐기 원칙을 설명
4차 (05. 8. 26 – 9. 13–19)			9.19 공동성명			

① (1)미국: 중유제공 재개와 인도적 식량지원 확대. 북한: 해재화 포기의사 선포, (2)미국: 불가침조약체결과 전력손실 보상. 북한: 해시설과 해물질동결 및 감시·사찰 허용, (3)북미 및 북일 수교, 북한의 미사일 문제타결, (4)경수로완공. 북한: 해의 해시설해체.

② (1)북한: 해 폐기 이후에는 NPT 복귀. 미국: 인도적 식량지원 확대, (2)북한: 해 폐기 시작. 미국: 북한에너지 수요조사 및 테러지원국 해제

③ "조기 준비 기간" 중 대북 중유공급, 잠정적 다자안전보장 제공, 북한 에너지 수요 연구, 비타지원국 명단 삭제 및 경제제재 해제 문제 협의 개시 − 이후 폐기 관련 조치가 완료되면서 항구식 안전보장 제공, 외교관계 정상화 장애 해소

④ 해문제 해결과정에서 관계정상화 장애 제거 노력 가속화, 북한의 국제사회와의 경제협력 사업 획기적 증대 여건 조성, 남북 경제협력 본격화 환경 조성

회담의 내용을 볼 때는 각 측의 입장을 천명한 1, 2차 회담에 걸쳐 북미 간의 흥정이 본격적으로 시작한 3차 회담부터 북한과 미국의 입장대립이 점점 첨예해지고 있었다. 그렇기 때문에 중재역할을 담당하고 있는 중국과 한국의 입지가 좁아지고 중재의 효과가 역시 작아질 것으로 볼 수 있다. 3차 회담이 끝난 후 13개월 동안 6자회담이 교착상태에 빠졌으며 한중 양국의 중재와 설득 및 관련국들의 협조 등으로 인해 4차 회담은 어려운 상황에서 열린 것이었다. 이번 회담의 기조연설에 북한은 참가국이 평등 및 상호존중 원칙에 기초하여 미국의 핵위협이 제거되고 북미관계가 정상화된다면 핵 프로그램을 모두 포기할 용의가 있고 한반도 비핵화의 본질에 대한 공동인식을 확립할 필요가 있다고 주장하였으며, 미국은 북한이 현존하는 모든 핵무기와 핵 프로그램을 효과적 검증의 수반하에 폐기할 것과 다른 참가국은 안전보장, 교역 및 투자를 포함한 경제협력 조치를 시행할 것 등 핵심원칙이 합의되어야 한다고 강조하였다.

한국은 한반도 비핵화를 실현하기 위한 기본 틀(공동문건) 마련의 필요성을 지적하면서, 이는 북한이 핵 폐기를 공약하고 다른 참가국은 관계정상화, 안전보장, 경제협력을 약속하는 것을 말한다고 강조했다. 그리고 한국의 대북 송전 제안도 이런 문건이나 틀에 포함될 수 있으며, 북한의 핵 폐기 약속이 지켜지는 한 대북 송전이 안정적으로 계속될 것이라고 밝혔고, 합의사항은 '말 대 말', '행동 대 행동'에 기반하고 상호 조율된 조치의 원칙에 따라 병행실시 또는 동시행동이 이뤄져야 한다고 주장하였다.

중국은 핵문제를 대화를 통해 평화적으로 해결하며, 관련국 간에 주권존중, 불가침, 내정 불간섭, 평화공존, 관계 정상화를 추진해 나가고, 정상적인 경제협력과 교역관계를 수립해 공동발전을 추구한다는 내용에 합의해 이를 공동문건에 넣자고 제안하고 또한 상호 신뢰조치를 추구하고 무력사용이나 무력위협을 하지 않으며, 이를 통해 한반도에서 냉전을 종식하고 평화 안정을 실현해야 한다고 주장하였다.

일본은 북한이 모든 핵 폐기를 선언하고 국제적인 검증조치 아래 이를 이행한다는 원칙에 결단할 수 있기를 기대하며, 이 경우 북한에 상응한 안전보장 제공을 다국 간에 문서화할 용의가 있다고 밝혔고 또 회담 최종목표에 관계정상화와 상호 신뢰관계 형성 추진을 포함할 필요가 있으며, 미·북, 일·북 간 관계정상화가 6자회담 최종단계까지는 달성돼야 한다고 주장했다. 또한 일본이 관계 정상화의 전제조건인 미사일, 인권 문제 등 현안의 포괄적 해결에 관해서도 공동문건에 포함하는 게 필요하다는 입장을 표명하였다.

러시아는 비핵화 대상은 군사적 목적의 모든 핵 프로그램의 실험, 핵무기제조, 비축 활동이라는 입장을 드러내고 비핵화의 첫 단계로 핵동결 구상을 검토할 것을 제안하면서 동결합의에는 검증이 수반되고 투명성이 있어야 하며 중유 및 다른 에너지 지원 내용도 포함돼야 한다고 밝혔다.[149]

기조연설에 나타난 6자의 입장을 보면, 궁극적으로 한반도 비핵화 실현, 북한의 핵 폐기에 따른 대북 인센티브 약속에 대한 6자는 부분 공감대가 형성되었을 것으로 보여주었다. 이를 기초하여 두 개 단계의 회의에 걸쳐 9월 19일에 6자는 6개조의 공동성명(joint statement)을[150] 채택하고 2년 동안 지속해온 6자 회담이 어렵사리 초보

---

149) 제성호, "제4차 6자회담 경과 및 전망", 『북한』, (2005년 9월), pp.68 – 69.

적인 성과를 거두고 말았다. 그렇지만 공동성명은 회담 참가자들이 북핵문제에 대한 원칙적인 합의만 달성하였음을 의미하기 때문에 앞으로 그에 대해 세부적으로 어떻게 이행할 것인지에 대해 여전히 많이 문제가 남아 있을 것이다.

6자회담 공동성명의 내용을 보면서 북핵문제의 해결뿐만 아니라 역시 한반도 문제를 포함하였기 때문에 그는 종합적이고 포괄적인 성격을 띠는 것을 볼 수 있음으로써 1994년의 북미기본합의서와 유사하다고 지적할 수 있다. 그래서 북미기본합의서는 최종적으로 이행되지 못한다는 점이 이번 6자회담에 줄 수 있는 시사점을 유의해야 된다고 지적해야 한다.

---

150) 9.19 공동성명의 내용이 본 연구의 부록 부분을 참조함.

제6장 현상과 변수

앞선 분석논리에 근거하여 이 장에서는 탈냉전기 한반도 안보구조의 현상이 어떠한 양태인지, 이 양태에 영향을 미칠 수 있는 가장 중요한 변수가 무엇인지, 그리고 더 나아가 앞으로 한반도 안보구조의 변천방향이 어떻게 되는지 전망해 볼 것이다.

제1절 한반도 안보구조의 현상: 충돌구조

부잔과 외퍼가 제시한 지역안보구조를 결정하는 가장 중요한 두 가지 변수, 즉 행위자의 파워배열관계와 사회구성관계라는 관점에 따라 볼 때 파워배열관계 차원에서는 한반도 안보구조가 분명히 강대국형 안보구조라는 것을 알 수 있다. 또한 사회구성관계차원에서는 충돌구조라고 말할 수 있다. 두 가지 차원을 종합한다면 탈냉전기 한반도 안보구조가 강대국형 충돌구조라는 결론을 내릴 수 있다.

파워배열관계차원에서 볼 때 제3장에서 논의한 것처럼 미국, 중국, 일본과 러시아 등의 행위자는 현재 강대국일 뿐만 아니라, 앞으로도 강대국 지위를 쉽게 잃지 않을 것으로 보인다. 현재 한반도 안보구조의 행위자인 미국을 제외하고 다른 다섯 개 행위자들은 모두 이 지역의 국가다. 그래서 비록 미국이 이 지역에서 퇴장한다 하더라도 한반도 안보구조가 강대국형이란 특징은 쉽게 사라지지 않을 것이다. 물론 다른 지역에서 강력한 세력이 부상하여 한반도 지역에 진출하고 새로운 행위자가 등장할 가능성이 또한 배제할 수 없다. 예를 들어 유럽연합, 인도, 캐나다, 호주 등의 나라들은 국가의 파워가 증가함에 따라 국가이익과 안보이익 역시 달라지기 때문에 한반도 안보구조에 개입하여 한반도 구조의 행위자로서 행동할 것이란 예상을 해 볼 수 있다. 또한 만약 남북한이 통일을 달성하게 된다면 통일 한국은 강력한 지역파워가 되어 강력한 행위자로서 지역안보구조에서 기능할 것이다. 이런 여러 변화 가능성에도 불구하고 한반도 안보구조의 강대국형 특징은 변화되지 않을 것이다. 이것은 한반도 지역의 지리적 요소와 지역 내 국가의 존재형태 때문이다. 물론 다민족국가인 러시아와 중국에서 커다란 체제위기가 나타날 경우, 한반도 안보구조의 강대국형 성격은 달라질 수 있지만, 지금 상황을 보면 이러한 가능성은 크지 않아 보인다.

사회구성관계에서 볼 때 한반도 안보구조를 충돌구조로 만드는 요인들은 세 가지라고 볼 수 있다. 첫째는 현재 구조의 행위자 간에 영토분쟁을 중심으로 한 여러 가지 안보현안이 존재하고 있다는 것이다. 예를 들어 중국 – 일본 간의 조어도 분쟁, 러시아 – 일본 간의 북방도서 분쟁, 한국 – 일본 간의 독도분쟁 등이 역내에 존재하고 있다. 이러한 안보현안이 다른 지역에 비해 지금 특별히 직접적인 무력충돌 및 전쟁으로 확대될 잠재력이 더 크다고 보기는 어렵지만,[1] 그렇다고 이러한 가능성을 무시할 수는 없다. 왜냐하면 민족주의, 영토관념이 강한 지역에서는 이러한 영토분쟁이 항상 충돌을 촉발할 수 있는 촉매제로 기능할 수 있기 때문이다.

둘째는 이 지역에서 세력균형, 견제, 동맹, 군비경쟁 등과 같은 현실주의 패러다임이 여전히 지배적인 사고방식으로 작용하고 있다는

---

1) 김계동 등 『동북아 신질서: 경제협력과 지역안보』(백산서당, 2004년), p.60.

것이다. 제3장에서 보았듯이 15쌍의 쌍무관계 중 동맹관계와 반동맹 관계 및 안보협력관계의 수가 6쌍이고, 적대관계의 수가 3쌍이었으며, 이는 총 15쌍의 쌍무관계에서 60%를 차지하고 있다. 이것은 현실주의 사고방식이 이 지역의 행위자들의 지배적 사고방식이라는 것을 의미한다.

또한 각 행위자의 국방예산을 볼 때 이 지역에서 각 행위자들 간의 경쟁태세가 분명하게 나타난다. 미국과 같은 경우 국방예산이 냉전종식 후 지속적으로 감소추세를 보이다가 1990년대 후반부터 다시 증가하기 시작했으며, 세출예산은 2000년과 2004년 사이에 54%가 증가하여, 액수로는 2,950억 달러에서 4,540억 달러로 증가하였다. 중국은 1990년대 초반 이후 점진적으로 군사비의 지출을 늘리기 시작하였고 이후 지속적으로 증가하여 약 13% 증가율을 보였다. 2005년 제10기 중국전인대 3차 회의에서 통과된 국방예산은 299억 달러에 달하였다.[2] 일본은 경제침체와 냉전종결 등과 같은 영향으로 1992년 이후 군사비를 감소하기 시작하여 지난 10년 간(1995-2004년) 평균 증가율은 0.4%에 머물렀지만, 2004년 일본의 국방비총액은 434억 달러로 세계 5위에 해당했다. 국방구조를 반영하는 병력 1인당 국방비도 154,523달러로 주변국에 비해 압도적 우위를 보이고 있었다.[3] 러시아도 침체적인 경제상황에도 불구하고 1990년 중반부터 국방예산이 계속해서 늘어나 2001년에 720억 달러 규모에 달하였다. 남북한역시 마찬가지다. 북한은 마이너스 경제성장에도 불구하고 재래식 무

---

2) 한국전략문제연구소, 『동북아 전략균형』(서울: 2005), p.226.
3) 한국국방연구원, 『'04국방예산 분석·평가 및 05'전망』(서울: 2004).

기와 전략무기의 개발 등 전력증강에 매년 GNP의 1/4 이상의 군사비를 투자하고 있다.[4] 1991년부터 2005년까지 한국의 국방비는 연평균 8.03%의 증가율로 증가했으며, 2005년의 국방비는 20조 8,226억 원에 달했다.[5]

이와 관련하여 미국의 대테러전쟁과 대량살상무기 확산의 방지를 위한 군사능력의 혁신, 중국과 러시아의 군사현대화, 일본의 군사대국화, 그리고 북한의 대량살상무기와 미사일 개발, 한국의 국방개혁 등을 볼 때 이 지역에서 군비경쟁의 분위기가 더욱 고조되고 있음을 알 수 있다.

셋째는 분쟁을 예방하고 무력충돌로의 전화를 효과적으로 방지할 수 있는 관리장치의 부재이다. 다음의 표6-1에서 보듯이 한반도 안보와 관련되어 있는 안보현안이 많다. 그중 영토분쟁은 기본적으로 양자협상을 통해 분쟁을 방지하거나 해결하고 있다. 양자협상이 분쟁양측의 직접적인 접촉과 협상을 통해 빠른 시일 내 분쟁을 통제할 수 있는 기회를 만들 수는 있지만, 완충 장치가 결여되었기 때문에 분쟁을 통제할 수 없고 충돌로 전환할 가능성도 크다. 남북한 사이의 분쟁에 대해서는 주로 국제차원의 군사정전위원회와 더불어 남북차원의 남북군사공동위원회와 한미 차원의 한미연합사를 통해 예방, 통제, 관리히고 있다. 앞에서 논의했듯이 군사전전위원회가 남북 측 의사소통채널의 역할을 담당하고 있지만, 남북 분쟁의 관리에 있어서는 그 기능이 충분하지 못하다. 남북군사공동위원회도 남북관계의

---

4) 한국국방연구원, 『2004-2005 동북아 군사력』(서울: 2004), p.165.
5) 한국국방부, 『국방백서: 2004』, p.289.

경직에 따라 수시로 마비된다. 한미연합사와 같은 경우는 더욱 복잡하다.

〈표 6-1〉한반도 안보와 관련된 현안과 가능한 관리방식

분쟁현안	관리방식
중·일 영토분쟁	양국협상
일·러 영토분쟁	양국협상
한·일 영토분쟁	양국협상
중·미 대만문제	양국협상
남북한 분쟁	①군사정전위원회 ②남북군사공동위원회③한미연합사
북한핵문제	①유엔과 IAEA ②남북비핵화공동선언③6자회담
동북아안보	동북아협력대화(NEACD)

미국과 한국은 한미연합사가 한반도 분쟁의 재발을 예방하는 기구라고 인식하고 있는 반면 북한은 한미연합사를 한반도 긴장상태를 초래하는 원인이라고 인식하 고 있다. 따라서 한미연합사가 남북한 분쟁의 관리기구의 역할을 제대로 담당하지 못한다고 말할 수 있다.

탈냉전기에 들어오면서 한반도 안보의 가장 큰 현안은 바로 북한핵문제이다. 10여 년 동안 지속되고 있는 북핵위기의 관리에 대해 IAEA와 남북비핵화공동위원회는 이미 실패했다고 말할 수 있고, 6자회담이 북핵위기를 효과적으로 관리할 것이라 지금으로서는 예상하기 어렵다. 1993년 발족한 동북아협력대화(NEACD: Northeast Asia Cooperation Dialogue)[6]는 트랙 1.5라는 준정부 간 다자안보대화협의

---

6) NEACD는 미국 캘리포니아 대학 부설 세계분쟁 및 협력연구소(IGCC:

체로서 정례적인 회의를 개최함으로써 역내 국가들끼리 안보문제에 대한 회의 및 논의의 축적과 더불어 관련 정부인사들 간의 개인적 연계망 확립과 대화통로 확보에 크게 기여했다고 평가할 수 있지만,[7] 실행력이 없이 단순한 '대화를 위한 대화의 장(場)'으로 변질되고 있다는 지적과 비판도 나오고 있다.[8]

이처럼 한반도 지역에 존재하고 있는 분쟁, 적대, 동맹, 군비경쟁 등이 한반도 안보구조가 충돌구조라는 것을 결정한다. 물론 이런 특징이 냉전 시기에도 존재하였기 때문에 냉전기의 한반도 안보구조도 충돌구조라고 정의할 수 있다. 그러므로 여기에서 생기는 문제는 명목상 아무런 차이가 없는 양자를 어떻게 구분해야 하는가이다. 이것은 아마도 냉전기의 경직성과 탈냉전기의 유동성의 비교에서 찾아야 할 것이다. 비록 탈냉전 시기에도 냉전 시기처럼 분쟁이나 군비경쟁 등이 여전히 존재하고 있지만, 제4장에서 논의했듯이 냉전기에 비해 탈냉전기 한반도에서 동맹집단 간의 대항과 적대가 사라졌고 과거 쌍무 간의 적대관계가 부분적으로 해체되었다. 그런데 동맹관계나

Institute on Global Conflict and Cooperation)의 주도로 1993년 10월부터 개최되고 있다. 주요 목적은 동북아 국가 간의 대화를 통한 상호 이해·신뢰 및 협력증진이며 남북한, 미·중·일·러 등 6개국의 외교부관리·군인사·민간학자 등으로 구성된 5–6명의 대표단이 참가하고 있다. 그래서 NEACD는 트랙(track) 1.5라는 준정부 간 다자안보대화협의체리고 할 수 있다. 북한은 1993년 7월 개최된 준비회의에만 참가하고 그동안 본회의에 참가하지 않았으나, 2002년 10월 제13차 회의(모스크바 개최)부터 외교부 산하 평화군축연구소 관계자들을 중심으로 대표단을 구성, 회의에 참석해왔다.

7) 한용섭, 이서항 등 『동아시아 안보공동체』(나남출판, 2005), p.269.
8) 위의 책, p.270.

적대관계가 여전히 한반도 지역에 존재하고 있기 때문에 본 연구는 탈냉전기 한반도 안보구조가 충돌구조라고 정의할 수밖에 없다. 만약 냉전기와 비교하여 정의한다면, 냉전기 한반도 안보구조를 경직된 충돌구조라고 정의하고 탈냉전기 한반도 안보구조를 유동적 충돌구조라고 정의할 수 있다. 한반도 지역이 경직된 충돌구조에서 유동적 충돌구조로 전환하는 원인은 바로 행위자 간의 파워배열관계와 사회구성관계의 변화다.

제2절 두 가지 변천방향

한반도 안보구조는 강대국형 충돌구조란 결론을 내린 후에 제기될 수 있는 문제는 이러한 충돌구조가 앞으로 어떤 영향으로 전환할 것인가라는 것이다. 파워차원에서 보면 중·미·일·러 등 강대국들이 동북아 지역에서의 세력분포가 기본적인 균형 상태에 있고 앞으로도 어느 쪽도 압도적인 우세를 차지하지는 못할 것으로 전망된다. 중·일·러보다 미국은 더 우위를 차지고 있지만 동북아 지역에서 그의 파워를 투사할 때 그대로 유지할 수 없다는 것이 역시 사실이다. 남북한이 현시점에서는 중·미·일·러와 비교하여 약소국이지만 남북한이 통일을 달성한 후 강력한 지역파워를 가진 행위자로서 등장할 경우 한반도 안보구조에 영향을 미칠 수 있는 중요한 변수가 될 것이다. 그렇기 때문에 중·미·일·러는 남북한의 통일에 대해 관심과 더불어 경계를 가지고 있는 것이다. 또한 이들이 통일방식의 형태 및 통일 후의 정책지향에 대해 제대로 파악하지 못한다면, 통일 문제에 있어서 이들 국가의 실질적인 지지를 받기가 어렵다고 볼 수 있다. 이들 강대국들의 지지가 없다면 한반도의 통일은 상당히 어려운 작업이 될 것이다. 그래서 파워배열차원에서 바라보면 한반도의 강대국형 안보구조가 앞으로 계속 유지할 것으로 전망할 수 있다.

사회구성관계 차원에서 본다면 한반도의 충돌구조에는 두 가지 발전 방향이 존재하고 있다. 즉 더 심각한 불안전한 충돌구조(unstable conflict formation)와 안정한 충돌구조(stable conflict formation)가 그 것이다. 불안정한 충돌구조는 역내 동맹이나 군비경쟁 등이 존재할 뿐만 아니라 더 중요하게는 수교관계의 부재가 여전함을 의미한다. 안정한 충돌구조는 역내 동맹이나 군비경쟁 등이 존재하고 있지만 행위자들이 모두 수교를 맺고 있고 제도적인 채널(양자나 다자)의 존재 때문에 충돌의 상승을 방지하고 협상을 확대할 수 있음을 의미한다. 불안전한 충돌구조가 계속 심화 발전한다면 극단적인 충돌구조, 즉 전쟁상태까지 전환할 수 있으며 안정한 충돌구조가 충돌해결(conflict resolution)단계를[9] 거쳐 지역안보체제(regional security regime)로,

---

9) 지역안보구조의 분류에 대해 부잔과 달리 카푸르는 ①혼란(chaos)(비구조적인 충돌. 예: 내전, 대규모 난민이동) ②지역파워구조(regional power formation)(전쟁, 군비경쟁, 성세와 심리적 전쟁, 경쟁자 사이에 경제적 자유와 긍정적 상호의존(positive interdependence)의 결여), ③안정한 충돌구조(stable conflict formation)(지역수준에서 안전한 다극의 존재가 드러낸다. 파워들이 두 트랙(track)의 모델에 제약된다. 충돌이란 트랙이 존재하지만 충돌의 상승 가능성을 제한하는 매개 변수가 잘 확정되었다. 다른 하나의 트랙은 협상을 추구하고 이미 존재하고 있는 정전의 확대, 신뢰구축제도의 확보, 그리고 끝으로 정치적인 해결방향으로 노력한다는 것이다. 이 단계에의 전략은 싸움을 의식적 대립으로 전환시키고 전면적

더 나아가 지역안보 공동체(regional security community)로 전환될 수 있다. 이러한 각 단계의 순위는 다음의 그림6-1과 같다.

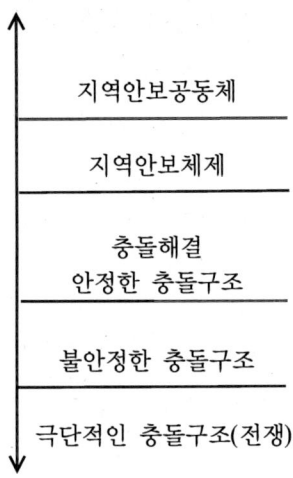

〈그림 6-1〉 지역안보구조의 발전단계

지역안보공동체

지역안보체제

충돌해결
안정한 충돌구조

불안정한 충돌구조

극단적인 충돌구조(전쟁)

불안정한 충돌구조에 처해 있는 한반도의 상황을 보면 위에 지적한 한반도 안보구조의 두 가지 발전의 가능성이 이론적으로뿐만 아니라 현실적으로도 존재하고 있다고 말할 수 있다. 바로 불안전한 충돌구조와 파워배열차원의 균형 상실이 북한으로 하여금 지난 10여년 동안 계속해서 대량살상무기와 이의 운송수단인 미사일을 개발하

인 전쟁을 제한된 충돌로 전환시키고 마침내 협상트랙을 확대하고 충돌트랙을 축소한다는 것이다) ④충돌해결(conflict resolution)(행위자들이 곤경이 아닌 균형을 추구함) 등 유형으로 분류한다. Ashok Kapur, *Regional Security Structures in Asia*, pp.17-20.

게 만들었다. 이런 요소들이 한반도에 위기와 더불어 기회를 가져온 다고 할 수 있다. 북한은 핵개발을 협상카드로 미국과의 관계정상화 를 요구하고 있으며, 북미관계정상화를 통해 불균형적인 구조를 균 형적인 구조를 변화시키려 시도하고 있다. 만약 미국과의 관계 개선 을 달성한다면, 이는 남북한 관계의 새로운 정립과 북일 관계의 정 상화로 이어질 수 있다. 이를 통해 한반도의 불안정한 충돌구조가 안정한 충돌구조로 전환될 수 있다. 제4차 6자회담이 체결한 9.19 공동성명에서 원칙적으로 이러한 로드맵은 이미 만들어졌다. 만약 북핵문제가 해결되지 않는다면 북한의 핵계획과 미사일의 개발은 반 드시 한반도 구조의 행위자들 간의 군비경쟁을 더욱 격화시키고 역 내의 동맹이나 공조체제를 강화시키는 방향으로 나아갈 것이다. 이 러한 경우 한반도 안보의 충돌구조가 보다 심화된 방향으로 변화될 것으로 예측할 수 있다.

제3절 구조의 변천에 영향을 미치는 변수

제1절과 제2절의 논리에 따라 다음으로 제시될 수 있는 문제는 이러한 충돌구조의 변천에 영향을 줄 수 있는 변수가 무엇인가라는 것이다. 이미 지적했듯이 파워차원에서 보면 한반도 안보구조의 강 대국형 성격은 쉽게 사라지지 않을 것이다. 바꿔 말하자면 파워배열 차원에서 볼 때 한반도 안보구조의 강대국형이란 구조적 특성이 앞 으로 표준형이나 중심형 구조로 변천할 가능성이 거의 없다는 것이

다. 현재의 관점에서 보면, 파워 차원에서는 미국이 제일 큰 국력을 갖고 있는 초강대형 행위자이지만, 미국은 멀리 떨어진 북아메리카에 위치하고 있으며 동아시아에서 파워를 적용할 때는 많은 제한을 받을 수밖에 없어 독점적인 우위를 차지하지 못한다. 이것은 냉전기에 역시 그러했다. 중국은 27년 동안 GDP 연평균 성장률 9.4%로 계속해서 성장하였지만 총량차원에서는 미국이나 일본과 비해 여전히 큰 차이가 있다. 앞으로도 국내에서 존재하고 있는 지역격차, 계층격차, 농촌과 도시 격차 등 여러 가지 심각한 문제와 정치와 경제제도의 제한 때문에 중국경제의 발전이 제약을 받을 수밖에 없어 미국이나 일본을 초월할 것이 힘들며 뚜렷한 우세를 차치할 가능성도 거의 없을 것이다.

사회구성 관계에서 보면, 한반도 안보구조가 포함하고 있는 15쌍 쌍무관계는 세 가지로 나눌 수 있다. 즉 간접적으로 한반도와 관련된 중·미, 중·일, 중·러, 미·러, 미·일, 일·러 등의 쌍무 관계와 직접적으로 한반도와 관련된 북·중, 한·중, 북·미, 한·미, 북·일, 한·일, 북·러, 한·러 등의 관계들 및 남북한 사이의 관계 등이다.

간접적인 6쌍의 쌍무관계에서 한반도 안보에 영향을 미칠 수 있는 가장 중요한 관계가 바로 중미관계다. 이것은 현재까지 중국이나 미국은 여전히 북한이나 한국과의 동맹관계를 유지해오기 때문이다. 그래서 이론적으로 보면 중미 관계의 변화가 동맹관계란 전도기제(conducting mechanism)를 통해 그들과 남북한의 관계는 물론 남북관계에 영향을 미친다고 추측할 수 있다. 50여 년 전에 중국과 미국은 한국전쟁에 개입하면서 각자의 대한반도 정책을 변경하였으며, 각각 남북한과의 동맹관계를 맺음으로써 한반도의 안보질서에 큰 영향을 주었다. 그런데 문제는 탈냉전기 중미관계가 어떻게 변화할 것이냐는 것이다. 탈냉전기 이후에 중미관계는 세 차례 심각한 도전에 직면했었다. 즉 1996년 대만해협(臺灣海峽)위기, 1999년 나토의 유고슬라비아 중국 대사관 폭격사건과 2001년 중미 간 군용기 충돌사건 등이었다. 이런 사건들로 중미 관계가 잠시 냉각 상태에 빠졌지만, 비교적 단기간에 쌍무협상을 통해 회복되었다. 세 차례 중 대만해협 위기가 가장 위급했다고 할 수 있다. 이 당시 중미 해군이 대만해협에서 대치하면서도 동시에 다른 채널을 통해 양국은 협상을 계속 진행하여 사태가 통제할 수 없는 단계로 발전하지 않도록 양국이 모두 노력하였다. 그렇기 때문에 많은 중국전문가들은 1990년대 후반부터 중미관계가 상대적으로 안정된 상태에 있다고 생각한다. 이는 70년대 이전의 적대적이고 경직된 상태에 있던 중미관계에 비해 중미 수교와 양국 간 정치경제군사 등 차원의 교류확대를 통해 공동이익이 커졌을 뿐 아니라, 쌍무적인 협상기제도 마련하였기 때문이다. 그래서 대만문제 이외의 다른 문제를 둘러싸고 중미관계가 경직된 상태로 발전할 가능성은 별로 크지 않다.

그런데 중미 관계가 동맹국처럼 좋은 상태로 발전할 가능성 역시 매우 작다고 할 수 있다. 이것은 중미 양국이 역사문화나 정치제도 등의 차이로 뿌리깊은 불신을 가지고 있기 때문이다. 미국은 중국의 굴기에 따라 군사현대화와 불투명성 문제에 대해 의심과 우려를 가지고 있으며, 중국도 대만문제의 해결에 있어서 미국을 장애요인으로 인식하고 미군이 동아시아에서 주둔하는 것이 중국을 견제하기 위해서라고 판단하고 있다. 그렇지만 제4장에서 서술했듯이 중국은 동사아이아에서 주둔하고 있는 미군이 일본의 군사대국화를 억제할 수 있다고 인식했기 때문에 어느 정도 미군의 주둔을 인정했었다. 중국에게 있어 사활적인 이익을 갖는 대만에 비해 한반도는 그 중요성이 크다고 말하기 어렵다. 탈냉전기에 접어들어 핵심적인 국가이익을 갖지 않는 한반도에서 중국과 미국은 충돌을 자제하며 서로의 협조를 구하고 있다. 그래서 탈냉전기의 중미 관계가 비교적 안정된 상태에 놓여 있으며 앞으로 이러한 중미관계의 기본적 구조는 대만독립이란 변수가 개입되지 않는 한 큰 변화가 없을 것으로 전망할 수 있다. 설사 중미 관계의 악화가 한반도 안보구조를 더 심각한 충돌구조로 전환시킬 수 있을지라도 중미 관계의 개선은 한반도 안보구조의 안정한 충돌구조로의 전환에 큰 영향을 미치지 못할 것이다. 따라서 중미관계를 포함하는 중·미·일·러 사이의 관계가 모두 외생적인 변수이며 기본적으로 안정된 상태라고 할 수 있기 때문에 한반도 안보구조의 조정 특히 안전한 충돌구조나 지역안보체제(regional security regime)로의 전환에 대해 이들의 관계가 미칠 영향력도 그다지 크지 않기 때문에 이를 상수(常數)로 삼을 수 있을 것이다. 바꿔 말하면 이들 사이의 사회구성관계가 우호적 상태나 비우호적인 상태에 놓여 있기 때문에 비록 미국과 일본이 미일동맹을 통해 중국을 견제하려 하고, 중국과 러시아는 중러 전략협력합작을 통해 미일동맹을 제지하려 하지만, 중러와 미일 간의 대립이 나타날 가능성은 희박하다. 이것은 그들이 서로 비적대적인 관계이므로 쌍무 간의 조화가 윤활제 역할을 할 수 있기 때문이다.

직접적인 관계 중 북·중, 한·중, 북·러, 한·러, 북·일, 한·일 등의 관계가 현재의 구조에서 조정될 수 있는 여지가 크지 않기 때문에 역시 상수로 삼을 수 있다고 생각한다. 중국의 대한반도 정책

346

은 북중과 한중 관계를 포함하고 있다. 탈냉전기 중국의 대한반도 정책은 미미한 조정을 보일 수는 있지만, 한반도의 안정과 평화를 유지한다는 중국의 대한반도 정책의 핵심에는 변화가 없다. 이 핵심 요소가 중국의 대한반도 안보의 모든 사안에 대한 태도와 정책을 결정한다. 북핵 문제에서 중국은 북한의 핵무기개발과 미국의 제재 시도에 대해 모두 반대 입장을 표명해왔다. 이것은 핵무기의 개발이나 제재가 모두 한반도의 안정과 평화에 불리하다고 판단했기 때문이다. 이러한 핵심 요소가 이미 90년대 중반부터 10여 년 동안 중국의 대한반도 정책을 규정해왔고 앞으로도 변화할 조짐은 보이지 않는다. 따라서 북중 한중 관계는 큰 변화 없이 안정된 상태가 계속 유지될 것으로 전망할 수 있다. 북러와 한러 관계도 마찬가지여서 서로의 정책 조정의 여지는 크지 않다. 일본의 대한반도 정책(대북한 정책과 대한국정책)은 미일 동맹관계와 한국과의 반동맹관계에 의해 제약되기 때문에 미국의 대한반도 정책이 변화하기 전까지는 큰 조정은 없을 것으로 전망할 수 있다.

그래서 현시점에서 한반도 안보구조의 조정에 영향을 줄 수 있는 가장 중요한 변수는 바로 북미, 한미와 남북한 관계, 즉 남북한과 미국 간의 삼각관계이다. 이 세 가지 관계가 상호 영향을 미치고 있지만, 이 중 어떤 것이 핵심적이고 중추적인 변수인가? 탈냉전기의 10여 년 동안 북한은 계속해서 핵계획을 미끼로 미국을 협상 테이블에 끌어내어 북미관계 정상화를 요구하고 있다. 왜 미국은 북한에 대해 적대정책을 취하고 북한과의 관계정상화를 원하지 않는 것인가? 물론 미국 국내정치의 복잡성이 하나의 요인으로 작용하고 있기도 하지만 또 다른 요인은 남북한 문제의 특수성 때문이다. 탈냉전기 세계 유일의 초강대국인 미국은 세계패권과 지역안정을 유지하기 위해 냉전기 구축한 동맹체제의 지속적인 유지와 강화를 중요한 전략으로 삼고 있다. 동아시아에서 미일 동맹은 미국의 대동아시아정책의 초석이라고 할 수 있고, 한미 동맹과 미일 동맹이 서로 연결되어 있기 때문에 한미 동맹의 해체나 약화는 미국의 동아시아 동맹체제의 훼손 심지어 와해를 초래할 가능성이 있을 것이다. 북한과의 적대관계가 미국의 동아시아 동맹체제나 주군(駐軍)의 법적 근거이기 때문에 북한과의 정상화될 경우 그의 동맹체제의 유지나 주군의 합법성에 부정적인 영향을 미칠지 걱정하기 때문에 세밀한 대응책을 마련해내기 전에 미국은 북한과의 관계 정상화를 결코 원하지 않는다. 특히 탈냉전기 들어 한국과 미국의 전략 차이로 인해 한미동맹이 표류하고 있는 와중에 북미관계가 정상화된다면, 주한미군을 비롯해 한미 동맹의 법적 기초와 정당성이 흔들릴 것이다. 이럴 경우 미국의 대동아시아 전략이 순조롭지 않게 진행될 것으로 예상할 수 있다. 그리고 북미관계의 정상화가 한미동맹의 적이 사라짐을 의미하고 한미동맹의 폐기나 주한미군의 철수를 주장하고 있는 한국좌파를 고무함으로써 한미동맹의 안정에 더 불리하다. 그리고 미국에 있어 북한과의 관계정상화가 어떤 방도를 통해 실현한가라는 문제도 존재하고 있다. 만약 미국은 북한의 요구에 따라 한국을 배척하는 북미양자 협상을 통해 북미관계를 정상화한다면 한국의 불만을 초래함으로써 한미 간의 갈등과 균열이 심화될 수도 있을 것이다. 왜냐하면 한국의 입장에서 미국이 북미 회담을 주도하는 것은 한반도 문제를 국제화시키는 것이라 생각할 것이며, 한반도 문제의 국제화는 남북관계 평화질서의 제도화에 도움이 되지 않고 이의 악화를 가져올 뿐이라고 한국은 생각하기 때문이다.[10] 북미 양자회담을 계속해서 요구하고 있는 북한과 한반도 문제는 남북한 양자가 논의해야 한다고 주장하는 한국 사이에 놓여 있는 미국은 동아시아 동맹 체제를 훼손시키지 않는다는 대한반도 정책의 전제(前提)하에서 행동하고 있다. 북미 양자협상과 양국 관계 정상화 정책을 취하는 것은 결국 미국의 대한반도 정책의 전제에 상반된다. 바꿔 말하자면 북미 관계 정상화는 미국의 대동아시아 전략을 수정한다는 전제하에서만 가능하다. 그런데 남북한 관계의 특수성으로 북미 관계의 변화가 한미 관계에 영향을 미치지 않을 수 없다. 따라서 남북 관계의 특수성이 북미 관계 정상화의 중요한 영향요인으로 작용하고 있다고 볼 수 있다. 즉 남북 관계가 북미 관계의 진전 정도를 어느 정도 결정하는 것이다. 만약 남북한이 분단국가 관계가 아니라 일반적인 국가 관계였다면, 미국에게 있어서 북한과의 관계정상화는 한미동맹 체제를 크게 훼손시키지 않고 동아시아전략을 전개함에 있어 미칠 영향도 별로 크지 않았을 것이기 때문에 북한과의 관계정상화 정책을 취하는 것에 대해 그다지 부담을 느끼지 않을 것이다. 즉 남북관계의 특수성으로 인해 미국은 북한과의 관계를 추진할 때, 이것이 한미관계에 어떤 영향을 가져올 것인지에 대한 예측과 평가를 선행할 수밖에 없게 만든다.

이러한 시각에서 볼 때, 한·북·미 삼자가 앞으로 상호 간 관계를 어떻게 설정할 것인지가 한반도 안보구조의 변천에 있어서 가장 중요한 변수라고 할 수 있다. 즉 북미 관계의 정상화와 남북 관계의

---

10) 이성구,『민족통일론』(서울: 법문사, 2001년), p. 111.

보통화[11]는 한반도 지역의 불안정한 충돌구조에서 안정한 충돌구조로의 변화에 가장 핵심적인 변수이다. 지금 상황에서 희망적인 점은 과거에 비해 한국 국내에서 북미 양국관계의 정상화를 지지하는 정치세력과 민간세력이 존재할 뿐만 아니라, 6자회담에서 드러난 한국 정부의 공식입장에서도 이러한 정책 경향의 조짐을 볼 수 있다는 것이다. 그리고 한국 정부의 이런 정책 경향은 이미 미국의 대북정책의 결정에 영향을 미치는 요소로서 작용하고 있다. 따라서 현재 미국의 대북한정책의 우경화를 견제할 수 있는 한국의 역할이 계속해서 발휘될 수 있도록 해야 한다. 이를 위해 정권 교체에 따라 대북정책이 바뀌지 않도록 한국 국내에서 현 정부의 대북 정책을 지지하는 공감대를 확대하고 당파정쟁과 이념균열을 극복하는 것이 시급하다고 하겠다. 왜냐하면 한국은 그의 대북정책의 안정성을 유지해야만 미국의 대북정책에 대한 영향력을 지속할 수 있으며, 그렇지 않을 경우에는 한국의 대북정책은 미국의 대북 정책에 대한 종속변수로 전락할 것이기 때문이다. 국내에서 대북 우호정책을 지지하는 공감대의 확대에 기초하여 한국은 김대중 정부 시기부터 시작된 대북정책을 계속해서 유지, 발전시켜 미국의 대북 정책에 대한 영향력을 유지해야 한다. 이를 통해서 미국의 대북 정책의 수정을 촉진하여 한반도 지역을 안정한 충돌구조로 변화시킬 가능성을 증가시킬 수 있을 것이다.

---

11) 여기에는 '보통화'는 남북한은 남북양측의 정부와 국민이 모두 수락할 수 있는 통일방안을 찾음으로써 통일을 달성하기 전에 서로 국내 정치 제도 차원이나 상호정책 차원에서 남북 관계를 보통적인 주권국가 사이의 관계로 인정한다는 것을 의미한다.

제7장 결 론

19세기 말 오랫동안 유지되어 온 조공체제의 붕괴로 인해 동양 지역은 새로운 국제 질서를 형성하려는 혼란기에 접어들었다. 이에 중화체제에서 벗어난 조선은 부상하고 있었던 일본과 동진하고 있었던 러시아의 쟁탈 대상이 되었고, 따라서 국제정치학 의미에서 한반도를 둘러싼 하나의 체제와 구조가 형성되었다.

20세기 초부터 1945년까지의 한반도는 일본에게 식민지화됨으로써 한반도 안보의 구조적 성격은 은폐된 상태로 있었다. 그러나 제2차 세계대전에서 일본의 패전, 미소를 비롯한 동서 진영의 냉전, 특히 1950년과 1953년 사이의 한국전쟁으로 인해 한반도 안보의 구조적 성격은 다시 드러나게 되었다.

그 후 50년 동안의 냉전을 거쳐, 80년대 말 동서냉전 체제의 붕괴와 구소련의 해체로 인해 세계뿐만 아니라 한반도 지역은 새로이 탈냉전시대를 맞이하였다. 따라서 비록 중동 지역에서처럼 무력 충돌이 빈번하게 발발하지 않았으나, 한반도 지역은 세계적 평화의 대조(大潮)와 대조적이고 위기 상황이 빈번하게 발발해왔다.

이러한 위기가 바로 한반도 안보구조에서 기인하였다고 할 수 있다. 냉전 체제의 붕괴로 인해 야기된 행위자들의 파워배열관계와 사회구성관계의 변화가 한국전쟁 때부터 시작된 균형적 충돌구조를 불균형 충돌상태로 전화시켰다. 이러한 불균형 충돌구조 때문에 이 구조에서 불리한 처지에 위치하고 있는 행위자가 자기의 국가(정권) 안보를 위해 반드시 탈피할 수 있는 방법을 찾았을 것이다. 이것이 한반도 지역의 위기를 초래하게 되었다.

바로 핵개발, 동맹, 적대 관계가 탈냉전기의 한반도 안보구조는 충돌구조라는 것을 결정한다. 그러나 이 구조는 냉전시대처럼 경직된 충돌구조가 아닌 유동적 충돌구조라고 할 수 있다. 즉 각 행위자가 안보 정책을 조정하여 구조가 변화하는 과정에 있으며, 이러한 안보정책의 조정과 구조의 변천은 각 행위자 사이의 파워배열관계와 사회구성관계의 변화에서 기인한다. 따라서 이러한 변화는 지속될 것이고, 앞으로도 한반도 안보구조가 계속적인 변화를 보일 것으로 전망할 수 있다.

다만 변화의 방향에 유의해야 한다. 이론적으로 보면 한반도 안보구조의 미래 변화 방향에는 두 가지가 있다. 하나는 더 심한 충돌구조, 심지어 극단적인 충돌 구조로 발전할 수 있을 것이며, 다른 하나는 충돌해결이란 단계를 거쳐 지역안보 체제로 변화할 수 있을 것이다. 지역 평화와 번영을 위해 첫 번째 발전 추세를 저지하고, 두 번째 발전 방향을 추진하는 것은 중요한 과제이다. 즉 어떻게 해야 한반도가 불안정한 충돌구조에 벗어나 안정한 충돌구조와 충돌해결 단계를 거쳐 제도적인 장치가 정착되는 지역안보체제나 지역안보공동체 방향으로 발전할 수 있을 것인지를 고려해야 한다. 북한의 핵 개발과 정전 체제의 폐기로 야기된 한반도의 위기를 관리하기 위한 관련 행위자들의 협상 과정을 고찰함으로써 실질적인 흥정자는 바로 남북한과 미국이며, 북미 관계와 남북 관계가 한반도 지역을 불안정한 충돌구조에서 안정한 충돌구조나 지역안보체제로 전화시키는 핵심적인 변수라는 것을 발견할 수 있다. 중국은 현 구조에서 대한반도 정책을 조정할 수 있는 공간이 제한되어 있기 때문에 중재자의 역할만을 담당할 수 있고, 일본과 러시아가 역시 중재자의 역할을 담당하지 못한다.

또한 더 넓은 지역 비교 차원에서 보면 한반도 지역은 강대국형 충돌구조를 가졌던 1945년 전의 유럽과 현재의 중동 지역에 비해 얻기 어려운 평화를 운 좋게도 누리고 있다. 물론 동남아와 서유럽에 비해 한반도 지역의 평화는 취약하다. 이것은 한반도 지역에서 제도적인 기제가 결여되어 있고, 이들의 역할이 충분하지 못하기 때문이다. 따라서 앞으로 한반도 지역 안보 사안의 해결에서 제도적인 기제나 장치를 만들고, 기존의 기제가 충분히 역할을 발휘할 수 있도록 하는 것이 중요하다. 동북아협력대화(NEACD)와 같은 제도적인 장치가 제 역할을 발휘하도록 하는 것이 북미 관계의 정상화와 남북 관계의 보통화에 앞서 선행되어야 할 작업이라고 할 수 있다. 본 연구는 90년대 남북한과 미국 삼자 간의 동학기제를 고찰함을 통해 그때 삼자 사이의 관계는 제로섬 게임(zero-sum game)이란 점을 발견하였다. 이것은 바로 남북한이 특수한 관계를 갖는다는 점에서 기인하였다고 생각한다. 그런데 외해협력이란 한국의 대북정책의 수행에 따라 남·북·미 삼자 건의 게임의 제로섬이 사라지고 있다고 할 수 있다. 이것은 바로 남북관계의 보통화가 가져오는 결과이다. 물론 북미 관계의 정상화와 남북 관계의 보통화 과정에서 중국과 일본 및 러시아가 완전히 배척되지 않고, 그들의 협조적인 정책 조정이 필요하다. 이것은 북미와 남북 관계의 조정이 한반도 안보 구조의 행위자로서의 중국과 일본 및 러시아는 그들의 한반도 안보 이익에 손상을 초래한다고 생각하지 않도록 하기 때문이다.

이런 것들이 부잔과 외퍼가 제시한 지역안보복합체이론에 의거하여 한반도 안보구조의 현상이 어떻게 되는지, 이 구조가 앞으로 어떤 방향으로 변화할 것인지와 그에 따른 변화에 영향을 미칠 수 있는 핵심적인 변수가 무엇인지를 규명하고자 하는 본 연구가 내리는 결론이었다.

이 결론이 내리는 동시에 본 연구가 갖고 있는 문제점 혹은 의문점을 설명하는 것이 역시 매우 필요하다. 이 연구가 거의 끝날 여기까지 필자가 이 연구의 전체를 다시 되돌아보고 이 연구가 크게 두 가지 문제점을 안고 있다고 생각한다. 이론 측면에서 볼 때 본 연구는 부잔과 외퍼가 제시한 지역안보복합체이론을 적용하여 한반도 지역 안보구조를 다루었다. 하지만 이 이론 역시 한계점이 있으며 명확하지 못한 부분을 가지고 있다. 이 이론에 따르면 한 체제에서 각 행위자 사이의 파워배열관계와 사회구성관계가 안보 구조를 결정하는 가장 주요한 변수이다. 그러나 이 두 가지 변수가 어떤 관계를 갖고 있는지를 부잔과 외퍼는 전혀 언급하지 않았다. 부잔과 외퍼는 행위자 사이의 파워배열관계와 사회구성관계가 각각 병행적인 독립변수라고 주장한다. 만약 첫 번째 변수(파워배열관계가)가 두 번째 변수(사회구성관계)를 결정한다면 지역안보복합체이론이 현실주의로 복귀하게 되고, 이와 달리 두 번째 변수가 첫 번째 변수를 결정한다면 지역안보복합체이론은 구성주의 이론으로 귀결된다고 할 수 있다. 부잔과 위퍼는 이 문제를 모호하게 처리하여 명확하게 해결하지 않았기 때문에 지역안보복합체이론이 주류 이론으로 정립되지 못하고 그저 독립적이고 새로운 이론이 된 것이다. 이는 이론적 차원에서는 어느 정도 용인될 수 있지만, 실천적으로는 많은 문제점을 갖는다. 이것은 이론의 가치와 관련되기 때문이다. 즉 이론은 실천을 설명하거나 예측할 수 있는 도구가 돼야 한다. 본 연구는 북미 관계가 한반도 안보구조의 변화에 영향을 미칠 수 있는 핵심적 변수 중 하나라는 결론을 제시하였다. 즉 북미 관계가 비정상적인 상태에서 벗어나 정상적인 관계로 전환될 수 있다면, 한반도 안보구조가 불안전한 충돌구조에서 안정한 충돌구조로 전환될 수 있는 중요한 계기가 될 수 있다고 본 연구는 주장한다. 그런데 북미 관계를 결정하는 변수는 무엇인가? 그들의 파워배열관계인가? 아니면 그들의 사회구성관계인가? 이론적으로 상이한 대답은 실천적으로도 다른 정책을 낳을 수밖에 없을 것이다. 만약 파워배열관계가 북미 관계를 결정하는 변수라고 가정한다면 북한이 미국과의 관계를 개선하기 위해서는 반드시 파워를 증강시켜야만 한다는 결론이 도출된다. 만약 사회구성관계가 북미 관계를 결정하는 변수라고 가정한다면, 북한은 미국의 계속되는 요구에 따라 국제원자력기구 등 대표적인 국제사회의 규범을 지켜야만 미국과의 관계를 개선할 수 있다는 결론을 얻을 수 있다. 한반도 체제의 역사적인 변천 과정과 탈냉전기 북미양국 정책의 실제를 보면 첫 번째 가정이 더 많은 지지를 얻을 수 있다고 할 수 있다. 한 예로 70년대 중미 관계 개선의 원인은 아마도 당시 중·미·소 사이 파워배열관계의 변화에서 찾아야 될 것이었다. 핵계획을 계속해서 추진하여 미국과의 관계를 개선하려는 북한의 행태도 이러한 논리에 부합한다. 따라서 이러한 시각에서 볼 때 부잔과 외퍼의 지역안보복합체이론이 어느 정도의 결함을 가지고 있다는 점을 인정할 수밖에 없으며 앞으로 이 이론이 어떻게 계속 보완되어야 하는지 여전히 중요한 이론적인 작업이라고 할 수 있다. 이런 이유로 본 연구는 아마 처음 서론부터 마지막 결론까지 적지 않은 결함을 가지고 있으며 논쟁의 여지가 많다는 점을 부정할 수 없다. 그럼에도 불구하고 본 연구는 지역안보복합체이론을 통해 한반도 지역의 안보 정세를 이해하는 하나의 실험으로서 의의가 있다고 생각한다.

본질적으로는 본 연구는 지역안보복합체이론의 설명력을 검증하는 이론 작업이 아니라 지역안보복합체이론의 설명력을 전제(前提)하고, 한반도 안보정세를 조명하려는 작업이다. 즉 새로운 이론을 한반도 지역에 적용하여 지역 안보를 다룬 실천적 연구이다. 이 점에서 볼 때 본 연구는 여러 결함을 가지고 있다. 제6장에서 본 연구는 한반도 지역 안보구조가 강대국형 충돌구조이며, 이에 영향을 미칠 수 있는 핵심 변수가 남북한과 북미 관계라고 주장했다. 또한 한반도 안보 구조의 발전 방향이 안정한 충돌구조, 아니면 더 심각하고 불안정한 충돌 구조로 전환할 것이라고 예상했다. 그런데 안정한 충돌구조로 전환하기 위한 전제 조건인 남북 관계의 보통화와 북미 관계의 정상화가 어떻게 달성되어야 하는지 본 연구는 자세히 서술하지 않았다. 실질적으로 이 문제는 한반도 정전체제가 평화체제로 어떻게 전환해야 하는지에 관한 문제다. 정전체제의 존재는 한반도 안보 구조를 충돌 구조로 규정할 수 있는 하나의 요인이기 때문에 본 연구의 제6장 제3절에서 자세히 다루어져야 했다. 그러나 이 문제는 매우 많은 변수와 복잡성을 가진 하나의 완전히 독립적인 연구 주제라고 할 수 있기 때문에 본 연구는 이를 제한된 범위에서 간단하게 언급할 수밖에 없었다. 이는 본 연구가 가지는 한계라고 할 수 있다. 정전체제에서 평화체제로의 전환은 본 연구와 밀접한 관련성을 가지고 있기 때문에 본 연구의 후속 작업으로서 앞으로 깊이 있게 연구되어야 할 것이다.

참 고 문 헌

한국어 문헌

가. 단행본

『김정일 선집(4)』(조선로동당출판사, 1994)

『김정일 선집(15)』(조선로동당출판사, 2005)

김철우, 『김정일 장군의 선군정치』(평양출판사, 2000)

김재호, 『김정일 강성대국 건설전략』(평양출판사, 2000)

김인옥, 『김정일 장군 선군정치리론』(평양출판사, 2003)

김봉호, 『위대한 선군시대』(평양출판사, 2004)

『조국통일 3대공조』(평양출판사, 2005)

『韓－美關係修交100年史』(서울: 東亞日報社, 1982)

具天書, 『한반도문제의 새로운 인식: 분단체제의 형성과 전개』(온누리, 1982년)

구영록, 『人間과 戰爭: 國際政治理論의 體系』(서울: 法文社, 1977)

구영록, 『韓國과 美國: 過去·現在·未來』(서울: 博英社, 1983)

구갑우, 김갑식, 윤여령 공역, 『미국은 협력하려 하지 않았다』(서울: 사회평론, 1999)

김계동, 『한반도의 분단과 전쟁: 민족분열과 국제개입·갈등』(서울: 서울대학교출판부, 2000)

김계동, 『동북아 신질서: 경제협력과 지역안보』(백산서당, 2004년)

김영식, 『한반도문제의 역사적 성격: 현대한국외교사(1920－2000)』(한국학술정보, 2004)

김기정, 『미국의 동아시아 개입의 역사적 원형과 20세기 초 한미 관계연구』(서울: 문학과 지성사, 2003)

김태현, (역)『세계화 시대의 국가안보』(나남, 1995)

김병국, 『국가·지역·국제체계』(서울: 나남출판, 1995)

학성, 『한반도 평화체제에 대한 이론적 접근: 현실주의, 자유주의, 구성
주의의 비 교』(서울: 통일연구원 연구총서, 2000 - 06)

김용학, 『사회구조와 행위: 거시적 현상의 미시적 기초를 찾아서』(서
울: 나남, 19092)

김원모, 『한미외교관계 100년사』(서울: 철학과 현실사, 2002)

김일영, 조성렬, 『주한미군: 역사 쟁점 전망』(서울: 한울, 2003)

김관봉, 『NPT와 북한핵』(서울: 예진출판사, 1995)

김국신, 『미국의 대북정책과 북한의 반응』(서울: 통일연구원 연구총서,
01 - 22)

김영춘, 『일본의 대한반도 정책변화와 추이』(서울: 통일연구원 연구총서,
02 - 33)

김영춘, 『중국의 부상에 대한 일본의 인식과 군사력 강화』(서울: 통일연
구원 연구총서, 04 - 06)

권호연, 『일본 신방위 정책의 분석 및 자료』(성남: 세종연구소 국가전략
시리즈, 96 - 01)

文昌克, 『한미 갈등의 해부』(서울: 나남, 1994)

강량, 『현대 한국과 일본의 외교정책』(서울: 예진, 1994)

강성학 등 『주한미군과 한미 안보협력』(성남: 세종연구소 연구총서, 96 - 02)

박명림, 이완범 등 『해방전후사의 인식❻』(서울: 한길사, 2006)

박명림, 『동북아 평화공동체의 형성과 전망』(정보통신정책연구원, 2004)

박영호, 『남북한 및 미국의 3자 관계와 평화공존』(서울: 통일연구원 연
구총서, 02 - 23)

박영호, 박종철, 『4자회담의 추진전략: 「분과위」운영방안을 중심으로』
(서울: 통일연구원 연구총서, 99 - 17)

박종철, 『북·미미사일 협상과 한국의 대책』(서울: 통일연구원 연구총서,

01 - 17)

朴慶植, 『일본제국주의의 조선지배』(파주: 청아출판사, 1986)

박길용, 김국후, 『김일성외교비사』(서울: 중앙일보사, 1994)

박건영, 『한반도의 국제정치: 평화와 통일을 위한 새로운 접근』(서울: 오름, 1999)

배정호, 『일본의 국가전략과 한반도』(서울: 통일연구원 연구총서, 01 - 08)

백학순, 『국가형성전쟁으로서의 한국전쟁』(성남: 세종연구소 연구논문, 99 - 15)

백학순, 『부시정부 출범 이후의 북미관계 변화와 북한 핵문제』(성남: 세종정책연구, 03 - 17)

方秀玉, 『중국의 외교정책과 한중관계』(인간사랑, 2004)

송금영, 『러시아의 동북아 진출과 한반도 정책(1860 - 1905)』(서울: 국학자료원, 2004)

신재인, 『북한 핵 프로그램의 전망과 한반도에서의 기술 - 경제 협력』(성남: 세종연구소 연구 논문, 98 - 07)

서보혁, 『탈냉전기 북미관계사』(서울: 선인, 2004)

徐鏞瑄, 『韓半島 休戰體制 研究』(國防軍史硏究所, 1999)

정준호, 『한미안보정책론』(서울: 법문사, 1981)

정수복, (옮김)『구조주의와 현대마르크시즘』(서울: 한울, 1983)

정규섭, 『북한외교의 어제와 오늘』(일신사, 1997)

정문헌, 『남북한과 미국: 남북관계의 浮沈』(서울: 도서출판 매봉, 2004)

鄭鎭渭, 『北方三角關係 - 북한의 對中·蘇관계를 중심으로』(서울: 法文社, 1985)

정옥임, 『북핵588일!: 클린턴 행정부의 대응과 전략』(서울: 서울프레스, 1995)

정옥임, 『탈 냉전기 미국의 대북정책과 국내정치: 선거 및 정권 교체와

의 인과성 분석』(성남: 세종정책연구, 2002 - 15)

정은숙,『러시아 외교안보정책의 이해: 고르바쵸프에서 푸틴까지』(성남: 세종정책총서, 2004 - 1)

全東震,『日本의 對韓半島政策』(서울: 民族統一硏究院 연구보고서, 92 - 09)

양운철,『1995년 北京 남북 쌀회담: 과정과 교훈』(성남: 세종연구소 연구논문, 98 - 05)

이성구,『민족통일론』(서울: 법문사, 2001)

이헌경,『미국의 4자회담 전략과 한국의 대응책』(서울: 민족통일연구원 연구보고, 98 - 23)

임영태,『북한50년사❶』(서울: 들녘, 1999)

林建彦 지음, 최현 옮김,『南北韓現代史』(三民社, 1986)

殷千基,『북한의 대 中蘇외교정책』(서울: 圖書出版 南芝, 1994)

岡崎久彦 著, 具閨瑞 譯『일본의 국가전략』(서울: 바람과 물결, 1988)

韓相一,『日本軍國主義의 형성과정』(서울: 한길사, 1982)

한정숙 등『한·러 관계사료집(1990 - 2003)』(서울: 서울대학교출판부, 2005)

한용섭, 이서항 등『동아시아 안보 공동체』(나남출판, 2005)

함택영,『국가안보의 정치경제학』(법문사, 1998년)

최종기,『러시아 외교정책』(서울: 서울대학교출판부, 2005)

최태강,『러시아와 동북아』(서울: 오름, 2004)

曹龍珍,『북한의 對中·蘇 동맹정책 변화에 관한 연구』(부산대학교 박사 학위 논문, 1995)

아즈마 끼요히꼬,『한일안보관계의 "갈등"과 "협조"에 관한 연구 - 미국의 코미트먼트를 중심으로』(경기대학교 석사학위논문, 2001)

朴東完,『북한정권의 정통성 주장에 대한 연구: 맑스·레닌주의적 요소와 민족적 요소를 중심으로』(한국정신문화연구원 석사학위논문, 1986)

장철운,『남북한 핵정책 비교 연구』(경남대학교 북한대학원 석사학위논

문, 2005)

권영진, 『북한 핵문제에 대한 한국의 정책결정과정 연구』(고려대학교 박사 학위 논문, 1998)

유종찬, 『미국의 대북한 인식, 관료정치, 그리고 동맹이 북핵위기에 미친 영향: 1993년 1차 북핵위기와 2002년 2차 북핵위기를 중심으로』(연세대학교 대학원, 석사학위 논문, 2004)

국회도서관입법조사, 『한국외교관계 자료집(立法참조자료 제193호)』(서울: 1976)

국토통일원, 『군사정전위원회본회의 회의록 분석』(서울: 문성경인, 1980)

한국국방연구원, 『동북아 군사력: 2003 - 2004』(서울: 2004)

_____, 『2004 - 2005 동북아 군사력』(서울: 2004)

_____, 『'04국방예산 분석·평가 및 05' 전망』(서울: 2004)

한국전략문제연구소, 『동북아 전략균형』(서울: 2005)

육군사관학교, 『북한학』(博英社, 1999)

군사편찬위원회, 『자료 대한민국사』 제1권, (서울: 1970)

국방부, 『한·미 안보협의회의 공동성명, 1968 - 2002』(서울: 2003)

_____, 『국방백서』(시리즈).

통일부, 『국민의 정부 5년: 평화와 협력의 실천』(서울: 2003)

_____, 『북한개요: 2004』(서울: 2003)

_____, 『통일백서』(시리즈)

_____, 『남북대화년표』(서울: 1999)

_____, 『남북대화백서』(시리즈)

_____, 『남북대화』(시리즈)

통일원, 『북핵문제 관련 주요일지(1.1 - 11.1)』(서울: 국제교역문화사, 1993)

한국통계정, 『국제통계연감』(2001, 2004)

한국강철협회, 『강철통계연보』(2000)

나. 논문

구갑우, "남북한 관계의 이론들", 경남대학교 북한대학원, 『남북한 관계
　　론』(서울: 한울, 2005)

김기정, "세계체제의 구조변동과 19세기 후반기의 동양외교사", 『한국과
　　국제정치』, 제7권 제1호(1991년 봄/여름)

김기정, "동북아 국제정치구조의 역사 구조적 접근", 이기택 외『전환기
　　의 국제정치 이론과 한반도』(서울: 일신사, 1996)

김기정, "21세기 동북아 국제질서와 한국의 전략적 선택: 비교검토", 정
　　진위 외, 『새로운

동북아질서와 한반도』(서울: 법문사, 1998)

김계동, "미국의 대한반도 군사정책변화: 1948 - 1950", 『군사』, 20호(1990)

김태일, "남북한 통일정책의 변화와 결정요인", 한배호, 『한국현대정치
　　론 II』(서울: 오름, 1996)

김형국, "國際體系에서의 構造와 行爲에 대한 試論", 『國家와 戰爭을
　　넘어서』(서울: 법문사, 1994)

김용호, "비대칭동맹에 있어 동맹신뢰성과 후기 동맹딜레마: 북·중 동
　　맹과 북한의 대미접근을 중심으로", 『통일문제연구』, 통권 제36호
　　(2001년 하반기호)

김명섭, "국가안보, 인간안보, 민족안보: 남북한 화해협력 시대를 위한
　　새로운 패러다임 모색", 『정책연구』, 통권 137호(2001년 봄 - 겨울)

金光麟, "남북관계 변화와 러시아의 한반도 정책", New Asia, Vol. 7
　　No. 4(2000 winter)

김덕중, "북한 - 러시아 관계와 6자회담", 『슬라브학보』, 제13권 2호(1998)

김명기, 이종걸, "4자회담을 제의한 한미공동발표문의 법의 평가", 『북
　　한연구』, 제2권(1999)

金江寧, "북한의 정전협정 파기공세", 『군사논단』, 제7호(1996년 여름호)

김영춘, "일본의 국제적 역할 증대와 일·러 관계 변화", 『외교』, 제22호
　　　(1992. 6)

김영춘, "수교협정이후의 한·일 관계", 『국제정세』, (1990. 7)

강원식, "6자회담의 동상이몽 성격 연구", 『북한연구학회보』, 제8권 제1호
　　　(2004 여름)

姜鳳求, "미·러 관계와 한국의 대외정책", 『中蘇研究』, 22권 3호(1998
　　　가을)

郭臺煥, "한반도 비핵화문제와 전망", 『통일문제연구』, 제4권 1호(1999 봄)

남궁곤, "라카토스식(Lakatos) 「국가안보 프로그램」발전을 통해 본 안보
　　　개념의 심화와

확대", 『國際政治論叢』, 제42집 4호(2002)

남기정, "동아시아 냉전체제하 냉전국가의 탄생과 변형", (서울대학교
　　　국제문제연구소 2005년 추세학술회의 발표문)

朴斗福, "강택민 중국주석의 평양방문 이후 중국·북한관계 전망", 『국
　　　제문제』, 11월號 (2001)

박건일, "남북한 정상화담과 중국의 한반도에 대한 정책", 『외교』, 제55
　　　호(2000)

朴昌熙, "蘇聯의 對 北韓政策, 1945 - 1951", 『美蘇研究』, 창간호(1987)

박명림, "국내정치와 남북관계: '1.5 레벨게임'의 구조와 동학: '내부'민
　　　주주의와 '남북'냉전체제해제의 동시 발전의 모색", 『계산 사상』,
　　　(2000 여름)

송종환, "한국전쟁에 대한 소련의 전략적 목표에 관한 연구", 『國際政
　　　治論叢』, 제39집 2호(1999)

서동주, "푸틴정부하 북·러 관계와 對한 파급영향", 『국제문제연구』,
　　　제3권 제3호 통권11호(2003 가을)

서주석, "한반도 정전체제와 유엔군사령부", 『통일시론』, 통권9호(2000 겨울)

신욱희, "구성주의 국제정치이론의 의미와 한계", 『韓國政治學會報』, 32輯 2號(1998년 여름)

신복룡, "한국전쟁의 휴전", 김영작 외 『한국전쟁과 휴전체제』(서울: 집 문당, 1998)

이희옥, "한반도문제와 중국역할: 의미와 한계", 『한국과 국제정치』, 제 20권 제2호 통권 45호(2004 여름)

이희옥, "중국의 국가전략: '전면적 소강사회론'을 중심으로", 『한국과 국제정치』, 제21권 제1호 통권48호(2005 봄)

이삼성, "한미동맹의 유연화(柔軟化)를 위한 재언", 『국가전략』, 9권 3호 (2003)

이호철, "행위자와 구조, 그리고 제도: 제도주의의 분석수준", 『사회비평』, 제14호(1996)

이수형, "동맹의 안보 딜레마와 포기 - 연루의 순환: 북핵문제를 둘러싼 한 - 미 갈등 관계를 중심으로", 『國際政治論叢』, 제39집 1호(1999)

이동형, "푸틴 신정부의 대한반도 정책 전망과 대응방안 모색", 『동북아 연구』, 제5권(2000).

이철기, "국방개혁과 남북관계의 상관성", (2006년 국방안보학술회의 발 표논문2006. 2. 24)

임동원, "남북고위급회담과 북한의 협상전략", 『북한의 협상전략과 남북 한계』, (경남대 극동문제연구소, 1997).

조성렬, "21세기 한·미 동맹의 미래지향적 발전방향", 『국제문제연구』, (2003 가을).

주승호, "러시아의 북핵문제 6자회담 전략", 『국방연구』, 제47권 제1호 (2004. 6).

정옥임, "국제기구로서의 KEDO: 각국의 이해관계와 한국의 정책", 『한국과 국제정치』, 제4권 제11호(1998 봄·여름).

제성호, "제4차 6자회담 경과 및 전망", 『북한』,(2005. 9).

함택영, "북한 군사력 및 군사위협 평가 재론", 『현대북한연구』, 7권 3호 (2005).

한영구, "한국 대일 외교의 방향과 과제", 『국제정세』, (1990. 5)

홍완석, "북·러 모스크바 공동선언의 함의와 평가", 『통일문제연구』, (2001 하반기).

홍규덕, "한미동맹의 위기와 동맹관리역량의 평가", 『국제관계연구』, 제9권 제11호(2003년 겨울/ 2004년 봄).

홍용표, "탈냉전기 안보개념의 확대와 한반도 안보환경의 재조명", 『韓國政治學會報』, 36期 4號(2002겨울)

홍용표, "정전협정과 한반도 평화체제 구축", (경남대 극동문제연구소 학술회의 발표논문, 2005. 5. 3)

유찬열, "동북아 4강의 대북한 핵정책 비교분석", 『국방논집』, 제27호 (1994 가을).

다. 기타

『한겨레 신문』
『조선일보』
『중앙일보』
『로동신문』
『조선중앙통신』
『조선중앙연감』
한국통일부 인터넷 홈페이지　　　　http://www.unikorea.go.kr

한국외교통상부 인터넷 홈페이지   http://www.mofat.go.kr
한국국방부 인터넷 홈페이지   http://www.mnd.go.kr
한국통계청 인터넷 홈페이지   http://www.nso.go.kr

영문 문헌

가. 단행본

A. Collier, *Critical Realism: An Introduction to Roy B bhaskar's Philosophy*(London: Verso, 1994)

A. Doak Barnett, *A New U.S. Policy Toward China*(Washington, D. C.: The Brooking Institution, 1971)

Alexander Wendt, *Social Theory of International Politics*(Cambridge University Press, 1999)

Allen S. Whiting, *China Crosses the Yalu: The Decision to Enter the Korean War*(New York: Macmillan, 1960)

Andrew Moravcsik, *Liberalism and International Relations Theory*(Center for International Affairs Working paper Series 92－6, Harvard University. 1992)

Anthony Giddens, *A Contemporary Critique of Historical Materialism*(London: Macmillan Press, 1981)

Anthony Giddens, *The Constitution of Society: Outline of the Theory of Structuration*
(Cambridge: Polity Press, 1984)

Ashok Kapur, *Regional Security Structures in Asia*(New York: Routledge

Curzon, 2003)

Barry Buzan, ed, *people, states and Fear: An Agenda for International Security Studies in the Post-Cold War Era* 2nd(Boulder, CO: Lynne Rienner Publisher, 1991)

Barry Buzan and Ole Wæver, *Regions and Powers: The Structure of International security*(Cambridge: Cambridge University Press, 2003)

Barry Buzan, Ole Wæver and Jaap de Wilde, *Security: A New Framework for Analysis*(Boulder, CO: Lynne Rienner, 1997)

Barry Buzan, Ole Wæver, Morton Kelstrup, and Pierre Lemaitre, *Identity, Migration and the New Security Agenda in Europe*(London: Pinter Publishers, 1993)

Charles P. Kindleberger, *The World in Depression: 1929-1939*(Berkeley: University of California Press, 1973)

Charles M. Dobbs, *The Unwanted Symbol: American Foreign Policy, the Cold war and Korea: 1945-1950*(Kent, Ohio: Kent State University Press, 1981)

Daniel P. Bolger, *Scenes from an Unfinished War: low Intensity Conflict in Korea: 1966-1969*(Fort Leavenworth, KA: Combat Studies Institute, U.S. Army Command and General Staff College, 1991)

Davis M. Jane, ed, *Security Issues in the Post-Cold War World*(Cheltenham: Edward Elgar, 1995)

Don Oberdorfer, *Two Koreas: A Contemporary History*(Reading, MA: Addison-Wesley, 1997)

Eugene Kim, Han-Kyo Kim, *Korea and the Politics of Imperialism: 1876-1910*(Berkeley and Los Angeles: University of California Press, 1967)

370

Franz Schurman, *The Logic of World Power*(New York: Pantheon Books, 1974)

G. John Ikenberry, *After Victory: Institutions, Strategic Restraint, and the Rebuilding of Order After Major Wars*(Princeton: Princeton University Press, 2001)

Hans J. Morgenthau, *Politics among Nations: The Struggle for Power and Peace*(New York: Alfred A. Knopf, 1973)

Hedley Bull, *The Anarchical Society: A Study of Order in World Politics*(New York: Columbia University Press, 1977)

James E. Dougherty and Bobert L. Pfaltzgraff, Jr., *Contending Theories of International Relations: A Comprehensive Survey*(New York: JB Lippincott Company, 1971)

J. Ann Tickner, *Gender in International relations: Feminist Perspectives on Achieving Global security*(Now York: Columbia University Press, 1992)

J. H. Turner, *The Structure of Sociological Theory*(Chicago: Dorsey Press, 1986)

Jorge Nef, ed, *Human security and Mutual Vulnerability: The Global Political Economy of Development and Underdevelopment* 2nd(Ottawa: International Development Research Centre, 1999)

Karl W. Deutsch, *The Nerves of Government: Models of Political Communication and Control*(New York: The Free Press of Glencoe, 1963)

Kenneth N. Walt, *Theory of International Politics*(The McGraw−Hill Companies, Inc, 1979)

Key−Hiuk Kim, *The last Phase of the East Asian World Order: Korea, Japan, and the Chinese Empire: 1860−1882*(Berkeley and Los

Angeles: University of California Press, 1980)

Kwang Il Baek, eds, *Comprehensive Security and Multilateralism in Post -Cold War East Aisa*(The Korean Association of International Studies, 1998)

Mancur Olson, *The logic of Collective Action: Public Goods and the theory of Groups*(Cambridge: Harvard University Press, 1971)

Michael O'Hanlon and Mike Mochizuki, *Crisis On The Korean Peninsula: How to Deal with a Nuclear North Korea*(New York: The Brookings Institution, 2003)

Mikhail A. Konarovsky, *Russia and Prospects of Security Cooperation in North East Asia*(Occasional Paper Series 2000 - 01, The Sejong Institute, 2000)

Miranda A. Schreurs and Dennis Pirages, *Ecological Security in Northeast Asia*(Seoul: Yonsei University Press, 1998)

Mohammed Ayoob. *The Third World Security Predicament: State Making, Regional Conflict, and the International System*(Boulder: Lynne Rienner Publishers, 1995)

Nicholas G. Onuf, *World of Our Making: Rules and Rule in Social Theory and International Relations*(Columbia: University of South Carolina Press, 1989)

Paul R. Viotti and Mark V. Kauppi, eds, *International Relations Theory: Realism, Pluralism, Globalism, and Beyond* 3rd(Boston: Allyn and Bacon, 1998)

Peter J. Stoett, *Human and Global security: An Exploration of Terms* (Toronto: University of Toronto Press, 1999)

Peter J. Katzenstein, ed, *The Culture of National Security: Norms and*

Identity in World Politics(New York: Columbia University Press, 1996)

R. Bhaskar, Dialectic: *The pulse of Freedom*(London: Verso, 1993)

Richard J. Stoll& Michael D. Ward, *Power in World politics*(Boulder: Lynne Rienner Publishers, 1989)

Richard Shultz, Roy Godson & Ted Greenwood, eds, *Security Studies for the 1990s*(Washington, DC: Brassey's, 1993)

R. Keat and J. Urry, *Social Theory as Science*(London: Routledge and Kegan Paul, 1975)

Ronnie D. Lipschutz, *On Security* ed. (New York: Columbia University Press, 1995)

Robert W. Cox, *Approaches to World Order*(Cambridge: Cambridge University Press, 1996)

Robert Gilpin, W*ar and Change in World Politics*(Cambridge: Cambridge University Press, 1981)

Robert Mandel, *The Changing Face of National Security: A Conceptual Analysis*

(Westport, Conn.: Greenwood Press, 1994)

Robert O. Keohane, *After Hegemony: Cooperation and Discord in the World Political Economy*(Princeton: Princeton University Press, 1984)

Robert O. Keohane and Joseph S. Nye, *Power and Interdependence: World Politics in Transition*(Boston: Little, Brown, 1977)

Robert S. Ross, *East Asia in Transition: Toward a New Regional Order*(New York: M.E. Sharpe, 1995)

Ronald Tammen et al., *Power Transitions: Strategies for the 21st Century*(New York: Seven Bridges Press, 2000)

Rodger Swearingen, *The Soviet Union and Postwar Japan: Escalating Challenge and Response*(Hoover Institution Press, 1978)

Rosemary Foot, *A Substitute for Victory: The Politics of Peacemaking at the Korean Armistice Talks*(Ithaca: Cornell University Press, 1990)

Seymour M. Lipset, *Political Man: The Social Bases of Politics*(New York, Doubleday & Company Inc., 1960)

Sheldon W. Simon, ed, *East Asian Security in the Post-Cold War Era*(New York: M. E. Sharpe, 1993)

Stephen M. Walt, *The Origins of Alliances*(Ithaca: Cornell University Press, 1987)

Tatsuro Matsumae and L.C. Chen, eds, *Common Security in Asia: New Concept of Human Security*, (Tokyo: Tokai University Press, 1995)

Tae-Hwan Kwak & Thomasl. Wilborn *The U.S.-Rok Alliance in Transition*(Seoul: The Institution For Far Eastern Studies, 1996)

Tyler Dennett, *American in Eastern Asia*(New York: Barnes and Noble, 1941).

U. S. Senate Committee on Foreign Relations, *American Foreign Policy: Basic Documents, 1941-1949*(New York: Arno Press, 1971).

Won Sul Lee, *The United States and The Division of Korea: 1945*(Seoul: Kyung Hee University Press, 1982).

Yong-Sup Han, *Peace and Arms Control On the Korean Peninsula*(Seoul: Kyungnam University Press, 2005).

Yonosuke Nagai and Akira Iriye, eds, *The Origins of The Cold War in Asia*(New York: Columbia University Press, 1977).

Young Whan Kihl and Peter Hayes, eds, *Peace and security in Northeast Aisa: The Nuclear Issue and the Korean Peninsula*(New York: M.

E. Sharpe, 1997).

IISS, *The Military Balance*(series)

The World Bank, 『World Development Indicators』, (2005)

나. 논문

Aaron L. Friedberg, "Ripe for Rivalry: Prospects for peace in a Multi-polar Asia",
International security, Vol. 18, No. 3(Winter 1993/1994)

Alastair Iain Johnston, "Is China a Status Quo Power?" *International Security*, Vol. 27, No. 4(spring 2003)

Alexander Wendt, "Anarchy in what states make of it: the social construction of power politics", *International Organization*, Vol. 46, No. 2(spring 1992)

Alexander Wendt, "Constructing International Politics", *International Security*, Vol. 20, No. 1(Summer 1995)

Alexander Wendt, "The Agent−structure Problem in International Relations Theory", *International Organization*, Vol. 41, No. 3(Summer 1987)

Andrei Kozyrev, "The Lagging Partnership", *Foreign Affairs*, (May/June, 1994)

Andrew Scobell, "China and North Korea: From Comrades−in−Arms to Allies at Arm's Length", Strategic Studies Institute: working paper, (March 2004)

Andrew Mack, "North Korea and the Bomb", *Foreign Policy*, No. 83 (Summer 1991)

Andrew Moravcsik, "Taking Preferences Seriously: A Liberal Theory of

International Politics", *International Organization,* Vol. 51, No. 4(Autumn 1997)

Arnold Wolfers, "'National security'as an Ambiguous Symbol", *Political Science Quarterly,* Vol. 67, No. 4(December 1952)

Astri Suhrke, "Human security and the Interests of States", *Security Dialogue,* Vol. 30, No. 3(September 1999)

A. Torkunov, "The Korean Issue", *International Affairs,* Vol. 49, No. 4(2003)

Banning Garrett and Bonnie Glaser, "Looking across the Yalu: Chinese Assessments of North Korea", *Asian Survey,* Vol. 35, No. 6(June 1995)

Barry Buzan, "From International System to International Society: Structural Realism and Regime Theory Meet the English School", *International Organization,* Vol. 47, No. 3(Summer 1993)

Barry Buzan, "The Logic of Regional Security in the Post−Cold War World", in Bjorn Hettne, Andras Inotai and Osvaldo Sunkel, eds, *The New Regionalism and the Future of Security and Development,* (New York: ST. Martin's Press, 2000)

Bhubhindar Singh, "Japan's Post−Cold War Security Policy: Bringing Back the Normal State", *Contemporary Southeast Asia,* Vol. 24, No. 1(April 2002)

Brian C. Schmidt, "Competing Realist Conceptions of Power", *Millennium: Journal of International Studies,* Vol. 33, No. 3(2005)

Bruce Cumings, "Introduction: The Course of Korean−American Relations, 1943−1953", in Bruce Cumings, ed, *Child of Conflict: The Korean −American Relationship: 1943−1953,* (Seattle: University of Washington, 1983)

Bruce Russett & J. D. Sullivan, "Collective Goods and International Organization",

International Organization, 25, (Autumn 1971)

ByungHong Kim, "North Korea's Perspective On The U.S－North Korea Peace Treaty", *Journal of Northeast Asian Studies,* Vol. 13, No. 4(Winter 1994)

Choo, jaewoo, "The Role of Ideology in the Socialist Alliance: A Hidden Aspect of the Sino－North Korea Alliance", *NEW ASIA,* Vol. 10, No. 4(Winter 2003).

Daniel Deudney, "The Case Against Linking Environmental Degradation and National Security", *Millennium: Journal of International Studies,* Vol. 19, No. 3(1990).

David A. Baldwin, "security Studies and the End of the Cold War", *World Politics,* Vol. 48, No. 1(October 1995)

David I. Hitchcock, Jr., "East Asia's New Security Agenda", *The Washington Quarterly,* Vol. 17, No. 1(Winter 1994).

David L. Asher, "A U.S.－Japan Alliance for the Next Century", *Orbis,* Vol. 41, No. 3(Summer 1997).

David Shambaugh, "China Engages Asia: Reshaping the Regional Order", *International Security,* Vol. 29, No. 3(Winter 2004/05).

Earl Swisher, "The Adventure of Four Americans in Korea and Peking in 1855", *Pacific Historical Review,* ⅩⅩⅠ(August, 1952)

Edward A. Kolodziej, "What is Security and Security Studies?: Lessons from the Cold War", *Arms Control,* 13, No. 1(April 1992)

Edward A. Olsen, "U.S.& China: Conflicting Korean Agendas", *Korean and World Affairs,* Vol. ⅩⅩⅠ, No. 2(Summer 1997)

Edward S. Morse, "The Transformation of Foreign Politics: Modernization, Interdependence and Externalization", *World Politics,* 22, (April 1970)

F. Clifford German, "A tentative evaluation of world power", *Journal of Conflict Resolution,* No. 4(1960)

Fei−ling Wang, "Chinese Perception of The U.S.−Rok Alliance", in Tae−Hwan Kwak & Thomasl L. Wilborn eds, *The U.S.−Rok Alliance in Transition,* (Seoul: The Institution For Far Eastern Studies, 1996)

Friedrich Kratochwil, "Constructing a New Orthodoxy? Wendt's 'Social Theory of International Politics'and the Constructivist Challenge", *Millenium: Journal of International Studies,* Vol. 29, No. 1(2000)

Gerald Segal, "East Asia and the Constrainment of China", *International Security,* Vol. 20, No. 4(Spring 1996)

G. Hossein Razi, "Legitimacy, Religion, and Nationalism in The Middle East", *American Political Science Review,* Vol. 84, No. 1(March 1990)

Glenn H. Snyder, "The Security Dilemma in Alliance Politics", *World Politics,* Vol. 36(July 1984)

Glenn H. Snyder, "Mearsheimer's World−Offensive Realism and the Struggle for security", *International Security,* Vol. 27, No. 1(Summer 2002)

G. Toloraia, "Korean Peninsula and Russia", *International Affairs,* Vol. 49, No. 1(2003)

GuangQiu Xu, "Anti−U.S. Sentiments in China, 1989−96: Sources, Development, and Impact", *Issue & Studies,* 34, No. 1(January

1998)

Helga Haftendom, "The Security Puzzle: Theory—building and Discipline
—building in International Security", *International Studies Quarterly*,
Vol. 35, No. 1(1991)

J. Ann Tickner. "Re—visioning Security", in Ken Booth &Steve Smith,
eds, *International Relations Theory Today,* (Cambridge: polity
Press, 1995)

Jessica Tuchman Mathews, "Redefining Security", *Foreign Affairs,* (Spring
1989).

Joseph S. Nye Jr, "Neorealism and Neoliberalism", *World Politics,* Vol.
40, No. 2(1988)

Joseph S. Nye, Jr., and Sean M. Lynn—Jones, "International Security
Studies: A Report of a Conference on the State of the Field",
International Security, Vol. 12, No. 4(Spring 1988)

Jacek Kugler & A.F.K. Organski, "The Power Transition: A Retro-
spective and Prospective Evaluation", in Manus I. Midlarsky, ed,
Handbook of War Studies, (Boston: Unwin Hyman, 1989)

James D. Morrow, "Alliances and Asymmetry: An Alternative to the
Capability aggregation Model of Alliances", *American Journal of
Political Science* Vol. 35, No. 4(November 1991)

J. David Singer, "The Level—of—Analysis Problem in International
Relations", World Politics, Vol.14, No.1, (October 1961)

Joe Oppenheimer, "Collective Goods and Alliances: A reassessment",
Journal of Conflict Resolution, 23, (1979)

John G. Ruggie, "What Makes the World Hang Together? Neo—
Utilitarianism and the Social Constructivist challenge", *International*

Organization, Vol. 52, No.4(Autumn 1998)

John G. Ruggie, "The False Premise of Realism", *International Security,* Vol. 20, No. 1(Summer 1995)

John J. Mearsheimer, Alexander Wendt, "A Realist Reply", *International Security,* Vol. 20, No. 1(Summer 1995)

John Chay, "The American Image of Korea to 1945", Donald C. Hellmann, "American Perception of Korea: 1945 – 1982", in Youngnok Koo, ed, *Korea and American: The First Hundred years and Beyond,* (June 1984)

John C. Harsanyi, "Measurement of social power, opportunity costs, and the theory of two – person bargaining game", *Behavioral Science,* Ⅶ, (1962)

Kathryn Weathersby, "Soviet Aims in Korea and the origins of the Korean war, 1945 – 1950: New Evidence from Russian Archives", *CWIHP Working Paper,* No. 8(November 1993), Washington, D. C.: Woodrow Wilson International Center for Scholars.

Ken Booth, "Security and Emancipation", *Review of International Studies,* Vol. 17, No. 4(1991)

Kenneth N. Waltz, "Structure Realism after the Cold War", *International Security,* Vol. 25, No. 1(Summer 2000)

Kenneth N. Waltz, "Reflections on Theory of International Politics: A Response to my Critics", in Robert O. Keohane, ed, *Neorealism and its Critics,* (New York: Columbia University Press, 1986)

Koji Murata, "The U.S – Japan Alliance and the U.S. – South Korea Alliance: Their Origins, Dilemmas, and Structures", *Comparative Strategy,* Vol. 14, No. 2(1995)

Leonard Spector and Jacqueline Smith, "North Korea: The Next Nuclear Nightmare?"

Arms Control Today, Vol. 21, No. 2(March 1991)

Mancur Olson and Richard zeckhauser, "An the Economic Theory of Alliances", Review of Economics & Statistics, Vol. 48, No. 3(Aug 1966)

Marc A. Levy, "Is the Environment a National Security Issue?" *International Security,* 20, No. 2(Fall 1995)

Mark W. Zacher & R. A. Matthew, "Liberal International Theory: Common Threads, Divergent Strands", in Charles W. Kegley, Jr. ed, *Controversies In International Relations Theory: Realism and the Neoliberal challenge*, (New York: St. Martins's Press, 1995)

Marlene Wind, "Nichoals G. Onuf: the rules of anarchy", in Lver B. Neumann and Ole Waever, eds, *The Future of International Relations: Masters in the making?,* (London: Routledge, 1997)

Michael J. Mazarr, "North Korea's Nuclear Program", *Korea and World Affairs,* (Summer 1992)

Michael N. Barnett, "Identity and Alliances in the Middle East", in Peter J. Katzenstein, ed, *The Culture of National Security: Norms and Identity in World Politics,* (New York: Cambridge University Press, 1996)

M. Olson & M. Zeckhauser, "Collective Goods, Comparative Advantage, and Alliance Efficiency", In R. N. Mckean Ed, *Issues in Defense Economics,* (New York: Columbia University Press, 1967)

M. Stephen Weatherford, "Measuring Political Legitimacy", *American Political Science Review*, Vol. 86, No. 1(March 1992)

Muthiah Alagappa, "The Study of International Order: An Analytical Framework", in Muthiah Alagappa, ed, *Asian Security Order: Instrumental and Normative Features*, (Stanford University Press, 2003)

Muthiah Alagappa, "Regionalism and Security: a conceptual investigation", in Andrew Mack and John Ravenhill, eds, *Pacific Cooperation: Building economic and security regimes in the Asia–Pacific region*, (Boulder, CO: Westview Press, 1995)

Ole Wæver, "Conflicts of Vision: Visions of Conflict", in Ole Wæver, Pierre Lemaitre, and Elzbieta Tromer, eds, *European Polyphony: perspectives Beyond East–west Confrontation*, (New York: ST, Martin's Press, 1989)

Oliver Richmond, "Human Security, the 'Rule of Law', and NGOs: Potential and Problems for Humanitarian Intervention", *Human rights Review*, Vol. 2, No. 4(July–September 2001)

Paul Midford, "Japan's Leadership Role in East Asian Security Multilateralism: The Nakayama Proposal and the Logic of Reassurance", *Pacific Review,* Vol. 13, No. 3(2000)

Raimo Vayrynen, "The Theory of Collective Goods, Military Alliances, and International Security", *International Social Science Journal,* 38, (1976)

Randall L. Schweller, "The Probelm of International Order Revisited: A Review Essay" *International Security*, Vol. 26, No. 1(Summer 2001)

Richard H. Ullman, "Redefining security", *International Security,* Vol. 8, No. 1(Summer 1983)

Richard K. Betts, "Wealth, Power, and Instability: East Asia and the

United States after the Cold War", *International security,* Vol. 18, No. 3(Winter 1993/1994)

Richard N. Cooper, "Economic Interdependence and Foreign Politics in the 1970s", *World Politics,* 24, (January 1972)

Richard Ned Lebow, "The Long Peace, the End of the Cold War, and the Failure of Realism", *International Organization,* Vol. 48, No. 2(Spring 1994)

Richard Smoke, "National Security Affairs", in Fred I. Greenstein and Welson W. Polsby, eds. *Handbook of Political Science, Volume 8: International Politics.* (Massachusetts: Addison-Wesley Publishing Company, 1975)

Robert A, Rubinstein, "Cultural Analysis and International security", *Alternatives,* 13, (1988).

Robert Latham, "Getting Out From Under: Rethinking Security Beyond Liberalism and the Levels-of-Analysis Problem", *Millennium: Journal of International Studies,* Vol. 25, No. 1(1996)

Roland Paris, "Human security: Paradigm Shift or Hot Air?" *International Security,* Vol. 26, No. 2(Fall 2001)

Robert O. Keohane, "International Liberalism reconsidered", John Dunn, ed, *The Economic Limits to Modern Politics,* (Cambridge: Cambridge University Press, 1990)

Robert O. Keohane and Joseph S. Nye, Jr., "Introduction", and "Conclusion", in Robert O. Keohane and Joseph S. Nye, Jr., eds, *Transnational Relations and World Politics,* (Cambridge: Harvard University Press, 1972)

Robert A. Dahl, "The concept of power", *Behavioral Science,* Vol. 2,

No. 3, (July 1957)

Robert Powell, "Anarchy in international relational theory: the neorealist − neoliberal debate", *International Organization,* Vol. 48, No. 2(Spring 1994)

Robert S. Ross, "The Geography of the Peace: East Asia in the Twenty − first Century", *International Security,* Vol. 23, No. 4(Spring 1999)

Roger Dingman, "Atomic Diplomacy During the Korean War", *International Security,* Vol. 13, No. 3(Winter 1988 − 1989)

Roland Paris, "Human Security: Paradigm Shift or Hot air?" *International Security*, Vol. 26, No. 2(fall 2001)

Rosemary J. Foot, "Nuclear Coercion and the Ending of the Korean Conflict", *International Security,* Vol. 13, No. 3(Winter 1988 − 1989)

S. B. Thomas, "Chinese Communist' Economic and Cultural Agreement with North Korea", *Pacific Affairs,* Vol. 27, No. 1(Mar 1954)

Selig S. Harrison, "A Chance for Detente in Korea", *World Policy Journal*, Vol. 8, (Fall 1991)

Shim Jae Hoon, "Korea: Silent Partner", *Far Eastern Economic Review*, 5, (January 1995)

Stephen M. Walt, "Alliances in Theory and Practice: What lies Ahead?" *Journal of International Affairs,* Vol. 43, No. 1(Summer/Fall 1989)

Stephen M. Walt, "Testing Theories of Alliance Formation: The Case of Southwest Asia", *International Organization,* Vol. 42, No. 2(Spring 1988).

Stephen M. Walt, "The Renaissance of Security Studies", *International Studies Quarterly*, 35(1991)

Steven E. Miller, "International Security at Twenty − five: From One World to Another", *International security,* Vol. 26, No. 1(Summer 2001)

Steve Chan, "Asia Pacific Regionalism: Tentative Thoughts on Conceptual basis and Empirical Linkages", *Global Economic Review,* Vol. 28, No. 2(1999)

Susanne Feske, "The US－Japanese Security Alliance: Out of Date or Highly Fashionable?" *The Journal of East Asian Affairs,* Vol. XI, No. 2(Summer/Fall 1997)

Tae－Hwan Kwak, "Military Capabilities of South and North Korea: a Comparative Study", *Asian Perspective,* Vol. 14, No. 1(Spring－Summer 1990)

Ted Galen Carpenter, "South Korea: A Vital or Peripheral U.S. Security Interest?" in Doug Bandow and Ted Galen Carpenter, eds, *The U.S.－South Korean Alliance: Time for a Change,* (New Brunswick and London: Transaction Publishers, 1992)

Theodore H. Moran, "International Economics and National Security", *Foreign Affairs,* 69, (1990/1991)

Todd Sandler, John Cauley & John F. Forbes, "In Defense of a Collective Goods Theory of Alliances", *Journal of Conflict Resolution,* Vol. 24, No. 3(Sep 1980)

Tsuneo Akaha, "Asia－Pacific Regionalism and Northeast Asia Subregionalism", *Global Economic Review,* Vol. 27, No. 4(winter 1998)

Victor D. Cha, "Abandonment, Entrapment, and Neoclassical Realism in Asia: The United States, Japan, and Korea", *International Studies Quarterly,* 44(2000)

Victor D. Cha, "What Drives Korea－Japan Security Relations?" *The Korean Journal of Defense Analysis,* Vol. X, No. 2(Winter 1998)

Vladimir S. Miasnikov, "The North Korean Nuclear Policy", a paper presented at the Institute for Sino – Soviet Studies, Hanyang University, (September 27 – 28, 1994)

Walter Carlsnaes, "The Agency – Structure Problem in Foreign Policy Analysis", *International Studies Quarterly,* 36, (1992)

William T. Pendley, "US Security Strategy in East Asia for the 1990s", *Strategic Review*, Vol. 20, No. 3(Summer 1992)

Yougho Kim, "Forth Years of the Sino – North Korea Alliance: Beijing's Declining Credibility and Pyongyang's Bandwagoning With Washington", *Issues & Studies*, Vol. 37, No. 2(March/April 2001)

Young – sun Song, "The Korean Nuclear Issue", *Korea and World Affairs,* Vol. 15, No. 3(Fall 1991)

Yuen Foong Khong, "Human Security: A Shotgun Approach to Alleviating Human Misery?", *Global Governance*, Vol. 7, No. 3(July / September 2001)

Zbigniew Brzezinski, "The Premature Partnership", *Foreign Affairs,* (March / April 1994)

다. 기타

Central Intelligence Agency of the U.S.: www.cia.gov

Energy Information Administration of the U.S.: http://www.eia.doe.gov

bp Energy Company: http://www.bp.com

The World Bank: http://www.worldbank.org/

The International Institute For Strategic Studies (IISS): http://www.iiss.org/

NationMaster (massive central data source): http://www.nationmaster.com/

United Nations Statistics Division:

    http://unstats.un.org/unsd/methods/inter-natlinks/sd_natstat.htm

The Korean Peninsula Energy Development Organization(KEDO)

    http://www.kedo.org/

United Nations Commodity Trade Statistics Database:

    http://unstats.un.org/unsd/comtrade/

The RAND Corporation: http://www.rand.org/ dfgdf

중국어 문헌

가. 단행본

歐㺵, 『中俄元首聯合聲明和宣言彙編(1992-2001)』(北京: 世界知識出版社, 2003)

蘇浩, 『亞太合作安全研究』(北京: 世界知識出版社, 2003)

中國現代國際關系硏究院, 『東北亞地區安全政策及安全合作构想』(北京: 時事出版社, 2006)

朱明權, 『領導還是支配世界? 冷戰後美國國家安全戰略』(天津: 天津人民出版社, 2005)

子杉, 『國家的選擇與安全全球化進程中國家安全觀的演變與重構』(上海: 上海三聯書店, 2005)

巴忠倓, 『中國的經濟安全與發展』(北京: 時事出版社, 2004)

巴忠倓, 『中國國家安全戰略問題硏究』(北京: 軍事科學出版社, 2003)

劉金質, 『中朝中韓關系文件資料匯編: 1919-1949』(北京: 中國社會科學出版社, 2000)

劉金質, 『當代中韓關系』(北京: 中國社會科學出版社, 1998)

劉雪蓮,『整體視角的東北亞: 地緣政治的分析』(長春: 吉林人民出版社, 2005)

高連福,『東北亞國家對外戰略』(北京: 社會科學文獻出版社, 2000)

陶文釗,『中美關係史: 1911－2000』(上海: 上海人民出版社, 2004)

陶文釗,『中美關係與東亞國際格局』(北京: 中國社會科學出版社, 2003)

楚樹龍,『冷戰後中美關系的走向』(北京: 中國社會科學出版社, 2001)

楊洁勉,『後冷戰時期的中美關系: 分析與探索』(上海: 上海人民出版社, 1997)

史桂芳,『戰後中日關系』(北京: 當代世界出版社, 2005)

李建民,『冷戰後日本的'普通國家化'與中日關係的發展』(北京: 中國社會
　　科學出版社, 2005)

李慎明, 王逸舟,『2006年: 全球政治與安全報告』(北京: 社會科學文獻出
　　版社, 2006)

張耀武,『中日關係中的臺灣問題』(北京: 新華出版社, 2004)

張文木,『世界地緣政治中的中國國家安全利益分析』(濟南: 山東人民出版
　　社, 2004)

唐正瑞,『中美棋局中的臺灣問題』(上海: 上海人民出版社, 2000)

中國社會科學院臺灣研究所,『臺灣問題重要文獻資料匯編: 1978. 12－1996.
　　12』(北京: 紅旗出版社, 1997)

王樹春,『冷戰後的中俄關係』(北京: 時事出版社, 2005)

王堃,『日本對華ODA的戰略思維及其對中日關係的影響』(北京: 中國社
　　會科學出版社, 2005)

王奇,『二戰後中蘇(中俄)關係的演變與發展』(北京: 清華大學出版社, 2000)

王東福,『朝鮮半島與東北亞國際關系社研究』(延吉: 延邊大學出版社, 2002)

王波,『毛澤東的艱難決策: 中國人民志援軍出兵朝鮮的決策過程』(北京: 中
　　國社會科學出版社, 2002)

王傳劍,『双重规制: 冷戰后美國的朝鮮半島政策』(北京: 世界知識出版社,
　　2003)

나. 논문

李南周, "朝鮮的變化與中朝關係 – 從 '傳統友好合作關係'到實利關係", 『現代國際關係』, (2005. 9)

李完稷, "朝鮮半島局勢與北南統一問題", 『東北亞論壇』, (1992. 4)

李成亞, "冷戰後美國對朝鮮半島安全政策", 『世界經濟與政治論壇』, (2003. 5)

馬英民, "試析中國出兵朝鮮的主要原因", 『河北大學學報』, (1998. 3)

張學明, 嚴高鴻, "冷戰后安全威脅多元化的成因分析", 『南京政治學院學報』, (2003. 6)

吳心伯, "論美國亞太安全戰略的走向", 『夏旦學報』, (2005. 2)

刀書林, "中國周邊安全環境芻議", 『現代國際關係』, (2002. 1)

沈驥如, "維護東北亞安全的当務之急—制止朝核問題上的危險博弈", 『世界經濟與政治』, (2003. 9)

唐世平, "理解中國的安全戰略", 『國際政治研究』, (2002. 3)

唐世平, "2010 – 2015年的中國周邊安全環境—決定性因素和趨勢展望", 『戰略與管理』, (2002. 5)

唐世平, "中國的崛起與地區安全", 『當代亞太』, (2003. 3)

唐世平, "中國的崛起與地區安全", 『當代亞太』, (2003. 3)

江凌飛, "關于國家安全戰略選擇的若干問題", 『世界經濟與政治』, (2002. 11)

劉鳴, "美國對華政策和安全戰略的基本構想及今後調整趨勢", 『世界經濟研究』, (2001. 1)

劉明, "東亞的多邊安全機製與面臨的問題", 『社會科學』, (1998. 3)

殷燕軍, "日本新安全戰略及其對中日關係的影響", 『南開學報』, (2000. 5)

戴士權, "中韓關係的演變及其對東北亞局勢的影響", (延邊大學 1997年 碩士論文)

朴健一, "中韓建交十年來政治與外交關係述評", 『當代亞太』, (2002. 8)

朴健一, "朝韓首腦會談和朝鮮半島局勢", 『當代亞太』, (2000. 7)

金英姬, "朝鮮外交戰略的轉變: 實現朝韓首腦會談的關鍵因素", 『當代亞太』, (2000. 7)

史振寬, 于文生, "吉林省同朝鮮邊境貿易及地方易貨貿易的態勢分析", 『東北亞論壇』, (1995. 1)

林利民, "当前中國周邊安全環境評析", 『當代世界』, (2005. 4)

林曉光, "21世紀初日本戰略走向與中日關係", 中日邦交正常化30周年思考論文集, (2002)

林曉光, "戰後日朝關係的發展和演變", 『東北亞研究』, (2000. 2)

林今淑, 文英愛, "朝鮮擺脫糧食危機的對策思考", 『東北亞研究』, (1999. 2)

陸忠偉, "朝鮮半島與東北亞局勢", 『當代亞太』, (1999. 1)

陸俊元, "朝鮮半島的地緣戰略特徵", 『日本學論壇』, (1996. 2)

陸俊元, 王鈞, "試析朝鮮糧食危機對我安全戰略的沖擊", 『東北亞研究』, (1998. 3)

朴成昊, 朴仁鶴, "朝鮮經濟困難的內外因素及前景", 『東北亞研究』, (1998. 4)

韓佩石, "朝鮮國防工業生産能力初探", 『東北亞研究』, (1998. 2)

陳龍山, "當前朝鮮對外政策的特點及走向分析", 『東北亞論壇』, (2003. 7)

陳峰君, "21世紀朝鮮半島對中國的戰略意義", 『國際政治研究』, (2001. 4)

陳揚, "在利益與協調之間: 朝核問題與中美關係", 『國際觀察』, (2005. 1)

邵氷, "朝鮮的現實核能力分析", 『東北亞研究』, (2003. 4)

袁鵬, "論中美關係未來發展的空間", 『現代國際關係』, (2005. 4)

夏立平, "21世紀初的中美關係─非對稱性相互依存", 『當代亞太』, (2005. 12)

夏立平, "論構建新世紀大國戰略穩定框架", 『當代亞太』, (2003. 2)

龐大鵬, "中美關係中的俄羅斯因素", 『俄羅斯研究』, (2005. 4)

仇發華, "中國在朝鮮核問題上的作用及其受局限的成因分析", 『東北亞論壇』, (2005. 2)

楊紅梅, "朝鮮核危機與中國在東北亞地區安全中的作用", 『世界經濟研究』, (2004. 2)

彭光謙, "國際戰略格局劇變中的美國國家安全戰略", 『美國研究』, (1993. 4)

徐緯地, "朝鮮半島核危機的化解與半島走出冷戰", 『世界經濟與政治』, (2003. 9)

徐進, 李鯤, "東北亞地區安全機制的前景", 『世界經濟與政治』, (1999. 8)

徐文吉, "日朝關係的發展及意義", 『東北亞論壇』, (2001. 2)

金强一, "美日東北亞區域戰略與朝鮮半島問題", 『當代亞太』, (2004. 9)

汪權, "俄羅斯對朝鮮半島政策的調整", 『當代亞太』, (2002. 1)

王文忠, "以新視角審視朝鮮問題與東北亞形勢", 『戰略與管理』, (2004. 4)

丁英順, "冷戰後日本對朝鮮半島政策的調整", 『當代亞太』, (1999. 2)

周丕啓, "安全觀, 安全機制和冷戰後亞太的地區安全", 『世界經濟與政治』, (1998. 2)

周季華, "關于亞太地區國際環境和安全的思考", 『日本學刊』, (1993. 3)

羅援, "兩種安全觀念, 兩種安全模式 – 東亞地區安全合作的現狀與展望", 『世界經濟與政治』, (2001. 3)

倪峰, "論東亞地區的政治安全結構", 『美國研究』, (2001. 3)

朱鋒, 朱宰佑, "多邊機製與東亞安全", 『當代亞太』, (1997. 5)

巴殿君, "論朝鮮半島多邊安全合作機製", 『東北亞論壇』, (2004. 1)

任曉, "六方會談與東北亞多邊安全機製的可能性", 『國際問題研究』, (2005. 1)

다. 기타

『人民日報』

中國外交部 homepage: http://www.fmprc.gov.cn/chn/

中國商務部 homepage: http://www.mofcom.gov.cn/

中國國家統計局 homepage: http://www.stats.gov.cn/

부 록

【부록1】

남북기본합의서

(1991. 12. 13)

남과 북은 분단된 조국의 평화적 통일을 염원하는 온 겨레의 뜻에 따라 7·4 남북공동성명에서 천명된 조국통일 3대원칙을 재확인하고, 정치군사적 대결상태를 해소하여 민족적 화해를 이룩하고, 무력에 의한 침략과 충돌을 막고 긴장완화와 평화를 보장하며, 다각적인 교류·협력을 실현하여 민족공동의 이익과 번영을 도모하며, 쌍방 사이의 관계가 나라와 나라 사이의 관계가 아닌 통일을 지향하는 과정에서 잠정적으로 형성되는 특수관계라는 것을 인정하고 평화통일을 성취하기 위한 공동의 노력을 경주할 것을 다짐하면서 다음과 같이 합의하였다.

제1장 남북화해

제1조 남과 북은 서로 상대방의 체제를 인정하고 존중한다.

제2조 남과 북은 상대방의 내부문제에 간섭하지 아니한다.

제3조 남과 북은 상대방에 대한 비방·중상을 하지 아니한다.

제4조 남과 북은 상대방을 파괴·전복하려는 일체행위를 하지 아니한다.

제5조 남과 북은 현 정전상태를 남북 사이의 공고한 평화상태로 전환시키기 위하여 공동으로 노력하며 이러한 평화상태가 이룩될 때까지 현 군사정전협정을 준수한다.

제6조 남과 북은 국제무대에서 대결과 경쟁을 중지하고 서로 협력하며 민족의 존엄과 이익을 위하여 공동으로 노력한다.

제7조 남과 북은 서로의 긴밀한 연락과 협의를 위하여 이 합의서 발효 후 3개월 안에 판문점에 남북연락사무소를 설치·운영한다.

제8조 남과 북은 이 합의서 발효 후 1개월 안에 본회담 테두리 안에서 남북 정치분과위원회를 구성하여 남북화해에 관한 합의의 이행과 준수를 위한 구체적 대책을 합의한다.

제2장 남북불가침

제9조 남과 북은 상대방에 대하여 무력을 사용하지 않으며 상대방을 무력으로 침략하지 아니한다.

제10조 남과 북은 의견대립과 분쟁문제들을 대화와 협상을 통하여 평화적으로 해결한다.

제11조 남과 북의 불가침 경계선과 구역은 1953년 7월 27일자 군사정전에 관한 협정에 규정된 군사분계선과 지금까지 쌍방이 관할하여 온 구역으로 한다.

제12조 남과 북은 불가침의 이행과 보장을 위하여 이 합의서 발효 후 3개월 안에 남북 군사공동위원회를 구성·운영한다. 남북군사공동위원회에서는 대규모 부대이동과 군사연습의 통보 및 통제문제, 비무장지대의 평화적 이용문제, 군인사 교류 빛 정보교환 문제, 대량살상무기와 공격능력의 제거를 비롯한 단계적 군축실현문제, 검증문제 등 군사적 신뢰 조성과 군축을 실현하기 위한 문제를 협의·추진한다.

제13조 남과 북은 우발적인 무력충돌과 그 확대를 방지하기 위하여

쌍방 군사당국자 사이에 직통전화를 설치·운영한다.

제14조 남과 북은 이 합의서 발효 후 1개월 안에 본회담 테두리 안에서 남북 군사분과위원회를 구성하여 불가침에 관한 합의의 이행과 준수 및 군사적 대결상태를 해소하기 위한 구체적 대책을 협의한다.

제3장 남북교류·협력

제15조 남과 북은 민족경제의 통일적이며 균형적인 발전과 민족 전체의 복리 향상을 도모하기 위하여 자원의 공동개발, 민족내부교류로서의 물자교류, 합작투자 등 경제교류와 협력을 실시한다.

제16조 남과 북은 과학, 기술, 교육, 문학, 예술, 보건, 체육, 환경과 신문, 라디오, 텔레비전 및 출판물을 비롯한 출판·보도 등 여러 분야에서 교류와 협력을 실시한다.

제17조 남과 북은 민족구성원들의 자유로운 왕래와 접촉을 실현한다.

제18조 남과 북은 흩어진 가족·친척들의 자유로운 서신거래와 왕래와 상봉 및 방문을 실시하고 자유의사에 의한 재결합을 실현하며, 기타 인도적으로 해결할 문제에 대한 대책을 강구한다.

제19조 남과 북은 끊어진 철도와 도로를 연결하고 해로, 항로를 개설한다.

제20조 남과 북은 우편과 전기통신교류에 필요한 시설을 설치·연결하며, 우편·전기통신 교류의 비밀을 보장한다.

제21조 남과 북은 국제무대에서 경제와 문화 등 여러 분야에서 서로 협력하며 대외에 공동으로 진출한다.

제22조 남과 북은 경제와 문화 등 각 분야의 교류와 협력을 실현하기 위한 합의의 이행을 위하여 이 합의서 발효 후 3개월 안에 남북 경제교류·협력공동위원회를 비롯한 부문별 공동위원회들을 구성·운영한다.

제23조 남과 북은 이 합의서 발효 후 1개월 안에 본회담 테두리 안에서 남북 교류·협력분과위원회를 구성하여 남북교류·협력에 관한 합의의 이행과 준수를 위한 구체적 대책을 협의한다.

제4장 수정 및 발효

제24조 이 합의서는 쌍방의 합의에 의하여 수정 보충할 수 있다.

제25조 이 합의서는 남과 북이 각기 발효에 필요한 절차를 거쳐 그 문본을 서로 교환한 날부터 효력을 발생한다.

1991년 12월 13일

남북고위급 회담 남측대표단 수석대표
대한민국 국무총리 정원식

북남고위급 회담 북측대표단 단장
조선민주주의인민공화국 정무원총리 연형묵

한반도의 비핵화에 관한 공동선언

(1992년 2월 19일 발효)

남과 북은 한반도를 비핵화함으로써 핵전쟁 위험을 제거하고 우리나라의 평화와 평화통일에 유리한 조건과 환경을 조성하며 아시아와 세계의 평화와 안전에 이바지하기 위하여 다음과 같이 선언한다.

1. 남과 북은 핵무기의 시험, 제조, 생산, 접수, 보유, 저장, 배비, 사용을 하지 아니한다.

2. 남과 북은 핵에너지를 오직 평화적 목적에만 이용한다.

3. 남과 북은 핵 재처리 시설과 우라늄농축시설을 보유하지 아니한다.

4. 남과 북은 한반도의 비핵화를 검증하기 위하여 상대측이 선정하고 쌍방이 합의하는 대상들에 대하여 남북 핵통제공동위원회가 규정하는 절차와 방법으로 사찰을 실시한다.

5. 남과 북은 이 공동선언의 이행을 위하여 공동선언이 발효된 후 1개월 동안 남북핵통제공동위원회를 구성·운영한다.

6. 이 공동선언은 남과 북이 각기 발효에 필요한 절차를 거쳐 그 문본을 교환한 날부터 효력을 발생한다.

1992년 1월 20일

남북고위급회담 남측 대표단 수석대표
대한민국 국무총리 정 원 식

북남고위급회담 북측 대표단 단장
조선민주주의인민공화국 정무원 총리 연 형 묵

북미 간 제네바 기본 합의서

(1994. 10. 21)

조선민주주의인민공화국 정부 대표단과 미합중국 정부 대표단은 1994년 9월 23일부터 10월 21일까지 제네바에서 조선반도 핵문제의 전면적 해결에 관한 회담을 진행하였다.

쌍방은 조선반도의 비핵화 평화와 안전을 이룩하기 위하여 1994년 8월 12일부터 조미 합의 성명에 명기된 목표들을 달성하며 1993년 6월 11일 조미 공명 성명의 원칙들을 견지하는 것이 가지는 중요성을 재확인하였다. 조선민주주의인민공화국과 미합중국은 핵문제의 해결을 위하여 다음과 같은 행동 조치들을 취하기로 결정하였다.

1. 쌍방은 조선민주주주의인민공화국의 흑연 감속로와 연관 시설들을 경수로 발전소들로 교체하기 위하여 협조한다.

   (1) 미합중국은 1994년 10월 20일부 미합중국 대통령의 담보 서한에 따라 2003년까지 총 200만 킬로와트 발전 능력의 경수로 발전소들을 조선민주주주의공화국에 제공하기 위한 조치들을 책임지고 취한다.

   * 미합중국은 자기의 주도하에 조선민주주의인민공화국에 제공할 경수로 발전소 자금과 설비들을 보장하기 위한 국제 연합체를 조직한다. 이 국제 연합체를 대표하는 미합중국은 경수로 제공 사업에서 조선민주주의공화국의 기본 상대자로 한다.

   * 미합중국은 연합체를 대표하여 이 합의문이 서명된 날부터 6개

월 안에 조선민주주의인민공화국과 경수로 제공 계약을 체결하기 위하여 최선을 다한다. 계약을 체결하기 위한 협상은 이 합의문이 서명된 후 될수록 빠른 시일 안에 시작된다.

* 조선민주주의인민공화국과 미합중국은 필요에 따라 핵에너지의 평화적 이용 분야에서의 쌍무적 협조를 위한 협정을 체결한다.

(2) 미합중국은 1994년 10월 20일부 미합중국 대통령의 담보 서한에 따라 연합체를 대표하여 1호 경수로 발전소가 완공될 때까지 조선민주주의인민공화국의 흑연 감속로와 관련 시설들의 동결에 따르는 에너지 손실을 보상하기 위한 조치들을 취한다.

* 대용 에너지는 열 및 전기 생산용 중유로 제공한다.

* 중유 납입은 이 합의문이 서명된 날부터 3개월 안에 시작하며 납입량은 합의된 계획에 따라 매해 50만 톤 수준에 이르게 된다.

(3) 경수로 제공과 대용 에너지 보장에 대한 미합중국의 담보들을 받은 데 따라 조선민주주의인민공화국은 흑연 감속로와 연관 시설들을 동결하며 궁극적으로 해체한다.

* 조선민주주의인민공화국의 흑연 감속로와 연관 시설들에 대한 동결은 이 합의문이 서명된 날부터 1개월 안에 완전히 실시된다. 이 1개월간과 그 이후의 동결 기간에 조선민주주의인민공화국은 국제 원자력 기구가 동결 상태를 감시하도록 허용하며 기구에 이를 위한 협조를 충분히 제공한다.

* 경수로 대상이 완전히 실현되는 때에 조선민주주의인민공화국의 흑연 감속로와 연관 시설들은 완전히 해체된다.

* 경수로 대상 건설 기간 조선민주주의인민공화국과 미합중국은 5메가와트 시험 원자로에서 나온 폐연료의 안전한 보관 반도와 조선민주주의인민공화국에서 재처리를 하지 않고 다른 안전한 방법으로 폐연료를 처분하기 위한 방도를 탐구하기 위하여

협조한다.

(4) 조선민주주의인민공화국과 미합중국은 이 합의문이 서명된 후 될수록 빠른 시일 안에 두 갈래의 전문가 협상을 진행한다.

* 한 전문가 협상에서는 대용 에너지와 관련한 연관 문제들과 그리고 흑연 감속로 계획을 경수로 대상으로 교체하는 데서 제기되는 연관 문제들을 토의한다.

* 다른 전문가 협상에서는 폐연료의 보관 및 최종 처분을 위한 구체적인 조치들을 토의한다.

2. 쌍방은 정치 및 경제관계를 완전히 정상화하는 데로 나아간다.

(1) 쌍방은 이 합의문이 서명된 후 3개월 안에 통신 봉사와 금융 결제에 대한 조치들의 해소를 포함하여 무역과 투자의 장벽을 완화한다.

(2) 쌍방은 전문가 협상에서 영사 및 실무적 문제들이 해결되는 데 따라 상대방의 수도에 연락 사무소를 개설한다.

(3) 조선민주주의인민공화국과 미합중국은 호상 관심사로 되는 문제들의 해결에서 진정이 이루어지는 데 따라 쌍무관계를 대사급으로 승격시킨다.

3. 쌍방은 조선반도의 비핵화 평화와 안전을 위하여 공동으로 노력한다.

(1) 미합중국은 핵무기를 사용하지 않으며 핵무기로 위협하지도 않는다는 공식 담보를 조선민주주주의인민공화국에 제공한다.

(2) 조선민주주의인민공화국은 시종일관하게 조선반도의 비핵화에 관한 북남공동선언을 이행하기 위한 조치들을 취한다.

(3) 조선민주주주의인민공화국은 이 기본합의문에 의하여 대화를 도모하는 분위기가 조성되는 데 따라 북남대화를 진행할 것이다.

4. 쌍방은 국제적인 핵전파 방지체계를 강화하기 위하여 공동으로 노력한다.

(1) 조선민주주의인민공화국은 핵무기 전파 방지 조약의 성원국으로 남아 조약에 따르는 담보 협정의 이행을 허용할 것이다.

(2) 경수로 제공 계약이 체결되면 동결되지 않는 시설들에 대한 조선민주주의인민공화국과 국제원자력기구 사이의 담보 협정에 따르는 정기 및 비정기 사찰이 재개된다. 계약이 체결될 때까지는 동결되지 않는 시설들에 대한 담보의 연속성을 보장하기 위한 국제원자력기구의 사찰이 계속된다.

(3) 경수로 대상의 상당한 부분이 실현된 다음 그리고 주요 핵 관련 부분들이 납입되기 전에 소선민주주의공화국은 국제원자력기구와 자기의 핵물질 초기 보고서의 정확성 및 완전성 검증과 관련한 협상을 진행하고 그에 따라 기구가 필요하다고 간주할 수 있는 모든 조치들을 취하는 것을 포함하여 기구와의 담보협정(회람통보/403)을 완전히 이행한다.

조선민주주의인민공화국 대표단 단장
조선민주주의인민공화국 외교부 제1부부장 강석주

미합중국대표단 단장
미합중국 순회대사 엘 갈루치

【부록4】

6.15 남북공동선언

(2000. 6. 15)

조국의 평화적 통일을 염원하는 온 겨레의 숭고한 뜻에 따라 대한민국 김대중 대통령과 조선민주주의인민공화국 김정일 국방위원장은 2000년 6월 13일부터 6월 15일까지 평양에서 역사적인 상봉을 하였으며 정상회담을 가졌다.

남북정상들은 분단 역사상 처음으로 열린 이번 상봉과 회담이 서로 이해를 증진시키고 남북관계를 발전시키며 평화통일을 실현하는 데 중대한 의의를 가진다고 평가하고 다음과 같이 선언한다. 1. 남과 북은 나라의 통일문제를 그 주인인 우리 민족끼리 서로 힘을 합쳐 자주적으로 해결해 나가기로 하였다.

2. 남과 북은 나라의 통일을 위한 남측의 연합제 안과 북측의 낮은 단계의 연방제 안이 서로 공통성이 있다고 인정하고 앞으로 이 방향에서 통일을 지향시켜 나가기로 하였다.

3. 남과 북은 올해 8.15에 즈음하여 흩어진 가족, 친척 방문단을 교환하며, 비전향 장기수 문제를 해결하는 등 인도적 문제를 조속히 풀어 나가기로 하였다.

4. 남과 북은 경제협력을 통하여 민족경제를 균형적으로 발전시키고, 사회, 문화, 체육, 보건, 환경 등 제반 분야의 협력과 교류를 활성화하여 서로의 신뢰를 다져 나가기로 하였다.

5. 남과 북은 이상과 같은 합의사항을 조속히 실천에 옮기기 위하여

빠른 시일 안에 당국 사이의 대화를 개최하기로 하였다.

김대중 대통령은 김정일 국방위원장이 서울을 방문하도록 정중히 초청하였으며, 김정일 국방위원장은 앞으로 적절한 시기에 서울을 방문하기로 하였다.

대한민국 대통령 김대중
조선민주주의인민공화국 국방위원장 김정일

【부록5】

제4차 6자회담 공동성명

(2005. 9. 19)

제4차 6자회담이 베이징에서 중화인민공화국, 조선민주주의인민공화국, 일본, 대한민국, 러시아연방, 미합중국이 참석한 가운데 2005년 7월 26일부터 8월 7일까지 그리고 9월 13일부터 19일까지 개최되었다.

우다웨이 중화인민공화국 외교부 부부장, 김계관 조선민주주의인민공화국 외무성 부상, 사사에 켄이치로 일본 외무성 아시아대양주 국장, 송민순 대한민국 외교통상부 차관보, 알렉세예프 러시아 외무부 차관, 그리고 크리스토퍼 힐 미합중국 국무부 동아태 차관보가 각 대표단의 수석대표로 동 회담에 참석하였다.

우다웨이 부부장은 동 회담의 의장을 맡았다.

한반도와 동북아시아 전반의 평화와 안정이라는 대의를 위해, 6자는 상호 존중과 평등의 정신하에, 지난 3회에 걸친 회담에서 이루어진 공동의 이해를 기반으로, 한반도의 비핵화에 대해 진지하면서도 실질적인 회담을 가졌으며, 이러한 맥락에서 다음과 같이 합의하였다.

1. 6자는 6자회담의 목표가 한반도의 검증 가능한 비핵화를 평화적인 방법으로 달성하는 것임을 만장일치로 재확인하였다.

   조선민주주의인민공화국은 모든 핵무기와 현존하는 핵계획을 포기할 것과, 조속한 시일 내에 핵확산금지조약(NPT)과 국제원자력기구(IAEA)의 안전조치에 복귀할 것을 공약하였다.

   미합중국은 한반도에 핵무기를 갖고 있지 않으며, 핵무기 또는 재래식 무기로 조선민주주의인민공화국을 공격 또는 침공할 의사가 없다는 것을 확인하였다.

대한민국은 자국 영토 내에 핵무기가 존재하지 않는다는 것을 확인하면서, 1992년도 「한반도의 비핵화에 관한 남·북 공동선언」에 따라, 핵무기를 접수 또는 배비하지 않겠다는 공약을 재확인하였다.

1992년도 「한반도의 비핵화에 관한 남·북 공동선언」은 준수, 이행되어야 한다.

조선민주주의인민공화국은 핵에너지의 평화적 이용에 관한 권리를 가지고 있다고 밝혔다. 여타 당사국들은 이에 대한 존중을 표명하였고, 적절한 시기에 조선민주주의인민공화국에 대한 경수로 제공 문제에 대해 논의하는 데 동의하였다.

2. 6자는 상호 관계에 있어 국제연합헌장의 목적과 원칙 및 국제관계에서 인정된 규범을 준수할 것을 약속하였다.

조선민주주의인민공화국과 미합중국은 상호 주권을 존중하고, 평화적으로 공존하며, 각자의 정책에 따라 관계정상화를 위한 조치를 취할 것을 약속하였다.

조선민주주의인민공화국과 일본은 평양선언에 따라, 불행했던 과거와 현안사항의 해결을 기초로 하여 관계 정상화를 위한 조치를 취할 것을 약속하였다.

3. 6자는 에너지, 교역 및 투자 분야에서의 경제협력을 양자 및 다자적으로 증진시킬 것을 약속하였다.

중화인민공화국, 일본, 대한민국, 러시아연방 및 미합중국은 조선민주주의인민공화국에 대해 에너지 지원을 제공할 용의를 표명하였다.

대한민국은 조선민주주의인민공화국에 대한 2백만 킬로와트의 전력공급에 관한 2005. 7. 12자 제안을 재확인하였다.

4. 6자는 동북아시아의 항구적인 평화와 안정을 위해 공동 노력할 것

을 공약하였다.

직접 관련 당사국들은 적절한 별도 포럼에서 한반도의 항구적 평화체제에 관한 협상을 가질 것이다.

6자는 동북아시아에서의 안보협력 증진을 위한 방안과 수단을 모색하기로 합의하였다.

5. 6자는 '공약 대 공약', '행동 대 행동' 원칙에 입각하여 단계적 방식으로 상기 합의의 이행을 위해 상호조율된 조치를 취할 것을 합의하였다.

6. 6자는 제5차 6자회담을 11월 초 북경에서 협의를 통해 결정되는 일자에 개최하기로 합의하였다.

• 저자 •

한헌동
(韓獻棟)
Han
XianDong

•약 력•
중국인민대학 중국공산당역사학과 졸업
한국경남대학교 북한대학원(박사)
현 중국정법대학(中國政法大學) 교수

•주요논저•
「駐韓美軍和韓美同盟」
「構造, 行爲, 朝核危機和東北亞安全」
「南南衝突: 2000年以來韓國的政治版圖分析」
「朝美關係正常化: 變量和前景」
「中國軍事外交和新安全觀」
「同盟政治的安全困境」

분단과 동맹

: 한반도 안보의 국제정치(1990 - 2005)

• 초판 인쇄	2008년 5월 30일
• 초판 발행	2008년 5월 30일
• 지 은 이	한헌동
• 펴 낸 이	채종준
• 펴 낸 곳	한국학술정보㈜
	경기도 파주시 교하읍 문발리 513-5
	파주출판문화정보산업단지
	전화 031) 908-3181(대표) · 팩스 031) 908-3189
	홈페이지 http://www.kstudy.com
	e-mail(출판사업부) publish@kstudy.com
• 등 록	제일산-115호(2000. 6. 19)
• 가 격	37,000원

ISBN   978-89-534-9273-8 93340 (Paper Book)
        978-89-534-9274-5 98340 (e-Book)